全国重点院校人力资源和社会保障专业核心课程系列教材

劳动法与社会保障法学

LAODONGFA YU SHEHUI BAOZHANG FAXUE

（第三版）

贾俊玲　主编

郑尚元　周宝妹　副主编

中国劳动社会保障出版社

图书在版编目(CIP)数据

劳动法与社会保障法学/贾俊玲主编；郑尚元，周宝妹副主编. -- 3 版. -- 北京：中国劳动社会保障出版社，2022
全国重点院校人力资源和社会保障专业核心课程系列教材
ISBN 978-7-5167-5506-8

Ⅰ.①劳… Ⅱ.①贾…②郑…③周… Ⅲ.①劳动法-中国-高等学校-教材②社会保障-行政法-中国-高等学校-教材 Ⅳ.①D922.5②D922.182.3

中国版本图书馆 CIP 数据核字(2022)第 165509 号

中国劳动社会保障出版社出版发行

(北京市惠新东街 1 号　邮政编码：100029)

＊

北京市白帆印务有限公司印刷装订　　新华书店经销
787 毫米×1092 毫米　16 开本　24 印张　427 千字
2022 年 10 月第 3 版　2022 年 10 月第 1 次印刷
定价：72.00 元

营销中心电话：400-606-6496
出版社网址：http://www.class.com.cn

版权专有　　侵权必究

如有印装差错，请与本社联系调换：(010) 81211666
我社将与版权执法机关配合，大力打击盗印、销售和使用盗版图书活动，敬请广大读者协助举报，经查实将给予举报者奖励。
举报电话：(010) 64954652

编审委员会名单

文　魁　首都经济贸易大学教授（劳动领域）
史柏年　中国青年政治学院教授（社会保障领域）
李永杰　华南师范大学教授（劳动领域）
郑功成　中国人民大学教授（社会保障领域）
林　义　西南财经大学教授（社会保障领域）
杨河清　首都经济贸易大学教授（劳动领域）
陈良瑾　中国社会工作协会专家委员会主任、教授（社会保障领域）
周永新　香港大学教授（社会保障领域）
周其仁　北京大学教授（劳动领域）
赵履宽　中国人民大学教授（劳动领域）
姚先国　浙江大学教授（劳动领域）
侯文若　中国人民大学教授（社会保障领域）
袁志刚　复旦大学教授（劳动领域）
曾湘泉　中国人民大学教授（劳动领域）
穆怀中　辽宁大学教授（社会保障领域）

第三版前言

近十年来，我国劳动和社会保障立法持续完善，为了更好地反映劳动法与社会保障法领域的最新发展变化，适应读者的需要，我们对教材进行了再次修订。本次修订，整体上仍分为上下两篇，共27章。将劳动法篇的结构进行了调整，原教材中的职业规则、工会法律保障和劳动法的监督检查各章不再单独设立，相关内容分别并入修订后的第五章劳动合同、第六章工会和集体合同、第十章劳动争议处理和劳动监察，使劳动法篇结构更为合理和紧凑，更有利于教学安排。在内容上，努力反映最新劳动和社会保障立法成果，对相应的章节进行了内容更新。

教材的修订计划由主编贾俊玲教授统一策划和审定，原各章撰写人对各章内容进行具体修订。贾俊玲教授对全书进行统稿、审核和修改、完善。

由于时间和能力方面的限制，虽然教材的撰写人员付出了巨大努力，但仍然难免存在疏漏和不足，敬请各位读者批评指正。

编者
2022年6月

第二版编写说明

近几年来，劳动和社会保障立法不断完善，为了更好地反映劳动法与社会保障法领域的最新发展变化，适应读者的需要，我们对教材进行了修订。本次修订，在教材体系上，为了保证教材的连续性，基本保留了原来的体系安排，个别章节进行了一些调整。整体上教材仍为上下两篇，共30章。劳动法篇的第四章、第五章、第十三章在章节题目的设计上有所变动，使其能够更好地反映教材内容。由于违反劳动法的法律责任在各个具体章节已经有所体现，删除了原教材第十三章第二节；在内容上，努力反映现行劳动法和社会保障立法的成果，大量充实了近年来新的法律规定的具体内容；特别是根据《就业促进法》《劳动合同法》《劳动争议调解仲裁法》《社会保险法》的内容，对相应的章节进行了大量的内容更新。

教材的修订计划由主编贾俊玲教授统一策划和审定，原各章撰写人对各章内容进行具体修订。贾俊玲教授和周宝妹副教授对全书进行统稿、审核和修改、完善。

由于时间和能力方面的限制，虽然本书撰写人员付出了巨大努力，但本书内容中仍然存在一些疏漏和不足之处，请各位读者批评指正。

编者

2011 年 10 月

第一版前言

劳动法和社会保障法学，在我国法学教育学科体系中应是两个相邻近的独立学科。劳动法中的社会保险内容也是社会保障体系中的一个重要组成部分。为学习的方便，本教材将劳动法和社会保障法作为两篇共同纳入一本书中。

劳动法和社会保障法在我国已成为重要的法律部门，相关的立法正在不断地发展和完善，已初步形成了较为系统的体系结构。对劳动法和社会保障法的理论研究工作，也在诸多学者的努力下取得了不少成果。劳动法和社会保障法的发展，对我国市场经济体制的完善、劳动制度的改革，以及弱势群体的法律保障等，都将发挥重要作用。

在参考现阶段我国相关领域研究成果的基础上，我们完成了本教材的写作工作。本书由北京大学法学院教授贾俊玲担任主编，中国政法大学教授郑尚元、中国青年政治学院教师周宝妹担任副主编。劳动法篇共十三章，苏倩撰写第一章，贾俊玲撰写第二章，魏倩撰写第三章，周宝妹撰写第四章至第十三章；社会保障法篇共十七章，扈春海撰写第一章至第六章、第十三章至第十七章，郑尚元撰写第七章至第十二章。中共中央党校周升涛教授对本教材进行了审稿，并提出了宝贵的修改意见，在此致以谢意。

随着我国社会主义市场经济的发展与完善，劳动法和社会保障法的理论研究工作还将不断深入，立法工作也正在发展变革过程中。尽管本书撰写人员付出了很大努力，但由于研究水平有限，疏漏之处在所难免，尚祈读者批语指正。

编者

2005 年 5 月

主编简介

贾俊玲,女,1961年北京大学法律系(现法学院)毕业。北京大学法学院教授,博士生导师。曾兼任中国社会法学研究会首任会长、中华全国总工会法律顾问委员会委员、中国劳动法研究会顾问、中国律师协会劳动法专业委员会顾问、北京大学劳动法和社会保障法研究所主任等职,现任中国社会保障学会荣誉理事。

主编《劳动法学》《劳动法与社会保障法》,发表论文《香港特别行政区劳动关系》《论中国劳动就业的法律调整》《中国社会保障与人权》《社会保障法律制度》《论社会保障与法制建设》等。

内 容 提 要

本书将劳动法与社会保障法学两个法学学科合并，编成一本法学教材，分为劳动法篇和社会保障法篇两部分。本书以简练的语言分别论述了我国劳动法与社会保障法的基础理论，内容包括调整对象、法律地位、法律体系、法律渊源、基本原则等；在论述基础理论的基础上，对劳动法与社会保障法的具体内容进行了全面阐述，包括就业促进和就业保障、劳动合同、工会和集体合同、工作时间和休息休假、工资、职业安全卫生、劳动争议处理和劳动监察，以及社会保险各险种、社会救助、社会福利、军人社会保障、住房社会保障、农村社会保障、社会保障基金、社区服务、社会保障管理等法律制度；此外，本书对劳动法与社会保障法的历史发展和国际立法也有论述，在劳动法与社会保障法的各项内容中，还适当进行了国内外法律制度的比较性分析。本书内容系统简练，适合高等学校管理和法学专业师生作为教材使用，也可作为人力资源社会保障部门从事实际管理工作的人士为掌握有关政策和法律学习时的参考。

目 录
Contents

劳动法篇

第一章 劳动法的产生和发展 /3

- ■学习要点 /3
- 第一节 劳动法的产生 /3
- 第二节 劳动法的发展 /7
- 第三节 中国劳动立法的产生和发展 /11
- ■本章小结 /21
- ■复习思考题 /21

第二章 劳动法基础理论 /22

- ■学习要点 /22
- ■关键概念 /22
- 第一节 劳动法的概念和调整对象 /23
- 第二节 劳动法的地位、体系及法律渊源 /27
- 第三节 劳动法的适用范围、实施及作用 /33
- 第四节 劳动法的基本原则 /36
- 第五节 劳动法律关系 /39
- ■本章小结 /46

- ■复习思考题 /47
- ■问题讨论一 /48
- ■问题讨论二 /48
- ■问题讨论三 /48
- ■问题讨论四 /48

第三章 国际劳动立法 /49

- ■学习要点 /49
- ■关键概念 /49
- 第一节 国际劳动立法的历史发展 /50
- 第二节 国际劳工组织 /52
- 第三节 国际劳工标准 /57
- 第四节 国际劳动立法的最近发展 /65
- ■本章小结 /68
- ■复习思考题 /68

第四章 就业促进和就业保障 /69

- ■学习要点 /69
- ■关键概念 /69
- 第一节 劳动就业概述 /69
- 第二节 公平就业与反就业歧视 /75
- 第三节 外国人在中国就业的管理 /80
- 第四节 就业服务 /84
- 第五节 职业教育 /88
- ■本章小结 /91
- ■复习思考题 /92
- ■问题讨论 /92

第五章 劳动合同 /93

- ■学习要点 /93

■关键概念 /93

第一节 劳动合同概述 /93

第二节 劳动合同的形式和内容 /97

第三节 劳动合同的订立 /98

第四节 劳动合同的履行和变更 /99

第五节 劳动合同的解除和终止 /100

第六节 劳动合同的特殊规定 /104

■本章小结 /109

■复习思考题 /110

■问题讨论 /111

第六章 工会和集体合同 /112

■学习要点 /112

■关键概念 /112

第一节 工会 /112

第二节 集体合同 /117

■本章小结 /119

■复习思考题 /120

第七章 工作时间和休息休假 /121

■学习要点 /121

■关键概念 /121

第一节 工作时间和休息休假概述 /121

第二节 工作时间和休息休假的种类 /123

第三节 延长工作时间 /127

■本章小结 /129

■复习思考题 /129

第八章 工资 /130

■学习要点 /130

■ 关键概念 /130

第一节　工资概述 /130

第二节　工资宏观调控 /132

第三节　工资形式 /134

第四节　特殊情况下的工资支付 /135

第五节　工资保障 /136

■ 本章小结 /139

■ 复习思考题 /140

■ 问题讨论 /140

第九章　职业安全卫生 /141

■ 学习要点 /141

■ 关键概念 /141

第一节　职业安全卫生概述 /141

第二节　职业安全卫生监督管理制度 /144

第三节　女职工和未成年工劳动保护的特殊规定 /151

■ 本章小结 /157

■ 复习思考题 /158

■ 问题讨论一 /158

■ 问题讨论二 /159

第十章　劳动争议处理和劳动监察 /160

■ 学习要点 /160

■ 关键概念 /160

第一节　劳动争议处理 /160

第二节　劳动监察 /170

■ 本章小结 /173

■ 复习思考题 /173

■ 问题讨论 /174

社会保障法篇

第十一章 社会保障法的产生和发展 /177

■学习要点 /177

■关键概念 /177

第一节 国外社会保障法的产生和发展 /177

第二节 中国社会保障法的产生和发展 /182

■本章小结 /188

■复习思考题 /188

第十二章 社会保障法基础理论 /189

■学习要点 /189

■关键概念 /189

第一节 社会保障法的概念和特征 /190

第二节 社会保障法的调整对象 /192

第三节 社会保障法的基本原则 /194

第四节 社会保障法的地位 /198

第五节 社会保障法的功能 /202

第六节 社会保障法的法律渊源 /205

■本章小结 /207

■复习思考题 /207

第十三章 国际社会保障立法及国际合作 /208

■学习要点 /208

■关键概念 /208

第一节 国际劳工组织及联合国的社会保障立法 /209

第二节 地区性的社会保障立法 /211

■本章小结 /213

■复习思考题 /213

第十四章 当代社会保障法律体系及立法价值取向 /214

■学习要点 /214

■关键概念 /214

第一节 社会保障法律体系 /214

第二节 社会保障法的立法模式选择 /216

第三节 社会保障法的价值取向 /218

■本章小结 /221

■复习思考题 /222

第十五章 养老保险法律制度 /223

■学习要点 /223

■关键概念 /223

第一节 养老保险法律制度概述 /224

第二节 养老保险立法 /226

第三节 养老保险的保障对象 /230

第四节 养老保险基金的筹集 /231

第五节 养老保险待遇的给付 /235

■本章小结 /237

■复习思考题 /238

■问题讨论 /238

第十六章 失业保险法律制度 /239

■学习要点 /239

■关键概念 /239

第一节 失业保险法律制度概述 /239

第二节 失业保险立法 /241

第三节 失业保险的保障对象 /243

第四节 失业保险基金的筹集 /244

第五节　失业保险待遇的支付 /245

■本章小结 /249

■复习思考题 /249

■问题讨论 /250

第十七章　工伤保险法律制度 /251

■学习要点 /251

■关键概念 /251

第一节　工伤保险法律制度概述 /251

第二节　工伤保险法律关系 /254

第三节　工伤保险法律制度的基本内容 /256

第四节　工伤保险争议处理的法律程序 /261

■本章小结 /262

■复习思考题 /262

■问题讨论 /263

第十八章　医疗保险法律制度 /264

■学习要点 /264

■关键概念 /264

第一节　医疗保险与医疗保险法 /264

第二节　医疗保险法律关系 /267

第三节　医疗保险法律制度的基本内容 /269

■本章小结 /271

■复习思考题 /272

■问题讨论 /272

第十九章　生育保险法律制度 /273

■学习要点 /273

■关键概念 /273

第一节　生育保险法律制度概述 /273

第二节 生育保险法律关系 /276

第三节 生育保险法律制度的基本内容 /277

■本章小结 /280

■复习思考题 /281

■问题讨论 /281

第二十章 社会救助法律制度 /282

■学习要点 /282

■关键概念 /282

第一节 社会救助法律制度概述 /282

第二节 社会救助法律关系 /286

第三节 社会救助法律制度的基本内容 /289

■本章小结 /295

■复习思考题 /295

■问题讨论 /295

第二十一章 社会福利法律制度 /296

■学习要点 /296

■关键概念 /296

第一节 社会福利法律制度概述 /296

第二节 社会福利法律关系 /299

第三节 社会福利法的基本内容 /301

■本章小结 /307

■复习思考题 /307

■问题讨论 /308

第二十二章 军人社会保障法律制度 /309

■学习要点 /309

■关键概念 /309

第一节 军人社会保障法律制度概述 /309

第二节 军人社会保障法律制度的基本内容 /311

第三节 市场经济条件下军人社会保障立法的价值取向 /314

■本章小结 /315

■复习思考题 /316

第二十三章 住房社会保障法律制度 /317

■学习要点 /317

■关键概念 /317

第一节 住房社会保障概述 /317

第二节 我国的住房社会保障 /318

■本章小结 /327

■复习思考题 /327

■问题讨论 /327

第二十四章 农村社会保障法律制度 /329

■学习要点 /329

■关键概念 /329

第一节 农村社会保障法律制度概述 /329

第二节 农村养老保险法律制度 /334

第三节 农村医疗保险制度 /337

■本章小结 /339

■复习思考题 /340

第二十五章 社区服务法律制度 /341

■学习要点 /341

■关键概念 /341

第一节 社区服务法律制度概述 /341

第二节 社区服务法律制度的发展历程 /343

第三节 社区服务的主要内容 /344

■本章小结 /346

■复习思考题 /346

第二十六章　社会保障基金法律制度 /347

■学习要点 /347

■关键概念 /347

第一节　社会保障基金法律制度概述 /347

第二节　社会保障基金的筹集 /349

第三节　社会保障基金的支付 /351

第四节　社会保障基金的运营 /353

■本章小结 /355

■复习思考题 /355

第二十七章　社会保障管理法律制度 /356

■学习要点 /356

■关键概念 /356

第一节　社会保障管理法律制度概述 /356

第二节　国外的社会保障管理体制 /357

第三节　我国的社会保障管理体制 /358

■本章小结 /362

■复习思考题 /362

主要参考文献 /363

劳动法篇

第一章
劳动法的产生和发展

>> 学习要点

掌握劳动法产生的历史条件、劳动法产生的过程和原因以及早期劳动法的特点。了解劳动法的发展,特别是我国劳动立法的产生和发展。

第一节 劳动法的产生

任何一个部门法的产生都必须具备一定的社会历史条件,这是一个独立的部门法得以独立的基础。在整个法律体系中,劳动法作为一个独立的部门法产生于19世纪初期。

一、劳动法产生的历史条件

劳动法作为一个主要以劳动关系为调整对象的法律部门,是以劳动关系的存在为产生前提的,但是劳动法所调整的劳动关系是社会发展到一定历史阶段才出现的。

在原始社会,极端低下的生产力水平决定了生产资料归氏族成员共同所有,人们进行群体的共同劳动,劳动力和生产资料在氏族的范围内直接结合。人们在共同劳动过程中会存在一定的劳动协作关系,但是这种劳动协作关系不是通过法律来调整,而是通过世代相传、共同遵守的习俗来维持。

在奴隶社会，不仅生产资料归奴隶主所有，而且奴隶的人身也归奴隶主所有，这样，奴隶主就能任意支配和使用以奴隶的人身为载体的劳动力。劳动力和生产资料作为奴隶主所有的财产而直接结合，奴隶向奴隶主提供的劳动仅仅视同奴隶主对其财产的使用，法律通过保护奴隶主的财产所有权来确保劳动力和生产资料的直接结合。

在封建社会，农奴（或农民）虽然取得了一定的人身自由，但是这种人身自由是不完全的，农奴（或农民）仍然要依附于封建主，大部分时间农奴（或农民）要在封建庄园中为封建主无偿提供劳动，劳动过程中被使用的劳动力不是归农奴（或农民）所有，而是归封建主所有。除此以外的时间，农奴（或农民）使用归其所有的少量土地和生产工具进行小农劳动，生产的产品供自己消费。因此，一方面劳动力和生产资料在封建主的手中直接结合，另一方面在农奴（或农民）的手中直接结合，两种情况下都不存在劳动关系。

在资本主义原始积累阶段，一方面，农民被驱离土地而完全失去了对生产资料的所有权，成为除了自身劳动力以外一无所有的无产者，而生产资料由资本家所有；另一方面，这样的无产者在法律上获得了完全的人身自由，完全享有对自身劳动力的所有权，即使他在一定时间内将劳动力让渡给资本家使用和支配，也没有丧失自己对劳动力的所有权。所以，无产者为了生存就必须将自己的劳动力出卖给资本家使用和支配，以取得可以购买生活资料的工资；而资本家为了使资本增值，就必须以支付工资的形式购买无产者的劳动力，从而实现劳动力和生产资料的结合。至此，劳动力和生产资料分别属于不同的主体——无产者和资本家，二者在分离后又通过劳动关系的建立实现了结合，劳动法也正是在这种劳动关系存在的基础上产生和发展起来。

二、劳动法产生的过程

随着劳动关系的大量出现，劳动法逐渐产生。劳动法的产生因资本主义发展阶段的不同而经历了"劳工法规"和"工厂立法"两个阶段。

在资本主义原始积累阶段，为了促成新兴资本主义生产关系的起步和稳定，在劳动关系的调整上以加强资本家对劳动者的剥削为特征，颁布了一系列所谓的劳工法规。1349年，英国黑死病流行，劳动力资源稀缺，为了强迫被驱离土地的无产者和资本家建立劳动关系，英皇爱德华三世颁布了第一个早期的劳工法规，在之后从14世纪到18世纪末400多年的时间里，劳工法规一再被修订，其他欧洲国家也颁布了类似的法规。这些劳工法规的内容主要如下所述。（1）强迫被驱离土地的劳动者到资本家的工厂做工、与资本家建立起劳动关系。比如，英国亨利八世时期曾明文规定，对流浪者予以鞭打，如果再度流浪则会被逮捕，除了鞭打外还要被割去半只耳朵，如果三度流浪就要被当作重罪犯人或社会敌人而处死。（2）规定最低工时和最高工资，加强资本家对劳动者的剥削。比如，英国女王伊丽莎白一世时期曾规定，在法定限额以上支付工资的要受到处罚，不仅对取得工资者予以处罚，而且对支付工资者予以处罚，对前者判处监禁22日，对后者判处监禁10日。可见，所谓的劳工法规虽然以劳动力和生产资料分属不同主体为前提，以劳动关系为调整对象，但是从它的内容来看，它与后来出现的以保护劳动者为宗旨的劳动法是完全不同的，因此不能认为是现代劳动法的起源。国家之所以会颁布这样的法律是与当时资本主义生产方式的不稳定、不成熟相关联的，因为当时还不能单独和完全依靠经济关系的力量来实现无产者的劳动力和资本家的生产资料相结合，所以就必须借助国家的强制力量。

19世纪初，资本主义进入自由竞争阶段，资本主义生产方式已经逐渐壮大和成熟起来，此时只需要依靠经济关系的力量就足以保证无产者的劳动力和资本家的生产资料相结合，而无须再借助国家的强制力量。1804年第一部资产阶级民法典《法国民法典》将劳动关系确认为"劳动力租赁"，并进一步解释为劳动力的租赁者，谓当事人约定，一方为他方完成一定的工作，他方约定支付报酬的契约。此后资产阶级各国的民法典都将劳动关系作为一种自由的契约关系加以规定。但是仅仅将劳动关系界定为自由的契约关系是不够的，一种新的立法倾向——工厂立法同时出现。最早的工厂立法是英国1802年颁布的《学徒健康与道德法》，该法规定：纺织厂不能雇用9岁以下的学徒；童工每天工作不得超过12小时，并且禁止童工在晚9时至次日凌晨5时之间从事夜间工作。但是该法仅适用于纺织工厂中从救济院出来的贫苦儿童，纺织业工厂依然可以直接通过儿童家长雇用童工，其他行业雇用童工不受此法限制。后来通过对该法的修订和其他法规的陆续颁布，禁止雇用童工的范围逐渐扩大到其他行业，对不同年龄童工的不同工作时间限制进行了细化规定，并将限制工作时间的范围逐渐扩大到女工。在英国工厂立法的影响下，法国、德国、美国等其他资本主义国家也陆续颁布了限制工时和改善童工劳动条件的工厂法，比如，法国1806年制定了《工厂法》，德国于1839年制定了《普鲁士工厂矿山条例》和限制童工工作时间的法律，美国较早的工厂法是康涅狄格州1813年的《工厂法》和马萨诸塞州1836年的《童工法》。与以前的劳工法规相比，工厂立法是保护劳动者的立法，它通过规定工时的上限和工资的下限来限制资本家对劳动者的剥削。因此，一般都认为工厂立法是劳动法的起源，并把英国的《学徒健康与道德法》作为劳动法产生的标志。

劳动关系分别由民法上的劳动力租赁契约和工厂法予以调整，反映了劳动关系的双重特点：一方面，劳动力使用权和支配权的让渡应遵循一般商品的买卖规则，具有财产性和平等性的特点；另一方面，劳动力作为一种特殊商品载于劳动者的人身之上，使劳动关系呈现人身性和隶属性的特点，需要对作为劳动力的所有者予以特殊保护。其后，民法上的劳动力租赁契约和工厂法的内容逐渐融为一体，而形成现代意义上的以保护劳动者为主旨的独立部门——劳动法。

三、劳动法产生的原因

劳动法能够在一定社会历史条件下产生，是多种因素作用的结果。

（一）劳动法的产生是资本主义大工业生产的客观要求

劳动者是生产力系统中的决定性因素，劳动力自身的生产和再生产是生产力得以持续发展的必要条件。在资本主义原始积累阶段和自由竞争初期阶段，资本家对劳动力的掠夺性和破坏性使用，严重威胁了劳动力自身的生产和再生产，劳动力资源面临枯竭的危险。资本家为了最大限度榨取剩余价值甚至将工人的工作时间延长至每天18小时，这种以突破工人生理界限为特征的盲目而残酷的掠夺造成了严重的后果：工伤事故和职业病大量发生，工人平均寿命缩短，并最终导致工业生产力萎缩和国民生命力的衰竭。所以，仅仅依靠自由的契约关系来调整劳动关系是不够的，自由的契约关系不能阻止劳动力资源枯竭的危险，必须从立法上对资本家的剥削予以限制，而对劳动者给予足以维持其劳动力再生产的保护，只有这样才能确保资本主义生产过程中劳动力资源的正常供给，从而使资本主义大工业生产得以顺利和持续进行。可见，劳动法的产生反映了资本家阶级的整体利益和长远利益。

（二）劳动法的产生是维护自由平等竞争的需要

资本主义经济是自由竞争的经济，而自由竞争必然要求平等的竞争条件。限制资本家对工人的剥削作为一种外在强加的条件，必然会对资本家使用和支配劳动力的成本核算产生重要影响，由此影响其在市场上的竞争力，所以需要对资本家的剥削进行平等的限制，以保证其平等竞争。但是，产生这种平等的限制是不可能由资本家自我实现的，尽管一些资本家对于童工长时间劳动现象也深恶痛绝，但是通过工厂主之间缔结协约来阻止这种情况发生是不可能的，因此有必要制定强制的法律。

（三）劳动法的产生是劳动者长期斗争的结果

资本主义生产方式不仅创造了资本家阶级，而且创造了人数众多的工人阶级。工人阶级为了维护自身的生存权利，在18世纪中叶以后就自发组织起来与资本家阶级进行斗争，斗争规模越来越大，大规模的劳资冲突严重影响了资本主义国家的经济发展和社会安全。面对工人阶级反抗的巨大压力，资本家阶级政府不得不采取法律手段干预劳资关系，许多劳动法律、法规就是在工人阶级斗争的压力下制定颁布的。劳动法作为一种协调劳资冲突、稳定社会秩序的有效手段而被资本主义国家普遍使用。

四、早期劳动法的特点

从工厂立法脱胎而来的早期劳动法与当代相对完善的劳动法相比，具有以下三个特点。

第一，早期的劳动法绝大多数是从改善童工和女工的劳动条件开始的，因为当时童工和女工的劳动条件最差，最需要改善。

第二，早期的劳动法适用范围狭窄，有的国家的法律仅限于一定的行业和一定规模的工厂，并未得到普遍适用。

第三，早期的劳动法虽然规定了对部分劳动条件的改善，但是一般缺少监督条款和责任条款，没有明确的监督检查机构，也缺乏对违法者法律责任的具体规定和追究，劳动法很难得到真正实施。

第二节 劳动法的发展

一、20世纪以前的劳动立法

随着工厂立法的产生和发展，19世纪中叶以后西方主要国家都在本国工厂立法的基础上制定了大量的劳动法律、法规。与最初的工厂立法阶段相比，这一时期劳动立法的发展主要表现在以下几个方面。

（一）工厂法的发展

这一时期各国劳动立法围绕工厂立法获得了较大的发展。表现在：（1）制定工厂法的国家不断增加，不仅主要西方资本主义国家制定了各自的工厂法，就连其部分殖民地和附属国也制定了自己的工厂法；（2）工厂立法的适用范围逐步扩大，从最初只适用于纺织工业发展到普遍适用于所有工矿业，但尚未包括一切生产部门的所有工人；（3）工厂法的内容逐渐充实，在原来提高童工受雇年龄和缩短工作时间的基础上增加了很多内容，包括限制女工夜间上班、规定工矿企业安全卫生条件、建立工厂检查制度、确定并监督实施本行业的最低工资标准等。

（二）工会立法的演变

最初西方各国立法都将工会列为非法组织，禁止建立工会和开展工会活动。但是到19世纪中叶以后，西方各国大多承认工会为合法组织，并对开展工会活动给予一定的自由。比如，英国在1824年颁布法令，承认工人有组织工会和罢工的权利，并于1871年颁布了世界上第一部工会法；法国在1864年解除了罢工的禁令，并于1884年承认工人有组织工会的权利。

（三）劳动争议处理立法的开始

原来对劳动争议的处理都采用传统的民事和刑事案件的审理方法，但是从19世纪后半期开始，西方各国都陆续设立了解决劳动争议（主要是调解和仲裁）的专门机构和程序，1890年新西兰通过立法而成为世界上第一个对劳资纠纷实行强制仲裁的国家。

（四）社会保险立法的出现

19世纪末，德国最早进行社会保险立法，1883年、1884年和1889年德国先后颁布了《疾病保险法》（Health Insurance Act）、《工伤事故保险法》（Accident Insurance Act）、《老年和残疾保险法》（Pensions and Disabilities Act），英国和法国也紧随其后，制定了有关工人伤亡事故赔偿的法律。

20世纪以前的劳动立法正在逐步走出工厂立法的范畴，而有了更为全面和深入的发展，但是与当代劳动法相比，还有很多方面有待进步。

二、20世纪以后的劳动立法

（一）20世纪以后各国劳动立法的主要内容

进入20世纪以后，各国的劳动立法都获得了很大发展。劳动立法的内容逐步充实，已经逐渐建立起劳动法的完整体系。

1. 工时立法

实行8小时工作制是各国劳动者长期斗争的成果。第一次世界大战后，法国、德国、瑞士等国家相继立法实行8小时工作制。20世纪60年代以后，法国、日本等国家进一步实行40小时工作周。不断缩短法定工作时间是当代各国工时立法的趋势。为了适应经济社会发展的需要，一些国家开始实行各种灵活的工作时间，比如非全日制工作时间、弹性工作时间等。

2. 带薪年休假立法

进入 20 世纪以后，英国、加拿大、新西兰等国家率先实行带薪年休假制度。发展到今天，世界上只有少数国家未实行带薪年休假制度。

3. 职业安全与卫生立法

20 世纪以后，在一些国家的劳动法中专门设立了职业安全卫生方面的立法，其中包括矿山安全立法。特别是有些国家，在职业安全卫生立法中专门规定了对女职工和未成年工的特殊劳动保护。

4. 最低工资立法

20 世纪以后，一些国家开始实行最低工资制度，陆续以法律的形式规定了最低工资标准。第二次世界大战以后，各国相继颁布了最低工资法。与此同时，在反歧视法的影响下，一些国家颁布了保护工资报酬平等权利的同酬法。

5. 社会保险立法

20 世纪继德国的社会保险立法之后，一些国家陆续颁布了疾病、伤害、老年、残疾等社会保险立法，后来又出现失业保险法。20 世纪 40 年代以后，在英国和瑞典等北欧国家，实行"从摇篮到坟墓"的社会保险和福利制度。但是最近一些年来，一些国家的社会保险和福利制度的实施遇到了很大困难，因此这些国家正处于改革之中。

6. 劳动合同立法

20 世纪以后，为了规范劳资双方的权利义务关系，各国普遍实行了劳动合同制度。法国、德国、日本等国家颁布了关于解雇工人程序、禁止非法解雇等方面的法律。

7. 关于调整劳资关系、处理劳动争议的立法

各国为了协调劳资关系，在 20 世纪以后陆续建立起集体谈判、集体合同制度，明确了工会的合法地位，在协调劳资关系的过程中采用三方性原则，设立了专门处理劳动争议的调解、仲裁和司法机构。

8. 社会主义国家劳动立法的产生及变化

除了资本主义国家的劳动立法外，劳动立法的另一个发展线索是社会主义国家的劳动立法。俄国十月革命后成立的苏维埃政权于 1918 年通过了世界上第一部社会主义劳动法——《苏俄劳动法》，1922 年制定了《苏俄劳动法典》，1970 年通过了《苏联和各加盟共和国劳动立法纲要》。《苏联和各加盟共和国劳动立法纲要》的内容主要包括劳动者基本权利、集体合同、工时、休假、工资、安全卫生、女职工与未成年工特殊劳动保护、工会、劳动争议、社会保险等内容。第二次世界大战后，其他社会主义国

家纷纷成立，这些国家在参照苏联劳动立法的基础上，结合本国特点，也相继颁布了各国的劳动法典。20世纪90年代以后，随着苏联解体和东欧剧变，其劳动立法也有了新的发展变化，这些国家对原有的劳动法进行了修订，并颁布了一些新的单行劳动法规。东欧国家在政治经济体制发生重大变化后，也对原来的劳动法进行了修改，在工时、工资等方面通过立法协调劳资关系。

（二）当代劳动立法的发展趋势

在对20世纪以来各国劳动立法的主要内容进行考察后，我们可以发现，各国劳动立法的发展趋势体现在以下方面。

1. 各国均已颁布与本国特点相适应的劳动法律、法规

世界各国制定、颁布劳动法的时间有前后之分，名称也有差异，如劳动法、劳工法、劳资关系法、劳动基准法、劳动标准法，但是各国都已经颁布了劳动法。而且，很多国家在制定单行劳动法规的基础上，进一步颁布了综合性的劳动法典，作为统一调整劳动关系的基本法律。

2. 劳动法的适用范围逐步扩大

从工厂立法脱胎而来的早期劳动法，其适用范围很狭窄，仅适用于部分行业和规模较大的工厂，很大部分的劳动者未能进入劳动法的保护范围。但是19世纪以来劳动法的适用范围不断扩大，从少数行业和规模较大的工厂扩大到所有工商业部门，有些国家甚至将自雇者、自由职业者、个体经营者和家庭保姆等纳入劳动法的保护范围。另外，有些国家除了对普通劳动者予以劳动法的一般保护外，还针对妇女、海员、移民、残疾人、军人等特殊劳动群体进行专门立法，对其予以特别保护。

3. 劳动法的法律体系逐渐走向完整化和系统化

尽管各国劳动法的表现形式分散而且多样，但是从内容来看，其各个组成部分是有内在联系的，已经形成了一个完整而系统的劳动法体系，涵盖了劳动关系的所有方面，包括：劳动管理，劳动就业，劳动关系协调（劳动合同、集体合同），劳动标准（工资、工时、职业安全卫生、女职工与未成年工的特殊保护、职业训练与职业资格等），社会保险（养老保险、失业保险、工伤保险、医疗保险、生育保险、遗属津贴），劳动争议的处理（劳动争议调解、劳动争议仲裁、劳动争议诉讼、集体劳动争议的处理），劳动检查监督，工会的法律保障等。

4. 劳动基准成为各国劳动法中的重要组成部分

为了保障劳动者最基本的劳动权利，现代各国的劳动法一般都制定了主要劳动条件的最低标准即劳动基准，如最低就业年龄、最低工资标准、最长工时标准、女职工

与未成年工的劳动禁忌范围、工作场所安全与卫生的各项最低指标等。劳动基准是法律的强制性规定，只能不低于劳动基准执行。如果在集体合同或劳动合同中约定的劳动条件低于劳动基准，那么不仅约定无效，应当按劳动基准的规定执行，而且要追究雇主的法律责任。

5. 劳动法中的责任条款得以明确和加强

早期的劳动立法很难得到真正实施，因为缺少监督条款和责任条款，缺乏明确的监督检查机构和对违法者法律责任的追究。现代劳动法得到了较好的贯彻实施，与现代劳动法中的责任条款得到明确和加强不无关系。现代劳动法一般依据过错责任原则，分别追究劳资双方违反劳动法的法律责任，不仅如此，现代劳动法依据劳动关系的人身隶属性和公平原则进一步强化了雇主的法律责任，比如工伤保险中确立的无过错责任原则。

6. 各国劳动法中一般都规定了处理劳动争议的特殊机构和特殊程序

劳动争议，尤其是集体劳动争议，涉及人数多，影响范围广，因此为了及时妥善处理劳动争议，稳定社会秩序，各国一般都设立了处理劳动争议的专门机构，如劳动调解机构、仲裁机构、劳动法院或法庭，并且适用区别于普通民事、商事争议的仲裁程序和诉讼程序。特别是对于集体劳动争议的处理，各国一般都采取诉讼以外的替代性解决程序（Alternative Dispute Resolutions，ADR），如和解、调解、斡旋、仲裁等。有些国家还有代理劳动争议案件的专门律师，将劳动争议案件纳入法律援助体系。

7. 各国劳动法的发展在一定程度上受到了国际劳动立法的影响

目前世界上已经有100多个国家加入了国际劳工组织（International Labour Organization，ILO）。ILO作为一个普遍的、官方的国际劳动立法组织，其立法的形式是制定和通过国际劳工公约和国际劳工建议书。自ILO成立以来，其制定和通过的公约和建议书涉及劳工问题的各个方面。各国在制定本国的劳动法时，经常要参考这些公约和建议书，而且对于本国签署和批准的公约就必须在国内予以施行，在这种情况下国际劳动立法就成为各国劳动法的一部分。在当代，随着全球经济一体化进程的加快，在劳动标准问题上也出现了统一国际劳动标准的讨论和争论。由于各国社会经济发展的不平衡，在劳动标准上不可能完全适用全球统一的标准，但是各国应当在劳动法律实践中争取达到最低的国际标准。

第三节 中国劳动立法的产生和发展

中国劳动立法的产生和发展，以中华人民共和国的成立为界限，可以粗略分为新中国成立以前和新中国成立以后两个阶段。

一、新中国成立以前的劳动立法

（一）早期中国工人阶级的劳动立法运动

19世纪中叶以后，在半封建、半殖民地的中国社会，中国工人阶级队伍逐渐形成和壮大。1921年中国共产党成立后，在上海成立中国劳动组合书记部，作为中国共产党领导工人运动的公开合法机构。中国共产党领导的工人运动推动了劳动立法的开始。1922年5月第一次全国劳动大会在广州举行，大会通过了8小时工作制、罢工援助、全国总工会组织原则等决议案。同年7—8月，中国劳动组合书记部发起了劳动立法运动，发出了《关于开展劳动立法运动的通告》，拟定了《劳动立法原则》，制定了《劳动法大纲》。在《劳动法大纲》中，中国劳动组合书记部提出的立法要求主要包括：(1) 承认劳动者有集会结社权、同盟罢工权、缔结团体契约权、国际联合权；(2) 每日工作不得超过8小时，不得雇用16岁以下男女工人；(3) 制定最低薪金保障法；(4) 一年中应有一个月、半年中应有两个星期有薪假期；(5) 应以法律保障劳动者享受补习教育的机会；(6) 应设立劳动检查局。《劳动立法原则》和《劳动法大纲》得到了全国工人的积极响应。这次全国劳动大会以后至新中国成立之前，中国劳动组合书记部又召开了5次全国劳动大会，在第2次到第5次全国劳动大会都提出了劳动立法方面新的要求，尽管这些要求未被北洋政府和国民党政府接受，但工人阶级为此进行的不懈斗争，对后来的劳动立法活动产生了积极影响。

（二）北洋政府的劳动立法

在工人运动和社会各界的压力下，北洋政府农商部于1923年颁布了《暂行工厂规则》，该规则的主要内容包括：最低就业年龄、限制最高工时、保护女工和童工、义务教育和工厂检查等。尽管该规则中规定的标准大大低于《劳动立法原则》和《劳动法大纲》中拟定的标准，而且也未能得到真正实施，但它毕竟是我国早期的劳动法规。此外，北洋政府还颁布了《矿工待遇规则》《煤矿爆发预防规则》《矿工待遇条例》等法令，但这些法令都是徒具虚名的一纸空文。1925年北洋政府农商部制定《工会条例草案》，因其对工会运动的压制和束缚过多而遭强烈反对，未能公布。

(三) 国民政府的劳动立法

1. 广州、武汉国民政府的劳动立法

1923年改组后的国民党，确定了联俄、联共、扶助农工的三大政策。1924年1月国民党在广州召开了第一次全国代表大会，在《国民党第一次全国代表大会宣言》的政纲中，提出了制定劳工法、保护劳动者、改善劳动者生活、保障和扶助劳工团体等基本主张，这些基本主张成为这一时期劳动立法的基本原则。1924年11月孙中山以大元帅的名义颁布了《工会条例》，其内容主要包括：承认工会的合法地位，工会有权签订团体协约、决定工作时间和改进劳动条件，有权要求雇主召开联席会议仲裁劳动争议，在必要时有权根据多数会员的决议宣告罢工等。1926年1月在广州召开的国民党第二次全国代表大会上，通过了《工人运动决议案》，该议案提出了实行8小时工作制，制定最低工资标准，保护女工、童工，改善工厂卫生，进行工人教育等要求。同年，国民政府还颁布了《劳工仲裁条例》《国民政府组织解决雇主雇工争执仲裁条例》等法规。这些法令对于工人运动的发展和劳工权益的保护起到了积极作用。但是，国民政府也颁布了《取缔工潮法》等违背扶助农工原则的法令。

2. 南京国民政府的劳动立法

1927年南京国民政府成立后，即于1927年7月9日成立劳动法起草委员会，着手编纂劳动法典，但是并未完成。后来，立法院决定不用法典而改用单行法的形式。到抗日战争爆发时，已公布的劳动法律、法规包括：《工会法》（1929年10月21日颁布，1931年、1932年、1933年三次修正），《工厂法》（1929年12月30日颁布，1932年修正），《劳资争议处理法》（1930年3月17日颁布，1932年、1933年两次修正），《团体协约法》（1930年10月28日）、《劳动契约法》（1931年12月25日）、《最低工资法》（1936年2月23日）等13项。

抗日战争开始后，国民政府迁至重庆，针对抗战中出现的新问题，诸如工资的实际水平因通货膨胀而下降、技术工人缺乏等，制定了一些有针对性的法律规定。其中有关职工福利方面的四项规定内容较为完整，这四项规定是：《职工福利条例》（1943年1月26日）、《职工福利实施细则》（1943年5月30日）、《职工福利委员会组织规程》（1943年10月23日）、《职工福利社设立办法》（1943年10月23日）。另外，1941年还颁布了《非常时期工会管制暂行办法》，并于1943年再次修正了《工会法》，加强了对工会的控制，取消了工人的罢工权。

抗日战争胜利后至国民党政府被推翻，这个时期没有重要的劳动立法，只是于1947年再一次修正了《工会法》，进一步加强了对工会的控制。

（四）革命根据地的劳动立法

从 1927 年至 1949 年新中国成立，与代表地主和买办官僚资产阶级利益的南京国民政府并存的是中国共产党领导的革命民主政权。中国共产党及其领导的革命民主政权历来重视劳动立法，在其创立的革命根据地制定了很多劳动法规和劳动立法建议文件，中国工人阶级的劳动立法理想在这些法规和建议文件中逐步得到实现，也是中国社会主义劳动立法的萌芽。革命根据地的劳动立法进程可以分为三个时期。

1. 土地革命时期的劳动立法

工农苏维埃政权制定了一些劳动法规，包括：《赤色工会组织法》（1930 年 1 月 1 日）、《劳动保护法》（1930 年 6 月）、《中华苏维埃共和国劳动法》（1931 年 12 月 1 日颁布，1933 年 10 月 15 日修正）、《关于实施劳动法的决议案》（1931 年 12 月 21 日），等等。其中，《中华苏维埃共和国劳动法》主要有以下内容：（1）雇用工人须经过失业介绍所进行，禁止私人设立工作介绍所或雇佣代理处；（2）实行集体合同、劳动合同制度；（3）每日工作时间不得超过 8 小时，16~18 岁青工不得超过 6 小时，14~16 岁童工不得超过 4 小时；（4）工人工作到 6 个月以上者至少需有 2 周有薪休假；（5）工资不得少于劳动部门规定的最低额，各工业部门的最低工资额由劳动部至少每 3 个月审查一次；（6）对女工、童工、青工给予特殊保护；（7）社会保险对于一切劳动者均得到实施；（8）劳资纠纷由人民法院的劳动法庭判决，或者由劳资双方代表组成的评判委员会及设在劳动部的仲裁委员会处理。该法规内容比较完备，对保护劳动者的利益发挥了一定作用。但是由于部分标准过高，不切合革命根据地社会经济的实际情况，引起了雇主的不满，雇主因不满而关厂又造成了工人失业人数的增加，因此 1933 年对该法作了部分修改。

2. 抗日战争时期的劳动立法

革命根据地各边区政府基于既要照顾拥护抗日的民族资本家的利益，又要维护工人基本权利的方针，并在总结土地革命时期劳动立法经验的基础上进行了劳动立法。《陕甘宁边区施政纲领》和《晋察冀边区施政纲领》中都规定了调整劳动关系的基本政策，这些基本政策在其颁布的劳动法规中有所体现。这一时期的劳动法规主要有：《晋冀鲁豫边区劳工保护暂行条例》（1941 年）、《陕甘宁边区劳动保护条例（草案）》（1942 年）等，这些法规中规定的劳动条件的标准较为合理，而且允许有伸缩余地，这与抗日战争时期政治经济的特点和抗日民族统一战线的维护有较大关系。另外，晋察冀、晋西北、山东省和苏中区也制定了劳动法规。

3. 解放战争时期的劳动立法

在这一时期,最初是沿用抗日战争时期的劳动法规,到新中国成立前夕,1948年7月在哈尔滨召开了第六次全国劳动大会,会议通过了《关于中国职工运动当前任务的决议》,其中提出了劳动立法的建议,主要包括:(1)工人一般实行8~10小时工作制,除战争紧急需要外,每日连加班在内不超过12小时,加班连续不得超过4天,每月加班时间不超过48小时;(2)包括本人在内,职工最低工资水平须能够维持两个人的生活;(3)男女同工同酬;(4)劳动须有契约并尽可能采用集体契约形式;(5)劳动争议处理程序为调解、仲裁和法院审理。这个决议成为当时劳动立法的总纲领。根据这个决议各个解放区和大城市都先后颁布了调整劳动关系的暂行法规,如东北行政委员会批准了哈尔滨市政府草拟的《战时劳动法》,颁布了《东北公营企业战时暂行劳动保险条例》等。这些法规为新中国成立以后的劳动立法积累了经验。

二、新中国成立以后的劳动立法

新中国成立以后,劳动立法进入一个崭新的历史时期。70多年来,劳动立法可以划分为两大历史时期,每个历史时期又可细分为不同阶段。总体上成绩斐然,但又面临一些挑战。

(一)从新中国成立到党的十一届三中全会以前的劳动立法

这一历史时期的劳动立法又可以分为三个阶段。

1. 1949—1952年,即国民经济恢复阶段

这一阶段的劳动立法主要有:(1)为了保障工会的法律地位而于1950年6月颁布的《中华人民共和国工会法》(以下简称《工会法》),对工会的性质,工会在国家政治、经济和社会生活中的地位,工会的权利和职责等作了全面规定;(2)为解决旧中国遗留下来的失业问题、救济和安置失业人员而出台的一系列法规,包括1950年5月20日劳动部发布的《关于失业技术员工登记介绍办法》,1950年7月1日劳动部发布的《救济失业工人的暂行办法》,1952年8月6日政务院发布的《关于劳动就业问题的决定》,1952年8月30日政务院劳动就业委员会发布的《关于失业人员统一登记办法》;(3)为加强劳动保护工作而发布了一系列劳动安全和劳动卫生方面的法规,包括1950年5月3日政务院发布的《全国公私营各厂矿职工伤亡报告办法》,1951年12月31日政务院重新制定发布的《工业交通及建筑企业职工伤亡事故报告办法》,1950年5月31日劳动部发布的《工厂卫生暂行条例(草案)》,1951年10月劳动部发布的《关于搬运危险物品的几项办法》,1952年12月政务院发布的《关于防止沥青中毒事故的

指示》等；（4）为了协调劳资关系、处理劳动争议而发布的一系列法规，包括中华全国总工会在1949年11月发布的文件——《关于劳资关系处理暂行办法》《关于私营工商企业劳资双方订立集体合同的暂行办法》，1950年4月29日劳动部发布的《关于在私营企业中设立劳资协商会议的指示》，1950年6月劳动部发布的《劳动争议仲裁委员会组织及工作规则》，1950年11月26日政务院批准劳动部出台的《关于劳动争议解决程序的规定》；（5）为了建立劳动保险制度，政务院于1951年2月26日出台《中华人民共和国劳动保险条例》（以下简称《劳动保险条例》），对劳动保险的实施范围、劳动保险金的征收与保管、各项劳动保险待遇、劳动保险金的支配和劳动保险工作的执行监督等作了具体规定。

2. 1953—1957年，即"第一个五年计划"阶段

这一阶段的劳动立法主要包括：（1）为了协调劳动力的招用和调配，发布了一系列有关劳动用工管理的法规，1954年劳动部发布《建筑工人调配暂行办法》，国务院发布《复员建设军人安置暂行办法》，1955年和1957年国务院又发布了《关于安置复员建设军人工作的决议》《关于劳动力调剂工作中的几个问题的通知》等，这些规定有利于对劳动力进行有计划有组织地招收和调配，但也限制了企事业单位的用工自主权；（2）为了加强企业内部的劳动管理，政务院于1954年发布了有关劳动纪律方面的法规——《国营企业内部劳动规则纲要》，对于在厂矿企业中规定内部劳动规则，职工的录用、调动和辞退，企业和职工的基本职责，工作时间和处分等作了具体规定；（3）为了改革工资制度，国务院于1956年发布了《关于工资改革的决定》《关于工资改革中若干具体问题的规定》等法规，这些法规规定，干部中的职务等级工资制和工人中的八级工资制，实行计时工资、计件工资等多种工资形式，从而根据按劳分配原则建立起全国统一的工资制度；（4）为了进一步加强劳动保护，国务院于1956年5月发布了职业安全方面的"三大规程"——《工厂安全卫生规程》《建筑安装工程安全技术规程》《工人职员伤亡事故报告规程》；（5）为了完善劳动保险制度，国务院于1953年修正发布了《劳动保险条例》，扩大了劳动保险的实施范围，提高了劳动保险待遇，1955年又发布了《国家机关工作人员退休处理暂行办法》。

3. 1958—1976年，即"第二个五年计划"至"文化大革命"阶段

1958年年初国务院出台了几项重要的劳动法规，包括《关于工人、职员退休处理的暂行规定》《关于企业、事业单位和国家机关中普通工和勤杂工的工资待遇的暂行规定》《关于国营、公私合营、合作经营、个体经营的企业和事业单位的学徒的学习期限和生活补贴的暂行规定》《关于工人、职员回家探亲的假期和工资待遇的暂行规定》等。但1958年以后的"大跃进"期间劳动立法进展缓慢。"大跃进"以后，为了克服

"大跃进"中劳动工资管理一度失控而造成的混乱，发布了几项关于招收、使用和管理临时工以及计件工资和计时奖励工资制度等方面的规定。为了加强职业安全卫生，国务院1963年3月发布了《关于加强企业生产中安全工作的几项规定》，同年9月又批准发布了《防止矽尘危害工作管理办法》。1967—1976年，即"文化大革命"期间的劳动立法基本处于停滞状态，已有的劳动法规未能贯彻实施。

（二）党的十一届三中全会以后的劳动立法

以1994年《中华人民共和国劳动法》（以下简称《劳动法》）的出台为界限，这一历史时期的劳动立法又可以分为两个阶段。

1. 1977—1993年劳动立法的改革和发展阶段

在这一阶段，一方面是恢复新中国成立以来、"文化大革命"以前行之有效的劳动制度，并做适当改进；另一方面，也是主要方面，就是进行劳动制度改革的立法，因为随着经济体制改革的提出和逐步进行，劳动制度也需要相应的改革。以年限为顺序，这一阶段的劳动立法主要包括以下内容，见表1-1。

表1-1　　　　　　　　　1978—1993年劳动立法汇总表

年份	发布机关	文件
1978年	国务院发布、全国人大常委会批准	《国务院关于工人退休、退职的暂行办法》《国务院关于安置老弱病残干部的暂行办法》
1981年	国务院发布、全国人大常委会批准	《国务院关于职工探亲待遇的规定》
1982年	国务院	《企业职工奖惩条例》
1982年	国务院	《矿山安全条例》《矿山安全监察条例》《锅炉压力容器安全监察暂行条例》
1982年	劳动人事部	《关于积极试行劳动合同制的通知》《工人技术考核暂行条例（试行）》
1983年	劳动人事部	《关于招工考核、择优录用的暂行规定》
1984年	国务院	《关于加强防尘防毒工作的决定》
1985年	国务院	《关于国营企业工资改革问题的通知》《关于国家机关和事业单位工作人员工资制度改革问题的通知》《工资基金暂行管理办法》《国营企业奖金税暂行规定》《国营企业工资调节税暂行规定》《事业单位奖金税暂行规定》
1986年	国务院	《国营企业招用工人暂行规定》《国营企业辞退违纪职工暂行规定》《国营企业职工待业保险暂行规定》《国营企业实行劳动合同制暂行规定》《全民所有制工业企业职工代表大会条例》《关于科技人员合理流动的若干规定》《国营企业奖金税和工资调节税补充规定》

续表

年份	发布机关	文件
1987年	国务院	《国营企业劳动争议处理暂行规定》
1988年	国务院	《女职工劳动保护规定》
1989年	国务院	《全民所有制企业临时工管理暂行规定》
1989年	劳动部	《私营企业劳动管理暂行规定》
1990年	全国人大常委会	《中华人民共和国残疾人保障法》（以下简称《残疾人保障法》）
1990年	劳动部发布、国务院批准	《关于加强城镇集体所有制企业职工工资收入管理的通知》
1990年	劳动部	《职业介绍暂行规定》《工人考核条例》《关于高级技师评聘的实施意见》
1990年	国家统计局	《关于工资总额组成的规定》
1991年	国务院	《全民所有制企业招用农民合同制工人的规定》《禁止使用童工规定》《企业职工伤亡事故报告和处理规定》《关于企业职工养老保险制度改革的决定》《关于大力发展职业技术教育的决定》
1991年	劳动部、国家税务局	《城镇集体所有制企业工资总额同经济效益挂钩办法》
1992年	全国人大常委会	《中华人民共和国妇女权益保障法》（以下简称《妇女权益保障法》）、《中华人民共和国工会法》、《中华人民共和国矿山安全法》（以下简称《矿山安全法》）
1992年	国务院	《关于修改〈国营企业实行劳动合同暂行规定〉第2条、第26条的决定》
1992年	劳动部	《使用童工罚款标准的规定》《劳动合同鉴证实施办法》《境外就业服务管理机构规定》
1992年	劳动部、国务院生产办、国家体改委、人事部、全国总工会	《关于深化企业劳动人事、工资分配、社会保险制度改革的意见》
1992年	劳动部、国家体改委	《关于股份制试点企业劳动工资管理暂行规定》
1993年	国务院	《国有企业富余职工安置规定》《国有企业职工待业保险规定》《企业劳动争议处理条例》
1993年	劳动部发布、国务院办公厅转发	《劳动部关于加强企业工资总额宏观调控的意见》
1993年	劳动部	《企业最低工资规定》《职业技能鉴定规定》《企业职工养老基金管理规定》《劳动争议仲裁委员会办案规则》《劳动争议仲裁委员会组织规则》《企业劳动争议调解委员会组织及工作规则》《劳动监察规定》
1994年	国务院	《关于职工工作时间的规定》
1994年	劳动部、人事部	《关于有毒作业危害分级监察规定》《职业资格证书规定》

2. 1994年《劳动法》颁布至今

经过多年的起草工作，1994年7月5日第八届全国人民代表大会常务委员会第八次会议通过了《中华人民共和国劳动法》，并于1995年1月1日开始施行，这是新中国成立后第一部综合调整劳动关系的法律，是我国劳动立法的里程碑。2009年和2018年对《劳动法》作了少许修正，但劳动关系调整的法律框架和基本内容未变。

劳动关系法律调整的另一重要法律是《中华人民共和国劳动合同法》（以下简称《劳动合同法》）。该法于2007年发布，自2008年1月1日实施，2012年对该法中的劳务派遣相关章节和条款进行了修正。1995年1月1日施行的《劳动法》正式确立了劳动合同制度，《劳动合同法》随后被列入国务院立法日程，但受制于多方面因素，《劳动合同法》的起草工作曾被搁置，直到2004年年底《劳动合同法》的起草工作才重新启动。劳动合同是规范劳动关系最基本的方式，从法律上确立和完善了劳动合同制度，对于保护劳动者的合法权益、维护劳动关系的和谐稳定和促进经济社会可持续发展具有重要意义。《劳动合同法》的起草一直是社会各界高度关注的焦点，每一次审议都能引发社会热议，最终在反复讨论和协调中达成共识，形成法律。为了贯彻实施《劳动合同法》，2008年国务院颁布了《中华人民共和国劳动合同法实施条例》。

劳动基准方面的立法也蓬勃发展，已形成一个相当完善的体系。劳动基准主要包括工作时间和休息休假、工资、劳动安全卫生和职业病防治、特殊群体保护等。

工作时间和休息休假方面，主要包括《国务院关于职工工作时间的规定》（1994年发布，1995年修订）、《劳动部关于企业实行不定时工作制和综合计算工时工作制的审批办法》（1994年）、《〈国务院关于职工工作时间的规定〉的实施办法》（1995年）、《劳动和社会保障部关于职工全年月平均工作时间和工资折算问题的通知》（2008年）、《全国年节及纪念日放假办法》（1949年发布，2013年第三次修订）、《职工带薪年休假条例》（2007年）、《企业职工带薪年休假实施办法》（2008年）等。

工资方面，主要包括《工资支付暂行规定》（1994年）、《最低工资规定》（2004年）、《保障农民工工资支付条例》（2019年）等。

劳动安全卫生和职业病防治方面，主要包括《中华人民共和国职业病防治法》（以下简称《职业病防治法》）（2001年发布，2018年修正）、《职业病危害项目申报办法》（2012年）、《职业病诊断与鉴定管理办法》（2021年）、《中华人民共和国安全生产法》（以下简称《安全生产法》）（2002年公布，2021年第三次修正）等。

特殊群体保护方面，主要包括《未成年工特殊保护规定》（1994年）、《禁止使用童工规定》（2002年）、《女职工劳动保护特别规定》（2012年）。

就业促进方面，主要包括《中华人民共和国就业促进法》（以下简称《就业促进法》）(2007年发布，2015年修正)、《残疾人就业条例》(2007年)、《就业服务与就业管理规定》(2007年发布，2018年修订)等。

社会保险方面，主要包括《国务院关于建立统一的企业职工基本养老保险制度的决定》(1997年)、《国务院关于建立城镇职工基本医疗保险制度的决定》(1998年)、《失业保险条例》(1999年)、《工伤保险条例》(2003年公布，2010年修订)、《社会保险费征缴暂行条例》(1999年发布，2019年修订)、《社会保险稽核办法》(2003年)等。

集体合同和工会方面，主要包括《工会法》(2001年修正)、《集体合同规定》(2004年)、《工资集体协商试行办法》(2000年)等。

劳动保障监察与劳动争议处理方面，主要包括《劳动保障监察条例》(2004年)、《中华人民共和国劳动争议调解仲裁法》（以下简称《劳动争议调解仲裁法》）(2007年)等。

（三）劳动立法的成就与挑战

1. 劳动法制建设成绩斐然

经过多年的发展，我国劳动法制建设取得了很大的成就，已建立与社会主义市场经济体制相适应的劳动法律制度体系。主要表现为：(1) 形成了系统完整的劳动法律体系，以《劳动法》为统率，所颁布的劳动法律、法规、规章等已涵盖了劳动关系的方方面面；(2) 劳动法的适用范围逐渐扩大到各种所有制类型和组织形式的企业和用人单位；(3) 确立了主要的劳动基准，劳动者在工资、工作时间、休息休假、劳动安全卫生、职业病防治等方面都受到了最低劳动标准的保障，维护了劳动者最基本的劳动权利；(4) 劳动合同制度普遍实行，集体协商制度也在顺序推行，这对于维护劳动者合法权益、协调劳动关系具有重要作用；(5) 逐步完善了社会保险制度，建立起了养老保险、医疗保险、失业保险、工伤保险和生育保险制度，对劳动者予以全面保障；(6) 解决劳动争议的程序法不断完善，建立了劳动争议调解、仲裁和诉讼这些专门解决劳动争议的程序，以应对劳动争议的复杂性和广泛性，妥善及时解决劳动争议，维护劳动关系双方当事人的合法权益。

2. 劳动立法面临的挑战

劳动立法应与所处的经济社会环境相适应，应随着经济社会发展而予以调整和变更。自《劳动法》与《劳动合同法》实施以来，我国经济社会发生了巨大变化，这些变化主要表现在：改革全面深化，社会经济转型，新业态不断涌现，数字平台经济蓬勃发展，依托平台的合作、零工、众包等灵活用工模式层出不穷；2020年爆发全球新冠肺炎疫情，疫情防控措施调整不断，至今工作、生活尚未完全恢复正常，为应对疫情而产生的共享用工得以发展,居家办公也逐渐成为可接受的常态;技术发展创新加速,人才争夺日趋激烈。由于法律具有相对滞后性的特征,当前劳动法律框架下有许多问题面临争议,如新形势下劳动法律关系如何界定,相关方的利益如何均衡,出现的新问题如何解决,需要进行相关改革和立法以应对挑战。

本章小结

  劳动法作为一个主要以劳动关系为调整对象的法律部门,是社会发展到一定历史阶段才出现的。劳动法的产生随着资本主义的发展经历了劳工法规和工厂立法两个阶段。本章论述了劳动法产生的原因和特点,并介绍了劳动法的发展情况,还较为详细地介绍了我国劳动立法的产生和发展概况以及当前在新形势下面临的挑战。

复习思考题

1. 劳动法是在什么历史条件下产生的?
2. 简述劳动法的产生过程。
3. 劳动法产生的原因是什么?
4. 试述早期劳动法的特点。
5. 试述劳动法在各国的发展简况。
6. 当代劳动立法的趋势是什么?
7. 试述我国劳动立法的产生和发展。
8. 当前我国劳动立法面临的挑战是什么?

第二章
劳动法基础理论

>> 学习要点

　　准确理解法学及劳动法学的基础理论和基本知识，如劳动法的概念，劳动法的调整对象，劳动法的地位、体系及法律渊源，劳动法的适用，劳动法的基本原则等。

　　全面理解劳动法律关系中诸多基本概念，劳动法律关系的特征、分类，劳动法律关系的三个要素，劳动法律关系的产生、变更及消灭等。

>> 关键概念

　　法　法学　劳动法　劳动关系　法律关系　劳动法律关系　劳动法律关系要素　劳动法律关系主体　劳动法律关系客体　劳动权利能力　劳动行为能力　用人权利能力　用人行为能力　劳动法律事实　行为　事件

第一节 劳动法的概念和调整对象

一、法与法学概念

（一）法的概念

什么是法？对法的概念的界定，是一个非常重要的基本问题，是研究所有法律部门的基础。关于"法"字的起源，曾经相传过一个故事。在久远的原始社会，一个名为皋陶的司法官，执法公正，处理案件时往往牵出一头神兽，这头神兽叫作"廌"或"獬豸"。这头神兽头上长着一只独角，又称"独角兽"，它在解决纠纷时会将独角伸向无理的一方。"法"字在我国古代写为"灋"，其中"氵"代表"水平""公平"，"廌"代表"正义"，汉代以后将"灋"字简化为"法"字。现在"法"有广义和狭义之分。广义的法包括所有法律规范；狭义的法在我国仅指全国人民代表大会及其常务委员会颁布的法律。法是人们用以调整人与人之间关系的行为规范[①]，是掌握政权的社会集团意志的体现，是社会规范，属上层建筑范畴。法的核心问题是权利和义务，反映的是人与人之间的利益关系。

（二）法学的概念

法学，又称法律学或法律科学，是研究法律现象及其发展规律的一门社会科学。[②] 法学首先是社会科学，是研究人与人之间关系的学科。法学在研究人与人之间的社会关系中，研究各种法律现象及其发展规律。法律现象是一种特定的社会现象，包括法律关系现象、立法现象、法律行为现象、法律意识现象、法律执法现象等，法学对所有法律现象进行历史及现实的分析研究。我国在法学研究及立法实践中又将各种法律现象进行部门法的分类，如宪法学、刑法学、民商法学、行政法学、经济法学等，劳动法学也是部门法学之一。

二、劳动法与劳动法学的概念

（一）劳动法的概念

劳动法的概念即回答什么是劳动法。劳动法的概念有很多提法，如"劳动法是关

---

①② 赵震江，付子堂. 现代法理学 [M]. 北京：北京大学出版社，1999：30，2.

于劳动之法""劳动法为规范劳动关系及其附随一切关系之法律制度之全体"① 等。在我国劳动法有广义和狭义之分。

1. 狭义的劳动法

狭义的劳动法是指国家最高立法机关制定公布的全国性、综合性的劳动法，一般以法典的形式出现。这种法律各国名称不同，如《劳工法》《劳动关系法》《劳资关系法》《劳动标准法》《劳动基准法》等。中华人民共和国成立以来，在相当长的历史时期，没有颁布全国统一的、综合性的、法律效力较高的调整劳动关系的基本法律，主要依据大量的单行法规和各个时期的劳动政策。自20世纪70年代以来，经过多次起草工作，1994年7月5日全国人民代表大会常务委员会第八次会议通过了《中华人民共和国劳动法》，于1995年1月1日开始实施。这部法律应称为我国现阶段狭义的劳动法，原因如下：第一，这部法律是由最高立法机关颁布的；第二，这部法律统一适用于全国（港澳台地区除外）；第三，这部法律内容体系完整，为制定各项单行劳动法规和地方性劳动法规作出了原则性规定。目前世界许多国家已颁布了法典式的劳动法。

2. 广义的劳动法

广义的劳动法是指调整劳动关系以及与劳动关系有密切联系的其他社会关系的法律规范总称。这一概念是我国劳动法学界公认的概念。劳动法学所研究的劳动法，不仅是狭义上的劳动法，而且是全部劳动法律规范。广义的劳动法可以作如下理解：第一，广义的劳动法调整两部分社会关系，即劳动关系和与劳动关系密切联系的其他关系；第二，广义的劳动法是法律规范的总称，即不仅包括调整劳动关系的基本法，而且包括所有单行法规、地方性法规等。

从劳动法的定义可以看出，无论是狭义的劳动法还是广义的劳动法，尽管各国劳动法的名称不同，但都是和劳动有关的法律。劳动是人们创造物质财富和精神财富的有意识、有目的的活动，没有劳动就没有人类，就没有社会的发展。但是劳动法上的劳动，并不是指一切劳动，劳动法中所指的劳动，有以下特征：（1）劳动法上的劳动一般是人们在争取与实现劳动权利过程中的劳动，如劳动就业法律保障是劳动法的重要内容；（2）劳动法上的劳动是有偿性劳动，它区别于无偿的义务性劳动；（3）劳动法上的劳动带有劳雇关系，双方具有从属性。

（二）劳动法学的概念

劳动法学又称劳动法律科学，是指研究各项劳动法律现象、法律关系的基础理论

---

① 史尚宽. 劳动法原论 [M]. 台北：台北重刊，1978（1）.

及其发展规律的科学。19世纪初期以后,劳动法成为一个独立的法律部门,劳动法学的研究才逐渐发展起来。各国学者在研究劳动关系、劳资关系、工人运动的基础上,形成较为完整的劳动法学科。劳动法学在法学中是一门应用性较强的学科,它的基础理论离不开劳动关系中的各类利益关系和利益冲突;权利义务关系中的"以人为本"的法律观念在劳动法学研究中有充分体现。劳动法学的发展规律与各国不同历史时期劳动关系的变化、社会经济制度的变革、国情、国际劳工运动的发展、经济全球化的趋势等有着密切的联系。

三、劳动法的调整对象

在我国法学理论中,不同的法律部门调整各自不同的社会关系,这种不同的社会关系就可以划分为不同的调整对象。这是法学中的重要基础理论。

从劳动法的概念中可以明确劳动关系是劳动法调整的主要社会关系,除劳动关系外,劳动法还调整与其密切联系的一些社会关系。因此,劳动法的调整对象是劳动关系及与劳动关系有密切联系的其他社会关系。

(一)劳动关系

1. 劳动关系的概念

劳动法调整的劳动关系,是指在运用劳动能力、实现劳动过程中,劳动者与用人单位(劳动使用者)之间的社会关系。对劳动关系应理解为:人们在劳动过程中,不仅与自然发生关系,还与劳动中的人发生关系。这种社会关系非常广泛,但并不是所有与劳动有关的社会关系均由劳动法调整,有些与劳动有关的社会关系由其他法律调整,如民法中的承揽关系等。由劳动法调整的劳动关系和劳动有着直接联系,劳动是这种关系的基础和实质。因此劳动法调整的是狭义的劳动关系。

2. 劳动关系的特征

(1)劳动关系是社会劳动过程中发生的关系。劳动者提供劳动能力包括体力劳动能力和智力劳动能力,劳动使用者提供劳动过程所需要的生产条件和工作条件,劳动关系是双方在直接的劳动过程中发生的关系。

(2)劳动关系的主体双方,一方是劳动者,另一方是劳动使用者(或用人单位)。劳动关系的主体双方各自具有独立的经济利益,劳动者提供劳动能力,要求获得相应的报酬和工作条件;劳动使用者为获得经济利益,包括要求降低人工成本的经济利益。

(3)劳动关系双方在维护各自经济利益的过程中,地位是平等的。

(4)劳动关系主体双方存在管理和被管理关系,即劳动关系建立后,劳动者要依法服从劳动使用者的管理，遵守规章制度。

以上劳动关系的特点，可以将劳动法调整的劳动关系与其他法律调整的与劳动有关的其他社会关系相区别。如民事关系中的承揽人和定作人的关系、作者和出版单位的关系等。这些关系虽与劳动有关，但不是直接在劳动过程中发生的，双方没有构成劳动关系的主体资格，也不存在管理与被管理关系。

3. 劳动关系的种类

关于劳动关系的种类，可以从不同的角度进行不同的分类。同时还要注意，劳动关系随着各国社会经济发展的阶段、社会经济制度变革的进程而有所变化和发展。我国计划经济体制下，劳动者的就业、薪酬、社会保险等都是由国家统包统配直接管理的，从业职工实际上是和国家发生关系，并没有形成实质意义上的劳动者与用人单位之间各自具有独立经济利益的劳动关系。在市场经济体制下，我国劳动关系可以从不同角度进行分类。

（1）从不同所有制关系上，可以分为全民所有制劳动关系、集体所有制劳动关系、个体经营劳动关系、联营企业劳动关系、股份制企业劳动关系、外商投资企业劳动关系等。

（2）从职业分类上，可以分为企业劳动关系、国家机关劳动关系、事业单位劳动关系等。

（3）从资本的组织形式上，可以分为国有控股公司劳动关系、私营企业劳动关系、外商投资企业劳动关系等。

（4）从工人运动角度，可以分为利益冲突型劳动关系、利益一体型劳动关系、利益协调型劳动关系。

（5）从集体合同制度上，可以分为个别劳动关系、集体劳动关系。

在我国现阶段社会主义市场经济体制下，劳动关系必然呈现多元化和复杂性的特点。特别是我国在网络经济、数字经济发展进程中，劳动关系表现出更为复杂的非典型性特点，如共享用工、平台用工、远程工作等用工形式的出现。劳动领域用工多元化的发展，其基础仍然是劳动关系的建立和法治化。今后随着市场经济各项基本制度的不断完善，劳动关系的种类及分类方法将会进一步明确。

（二）与劳动关系有密切联系的其他社会关系

劳动法的调整对象除劳动关系外，还有一些与劳动关系有密切联系的关系。这些关系就其本身来讲，不是劳动关系，但这些关系可以从不同的角度与劳动关系发生直接或间接的联系，因此也应由劳动法调整。用两种方法可以确定哪些是与劳动关系有密切联系的社会关系。

1. 列举式方法

将一些主要的与劳动关系有密切联系的其他社会关系列出，如以下几类。

（1）国家在进行劳动力管理中产生的关系。劳动行政管理机关可能在劳动就业管理、职业认证、职业培训、工伤鉴定等方面与用人单位或与劳动者发生关系，这类关系本身不是劳动关系，而是和劳动关系有着密切联系的社会关系。

（2）社会保险中的某些关系。劳动者的社会保险是劳动法的一个组成部分，社会保险中有些关系是劳动关系，如生育保险关系是劳动关系存在期间发生的关系，但社会保险中有些关系可能是在劳动关系结束后发生的，如养老保险关系等。

（3）工会组织与企业在执行劳动法、工会法过程中发生的关系。工会依法对企业执行劳动法、工会法的过程有相应的监督权和参与权，这些关系与劳动关系有密切联系。

（4）处理劳动争议过程中发生的一些关系。处理劳动争议因需要体现三方性原则，即在调解、仲裁程序中均要求工会、行政机关、用人单位的参与，这些关系与劳动关系有密切联系。

（5）其他有关管理机构在监督劳动法执行过程中发生的一些关系。除劳动管理机关外，可能还要涉及经济管理机关、卫生管理机关、金融管理机构等在对相关劳动法制监管中所发生的关系。

2. 区别式方法

可以用三个因素确定哪些社会关系是与劳动关系有密切联系从而应由劳动法调整。

（1）这些关系是劳动关系产生的前提条件，如劳动就业中的某些关系。

（2）这些关系是劳动关系的直接后果，如社会保险中的养老保险关系。

（3）这些关系是劳动关系附带产生的关系，如职业培训中劳动者与培训机构产生的关系。

符合三个因素中任何一个因素均可确定为与劳动关系有密切联系。

第二节　劳动法的地位、体系及法律渊源

一、劳动法的地位

劳动法的地位所研究的问题，实际上是分析劳动法在全部法律体系中是一个独立部门还是从属于其他部门。传统划分标准主要是以调整不同领域的社会关系为依据，

同时，也不排除调整手段等其他标准，如刑法就是以调整手段为标准而成为独立部门的。

（一）劳动法和劳动法学是独立的法律部门和独立的法学学科

劳动法是自19世纪初大工业生产以后，由于国家对雇佣关系的干预，而从传统民法中独立出来，进而成为一个独立的法律部门。劳动法之所以能成为一个独立的法律部门是由其自身特性决定的。

第一，劳动法有特定的调整对象。劳动法主要调整的劳动关系是其他法律部门无法包容的。

第二，劳动法有特定的主体。劳动法中的劳动者与劳动使用者之间的主体关系，是劳动法的重要特点，双方均有特定的主体资格。

第三，劳动法有独立的内容体系。劳动法内容包括了劳动就业、劳动合同与集体合同、工资、工时与休假、职业安全卫生、社会保险、工会、劳动争议处理等内容，劳动法完整而系统的内容体系也是其他法律部门不能包容的。

劳动法学是一个独立的学科，有其独立的基础理论体系和应用知识结构。

（二）劳动法与其他法律部门的区别

1. 劳动法与民法的区别

（1）两者的调整对象不同。《中华人民共和国民法典》（以下简称《民法典》）规定："民法调整平等主体的自然人、法人和非法人组织之间的人身关系和财产关系。"劳动法虽然有一部分也涉及财产关系（如工资报酬）、人身关系（如职业安全），但这些关系是基于双方主体的劳动关系而产生的。

（2）两者的主体不同。民事法律关系主体双方可能是公民、法人或一方为公民另一方为法人。劳动法的一方必须是劳动者，另一方为用人单位。

（3）两者调整的原则不完全相同。《民法典》规定，"民事主体在民事活动中的法律地位一律平等"。劳动法除一般性双方平等原则外，对某些主体还有特殊保护，如对女职工与未成年工的特殊保护。劳动法的某些关系也不可能是等价有偿的，如社会保险中的一些关系。

2. 劳动法与经济法的区别

经济法调整的经济关系非常广泛，它是调整协调国家在本国经济运行过程中发生的特定的经济关系。这些经济关系的调整是为了加强对国家经济活动的宏观调控和管理，显然与劳动法调整雇佣与被雇佣的劳动关系是不同的。

3. 劳动法与行政法的区别

劳动法和行政法的调整对象显然不同，行政法是调整国家行政机关在执行行政职务时发生的各项社会关系，行政关系必须有一方是行政机关，而劳动关系必须有一方是劳动者。

（三）与劳动法关系最密切的法律部门

与劳动法关系最密切的法律部门是社会保障法，这两个法律部门都与保护弱势群体、实现社会公平和社会安定有关，但这两个法律部门调整的社会关系是不同的。社会保障法是调整社会保险、社会救济、社会福利、军人优抚、住房福利等社会关系。社会保障法中的社会保险与劳动法中的社会保险是两个法律部门中的交叉部分。

二、劳动法和劳动法学体系

（一）劳动法体系

1. 劳动法体系概念

劳动法体系，是指构成劳动法律部门中不可缺少的相互间有内在联系的法律规范的统一整体。这一概念强调构成劳动法体系应内容完整，包括各种不可缺少的劳动法律制度；各项劳动法律制度基于劳动法律关系建立相互间的内在联系。劳动法体系和劳动立法规划体系是不同的，劳动立法规划体系是在一定的时期内的劳动立法计划，它与完整而系统的劳动法体系结构不同。

2. 劳动法体系结构

劳动法体系是由各项劳动法律制度构成的一个较为完整的体系。依劳动法律内容而确定的劳动法律体系如下。

- 劳动管理法——劳动管理机构设置及其职权
- 劳动就业法
- 劳动关系协调法——劳动合同法
  　　　　　　　　集体合同法
  　　　　　　　　集体协商规则
- 劳动标准法——工资法
  　　　　　　　工时与休假法
  　　　　　　　职业安全卫生法
  　　　　　　　女职工与未成年工特殊保护法

- 社会保险法——养老保险法
　　　　　　　　医疗保险法
　　　　　　　　工伤保险法
　　　　　　　　失业保险法
　　　　　　　　生育保险法
　　　　　　　　遗属津贴
- 劳动争议处理法——劳动争议：调解程序
　　　　　　　　　　　　　　仲裁程序
　　　　　　　　　　　　　　诉讼程序
　　　　　　　　集体协商争议：行政调解程序
　　　　　　　　集体合同争议（同劳动争议程序）
- 劳动监督检查法——监督检查机构
　　　　　　　　　监督检查职权
- 工会的法律保障——结社权
　　　　　　　　　协商权
　　　　　　　　　参与权
　　　　　　　　　监督权

除以法律内容确定的分类体系外，还有其他从不同角度分类的方法，如根据法律性质分为由劳动实体法、劳动程序法、劳动监察法构成的劳动法体系；根据法律职能由劳动标准法、劳动关系法、职业保障法构成的劳动法体系；根据职业（行业）的不同由企业劳动法、公务员劳动法、事业单位工作人员劳动法等构成的劳动法体系。

（二）劳动法学体系

劳动法学体系，是指在劳动法体系的基础上进行理论性概括和综合分析所形成的体系。劳动法学体系因不同的研究方法和不同的研究对象，其结构不完全相同。从研究方法上可分为劳动法基础理论、劳动实体法理论、劳动程序法理论、劳动标准法理论、劳动比较法理论等。劳动法学作为法学教育中的一个要素，一般分为两个部分：第一部分为基础理论与基本知识，包括劳动法和劳动法学的概念、劳动法的调整对象、劳动法基本原则、劳动法体系、劳动法历史、劳动法的适用、劳动法的功能（或价值）、劳动法渊源、劳动法律关系、劳动法与其他部门法的关系（如与民商法、经济法、社会法等）；第二部分为劳动法学分论，包括劳动法学的各项具体内容，如劳动就业法、劳动合同法、集体合同法、工时与休假法、工资法、职业安全卫生法、女职工与未成年工特殊保护法、职业教育法、职业规则、工会法律保障、劳动争议处理法、劳动监督检查法等。劳动法的分论在不同的内容中同样也包含着基础理论与基本知识。

三、劳动法的渊源

（一）法律渊源的概念

法律渊源一般是指法律效力的来源不同而形成的不同的法律形式，也可称为法律形式。许多国家法律效力的表现形式为制定法，也称成文法，即不同的立法机关根据法定职权和程序制定的效力不同的法律文件。在法律渊源理论中，包含着法律的"位阶"问题。它具体要求遵循的基本原则是：在不同的位阶上，上位阶的法律效力高于下位阶的法律效力；在同一法律位阶中，后法优于前法。[①] 我国为制定法国家，以成文法为依据。不同立法机关颁布的法律文件，产生不同的效力范围。除制定法外，有些国家的法律效力表现形式为判例法，即上级法院特别是最高法院的判例成为下级法院在处理类似案件时的依据，如英国、美国等国家，我国香港特别行政区也适用判例法。

（二）劳动法的渊源

我国劳动法的法律渊源，是依据不同的立法机关制定的法律文件，构成不同法律效力的表现形式。

1. 宪法中的有关规定

宪法作为国家的根本法，在法律渊源中具有最高法律地位和效力。自1954年至1982年我国的四部宪法中，对公民的劳动权、劳动者在劳动中的各项基本权利均作了原则上的规定。这些规定，是制定劳动法律规范的重要依据，其他劳动法律规范不能与宪法相抵触。《中华人民共和国宪法》（以下简称《宪法》）第四十二条规定了公民有劳动的权利和义务，国家提倡社会主义劳动竞赛，奖励劳动模范和先进工作者，提倡公民从事义务劳动等；第四十三条规定了劳动者的休息权；第四十四条规定了退休制度；第四十五条规定了社会保险制度及对特殊群体的保护；第五十三条规定了公民遵守劳动纪律的义务等。

2. 法律

法律，是指由全国人民代表大会及其常务委员会制定的规范性文件。如《劳动法》《工会法》《矿山安全法》《劳动合同法》《社会保险法》等。

---

① 赵震江，付子堂. 现代法理学 [M]. 北京：北京大学出版社，1999：426.

3. 行政法规

行政法规，是指国务院制定的规范性文件。如《工伤保险条例》《尘肺病防治条例》《女职工劳动保护特别规定》《禁止使用童工规定》《劳动合同法实施条例》等。

4. 部门规章

部门规章，是指国务院所属各部委制定的规章。人力资源社会保障部（劳动部、劳动和社会保障部）单独或与其他部门联合制定了大量的劳动规章。如《关于贯彻执行〈中华人民共和国劳动法〉若干问题的意见》《最低工资规定》等。部门规章的名称一般有"办法""通知""意见"等。

5. 其他法律规范中有关劳动问题的规定

其他一些法律部门如经济法中的企业法、公司法、税法等也包含了与劳动相关的内容。如《中华人民共和国公司法》《中华人民共和国外商投资法》等。

6. 地方性法规

地方性法规，主要指各省、自治区、直辖市的人民代表大会及其常务委员会制定的劳动法规。经全国人民代表大会常务委员会特别授权的经济特区制定的劳动法规，只适用于经济特区，如深圳市制定了诸多内容广泛的劳动法规。

7. 地方性规章

地方性规章，是指省、自治区、直辖市人民政府，省会及自治区政府所在地的市，经国务院批准的较大的市的人民政府制定的劳动规章，它们数量多，内容也极其广泛。

8. 国际法律文件

经中国批准的国际法律文件也是劳动法的表现形式。主要包括：（1）联合国的国际公约，如《消除对妇女一切形式歧视公约》；（2）国际劳工公约，如《准予就业最低年龄公约》；（3）国际间的双边协议，如《中华人民共和国与德意志联邦共和国社会保险协定》。

9. 国际惯例

针对涉外劳动问题，在互惠原则基础上，也需要在劳动就业、职业安全、劳动力跨国流动等方面参照一些国际惯例。

10. 法律解释

有关劳动问题的立法解释和司法解释均为法律形式的组成部分。

11. 香港、澳门特别行政区劳动法律

香港、澳门特别行政区依据各自的基本法均有独立的立法权，可以保留原有法律和制定新的劳动法律。这种立法表现形式是我国实行"一国两制"所独有的。

第三节　劳动法的适用范围、实施及作用

一、劳动法的适用范围

（一）劳动法适用范围的概念

劳动法的适用范围，即我国劳动法的效力范围，是指我国劳动法适用于什么地域、什么时间和什么人。

（二）劳动法的具体适用范围

1. 劳动法的空间适用范围

劳动法的空间范围即劳动法的地域范围。一般来讲，根据立法权限的不同，地域适用范围有所不同。全国人民代表大会及其常务委员会的法律适用于全国，国务院及其各部委的行政法规、规章除有特别规定外，适用于全国。各地域、地方性法规只适用于各地区管辖范围内。民族自治地区的法规只适用于该民族自治区域内。

2. 劳动法的时间适用范围

劳动法的时间适用范围是指劳动法的生效和失效时间，即劳动法的时间效力。

（1）法律生效时间有两种情况：法律通过或公布之日起生效；法律通过或公布之日不立即生效，而另行规定生效时间，如《劳动法》1994年7月5日公布，1995年1月1日起施行。

（2）法律失效时间也有两种情况：法律规范本身明文规定终止效力的时间或特定条件出现时失效；同类法律新法生效，旧法即失效，如《失业保险条例》生效后，《国有企业职工待业保险规定》即失效。

3. 劳动法对人的适用范围

劳动法对人的适用范围是指对哪些人发生效力。《劳动法》第二条规定："在中华人民共和国境内的企业、个体经济组织（以下统称用人单位）和与之形成劳动关系的劳动者，适用本法。国家机关、事业组织、社会团体和与之建立劳动合同关系的劳动者，依照本法执行。"《劳动法》所规定的企业是非常广泛的，包括各种企业形式，如国有企业、集体企业、私营企业等。而国家机关、事业组织、社会团体如果与劳动者建立劳动合同关系，也依照劳动法执行。无劳动合同关系的公务员、军人等由其他法律另行规定。

二、劳动法的实施

（一）劳动法实施的概念

劳动法的实施是指劳动法在社会生活中能够切实地、全面地、真正地得到实现。法律的制定和出台只是告诉人们应该做什么和不允许做什么。我国已出台了大量的劳动法律规范，将这些规范转化为各用人单位和劳动者的实际行为，就要依靠法律的实施。法律的实施主要包括执行法律和遵守法律两个方面。

（二）劳动法的执行

劳动法的执行要求一切国家机关、社会组织在其权限范围内，依据法定程序，严格公正地执行劳动法律法规。行政执法和司法执法都要合法、公正、准确地执行法律。例如《劳动法》中明确规定不得无故拖欠工资。将这一规定真正在实际中得到实现，必须要求一切用人单位依法支付工资，违反规定的，依行政程序或司法程序予以处罚。

（三）劳动法的遵守

劳动法的遵守是法律实施的重要组成部分。法律遵守带有普遍性的要求。遵守劳动法的主体是广泛的，包括所有相关国家机关、社会组织和公民个人。社会组织和劳动者个人要服从国家机关、用人单位的依法管理，同时依法履行自己应尽的义务。

三、劳动法的作用

（一）劳动法作用的概念

劳动法的作用是指劳动法在协调社会劳动关系、稳定社会秩序、促进社会进步中的重要影响。它和劳动法的价值、任务、目的等概念相近，但不完全相同。我国劳动法的作用体现如下特点。（1）不同历史时期，随着劳动关系的发展变化，体现不同的作用。如计划经济和市场经济体制下，对劳动力市场的协调作用会有所区别。（2）劳动法与劳动政策相结合才能更好地发挥作用。如我国经济体制改革对下岗职工的特殊政策与劳动法相结合，发挥完善市场经济和维护劳动者权益的作用。（3）由于我国地方性经济发展程度存在较大差异，地方性劳动立法也起着重要作用。

(二)劳动法的具体作用

1. 劳动法是公民基本权利的重要保障

我国宪法和劳动法中的诸多内容涉及公民的基本权利,如劳动就业、职业安全卫生等都是公民生存权和人身权的重要保障。以人为本的思想在劳动法中体现得非常明显,用法定形式提高公民的职业能力,增加就业机会是提高全民生活水平的标志。我国已出台了大量安全技术规程和职业卫生规程,是防止各种工伤事故和职业危害的法律保障。我国有着充足的劳动力资源,大量劳动者分布在工业、交通、矿山等生产和工作现场,用法律强制性手段实施各项劳动标准,在保障劳动者生存权、健康权上有着重要意义。

我国劳动法中工资报酬及各项社会保险内容也是对公民财产权的法律保障。对有关无故拖欠工资、不执行最低工资标准、挪用社会保险基金等行为,我国已有明确的法律责任规定。

2. 劳动法是维护劳动关系双方合法权益、实现社会稳定的重要保障

我国在经济体制改革中,正在建立和完善社会主义市场经济体制,过去的计划经济体制下的劳动关系是单一的,体现的是劳动者与国家的直接关系。在市场经济体制下,劳动关系不断向复杂化、多元化发展。劳动关系双方各自具有独立的地位和利益,在劳动关系的发展过程中,双方利益冲突是不可避免的。我国劳动法关于劳动合同、集体合同的规定,在维护双方主体的合法权益、协调劳动关系上起着重要作用,特别是关于劳动合同的终止、解除条件有了比较具体的规定,是防止不当解雇、稳定劳动关系的法律保障。劳动法关于解决劳动争议和监督劳动法的执行等方面也有具体程序规范,在及时解决冲突、依法维护双方权益、保障社会稳定方面有着重要作用。

3. 劳动法保障劳动力市场有序发展,促进市场经济不断完善

劳动力资源的合理配置和劳动力的有序流动,是市场经济发展的必然要求。我国各地区之间经济发展不平衡,丰富的劳动力资源跨地区流动,需要灵活的、开放的、有序的劳动力就业体制和劳动力市场竞争机制,这也必将促进我国市场经济的不断完善。我国劳动法有关劳动合同、经济性裁员、职业技能培训、职业资格证书发放以及对外来劳工等方面的各项规定,对促进市场经济的发展有着重要的作用。

4. 劳动法是促进社会发展的重要保障

劳动法的发展与完善,对社会发展起着重要作用。主要体现在:(1)严格执行各项劳动标准,改善劳动条件,不断提高我国生产力水平;(2)规范各项职业技能培训及职业资格认证,从整体上提高全体公民的职业能力,高水平的劳动力将不断促进社

会的发展；（3）有关招聘、工资、晋级等对高级管理人员及科技人员的法律规定，有助于推动我国科学技术的发展及管理水平的提高；（4）规范国内外劳动力的流动与交流，引进高科技人才，对缩小我国与经济发达国家的差距将起到重要作用。

第四节 劳动法的基本原则

一、劳动法基本原则的概念和依据

（一）劳动法基本原则的概念

劳动法的基本原则是指制定劳动法律制度和劳动法律规范的指导思想，是调整劳动关系以及与劳动关系有密切联系的其他社会关系的基本准则。

劳动法的基本原则，对劳动法的全部内容有指导作用。它是总体上的指导思想，而不是对某一具体内容的指导。劳动法中的每一个具体内容也有一些相关的原则，但不是基本原则。

劳动法的基本原则是劳动立法、劳动执法、劳动法律解释，乃至劳动法理论研究都必须遵守的基本准则。如劳动法基本原则中的三方性原则，即在处理各项劳动关系中均需注意劳动者、政府、工会组织三方的利益关系。在劳动合同、集体合同、劳动法的监督检查、劳动争议的处理等的立法、执法中，都要遵循这一基本原则，对劳动关系中利益冲突的研究也离不开三方性原则。

劳动法的基本原则是全部劳动法律制度的基本准则。劳动法的基本原则不同于劳动立法原则。劳动立法原则是在具体制定某一法律时的指导思想，如稳定性与灵活性相结合的原则等。劳动法的基本原则也不同于司法原则。司法原则是在处理劳动争议时的指导思想，如以事实为依据、以法律为准绳的原则等。

（二）劳动法基本原则的依据

宪法作为一国的根本法，具有最高的法律地位，它比普通法律有更大的稳定性、权威性和原则性，因此确定劳动法的基本原则应以宪法为依据。中华人民共和国成立以来颁布的几部宪法，对劳动问题都有原则性规定。1954年我国第一部《宪法》中比较全面地规定了劳动权益的基本要求，如劳动权、休息权、报酬权、物质帮助权等；同时也规定遵守劳动纪律的义务。1975年《宪法》，对劳动方面的各项权利归纳为一个条款，删去了遵守劳动纪律的规定。1978年《宪法》对劳动问题恢复了1954年的规定,分别规定了各项劳动权利,又规定了遵守劳动纪律的要求。1982年《宪法》对各项劳动权利分别作出了明确规定,增加了职工民主管理等内容。

依据宪法确定的劳动法基本原则,具有高度的概括性,是全部劳动法治的通则。劳动法基本原则也具有相对稳定性,是修改各项劳动法规范的依据。因此,劳动法基本原则在我国劳动法治建设中具有权威性。

二、劳动法基本原则的内容

在我国劳动法学研究中,对劳动法基本原则的归纳有不同的表述。参考已提出的各种表述,总结如下劳动法基本原则。

(一)公民享有劳动权利和履行劳动义务的原则

劳动权利和劳动义务是统一不可分割的。劳动权利是一个较为广泛的概念,包括劳动就业权、选择职业权、获得职业资格权、平等就业权、提升权、防止不当解雇权等。在市场经济体制下,在劳动力资源合理配置和经济体制改革过程中,就业竞争是不可避免的。在竞争环境下,劳动法的基本原则要体现对劳动者劳动权利的保障。劳动权利在公民各项基本权利中占有重要地位,从某种意义上是公民的生存权,而劳动就业是劳动权利的核心,通过劳动合同、集体合同、职业培训等劳动法律规范保障劳动就业权。在保障劳动权利的同时,劳动者在获得就业机会后,要忠实履行劳动义务,遵守职业道德,服从用人单位的正确管理,劳动中的忠实义务与劳动权利的获得不可分割。不能履行劳动忠实义务,在职业竞争中将不可避免地会被淘汰。各行业、各用人单位制定的合法的职业规则在处理劳动争议中是可以作为依据的。

(二)劳动法主体利益平衡中的三方性原则

劳动法主体范围也较为广泛,在利益冲突中,主要表现为国家、用人单位、劳动者的利益冲突。在计划经济体制下,反映的是劳动者个人和国家的直接关系,因为在劳动就业、劳动报酬等方面都是国家计划直接规范的,劳动者和用人单位没有自主选择和自主决定的余地。在市场经济体制下,劳动关系发生了重要变化,劳动者可以自由选择职业,用人单位可以自主决定用人计划和报酬标准,劳动者和用人单位发生了直接的利益关系。国家宏观政策、用人单位的管理目标、劳动者个人的要求三者之间不可避免地会发生利益冲突,因此劳动法中的三方性原则是一个重要的基本原则。我国已批准《三方协商促进履行国际劳工标准公约》,根据公约的要求,在涉及劳动法和劳动政策中要建立由政府、劳动者(通过工会)、雇主三方协商的制度。我国劳动法中关于集体合同的规定、工资协商制度的规定、劳动争议处理程序的规定均是三方协商平衡利益冲突的体现。

（三）劳动者享有综合权利原则

劳动者在劳动法中所享有的权利保障不是单一的，而是全面系统综合性的。包括以下各项综合的权利保障。

1. 普遍权利和特殊权利保障

劳动法涉及劳动安全卫生、工时休假、劳动报酬等各项劳动标准，在对劳动法适用范围内所有劳动者的权利保障外，在劳动就业、职业安全与健康、社会保险等方面对女职工和未成年工还有特殊保护。

2. 财产权利和人身权利保障

劳动法涉及工资报酬、社会保险待遇等方面的保障是对劳动者个人财产权的保护。劳动法在职业安全与卫生方面的保障体现了对劳动者生命与健康的保障。

3. 个人权利与集体权利保障

劳动法不仅保护劳动者个人的各项权利，同时还要保护劳动者的集体权利。这些权利集中体现在劳动合同制度和集体协商、集体合同制度的发展与完善中。

4. 平等权利和优先权利保障

劳动法在劳动就业、职业教育、工资报酬等方面均应体现性别平等、民族平等、城乡平等的原则。同时在某种情况下，还适用优先权利保障原则，如企业在破产时要优先支付拖欠的工资和社会保险费，经济性裁员后企业6个月内招用人员时优先招用被裁减的人员。

5. 实体权利和程序权利保障

劳动法对劳动者和用人单位的权利和义务规定了各项实体权利，而实体权利的实现，其前提条件是程序权利保障，即劳动者和用人单位均有提请解决纠纷的程序权利。劳动法的调解、仲裁、审判程序均应体现实体权利和程序权利保障的原则。

综上所述，劳动法的综合权利保障原则是劳动法基本原则的重要组成部分。

第五节　劳动法律关系

一、法律关系概述

（一）法律关系的概念

法律关系是法学理论中的重要理论。在历史上，直到19世纪，法律关系才作为一个专门的法律概念被提出来。受日本、德国和苏联法学的影响，我国法学界也重视法律关系理论的研究和适用。一般公认的法律关系的概念是指法律规范在调整社会关系过程中所形成的法律上的权利义务关系。各种法律关系都是由主体、客体、内容三个要素组成。

（二）法律关系的特征

1. 形成法律关系的前提条件是法律规范的存在

如果没有相应的法律规范就不可能形成法律意义上的权利义务关系。这意味着法律关系的建立必须有现实存在的法律规范作为依据。

2. 法律关系是一种特殊的社会关系

社会关系的种类是广泛的。法律关系是一种特殊的人与人之间的意志关系，是被现实存在的法律规范所调整的意志关系，有国家意志和强制性特征，是具有权利义务内容的特殊的社会关系。它不同于一般的思想意志关系，如宗教关系、亲属关系等。

（三）劳动法律关系的概念

劳动法律关系是指劳动关系被劳动法律规范所调整而形成的法律上的权利义务关系，即劳动关系的主体双方依据劳动法各自享有的权利和应尽的义务。如《劳动法》规定，劳动者与用人单位签订劳动合同而形成的权利义务关系，也就是劳动关系双方形成法律上的权利义务关系，必须依法通过合同、协议、约定等方式。

（四）劳动法律关系的特征及与劳动关系的区别和联系

1. 劳动法律关系的特征

（1）劳动法律关系主体双方具有平等性和隶属性。劳动法律关系主体双方，即劳动者与用人单位在法律上是平等的，双方均有签订劳动合同的权利、选择职业和招用人员的权利，劳动者有提供劳动取得报酬的权利，用人单位有支付报酬的义务。劳动法律关系主体双方除平等性外，还存在管理与被管理的隶属性。作为用人单位员工的一方，必须依法遵守员工守则，服从用人单位的管理，这种隶属关系是劳动法律关系不同于其他法律关系的特点。

（2）具有以国家意志为主导、以当事人意志为主体的特征。当代劳动关系在市场经济体制下，国家、用人单位、劳动者个人存在各自不同的利益诉求，依据劳动法律规范所形成的劳动法律关系，为保障劳动者的整体利益，稳定社会秩序，体现出较为全面的国家干预的性质，如强制要求用人单位参加各项基本社会保险，执行工时标准、最低工资标准等。在国家干预为主导的条件下，劳动法律关系的具体形成必须以双方合法一致的意思表示为基础。

（3）劳动法律关系是在运用劳动能力、实现劳动过程中形成的。因为劳动法律关系的基础是劳动关系，只有当劳动者提供的劳动和用人单位提供的条件相结合时，才能依据劳动法律规范形成双方的权利义务关系。

2. 劳动法律关系与劳动关系的区别和联系

（1）劳动法律关系与劳动关系的区别

劳动法律关系是一种意志关系，属上层建筑范畴，是依据国家制定的法律形成的，体现了国家意志。劳动关系是一种社会物质关系，属经济基础范畴。

劳动法律关系的形成以劳动法律规范的存在为前提，劳动关系的形成以劳动的存在为前提。社会劳动关系是广泛的，只要有劳动，就会产生各种社会劳动关系，但这些劳动关系并不能全部形成劳动法律关系，只有已制定出劳动法律规范，经过一定的法律事实才能形成法律上的权利义务关系。立法的不断完善是劳动法律关系形成的基本条件。

劳动法律关系的内容是权利义务，劳动关系的内容是劳动。没有被劳动法律规范所调整的劳动关系只是一种客观存在的劳动关系，只有被劳动法律规范调整的劳动关系才具有权利义务的内容。

（2）劳动法律关系与劳动关系的联系

劳动关系的存在是劳动法律关系产生的基础，也就是说，只有实际存在的劳动关系才需要制定法律，经过法律调整才形成权利义务关系。

（五）劳动法律关系的分类

根据不同的标准，可以对劳动法律关系进行多种分类。

1. 按照生产资料所有制形式划分

可划分为：（1）全民所有制劳动法律关系，包括全民所有制企业、事业组织、国家机关、社会团体等；（2）集体所有制劳动法律关系，包括城市和农村的集体所有制；（3）个体经营单位的劳动法律关系（雇用一定数量人员）；（4）私营企业的劳动法律关系，包括城乡私营独资企业、私营合伙企业、私营有限责任公司等；（5）股份制企业的劳动法律关系；（6）外商投资企业的劳动法律关系；（7）港、澳、台商投资企业的劳动法律关系。

2. 按照劳动者人数划分

可划分为个人劳动法律关系、集体劳动法律关系。

3. 按照产业（职业）种类划分

可划分为：（1）工业部门劳动法律关系；（2）农业部门劳动法律关系；（3）服务业部门劳动法律关系；（4）矿业部门劳动法律关系；（5）金融业部门劳动法律关系；（6）房地产业部门劳动法律关系；（7）商业部门劳动法律关系；（8）保险业部门劳动法律关系；（9）国家机关的劳动法律关系；（10）事业组织、人民团体的劳动法律关系等。

二、劳动法律关系的要素

劳动法律关系的要素，是指依据劳动法律规范构成劳动法律关系不可缺少的组成部分。任何法律关系，都是由法律关系主体、法律关系内容、法律关系客体三个要素构成的。劳动法律关系是由劳动法律关系主体、劳动法律关系内容、劳动法律关系客体三部分组成。

（一）劳动法律关系的主体

1. 劳动法律关系主体的概念

所谓法律关系的主体，就是依法享有权利与承担义务的法律关系的参加者。相应的，劳动法律关系的主体，是指依照劳动法享有权利与承担义务的劳动法律关系的参加者。劳动法律关系主体，一方是劳动者，即具有劳动能力的我国公民、外国人和无国籍人员，包括企业、个体经济组织的劳动者，实行企业化管理的事业组织的工作人员，与国家机关、事业组织、社会团体建立劳动关系的劳动者（即工勤人员），以及其他通过劳动合同（包括聘用合同）与国家机关、事业组织、社会团体建立劳动关系的劳动者等；另一方是用人单位，包括企业、个体经济组织、国家机关、事业组织、社会团体（劳动法的规定）。劳动法律关系主体依法享有权利并承担义务，是权利的行使者和义务的承担者。劳动法律关系主体是构成劳动法律关系的第一要素。

2. 劳动者的劳动权利能力与劳动行为能力

劳动者作为劳动法律关系主体必须具备劳动权利能力和劳动行为能力。所谓权利能力，是指法律关系主体能够享受权利和承担义务的能力，是法律认定法律关系主体的前提。所谓行为能力，是指法律关系主体能够以自己的行为行使权利并承担义务，从而使法律关系得以产生、变更或消灭的能力。

劳动者的劳动权利能力，是指劳动者依据劳动法能够享受劳动权利和承担劳动义务的能力。劳动者的劳动行为能力，是指劳动者能够以自己的行为行使劳动权利和承担劳动义务，从而使劳动法律关系产生、变更或消灭的能力。劳动者的劳动权利能力和劳动行为能力，具有以下特点。

（1）劳动者的劳动权利能力和劳动行为能力开始于16周岁。《劳动法》规定：禁止用人单位招用未满16周岁的未成年人。只有年满16周岁的公民才有劳动权利能力和劳动行为能力，才能行使自己的劳动权利并承担劳动义务。而我国民法规定，公民的民事权利能力，始于出生，终于死亡。公民的民事行为能力，只有公民在年满18周岁才根据法律享有完全民事行为能力。《民法典》规定：18周岁以上的自然人为成年人。不满18周岁的自然人为未成年人。成年人为完全民事行为能力人，可以独立实施民事法律行为。16周岁以上的未成年人，以自己的劳动收入为主要生活来源的，视为完全民事行为能力人。因此，劳动者的劳动权利能力和劳动行为能力不同于公民的民事权利能力和民事行为能力。体育、文艺等行业需招用16周岁以下者要经批准。

（2）劳动者的劳动权利能力和劳动行为能力是统一的、不可分割的。只有同时具有劳动权利能力和劳动行为能力的年满16周岁的公民，才能成为劳动法律关系主体，成为某一用人单位的职工。一旦公民丧失了劳动行为能力，也就不再享有劳动权利能力，因此也就失去了成为劳动法律关系主体的资格。劳动权利能力和劳动行为能力是统一的。而公民的民事权利能力和民事行为能力则是可以分割的。如上所述，公民的民事权利能力，始于出生，终于死亡；而公民的民事行为能力则受到年龄和智力状况的限制，《民法典》规定，18周岁以上的公民具有完全的行为能力，8周岁以上的未成年人为限制民事行为能力人。

（3）劳动者的劳动权利能力和劳动行为能力只能由劳动者本人亲自实现。法律不允许他人代理劳动者行使劳动权利能力和劳动行为能力，如果他人代理劳动者行使劳动权利能力和劳动行为能力，这种行为不仅是无效的，也是非法的。而《民法典》规定，8周岁以上未成年人为限制民事行为能力人，实施的纯获利益的民事法律行为或者与其年龄、智力、精神健康状况相适应的民事法律行为有效；实施的其他民事法律行为经其法定代理人同意或追认后有效。

（4）某些劳动者的劳动权利能力和劳动行为能力受到一定的限制。根据劳动法，有些职业或工种，对劳动者的劳动权利能力和劳动行为能力有一定的限制。如：未成年工和女职工不得从事井下工作，不得从事繁重的体力劳动；某些特种作业需要劳动者经过特种职业培训并取得职业资格后才可以从事等。而公民的民事权利能力和民事行为能力，在法律规定的范围内则不受任何限制。

3. 用人单位的用人权利能力和用人行为能力

用人单位作为劳动法律关系主体也必须具备一定的条件，即必须具备用人的权利能力和行为能力。用人单位的用人权利能力，是指法律赋予用人单位享有用人的资格或能力。用人单位的用人行为能力，是指用人单位依法行使招收录用劳动者，变更、解除及终止劳动关系等行为的能力。用人单位的用人权利能力和用人行为能力也是统一的、不可分割的。用人单位行使用人权利能力和用人行为能力，必须符合劳动法律、法规，如用人单位应当依法成立，能够依法支付劳动者工资，缴纳社会保险费，提供劳动保护条件，并能够承担相应的民事责任等。

（二）劳动法律关系的内容

1. 劳动法律关系内容的概念

劳动法律关系的内容，是指劳动法律关系双方依法享有的权利和承担的义务。它是劳动法律关系的基本要素，是劳动法律关系的核心和实质。没有劳动法律关系的内容，劳动法律关系就失去了实际意义。

2. 劳动法律关系主体的权利和义务

劳动法律关系主体依法享有的权利，是指劳动法律规范确认的劳动法律关系主体享受权利和获得利益的可能性。具体表现为享有权利的主体有权依法做出一定行为或不做出一定行为，或者要求他人做出一定行为或不做出一定行为。

劳动法律关系主体依法承担的义务，是指负有义务的劳动法律关系主体依照劳动法律规范，为满足权利主体的要求，履行自己应尽的义务的必要性。具体表现为义务主体依法做出一定行为和不做出一定行为，以保证权利主体的权利和利益能够实现。

劳动法律关系主体的权利和义务具有统一性和对应性。劳动法律关系主体的权利和义务是相辅相成、互相联系的，共同存在于劳动法律关系之中，二者是统一的、不可分割的整体。不存在只享受权利而不承担义务的主体，也不存在只承担义务而不享受权利的主体。劳动法律关系主体双方的权利义务具有对应性：一方的权利是另一方的义务，一方的义务也是另一方的权利。劳动者依法享有的权利，就是用人单位对劳动者应尽的义务；劳动者应当承担的义务，也就是用人单位享有的权利。

（三）劳动法律关系的客体

劳动法律关系的客体，是指劳动法律关系双方的权利义务共同指向的对象。主体双方的权利义务必须共同指向同一对象，才能形成劳动法律关系。因此，客体也是构成劳动法律关系必不可少的重要因素。具体而言，劳动法律关系的客体是指劳动法律关系双方共同指向的劳动活动。[1]

对劳动者来说，劳动法律关系的客体即劳动者通过用人单位组织的各种各样的劳动活动，实现劳动权利与履行劳动义务，从而为本人及其家庭成员获得基本生活保障，为国家和社会创造物质财富和精神财富。

对用人单位来说，劳动法律关系的客体即通过组织劳动，合理配置劳动力资源，提高劳动生产率，发展经济，并在发展经济的基础上，不断完善劳动管理制度，改善劳动条件，提高劳动者的生活水平，推动社会经济的发展。

三、劳动法律关系的产生、变更和消灭

（一）劳动法律事实的概念和种类

1. 劳动法律事实的概念

劳动法律事实，是指劳动法律规范规定的，能够引起劳动法律关系的产生、变更和消灭的客观情况。劳动法律规范所确认的劳动法律关系主体双方的权利义务，只是表明劳动法律关系主体依法享受权利和承担义务的资格和可能性，并不是现实存在的实际权利义务关系。要使这种可能性变为现实，必须通过一定的劳动法律事实。[2] 如劳动者和用人单位只有依法通过协商，确立劳动关系，明确双方的权利义务，才能分别实现劳动法律赋予的就业权和用人权。劳动者和用人单位之间这种协商确立劳动关系的客观情况，就是劳动法律事实，它能够产生劳动法律关系。同样，劳动法律关系的变更和消灭，也都必须通过一定的劳动法律事实才能实现。可见，劳动法律规范确认的劳动法律事实是有法律后果的客观情况，能够引起劳动法律关系的产生、变更和消灭。它是劳动法律关系产生、变更和消灭的前提条件。

劳动法律规范虽然是劳动法律关系产生的前提，但劳动法律规范本身并不产生劳动法律关系，只有劳动法律事实才能引起劳动法律关系的产生。

2. 劳动法律事实的种类

---

[1] 关怀. 劳动法 [M]. 北京：中国人民大学出版社，2001：82.
[2] 李景森，贾俊玲. 劳动法学 [M]. 北京：北京大学出版社，2001：51.

根据我国劳动法，能够引起劳动法律关系产生、变更和消灭的劳动法律事实有许多。按照它们的发生是否以行为人的意志为转移来划分，劳动法律事实分为行为和事件两大类。

（1）行为。行为是指以行为人（包括劳动者和用人单位）的意志为转移的法律事实。它是行为人根据劳动法律规范，按照自己的意志做出一定行为和不做出一定行为，或者要求他人做出一定行为和不做出一定行为，从而引起劳动法律关系的产生、变更和消灭。它可以分为合法行为和违法行为。合法行为指的是符合国家的法律规定或者被国家的法律所认可，能产生行为人所预期的积极法律后果的行为；违法行为指的是行为人违反国家法律，必须承担不利法律后果的行为。合法行为与违法行为都能引起一定的法律后果，因此都是劳动法律事实。

按照行为人所处的地位和实施行为的目的、性质和职责划分，行为又可以分为劳动法律行为、劳动行政管理行为、劳动仲裁行为和劳动司法行为四大类。它们都是能够引起一定法律后果的劳动法律事实。

（2）事件。事件是指不以行为人（包括劳动者和用人单位）的意志为转移的法律事实。它虽然不以行为人的意志为转移，却能够引起劳动法律关系的产生、变更和消灭。事件包括自然现象，如各种自然灾害；也包括劳动能力的暂时或永久丧失，如患病、伤残、死亡等。

（二）劳动法律关系的产生、变更和消灭的法律事实

劳动法律事实是劳动法律关系产生、变更和消灭的原因，而劳动法律关系的产生、变更和消灭则是劳动法律事实引起的结果。

劳动法律关系的产生，是指劳动者同用人单位根据劳动法律规范和劳动合同的约定明确双方的权利义务，形成劳动法律关系。它是劳动法律关系主体双方意思表示一致的合法行为，违法行为不会产生劳动法律关系。

劳动法律关系的变更，是指劳动者同用人单位根据劳动法律规范，变更原来劳动合同中确定的权利义务的内容。引起变更劳动法律关系的劳动法律事实，一般是劳动法律关系主体双方意思表示一致的合法行为。如因为生产任务的需要，企业领导把职工安排到新的工作岗位上，由此引起劳动法律关系的变更。然而，在某些情况下，因劳动法律关系主体一方的违法行为也可能引起劳动法律关系的变更，例如，某公司的员工因打架滋事，经理决定将其调离原来的部门，从而引起劳动法律关系的变更。此外，发生不以行为人的意志为转移的事件的时候，也会引起劳动法律关系的变更。如女职工因为怀孕，不能从事原来的工作，被调到其他岗位，从而引起劳动法律关系的

变更。但是，需要注意的是，由于劳动权利能力和劳动行为能力只能由劳动者本人亲自行使，因此，劳动法律关系主体一方的变更，不是劳动法律关系的变更，而是原劳动法律关系的消灭和新劳动法律关系的产生。

劳动法律关系的消灭，是指劳动者同用人单位根据劳动法律规范，终止其相互间的权利义务关系。消灭劳动法律关系的劳动法律事实，包括行为人的合法行为和违法行为及事件。但是，引起劳动法律关系消灭的行为，大多数是合法行为，如因劳动合同期限届满，从而引起劳动法律关系的消灭；少数是因违法行为，如因劳动者违反劳动纪律被解除劳动合同，或者因触犯刑法被监禁，从而引起劳动法律关系的消灭。此外，某些情况下，劳动者完全丧失劳动能力或者死亡，也会引起劳动法律关系的消灭。

能够引起劳动法律关系产生、变更和消灭的法律事实，见图示：

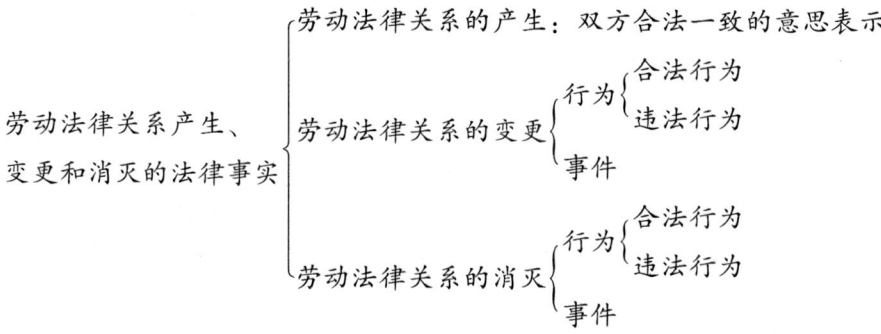

 **本章小结**

通过对"法"的基本来源的了解把握法学的概念，法学是研究法律现象及其发展规律的一门社会科学。劳动法是调整劳动关系及与劳动关系有密切联系的其他社会关系的法律规范的总称。

劳动法是独立的法律部门，劳动法学也是独立的学科。劳动法已形成完整与系统的体系。

劳动法的渊源是指依据不同的立法机构制定的法律文件，构成不同法律效力的表现形式。劳动法的适用范围即空间、时间及对人的效力范围。

劳动法的基本原则是指制定劳动法律制度和劳动法律规范的指导思想，是调整劳动关系以及与劳动关系有密切联系的其他社会关系的基本准则。确定基本原则应以宪法为依据，了解劳动法基本原则的主要内容。

劳动法律关系是指劳动关系被劳动法律规范所调整而形成的法律上的权利义务关系。劳动法律关系是在运用劳动能力实现劳动过程中形成的，以国家意志为主导，以当事人意志为主体,主体双方具有平等性和隶属性。劳动法律关系与劳动关系既有区别又有联系。依据不同的标准,劳动法律关系可以分为不同的种类。劳动法律关系有主体、客体和内容三个要素。劳动法律事实是劳动法律关系产生、变更和消灭的原因,而劳动法律关系的产生、变更和消灭是劳动法律事实引起的结果。

复习思考题

1. 什么是法?
2. 什么是劳动法?
3. 劳动法的调整对象是什么?
4. 什么是劳动关系?
5. 劳动关系有哪些特征?
6. 什么是劳动法学?
7. 为什么劳动法是一个独立的法律部门?
8. 试述劳动法和劳动法学的内容体系结构。
9. 什么是法律渊源和劳动法的渊源?
10. 试述劳动法的适用范围。
11. 试述劳动法在我国法治建设中的作用。
12. 什么是劳动法的基本原则?
13. 劳动法有哪些基本原则?
14. 什么是法律关系及劳动法律关系?
15. 试述劳动关系和劳动法律关系的区别和联系。
16. 试述劳动法律关系的分类和特征。
17. 劳动法律关系的三要素是什么?
18. 试述劳动者的劳动权利能力和劳动行为能力的特点。
19. 试述用人单位用人权利能力和用人行为能力的特点。
20. 什么是劳动法律事实及其分类?
21. 试述现阶段我国劳动法律关系的种类。
22. 试述引起劳动法律关系产生、变更和消灭的法律事实。

问题讨论一

某劳动者在其职业生涯中,为谋求职位不断地接受招聘面试;被录用时签订劳动合同;向用人单位追索被拖欠的工资;要求用人单位为其办理社会保险;因用人单位违反劳动合同约定而向劳动争议仲裁委员会申请仲裁;因向本单位财务科借款与单位发生纠纷。

试分析上述活动中,哪些涉及的是劳动关系?哪些涉及的是与劳动关系有密切联系的社会关系?哪些社会关系不属于劳动法的调整范围?

问题讨论二

1. 农村劳动者甲与劳动者乙分别就业。劳动者甲在某城市被工厂招用,并签订了劳动合同;劳动者乙在农村被一个家庭承包养殖场雇用。

上述劳动者在劳动中如果发生纠纷,能否适用《劳动法》?

2. 某建筑工地春节前夕拖欠 100 多名工人的工资。工人多次追索,工程承包方称因发包方拖欠工程款而不能发放工资。

试分析该案在法律实施中存在的问题。

问题讨论三

某工厂的厂方在起草的劳动合同中除规定了有关劳动者的工资报酬、工时休假、劳动条件、社会保险等权利之外,还规定了在不违反现行法律条件下的工厂规则。工人主张工厂规则不是国家法律遂提出异议。

试以该事例分析劳动权利义务一致原则。

问题讨论四

有农村兄妹二人进城打工。其兄被某工厂招用,并与厂方签订了为期 3 年的劳动合同,其妹经同乡介绍做了家庭保姆。

试分析兄妹二人中,谁依据《劳动法》形成了劳动法律关系?其法律事实是什么?

第三章
国际劳动立法

>> **学习要点**

了解国际劳动立法的历史发展和国际劳工组织的相关内容。

掌握国际劳动立法的思想萌芽和早期活动、国际劳动立法的范围、国际劳工组织的产生和国际劳工组织的主要任务。

重点掌握国际劳工组织的立法、国际劳工组织与中国的关系和我国批准的国际劳工公约等内容。

>> **关键概念**

国际劳工组织　国际劳工公约　国际劳工标准

国际劳动立法植根于劳动法在各国的确立与发展。现代劳动法在各个产业国家的确立,为国际劳动立法的出现提供了制度前提。自1802年英国首先开始劳动立法以来,现代劳动立法在欧洲大陆上的工业国家纷纷展开,比如德国、法国、瑞士、比利时等,都相继制定了工厂法。但是19世纪90年代以前,这些国家劳动法的进程总体上还是相当缓慢的。一方面是当时自由放任的经济政策居于主导地位,另一方面是当时各国的资产阶级都担心,通过旨在改善劳动条件、保护工人利益的劳动立法,必然会直接或者间接地增加生产成本,从而降低本国工业品在国际市场上的竞争力。同时,工人运动中对于劳动立法也存在观点上的分歧，既有寄希望于合法斗争的劳动立法支持者，也有主张以工人斗争直接改变劳动条件的观点，更有以无产阶级专政和建立社会主义国家为目的解放劳动人民的思想。① 正是由于这些因素，欧洲国内劳动立法一度受到阻滞，却也使得国际劳动立法成为一种必然趋势。

第一节　国际劳动立法的历史发展

一、国际劳动立法思想的萌芽和早期活动

早在19世纪初，国际劳动立法的思想就已经在欧洲萌芽。威尔士的空想社会主义者罗伯特·欧文（Robert Owen, 1771—1858）就提出，由于工业革命而产生的新的强大的生产力是属于全体人民的共同财富，应当为全社会的共同福利服务。② 在1818年10月，欧文上书给当时召开的"神圣同盟"会议，向参加会议的各国首脑宣传国际劳动立法的必要，并建议成立一个专员会专门研究这一问题。③ 因此一些学者认为欧文是国际劳动立法思想的奠基人。与欧文同时代的另一位国际劳动立法思想的早期倡导人，是法国社会活动家丹尼尔·勒格朗（Daniel Le Legrand, 1783—1859）。勒格朗认为，制止各国对于劳动力滥用的方法只有一个，就是通过欧洲各国的国家政府进行谈判，只有这样，才能够将关于劳动者保护的基本内容，诸如每日最高工作时间、休息日、禁止夜间劳动，以及对从事有害健康和有危险的职业的人规定最低的就业年龄等事项，在各国达成统一的协议，以避免单个国家单独行动的无效性。1840—1855年，勒格朗多次游说欧洲的主要国家政府，为国际劳动立法的出现起到了积极的作用。

但是国际劳动立法的产生最重要的还是工人阶级自身力量壮大和各国的工人阶级联合争取自身权利的结果。由于工业革命的完成，一方面，世界资本主义经济得到了巨大的发展，并刺激了国际贸易在全球范围的展开；另一方面，工人阶级本身的力量随之加强，并有可能形成世界性的联合，如1864年成立的国际工人协会（第一国际），就曾呼吁把每天工作8小时定为法定工作标准作为全世界工人阶级的共同行动纲领。工人阶级的这项运动，同时也得到了一些资产阶级社会改革活动家、政治家和慈善界人士的支持。他们不仅积极宣扬人道主义标准和社会正义，同时也积极宣扬通过国际劳动立法来保护各国的雇主利益，避免在人力资本上的恶性竞争。

---

① 林燕玲. 国际劳工标准[M]. 北京：中国劳动社会保障出版社，2007：21.
② 王家崇. 国际劳动公约概要[M]. 北京：中国劳动出版社，1991：4-5.
③ 林燕玲. 国际劳工标准[M]. 北京：中国劳动社会保障出版社，2007：22.

二、国际劳动立法初试

经过半个多世纪的努力,国际劳动立法的思想在社会改良主义者中广泛传播,渐渐地受到了欧洲国家政府的注意,尤其是瑞士政府积极探寻在欧洲国家中进行国际劳动立法的可行性。1889年3月,瑞士联邦理事会向欧洲13个国家发出了邀请(其中除俄国外其他各国都表示赞同),重申了其此前的倡议,即欧洲工业国家一同审议来自各国工人提出的普遍性要求,并且提出共同的应对之策,这是对所谓"破坏性"的国际工人运动的一种"积极"应对办法,并同意次年在瑞士伯尔尼召开会议。但是由于这次会议前三个月,德国皇帝威廉为了麻痹国内无产阶级斗争,命其首相俾斯麦召开国际会议,讨论保护工人的问题。鉴于当时德国在国际社会的强势影响,1890年德皇二世号令俾斯麦邀请瑞士伯尔尼会议的受邀国,转赴德国柏林召开国际会议。1890年3月,柏林会议召开,共有15个欧洲国家参加。会议中就星期日休息、童工的最低就业年龄、矿工保护、女工和未成年工人禁止从事的危险工作、未成年工每日工作时间上限、实施公约的办法等问题提出了具体建议。这次会议虽然不是立法性质的国际会议,但是它是历史上第一次由国家政府正式派代表讨论国际劳动立法的会议,自此赞成国际劳动立法的社会活动家、经济学家和工会领袖决定组织一个国际劳动立法协会。

1900年在法国巴黎成立了民间的关于劳动事务的国际机构——国际劳动立法协会(总部设在瑞士的巴塞尔)。国际劳动立法协会在联合各国的劳动者保护人士、收集出版各国的劳动立法、研究各国的劳动条件和劳动法的实施、研究各国劳动法以及劳动统计的协调问题、举行有关劳动立法的国际会议等事项上进行了有效的工作。

三、国际劳动立法的开端

国际劳动立法协会于1901年在瑞士的巴塞尔召开第一次代表大会,就禁止妇女深夜劳动和取缔妨害健康的工作两个议题展开了讨论。1902年国际劳动立法协会在德国科隆召开第二次代表大会,讨论禁止使用白磷和白铅的问题。1905年协会正式起草了两个公约草案,同年提交瑞士政府召开的伯尔尼国际会议,促成了1906年《关于禁止火柴制造中使用白(黄)磷公约》以及《关于禁止工厂女工夜间工作公约》两项国际条约(简称《伯尔尼公约》)的通过。《伯尔尼公约》是世界上第一次对于劳动事务的国际公约,共有10个国家批准了该公约。公约国批准公约后,立即发生法律效力,并决定以国际抵制的方式制裁不实施公约的国家。此外,在签字的同时公约还作出了以下三项决定:条约不在殖民地和附属国实施,除非宗主国作出应予实施的决定;条约在签字国的实施应经过适当的本国立法的步骤;签字国同意把它们为实施条约所采取的措施和方法互相通报。①

1912年国际劳动立法协会第七次代表大会起草了关于女工童工工作时间公约和关于禁止童工夜间工作时间公约，准备1914年提交国际会议表决。但是由于第一次世界大战爆发，会议未能举行，上述公约也未能获得批准。

第一次世界大战使得国际劳动立法协会退出了历史的舞台，但是经过了将近百年的历史积淀，为国际劳动立法的思想奠定了基础。

四、国际劳动立法范围

国际劳动立法的范围，一般学理上可以做广义和狭义两种区分。广义上可以包括联合国或地区性的公约和协定，如《经济、社会和文化权利国际公约》《世界人权宣言》《欧洲保障人权与根本自由公约》等，一般包含的是有关劳动权保护方面的规定；同时还包括国家之间或国家与地区性国际组织之间的多边或双边条约，如我国与欧盟贸易协定中涉及劳动和社会保障等相关内容的协议。狭义上的国际劳动立法主要是指国际劳工组织的章程、国际劳工公约、国际劳工建议书。国际上也有人将国际劳工组织通过的公约和建议书的汇编称为《国际劳动法典》。这些国际劳工公约、建议书，以及其他达成国际协议的关于处理劳动关系和与之相关的一些关系的原则、规则，已经形成了比较完善的国际劳动法体系。

第二节　国际劳工组织

一、国际劳工组织的成立

第一次世界大战结束时，人们已经认识到，工业化带来的不利影响需要社会制度积极回应，并且国家间应当作出国际性共同努力。工业化负面影响中一项重要内容，是劳动者在社会和经济上的不公正待遇的蓄积，这会最终影响到世界和平。

1919年巴黎和会在英、美、法等国的主持下召开，会议比较顺利地接受了各国国家工会的要求，指派了一个劳工立法委员会负责起草准备纳入和约的有关劳动问题的

---

①　《关于禁止火柴制造中使用白（黄）磷公约》产生在ILO之前，因此不在现行的国际劳工公约中，在第6号建议书中做了保留：https://www.ilo.org/dyn/normlex/en/f? p=NORMLEXPUB:12100:0::NO:12100:P12100_INSTRUMENT_ID:312344:NO；《禁止工厂女工夜间工作公约》后被ILO继承为第4号公约，并在此基础上修改为41号和89号公约。作为《伯尔尼公约》可以参见以下ILO官网历史研究部分（第1部分）：https://www.ilo.org/public/english/standards/relm/ilc/ilc89/rep-iii1b-c2.htm。

1906年女工公约文本参见 http://www.ullawikander.se/wp-content/uploads/2017/04/Chapter-13.pdf。

建议。这个委员会由来自英国、美国、法国、意大利、日本等15国的代表组成，由美国劳联主席塞缪尔·甘柏斯任委员长。劳工立法委员会是国际劳工组织前身，当时在第一次预备会议上就决定组织一个委员会，从国际方面考察工人状况，并研究必要的国际应对方法，以便各国对普遍存在的劳动问题采取一致行动。同时，劳工立法委员会还建议应当组织一个永久性机构，负责对国际劳动问题持续调查研究。巴黎和会决议在维护社会正义、保持世界和平的理由中得到通过。和会拟定出了一个包括九项原则的宣言和国际劳工组织章程草案，并且经过巴黎和会讨论通过后，成为《凡尔赛和约》的第十三部分，即《国际劳动宪章》。《国际劳动宪章》成为后来《国际劳工组织章程》的基础。

1919年6月国际劳工组织正式宣告成立，作为国际联盟的一个自治性附属机构，直至1939年国际联盟解体。事实上当时《凡尔赛和约》还未签订，国际联盟也未正式成立。这也反映出当时各国已经认识到利用国际方法解决劳动问题的迫切性。当时处于工业化的国家普遍存在剥削工人的现象，这使人们深刻认识到社会正义对于维护和平的重要性。与此同时，人们亦不断认识到世界经济的相互依赖性以及开展合作的必要性，从而保障劳工在相互竞争市场的国家享有同等的工作条件。1940—1945年第二次世界大战期间，国际劳工组织一直作为一个独立性的组织继续存在。1944年，在美国费城召开的第26届国际劳工大会通过了著名的《费城宣言》，重新定位了国际劳工组织的目的和宗旨，并为迎接第二次世界大战后的任务做出了准备。联合国成立以后的1946年，国际劳工组织和联合国签订了协议，成为经过联合国特别授权、专门处理劳动和社会问题事务的下属机构。今天，国际劳工组织经历了百年岁月，会员国已经达到100多个，成为国际劳动立法的最为主要的机构。

二、国际劳动立法的目标与原则

对安全、人道、政治和经济因素的考量推动了国际劳工组织的诞生。国际劳工组织的主要任务是制定国际劳工标准。通过国际劳工大会制定国际劳工公约和建议书，供成员国批准或采纳。根据《国际劳工组织章程》，国际劳动立法的目标是"只有以社会正义为基础，才能建立世界持久和平"。《国际劳工组织章程》序言中写道：

"鉴于只有以社会正义为基础，才能建立世界持久和平；鉴于现有的劳动条件使很多人遭受不公正、苦难和贫困，以致产生如此巨大的动荡，使世界和平与和谐遭受危害；改善此种条件是当务之急。"

"鉴于任何一国不实行合乎人道的劳动条件，会对愿改善本国条件的其他国家构成障碍。"

《国际劳工组织章程》序言中所列举的需改善领域,当今仍具相关性,例如,(1) 规范工时,包括确立工作日和工作周的最长时限;(2) 规范劳动力供应,防止失业,提供足够维持生活的工资;(3) 保护工人免受因工患病、因工致病和因工负伤;(4) 保护儿童、青年和妇女;(5) 提供养老金和伤残抚恤金,保护工人在外国受雇时的利益;(6) 承认同工同酬的原则;(7) 承认结社自由的原则;(8) 组织开展职业教育和技术教育,以及其他措施。

国际劳工公约和建议书是国际劳工组织的立法形式,以此方式促进改善各国劳动条件,达到维护社会正义和世界和平的目标。因此,国际劳工组织的目标和宗旨,是在社会正义的基础上实现持久的和平,使全人类不分种族、信仰和性别,都有权在自由、尊严、经济保障和机会均等的条件下谋求物质福利和精神发展。

国际上通常将国际劳工组织通过的国际劳工公约和建议书合称为《国际劳工标准》。公约和建议书的主要区别在于,公约一经会员国批准,会员国就有义务履行该公约并受到该公约的约束;而建议书并不需要会员国的批准,仅仅是作为对会员国的国内立法的参考。但是这些公约和建议书,并不是所有的会员国都必须一一批准或加入,有些公约只有几个国家批准。

三、中国与国际劳工组织

由于北洋政府当时派代表参加了 1919 年的巴黎和会,并在《对奥合约》上签字,因此中国成为国际联盟的创始会员国,同时成为国际劳工组织的创始会员国(我国的国际劳工组织会员国身份自 1919 年 6 月 28 日起)。1919—1928 年,北洋政府都派员作为政府代表参加了国际劳工会议。1929 年开始,国民党政府按照三方原则,每年派政府、雇主和劳工三方代表出席国际劳工大会。1934 年中国政府被选为理事会政府组织非常任理事,并自 1944 年起,中国成为国际劳工组织理事会政府常任理事,更为积极地参与国际劳工组织活动。

中华人民共和国成立以后,由于台湾当局"继受"了中国政府在国际劳工组织的代表地位,因此中华人民共和国在相当长的一段历史时期与国际劳工组织没有联系。这种状况直到 1971 年联合国恢复了中华人民共和国的合法席位以后,发生了根本性的转变。从 1983 年第 69 届国际劳工大会开始,中华人民共和国作为唯一合法的中国政府正式参加国际劳工组织的相关活动。1985 年 1 月,国际劳工组织在北京设立国际劳工组织北京局,现称为国际劳工组织中国和蒙古局,实施的计划和项目覆盖诸多领域,包括批准和实施国际劳工标准;加强企业和供应链的可持续发展;扩大和提高社会保护；在企业，尤其是中小企业实施职业安全与健康标准，保护包括艾滋病感染者和残障人士等弱势劳动群体；对从事非标准就业形式的工人，如在非正规经济或零工经济中工作的工人提供适当的劳动和社会保护。国际劳工组织中国和蒙古局在推行和实施项目上，积极推进性别平等、三方机制和社会对话。①

四、国际劳工组织的组织构架

国际劳工组织的主要机构包括国际劳工大会（International Labour Conference）、理事会（the Governing Body，简称 GB）、国际劳工局（International Labour Office），辅助机构包括地区会议和产业委员会。

（一）国际劳工大会

国际劳工大会是国际劳工组织的最高权力机关，以贯彻国际劳工组织的三方机制原则。每年 6 月在瑞士日内瓦召开会议，各成员国派遣由本国政府代表（2 人）、雇主代表（1 人）和工人（工会）代表（1 人）组成的三方代表团参会。国际劳工大会的任务是，听取国际劳工局局长的工作报告，各国代表针对报告进行一般性辩论，并制定国际劳工公约和建议书，审查公约和建议书的成员国执行情况。此外，大会还可就修改《国际劳工组织章程》、批准国际劳工组织财务预算、选举理事会、接纳新成员国等进行表决。

（二）理事会

国际劳工组织理事会是其执行机构，理事会办公室为国际劳工组织秘书处。其主要负责在国际劳工大会闭会期间的各项重大事项，并指导国际劳工局的各项工作，对国际劳工组织总的事务进行监督，负责拟定国际劳工大会和国际劳工组织的其他会议议程、讨论年度预算并提交大会通过，决定设立国际劳工组织的其他机构和任命国际劳工局局长等。② 理事会每年在 3 月、6 月和 11 月举行三次例会。

理事会由 56 名理事组成，设主席一人，副主席两人；按照三方原则，56 名理事中，政府理事为 28 名，工人和雇主理事各为 14 名。此外还设有 66 名副理事，其中政府理事为 28 名，工人和雇主理事各为 19 名。56 名理事中，政府理事席位由来自"主要工业国家"的 10 名代表出任常任理事，分别来自巴西、中国、法国、德国、印度、意大利、日本、俄罗斯、英国和美国；其余政府理事需要每三年通过国际劳工大会选

---

① 国际劳工组织中国和蒙古局官方网址：https://www.ilo.org/beijing/lang--zh/index.htm.
② 林燕玲. 国际劳工标准［M］. 北京：中国劳动社会保障出版社，2007：39.

举产生。雇主和工人理事,则根据个人能力进行选举。

(三)国际劳工局

国际劳工局是国际劳工组织的常设工作机构,同时也是国际劳工大会、理事会和其他会议的秘书处,并受理事会监督。国际劳工局的总部设在日内瓦,此外还在全世界设有五个大区局,分别是国际劳工组织非洲局(科特迪瓦·阿比让)、亚太局(泰国·曼谷),欧洲与中亚局(瑞士·日内瓦),拉美与加勒比局(秘鲁·利马)和阿拉伯国家局(黎巴嫩·贝鲁特)。国际劳工局由局长负责,每届任期五年。自1919年首任局长阿尔伯特·托马斯以来,历任十届局长。目前的国际劳工局长为来自英国的盖伊·赖德,2022年3月吉尔伯特·洪博当选下一任局长。

国际劳工局的主要任务是负责为大会和专门会议起草必要的文件、报告和背景材料。为此,国际劳工局征聘了众多专家学者,发行国际劳工期刊和报告,对成员国的技术合作计划提供专家指导,以及相关的培训和教育。① 同时,国际劳工局还需要与各个成员国的劳动社会事务机关、雇主组织和工人组织建立紧密的合作关系。国际劳工局主要下设六类部门,分别为政策部门、管理与改革部门、区域合作与伙伴部门、局长汇报部门、行政法庭以及协会部门(国际社会保障协会、工作人员工会和ILO体育与休闲协会)。同时,国际劳工局还拥有自己的研究与文献中心。国际劳工局从150多个国家共计聘用了3 000余名官员,服务于全球100多个国家。②

此外,国际劳工局内部根据公约和建议书内容,在治理与三方机制方面设立了若干推进国际劳工标准的分部,包括劳动行政·劳动监察·职业安全与健康分部(Labour Administration, Labour Inspection and Occupational Safety and Health Branch)、社会对话与三方机制部门(Social Dialogue and Tripartism Unit)、劳动法与改革部门(Labour Law and Reform Unit)、工作中的基本原则与权力分部(Fundamental Principles and Rights at Work Branch)、更优工作分部(Better Work Branch),以及相关管理支持部门(Management Support Unit)。

五、国际劳工组织的特点

1919年国际劳工组织成立之初,成立仪式上以三枚钥匙一同开启会场大门的方式,

---

① 国际劳工组织设立有国际劳工问题研究所(the International Institute for Labour Studies)和国际劳工组织培训中心(the International Training Center of ILO),前者于1960年设立于日内瓦,后者于1965年设立于意大利都灵。
② https://www.ilo.org/global/about-the-ilo/how-the-ilo-works/departments-and-offices/lang--en/index.html.

表征其行为方式的特殊性,即以"三方机制"(Tripartism)贯彻国际劳动立法和国际劳工活动。三方机制成为国际劳工组织不同于以往任何国际组织的标志性特征。所谓的三方机制,是指国际劳工组织的一切主要机构,包括国际劳工大会、理事会、地区性会议、产业委员会等,在人员构成上均需由国家政府、工人和雇主三方代表组成;三方代表享有平等地位,并各自独立发表意见,独立行使投票权。

三方机制主要的思考基础在于,劳动关系不同于一般社会关系,在劳动者和雇主自治之外,如果加以政府的参与,可以尽可能化解社会矛盾,并通过劳动立法的方式更为有效地实现社会正义。提倡工人与雇主的合作以促进经济与社会的发展,是国际劳工组织奉行三方性原则的一个重要思想基础。[1]

事实上,三方机制是国际工人运动和国际劳动立法的产物。在19世纪末20世纪初期,从实践经验出发,劳动立法在三方参与下更能有效地制定和实施。不同于当时风起云涌的国际劳工运动,国际劳工组织认为维护社会和平、促进经济发展,需要在政府调整劳动关系以及相关关系中,将劳动者和雇主作为发展经济的双重主要力量,促进双方的平等协商与决策。

第三节 国际劳工标准

一、国际劳工标准的渊源与效力

国际劳工标准(International Labour Standards)是指国际劳工组织通过国际劳动立法所确定的关于劳工权益保护及劳动关系处理原则和规则的规定。国际劳工标准的渊源包括《国际劳工组织章程》,国际劳工公约和建议书,国际劳工组织的决议、解释和判例,以及联合国和地区性组织的文件等。[2] 其中,国际劳工公约和建议书是国际劳工标准的主要渊源。

国际劳工公约和建议书作为国际劳工组织的主要劳动立法文件,需要通过国际劳工大会出席代表的2/3多数表决通过。国际劳工公约和建议书在法律效力上存在不同。国际劳工公约对于成员国的效力,自成员国批准时发生,在成员国国内必须遵守和执行。建议书并不具有法律效力,不需要成员国批准加入,仅对成员国制定法律和采取其他措施时提供参考;同时,成员国对建议书没有必须遵守和执行的义务。

---

[1] 王家崇. 国际劳动公约概要 [M]. 北京:中国劳动出版社,1991:289.
[2] 王家崇. 国际劳动公约概要 [M]. 北京:中国劳动出版社,1991:15-30;常凯. 劳动法 [M]. 北京:高等教育出版社,2011:167.

二、国际劳工标准的依据

国际劳工组织制定公约和建议书的主要依据在历史上是不同的：第二次世界大战以前是《国际劳动宪章》的9项原则；第二次世界大战以后是1944年通过的《费城宣言》中的有关原则；而在全球化经济发展过程中，主要依据的是1998年《工作中基本原则和权利宣言》和2008年的《关于争取公平全球化的社会正义宣言》。

（一）《国际劳动宪章》的9项原则依据

《国际劳动宪章》的9项原则是：（1）在法律上和事实上，人的劳动不应视为商品；（2）工人和雇主都有结社的权利，只要其宗旨合法；（3）工人应该得到足以维持适当生活水平的工资；（4）工人的工作时间以每日8小时或每周48小时为标准；（5）工人每周至少有24小时的休息，并尽量把星期日作为休息日；（6）工商业不得雇用14岁以内的童工，并限制14~18岁男女青年的劳动；（7）男女工人工作应得同等的报酬；（8）各国法律所规定的劳动状况标准，应给合法居住该国的外籍工人以同样的对待；（9）各国应设立监察制度以保证劳动立法的实施，监督人员应当有妇女参加。

（二）《费城宣言》的10项原则依据

1944年《费城宣言》的第三部分提出了国际劳工组织的10项具体的原则：（1）充分就业和提高生活标准；（2）使工人受雇于他们得以最充分发挥技能和成就，并得以为共同福利做出最大贡献的职业；（3）作为达到上述目的的手段，在一切有关者有充分保证的情况下，提供培训和包括易地就业和易地居住在内的迁移和调动劳动力的方便；（4）关于工资、收入、工时和其他条件的政策，其拟订应能保证将进步的成果公平地分配一切人，将维持最低生活的工资给予一切就业的并需要此种保护的人；（5）切实承认集体谈判的权利，在不断提高生产力的情况下劳资双方的合作，以及工人和雇主在制订与实施社会经济措施方面的合作；（6）扩大社会保障措施，以便使所有需要这种保护的人得到基本收入，并提供完备的医疗；（7）充分地保护各业工人的生命和健康；（8）提供儿童福利和产妇保护；（9）提供充分的营养、住宅和文化娱乐设施；（10）保证教育和职业机会均等。

（三）《工作中基本原则和权利宣言》的4项原则[①]

（1）结社自由和有效承认集体谈判权利；（2）消除一切形式的强迫或强制劳动；

---

① https://www.ilo.org/gb/documents-in-chinese/WCMS_652158/lang--en/index.htm.

(3) 有效废除童工;(4) 消除就业与职业歧视。

(四)《关于争取公平全球化的社会正义宣言》的 4 项原则[1]

(1) 通过创造一种可持续的制度和经济环境促进就业;(2) 发展并加强可持续和适合国情的社会保护措施(社会保障和劳动保护);(3) 将社会对话和三方性作为开展工作最适宜的方法加以促进;(4) 尊重、促进并实现工作中的基本原则和权利,无论是作为根本的权利还是作为充分实现所有战略目标所需的必要条件,它们都是特别重要的。

三、国际劳工标准的内容与分类

相对于以上诸项原则,国际劳工组织的立法内容主要围绕 24 个方面展开:(1) 结社自由、集体谈判和劳资关系;(2) 废除强迫劳动;(3) 禁止童工劳动,保护儿童和未成年人;(4) 机会均等和待遇平等;(5) 三方协商;(6) 劳动行政管理和劳动监察;(7) 就业政策和晋升;(8) 职业指导和职业培训;(9) 就业保障;(10) 工资;(11) 工作时间;(12) 职业安全和健康;(13) 社会保障;(14) 生育保护;(15) 社会政策;(16) 移民工人;(17) 艾滋病病毒与艾滋病;(18) 海员;(19) 渔民;(20) 码头工人;(21) 土著和部落民族劳动者;(22) 特殊行业工人;(23) 最后条款公约;(24) 其他未分类情况。[2]

国际劳工标准按照国际劳工组织的一般监督机制,可分为核心劳工标准(Fundamental Conventions)、治理优先性劳工标准[Governance (Priority) Conventions]和技术性劳工标准(Technical Conventions)。目前,国际劳工组织共制定通过了 190 个国际劳工公约,6 份技术议定书和 206 份建议书。

(一)核心劳工标准

国际劳工组织的核心劳工标准,是指已经被国际劳工组织理事会确认的,不论成员国经济发展水平如何,不论成员国对该项公约批准与否,为保护工作中的人权而均应遵守的八个最基本的国际劳工公约。[3]

1998 年国际劳工大会通过了《工作中基本原则和权利宣言》,规定成员国即使尚

---

[1] https://www.ilo.org/beijing/what-we-do/publications/WCMS_220284/lang--zh/index.htm.
[2] https://www.ilo.org/dyn/normlex/en/f?p=1000:12030:::NO:::. 未分类建议书为《非正规经济向正规经济转变建议书》(2015 年第 204 号)。
[3] 常凯. 劳动法[M]. 北京:高等教育出版社,2011:168.

未批准有关公约，但是仅从作为国际劳工组织成员这一事实出发，所有成员国都有义务真诚地并根据《国际劳工组织章程》的要求，尊重、促进和实现关于作为这些公约之主题的基本权利的各项原则。上述八个基本劳工公约涵盖四个方面：废除强迫劳动、结社自由、消除就业与职业歧视、禁止童工劳动。

具体而言，八项核心劳工公约分别是《强迫劳动公约》[*Forced Labour Convention*, 1930（No. 29）]、《废除强迫劳动公约》[*Abolition of Forced Labour Convention*, 1957（No. 105）]、《结社自由和保护组织权利公约》[*Freedom of Association and Protection of the Right to Organise Convention*, 1948（No. 87）]、《组织权利和集体谈判权利公约》[*Right to Organise and Collective Bargaining Convention*, 1949（No. 98）]、《对男女工人同等价值的工作付予同等报酬公约》[*Equal Remuneration Convention*, 1951（No. 100）]、《消除就业和职业歧视公约》[*Discrimination（Employment and Occupation）Convention*, 1958（No. 111）]、《准予就业最低年龄公约》[*Minimum Age Convention*, 1973（No. 138）]和《禁止和立即行动消除最恶劣形式的童工劳动公约》[*Worst Forms of Child Labour Convention*, 1999（No. 182）]。上述公约各成员国批准情况见表3-1。

表3-1　　　　　　核心劳工标准批准情况（2022年）[①]

类型	废除强迫劳动		结社自由		消除就业与职业歧视		禁止童工劳动	
公约	C029	C105	C087	C098	C100	C111	C138	C182
批准国家数	179	177	157	168	173	175	174	187

第29号《强迫劳动公约》（1930年），主要内容是要求禁止所有形式的强迫或强制劳动。但允许某些例外，如服兵役、受到适当监督的服刑人员的劳动和紧急情况下的劳动，如战争、火灾、地震。第105号《废除强迫劳动公约》（1957年），其主要内容是禁止使用任何形式的强迫或强制劳动作为一种政治强制或政治教育手段，作为对发表政治或意识形态观点的惩罚，作为动员劳动力的手段，作为一种劳动纪律措施，作为参与罢工的惩罚或歧视的手段。

第87号《结社自由和保护组织权利公约》（1948年），主要内容是赋予所有工人和雇主无须经事先批准，建立和参加自己选择的组织的权利，并制定了一系列规定，确保这些组织在不受当局干涉的情况下自由行使其职能。第98号《组织权利和集体谈判权利公约》（1949年），其主要内容是为防止歧视工会、防止工人组织和雇主组织之

---

① https://www.ilo.org/dyn/normlex/en/f? p = NORMLEXPUB: 10011:::NO: 10011: P10011_DISPLAY_BY, P10011_CONVENTION_TYPE_CODE: 1, F.

间的不当劳动行为,并对促进集体谈判做出了规定。

第100号《对男女工人同等价值的工作付予同等报酬公约》(1951年),其主要内容是呼吁对男女工人同等价值的工作给予同等报酬和同等津贴。第111号《消除就业和职业歧视公约》(1958年),其主要内容是呼吁制定一项国家政策,在获得就业机会、培训和工作条件方面,消除任何基于种族、肤色、性别、宗教、政治见解、民族血统或社会出身等原因的歧视,促进机会和待遇平等。

第138号《准予就业最低年龄公约》(1973年),其主要内容是旨在消除童工,规定准予就业的最低年龄不得低于完成义务教育的年龄。第182号《禁止和立即行动消除最恶劣形式的童工劳动公约》(1999年),主要内容是呼吁立即采取有效措施确保禁止和消除最恶劣形式的童工劳动,它包括所有形式的奴隶制和类似奴隶制的做法,强迫或强制劳动,包括强迫或强制招募儿童参与武装冲突;使用、招收或提供儿童卖淫、生产色情制品或进行色情表演;使用、招收或提供儿童从事非法活动;以及可能损害儿童的健康、安全或道德的工作。

(二)治理优先性劳工标准

治理优先性劳工标准,是指内容上对于各国劳动制定和政策的形成具有重要影响,因此成员国应当特别重视的公约;也是国际劳工组织认为对于国际劳工标准的实施具有重要影响的公约。2008年国际劳工组织通过的《关于争取公平全球化的社会正义宣言》中重申了上述公约对成员国政府的重要性。

治理优先性劳工公约包括四个,分别是《(工商业)劳动监察公约》[Labour Inspection Convention, 1947 (No.81)]、《就业政策公约》[Employment Policy Convention, 1964 (No.122)]、《(农业)劳动监察公约》[Labour Inspection (Agriculture) Convention, 1969 (No.129)]和《三方协商促进履行国际劳工标准公约》[Tripartite Consultation (International Labour Standards) Convention, 1976 (No.144)]。上述公约成员国批准情况见表3-2。

表3-2　　　　　　　　治理优先性公约批准情况(2022年)[1]

公约	C81	C122	C129	C144
批准国家数	148	115	55	156

第81号和第129号劳动监察公约中,规定了公约批准成员国的政府责任和劳动监察的职权、程序、人员保障等。应当建立独立的劳动监察机构负责监督劳动法律的执

---

[1] https://www.ilo.org/dyn/normlex/en/f?p=1000:12001:::NO:::.

行。劳动监察制度适用于一切与劳动保护和工作条件相关的工作场所。劳动监察员应当负责对执行公约中的有关工作条件进行监督，并向雇主和工人提供法律规定的最有效手段的技术信息和咨询，负责向政府当局报告法律执行中的缺陷和不足。劳动监察人员应当由国家公职人员组成，并由政府保证其职业稳定性；任命监察人员时应当男女平等；各国应当采取措施确保合格的技术专家和专门人员以最合适的方式参与监察工作，以确保有关保护劳动者健康和安全的法律规定得以实施；同时调查工作程序、原材料和工作方法对劳动者健康安全的影响。

《就业政策公约》重申了国际劳工组织在《费城宣言》规定的责任，"全人类不分种族、信仰或性别都有权在自由和尊严、经济保障和机会均等的条件下，谋求其物质福利和精神发展"，这一基本目标与联合国《人权宣言》中"每个人都有享受工作、自由选择职业、公正和满意的工作条件，以及得到保护免遭失业的权利"具有一致性。成员国的主要目标之一在于促进经济增长和发展，提高生活水平，满足对人力的需求，并解决失业和不充分就业的问题。成员国的就业政策应以促进充分的、自由选择的生产性就业为目的。在就业政策中禁止基于种族、肤色、性别、宗教信仰、政治见解、民族血统或社会出身的歧视。成员国政府应当征询相关雇主代表和工人代表的意见，制定与经济和社会政策协调的就业政策。

《三方协商促进履行国际劳工标准公约》规定了批准成员国应当就国际劳工公约的相关事项，与雇主代表和工人代表进行协商，包括：（1）政府对国际劳工大会议程项目调查表的答复和政府对供大会讨论的拟议文本的意见；（2）政府向国际劳工组织主管当局提交公约或建议书提出的意见；（3）每隔适当的时间，重新审查未批准的公约和未实施的建议书，考虑可采取何种措施促进其实施或促进批准；（4）向国际劳工局提交报告的有关问题；（5）对已批准公约的解释建议。

（三）技术性劳工标准

技术性劳工标准是指国际劳工组织针对工作条件所制定通过的其他各项国际公约和议定书。这些技术性劳工标准既有按照工作条件专门制定的公约，例如工作时间、深夜劳动、疾病保险、灾害预防、平等补偿、带薪休假、缩减工作时间、人力资源开发、职业安全与卫生、辐射保护等；也有针对特定的劳动者群体制定的公约，如海员、渔民、移民劳动者、家庭工人等；还有根据劳动就业形式制定的公约，如兼职劳动。这些技术性劳工标准为批准成员国提供了国内立法建议，以推动各项工作条件和劳动标准的改善与提高。

四、中国批准的国际劳工标准

中华人民共和国自恢复国际劳工组织中的代表席位后，陆续批准了 14 个国际劳工公约，对于中华人民共和国成立以前签订的 14 个公约重新批准。国际劳工组织撤销了台湾当局批准的 23 个公约（包括新中国成立前的 14 个公约）的登记。在已批准的 28 个公约中，核心劳工公约 6 个，治理优先性公约 2 个，技术性公约 20 个。

具体而言，我国重新承认批准的 14 个公约是：

(1)《确定准许儿童在海上工作的最低年龄公约》（第 7 号公约）；

(2)《农业工人的集会结社权公约》（第 11 号公约）；

(3)《工业企业中实行每周休息公约》（第 14 号公约）；

(4)《确定准许使用未成年人为扒炭工或司炉工的最低年龄公约》（第 15 号公约）；

(5)《在海上工作的儿童及未成年人的强制体格检查公约》（第 16 号公约）；

(6)《本国工人与外国工人关于事故赔偿的同等待遇公约》（第 19 号公约）；

(7)《海员协议条款公约》（第 22 号公约）；

(8)《海员遣返公约》（第 23 号公约）；

(9)《制订最低工资确定办法公约》（第 26 号公约）；

(10)《航运的重大包裹标明重量公约》（第 27 号公约）；

(11)《船舶装卸工人伤害防护公约》（第 32 号公约）；

(12)《各种矿场井下劳动使用妇女公约》（第 45 号公约）；

(13)《确定准许使用儿童于工业工作的最低年龄公约（修正）》（第 59 号公约）；

(14)《对国际劳工组织全体大会最初 28 届会议通过的各公约予以局部的修正以使各该公约所赋予国际联盟秘书长的若干登记职责今后的执行事宜有所规定并因国际联盟的解散及国际劳工组织章程的修正而将各该公约一并酌加修正公约》（第 80 号公约）。

1983 年中国恢复国际劳工组织的活动后至 2022 年，新批准加入的公约有：

(1)《(残疾人)职业康复和就业公约》（第 159 号公约）；

(2)《对男女工人同等价值的工作同等报酬公约》（第 100 号公约）；

(3)《三方协商促进履行国际劳工标准公约》（第 144 号公约）；

(4)《作业场所安全使用化学品公约》（第 170 号公约）；

(5)《就业政策公约》（第 122 号公约）；

(6)《准予就业最低年龄公约》（第 138 号公约）（批准该公约后，我国承认的第

7、15、59号公约对我国自然失效）；

（7）《劳动行政管理公约》（第150号公约）；

（8）《建筑业安全卫生公约》（第167号公约）；

（9）《禁止和立即行动消除最恶劣形式的童工劳动公约》（第182号公约）；

（10）《职业安全卫生公约》（第155号公约）；

（11）《消除就业和职业歧视公约》（第111号公约）；

（12）《2006年海事劳工公约》；

（13）《1930年强迫劳动公约》（第29号公约）；

（14）《1957年废除强迫劳动公约》（第105号公约）。

在历史上，国际劳工组织曾经对中国的劳动立法起到了十分积极的影响。例如北洋政府1923年接受了当时国际劳工组织的建议而颁布的《暂行工厂规则》，成为我国劳动立法的开端。此后国民党政府于1929年颁布的《工厂法》和1936年颁布的《最低工资法》等也都参照了有关国际公约和建议书的规定。我国现行的《劳动法》在其起草和制定过程中，更是吸纳了我国业已批准的相关国际劳工公约中有关条款的规定，如休息休假、最低工资、最低就业年龄、同工同酬等；甚至也包括了我国尚没有批准的国际劳工公约的有关规定，例如反对就业歧视、实行劳动安全措施、改进社会保险以及实行劳动监察等规定。随着我国批准加入的国际劳工组织公约的增多，以及我国经济水平的提高，我国劳动立法的发展和完善将会受到国际劳工组织更为深远的影响。

 延伸阅读

国际劳工组织创立者阿尔伯特·托马斯认为，国际劳工组织甚至应当超越国际政治联盟，因为即使一个国家存在着非人的劳动条件，都可能借由国际竞争而拖累或者阻碍其他任何国家的社会进步。① 1919年第一届国际劳工大会会议期间，国际劳工组织曾专设特别委员会讨论中国、日本、印度等几个国家的劳动相关问题，特别是成立之初通过的第一部国际公约《(工业)工作时间公约》（Hours of Work (Industry) Convention）是否在中国适用。鉴于当时中国的政治经济局面和劳动立法的缺失，豁免了中国对该公约的适用，但是建议中国采纳公约中的基本原则，即每天工作10小时，每周工作60小时，以及15岁以下劳动者每天工作8小时，每周工作48小时，并保证每周有一天的休息日。② 20世纪20年代开始，由于亚洲国家在工业制造上廉价劳动力的竞争

---

① Yifeng Chen. The international labour organization and labour governance in China 1919—1949.
② 林燕玲. 国际劳工标准[M]. 北京：中国劳动社会保障出版社，2007：27.

优势，不断触发欧洲国家向国际劳工组织提出审查包括中国在内的亚洲国家国内劳动条件的诉求。① 北洋政府在这一时期接受了国际劳工组织的建议，1923 年北洋政府制定的《暂行工厂规则》，开启了中国劳动立法的进程。之后国民党政府颁布的《工厂法》和其他劳动法规也都接受和参考了国际劳工公约与建议书的相关规定。② 1930 年，国际劳工组织中国局在南京成立，并在上海专设代表处（第二次世界大战时期曾迁往重庆）。在国民党政府时期，中国先后批准了 14 个国际劳工公约。然而，这些国际公约的批准多是由于国民政府需要建立国际声誉，展示对国际社会的配合③，实际在法律适用上较少实现。

第四节　国际劳动立法的最近发展

一、经济全球化与国际劳动立法

自 20 世纪末经济全球化以来，资本在全球的互动对国际劳动立法的发展产生了深远的影响。甚至有学者提出了劳动力作为企业的人力资本，正在加入这场国际性变革中的观点。与此相对应的，恰恰是自 20 世纪 70 年代以来国际上出现的一种潮流，即将国际劳工标准与世界贸易相挂钩，甚至动议将核心劳工标准作为"社会条款"纳入国际货币基金组织和世界贸易组织的有关协议中，并对于不遵守国际公认劳工标准的国家进行贸易制裁。因为他们认为，在经济一体化的今天，随着贸易的流动，工业国家（尤其是美国和西欧）却产生了大量的失业现象，造成这种现象的原因就在于广大的发展中国家通过降低对工人的保护来降低商品成本，从而取得了绝对的竞争优势。这种不正当的贸易竞争构成了对于发达国家的"社会倾销"。

但是，国际劳工组织的现有制度，决定了其在推行国际劳工标准的问题上过于软弱。并且国际劳工组织不应当被认为是唯一有权监督和促进国际劳工标准实现的合法机构，因此，借助贸易制裁将是最为有效的监督机制。这种论断受到了广大发展中国家的广泛批评，将社会条款与贸易挂钩将影响发展中国家贸易地位，属于对发达国家的贸易保护。应当看到的是，关于国际劳工标准的讨论还将继续下去，也会继续受到

---

① 林燕玲. 国际劳工标准 [M]. 北京：中国劳动社会保障出版社，2007：29.
② 林燕玲. 国际劳工标准 [M]. 北京：中国劳动社会保障出版社，2007：14.
③ 陆俊. 中国加入国际劳工三公约之始末. 外交部公报，1934：133-134；Yifeng Chen. The international labour organization and labour governance in China 1919-1949; Ulla Liukkunen and Yifeng Chen, ed. China and ILO fundamental principles and rights at work. Kluwer Law International, 2014.

各界的关注。例如 2000 年联合国秘书长安南提出包括以人权、劳工标准、环境为内容的九项原则的"全球契约",这九项原则中有四项为劳动问题。

二、体面劳动

为了避免国际劳工标准作为社会条款带来的负面影响,国际劳工组织于 1999 年由当时新任国际劳工局局长胡安·索马维亚（Juan Somavia）向国际劳工大会提交《体面的劳动》（*Decent Work*）的报告,提出给予劳动者"体面劳动"的新概念。作为检验全球化的试金石,体面劳动涉及人们在劳动生活上的各项愿景,包括生产性工作机会、公平收入、工作场所的安全和对家庭的社会保护、个人发展和社会融入的更好前景、个人表达的自由、组织和参与到影响其自身生活的决策过程、男女享有平等的机会与对待等。① 国际劳工组织认为,体面的劳动意味着劳动者的权利应当得到保护,确保足够的收入和充分的社会保护,也意味着有足够的工作岗位。②

2008 年全球金融危机,进一步凸显了体面劳动作为国际劳动政策的重要意义,它对于实现社会的可持续经济发展与消灭贫困尤为重要。2015 年 9 月,联合国大会上提出了体面劳动的四大支柱,不仅包括国际劳工标准中规定的工作中的基本原则和权利,还包括增加就业、社会保护和社会对话三项内容。相较于之前将国际劳工标准作为社会条款,体面劳动下的国际劳工标准在内容上更为丰富,在推进方式上避免了惩罚性措施,而是重视倡导、帮助和服务,这样使得国际劳工标准的推行更易在成员国中达成共识,从而达到各方主体多赢的局面。

结合联合国提出的成员国层面上的《2030 年可持续发展议程》（the 2030 Agenda for Sustainable Development）,国际劳工组织进一步结合可持续发展合作框架中的体面劳动目标,以实现持续包容的可持续的经济增长,以及充分的生产性就业与体面劳动。

体面劳动的提出意味着对国际劳工标准关注的侧重点发生了重大变化,国际关注点不再局限于核心劳工标准,客观推动了成员国在批准和参考治理优先性劳工标准、技术性劳工标准的进程。通过推行国家体面劳动项目,国际劳工组织能够较为有效地促进各国的法律与政策实践。

---

① https://www.ilo.org/global/topics/decent-work/lang--en/index.htm；林燕玲. 国际劳工标准与中国劳动法比较研究 [M]. 北京：中国工人出版社,2015：12.
② 国际劳工局. 国际劳工大会第 87 届会议报告——体面的劳动. 1999.

三、劳动的未来

2019 年，走过了一个世纪的国际劳工组织，面对技术创新、人口变化、气候变化和全球化变革的当今世界，在第 108 届国际劳工大会上提出了《国际劳工组织关于劳动世界的未来百年宣言》①（*ILO Centenary Declaration for the Future of Work*，2019，以下简称《宣言》），提出了国际劳动立法对未来劳动世界以人为本的倡议。根据国际劳工组织下设的全球未来工作委员会 2019 年 1 月发布的报告，提出以人为本的三个行动领域：(1) 增加对人的能力开发的投资；(2) 增加对劳动机制的投资；(3) 增加对体面和可持续劳动的投资。国际劳工组织呼吁成员国切实采取行动，确保所有人都能从不断变化的工作世界中获益，确保雇佣关系的持续性，确保为所有劳动者提供充分的保护，确保持续、包容和可持续的经济增长与充分就业和体面劳动。

为了体面劳动政策的延续，国际劳工组织在《宣言》下推进"体面劳动国别计划"（DWCP），进一步强化与联合国可持续发展合作框架的合作。而作为国际劳工组织下一个百年的立法指引，《宣言》提出未来国际劳工立法中进一步推进体面劳动的原则和方向：(1) 在经济、社会和环境各方面发展中，确保公正过渡到有助于可持续发展的未来工作；(2) 充分利用技术进步和生产力增长的潜力，通过社会对话，实现体面工作和可持续发展，确保人人受益于尊严、自我实现和公平分享；(3) 国家和社会伙伴负有连带责任，促进劳动者在其整个工作生涯中获得技能、能力和资格上的整合提升，解决现有和预期的技能差距，特别注意确保教育和培训系统回应劳动力市场需求，同时考虑在工作演变中提高利用现有机会的能力；(4) 发展有效的政策工具，以提供充分的、生产性的、可自由选择的就业机会，特别是在教育和培训的过渡转型中，为青年人融入劳动世界提供便利；(5) 在向未来劳动世界的转型中，确保工作场所中的劳动者权利和原则，促进工作生活之间的平衡，确保同工同酬，禁止性别或身体上的就业歧视，为老年劳动者提供尽可能有质量的安全的就业机会等；(6) 加强劳动行政和劳动监察；(7) 促进非正规经济向正规经济的转变；(8) 增强社会保护；(9) 在移民劳工、消除童工等领域中强化国际劳工组织的角色等。此外，《宣言》重申了社会对话的重要性，以及工作场所的有效合作、工会组织、安全和健康的工作条件，都是体面劳动实现的重要支撑。

可以预见，国际劳工组织在未来的国际劳动立法中将会扮演更为重要的角色。而在未来劳动世界的立法，面临着如何通过技术手段转变来确保实现国际劳工公约，通

---

① https://www.ilo.org/global/about-the-ilo/mission-and-objectives/centenary-declaration/lang--en/index.htm.

过促进三方机制下的国际社会对话，以谋求新历史时期的社会正义与世界和平的问题。

 本章小结

本章主要论述了国际劳动立法的有关内容。国际劳动立法的产生最重要的是工人阶级自身力量壮大和各国的工人阶级联合争取自身权利的结果，同时也是世界贸易平等竞争的国际需求。广义的国际劳动立法的范围，包括联合国和地区性的公约和约定，国家之间的双边条约等，狭义的国际劳动立法主要是指国际劳工组织的章程、国际劳工公约和国际劳工建议书。国际劳工组织于1919年6月正式成立，1946年后，国际劳工组织成为经联合国特别授权、专门处理劳动和社会问题事务的专门机构。国际劳工组织的主要任务是制定和通过国际劳工公约和国际劳工建议书。国际劳工组织制定公约和建议书的主要依据是其不同时期提出的宣言。中国是国际劳工组织的创始会员国之一，截至2022年我国共批准了28个国际劳工公约。

 复习思考题

1. 试述国际劳动立法的思想萌芽和早期活动。
2. 国际劳动立法的范围是什么？
3. 试述国际劳工组织的产生。
4. 国际劳工组织的主要任务是什么？
5. 试述国际劳工组织立法的依据和主要内容。
6. 中国恢复国际劳工组织的活动后重新批准的国际劳工公约有哪些？

第四章
就业促进和就业保障

>> 学习要点

掌握劳动就业的概念、劳动就业的立法概况、政府促进劳动就业的职责、我国的劳动就业方针和促进就业的支持政策、就业援助制度公平就业的概念、就业歧视的主要类型和法律规定、特殊群体的就业保障、外国人在中国就业的管理规定、就业服务的概念和内容、公共就业服务的概念和主要法律规定、职业中介的概念和主要法律规定、职业教育的概念、国家和政府的职业教育职责、用人单位的职业教育义务、职业教育的分类、职业证书的分类和作用。

>> 关键概念

劳动就业　公平就业　就业服务　职业教育

第一节　劳动就业概述

一、劳动就业的概念

劳动就业作为劳动法领域内的一个法学概念，是指具有劳动能力的公民在法定劳动年龄内从事有一定劳动报酬或劳动收入的合法职业，其实质是劳动力和生产资料的结合。这一概念可以从四个方面来理解。

第一，需要劳动就业的劳动者是具有劳动权利能力和劳动行为能力的公民。只有在法定劳动年龄内的公民才具有劳动权利能力和劳动行为能力，才是需要获得职业岗位的劳动者。公民的最低就业年龄在法律中有明确的规定，我国法定的最低就业年龄一般是16周岁。16周岁以下的公民就业必须在法律明确限定的行业内，并需要履行特殊法律程序。

第二，劳动就业必须是出自公民的自愿，即公民在主观上必须具有求职的愿望。劳动就业是公民的一种权利，行使或放弃这种权利，完全取决于公民自己的意愿。

第三，劳动者从事的必须是合法的职业。劳动者从事的职业应当是有益于国家和社会的职业，是为国家法律所允许的职业，从事任何非法活动，都不能成为劳动就业。

第四，劳动者从事的必须是有一定的劳动报酬或劳动收入的职业。就业是劳动者获得报酬或收入的一个重要途径。劳动者就业后，应当获得一定的劳动报酬或劳动收入，这种劳动报酬或劳动收入至少能够维持本人及需要其扶养的人的最低生活需要。

二、劳动就业的立法概况

只有实现了就业，劳动关系才能够产生和存续，公民的劳动权才能实现。劳动就业法在劳动法中占有重要地位。综观各国就业立法，有三个主要组成部分。（1）宪法中关于公民劳动权的规定。例如，墨西哥宪法规定，不分性别和国籍，一律同工同酬。我国《宪法》第四十二条规定，公民有劳动的权利和义务；国家通过各种途径，创造劳动就业条件；劳动是一切有劳动能力的公民的光荣职责；国家对就业前的公民进行必要的劳动就业训练。（2）劳动基本法中关于就业的规定。各国劳动法典中，几乎都有就业的内容。例如，《法国劳动法典》第三卷为"安置和雇用"，对安置、雇用、职业介绍所、劳动力保护、失业工人都分别设专章予以具体规定；《菲律宾劳工法》的第一部为"就业前"，其内容就是关于招募和安置的规定；《尼日利亚联邦共和国劳工法》的第二章为"招募"，不仅规定招募的一般规则，而且还分别就招募工人在本国就业和到境外作业作了专门规定。（3）关于就业的专项法律、法规。例如英国1980年、1982年的《就业法》，日本1947年的《职业安定法》。[①]

国际劳工组织也非常重视关于劳动就业的立法，先后通过了多个国际劳工公约和建议书，主要包括：1948年《职业介绍设施公约》（第88号公约）和《职业介绍设施建议书》（第83号建议书），1958年《消除就业和职业歧视公约》（第111号公约）和

[①] 王全兴. 劳动法（第四版）[M]. 北京：法律出版社，2017：384-385.

《消除就业和职业歧视建议书》(第 111 号建议书),1964 年《就业政策公约》(第 122 号公约)和《就业政策建议书》(第 122 号建议书),1984 年《就业政策(补充规定)建议书》(第 169 号建议书),1988 年《关于促进就业和失业保护的公约》(第 168 号公约)和《关于促进就业和失业保护的建议书》(第 176 号建议书),1997 年《私营职业介绍所公约》(第 181 号公约)和《私营职业介绍所建议书》(第 188 号建议书)。

我国也一直重视劳动就业的立法。1952 年 8 月,政务院就发布了《关于劳动就业问题的决定》。1995 年 1 月开始实施的《劳动法》设专门章节对促进就业作出规定,2007 年 8 月,第十届全国人大常委会第二十九次会议通过了《就业促进法》(2015 年修正)。国务院、人力资源社会保障部(劳动部、劳动和社会保障部)也先后发布了一系列的法规和规章,如《外国人在中国就业管理规定》《残疾人就业条例》《就业服务与就业管理规定》。

三、政府对劳动就业的职责

促进劳动就业是国家的一项职责。我国《劳动法》中明确规定,"国家采取各种措施,促进劳动就业"。《就业促进法》更是将促进就业规定为各级政府的法定职责。《就业促进法》规定,国家倡导劳动者树立正确的择业观念,提高就业能力和创业能力;鼓励劳动者自主创业、自谋职业。各级人民政府和有关部门应当简化程序,提高效率,为劳动者自主创业、自谋职业提供便利。国务院建立全国促进就业工作协调机制,研究就业工作中的重大问题,协调推动全国的促进就业工作。国务院劳动行政部门具体负责全国的促进就业工作。省、自治区、直辖市人民政府根据促进就业工作的需要,建立促进就业工作协调机制,协调解决本行政区域就业工作中的重大问题。县级以上人民政府把扩大就业作为经济和社会发展的重要目标,纳入国民经济和社会发展规划,并制定促进就业的中长期规划和年度工作计划。县级以上人民政府通过发展经济和调整产业结构、规范人力资源市场、完善就业服务、加强职业教育和培训、提供就业援助等措施,创造就业条件,扩大就业。县级以上人民政府有关部门按照各自的职责分工,共同做好促进就业工作。

具体而言,国家和政府应当在以下四个方面履行其职责。第一,国家通过促进经济和社会发展,创造就业条件,扩大就业机会。一方面,国家鼓励企业、事业组织、社会团体在法律、行政法规规定的范围内兴办产业或者拓展经营,增加就业岗位;另一方面,国家支持、鼓励劳动者自主创业、自谋职业。第二,政府要采取各种措施,发展多种类型的职业介绍机构,为劳动者提供就业服务。第三,国家保障劳动者平等就业的权利。劳动者就业,不因民族、种族、性别、宗教信仰等不同而受歧视。为保障妇女、残疾人、传染病病原携带者、少数民族人员、退役军人等特殊群体的平等就业权利，对其就业采取特殊措施。第四，国家采取各种措施，发展职业教育，提高劳动者的素质，增强劳动者的就业能力。

四、就业方针和促进就业的政策支持

（一）就业方针

《就业促进法》规定，我国实行劳动者自主择业、市场调节就业、政府促进就业的方针。

劳动者自主择业是指劳动者有权根据自己的意愿选择就业方式、就业领域和用人单位。市场调节就业是指为实现就业，劳动者和用人单位进行双向自由选择，以市场需求决定人力资源的合理配置。政府促进就业是指政府有促进就业的职责，为实现劳动者的充分就业，政府需要给予政策、服务等方面的支持和指导。

（二）促进就业的政策支持

《就业促进法》规定，我国实行积极的就业政策。为了促进就业，政府要在各个领域给予政策支持。促进就业的政策主要包括以下内容。

1. 统筹协调的就业政策

统筹协调的就业政策分为三个方面：一是就业政策与产业政策的协调；二是就业政策的地域协调，特别是城乡之间的统筹；三是各种就业人员之间的统筹协调。

《就业促进法》规定，扩大就业是县级以上人民政府法定的重要职责。县级以上人民政府应当统筹协调产业政策与就业政策。

国家实行城乡统筹的就业政策，建立健全城乡劳动者平等就业的制度，引导农业富余劳动力有序转移就业。县级以上地方人民政府推进小城镇建设和加快县域经济发展，引导农业富余劳动力就地就近转移就业；在制定小城镇规划时，将本地区农业富余劳动力转移就业作为重要内容；引导农业富余劳动力有序向城市异地转移就业；劳动力输出和输入地政府应当相互配合，改善农村劳动者进城就业的环境和条件。国家支持区域经济发展，鼓励区域协作，统筹协调不同地区就业的均衡增长。国家支持民族地区发展经济，扩大就业。

各级人民政府统筹做好城镇新增劳动力就业、农业富余劳动力转移就业和失业人员就业工作。地方各级人民政府和有关部门应当加强对失业人员从事个体经营的指导，提供政策咨询、就业培训和开业指导等服务。

2. 促进就业的产业政策

（1）国家鼓励增加就业岗位。国家鼓励各类企业在法律、法规规定的范围内，通过兴办产业或者拓展经营，增加就业岗位；鼓励发展劳动密集型产业、服务业，扶持中小企业，多渠道、多方式增加就业岗位；鼓励、支持、引导非公有制经济发展，扩大就业，增加就业岗位。

（2）国家发展国内外贸易和国际经济合作，拓宽就业渠道。国内贸易是指在一国国内进行的贸易；国外贸易是指一国与他国（地区）之间进行的贸易；国际经济合作是指不同国家和地区之间进行的经济合作。国内外贸易活动和国际经济合作是促进就业的重要渠道，因此，国家应当大力发展国内外贸易，促进与其他国家和地区之间的经济合作，增加就业岗位，促进就业。

（3）政府投资和建设重大项目促进就业。政府的财政投资和重大建设项目在促进就业方面有着重要的作用。《就业促进法》规定，县级以上人民政府在安排政府投资和确定重大建设项目时，应当发挥投资和重大建设项目带动就业的作用，增加就业岗位。

3. 促进就业的财政政策

加大政府的财政投入是促进就业的重要内容。《就业促进法》规定，国家实行有利于促进就业的财政政策，加大资金投入，改善就业环境，扩大就业。县级以上人民政府应当根据就业状况和就业工作目标，在财政预算中安排就业专项资金用于促进就业工作。

就业专项资金是政府在就业领域的专项财政投入，是专门用于就业的财政资金。就业专项资金用于职业介绍、职业培训、公益性岗位、职业技能鉴定、特定就业政策和社会保险等的补贴，小额贷款担保基金和微利项目的小额担保贷款贴息，以及扶持公共就业服务等。就业专项资金的使用管理办法由国务院财政部门和劳动行政部门规定。

4. 促进就业的社会保险政策

国家建立健全失业保险制度，依法确保失业人员的基本生活，并促进其实现就业。各级人民政府采取措施，逐步完善和实施与非全日制用工等灵活就业相适应的劳动和社会保险政策，为灵活就业人员提供帮助和服务。

5. 促进就业的税费优惠政策

通过税费优惠政策，鼓励企业增加就业岗位，扶持失业人员和残疾人就业。《就业促进法》规定，国家鼓励企业增加就业岗位，扶持失业人员和残疾人就业，对下列企业、人员依法给予税收优惠：（1）吸纳符合国家规定条件的失业人员达到规定要求的企业；（2）失业人员创办的中小企业；（3）安置残疾人员达到规定比例或者集中使用残疾人的企业；（4）从事个体经营的符合国家规定条件的失业人员；（5）从事个体经营的残疾人；（6）国务院规定给予税收优惠的其他企业、人员。对从事个体经营的符合国家规定条件的失业人员和从事个体经营的残疾人，有关部门应当在经营场地等方面给予照顾，免除行政事业性收费。

6. 促进就业的金融政策

国家实行有利于促进就业的金融政策，增加中小企业的融资渠道；鼓励金融机构改进金融服务，加大对中小企业的信贷支持，并对自主创业人员在一定期限内给予小额信贷等扶持。

五、就业援助制度

就业援助制度是一项促进就业困难人员就业的专门制度。所谓就业困难人员是指因身体状况、技能水平、家庭因素、失去土地等原因难以实现就业，以及连续失业一定时间仍未能实现就业的人员。《就业促进法》规定，各级人民政府建立健全就业援助制度，采取税费减免、贷款贴息、社会保险补贴、岗位补贴等办法，通过公益性岗位安置等途径，对就业困难人员实行优先扶持和重点帮助。

《就业促进法》规定，就业援助制度主要包括以下内容。

1. 政府投资开发公益性岗位

《就业促进法》规定，政府投资开发的公益性岗位，应当优先安排符合岗位要求的就业困难人员。被安排在公益性岗位工作的，按照国家规定给予岗位补贴。地方各级人民政府应当为就业困难人员提供各种有针对性的公益性岗位援助，要采取多种就业形式，拓宽公益性岗位范围，开发就业岗位，确保城市有就业需求的家庭至少有一人实现就业。

政府投资开发的公益性岗位是指由政府投资开发，享受一定的政策优惠、财政扶持，并以安排就业困难人员为主的工作岗位。这类岗位一般具有如下特征。（1）政府投资开发。公益性岗位与其他岗位不同，不是由用人单位以本单位营利为目的，为维护单位的正常运营而提供，而是由政府本着促进就业，安置就业困难人员的目的投资开发的。如城市的交通协管员、公交车站维持秩序的人员等。还有一部分公益性岗位是由政府出资购买的。（2）应当优先安排符合岗位条件的就业困难人员。政府投资开发公益性岗位的目的就是要优先解决就业困难人员的就业问题，因此，公益性岗位应优先安排就业困难人员。被安排在公益性岗位工作的就业困难人员也要符合该岗位的要求，达到岗位对劳动者技能或者学历、身体状况的最基本要求，不能不考虑岗位的要求仅根据就业困难人员的困难情况安排就业。（3）对安排在公益性岗位工作的人员，按照国家规定给予岗位补贴。①

2. 就业援助服务

就业援助服务是指由政府向就业困难人员提供的各种就业服务。《就业促进法》规定，地方各级人民政府加强基层就业援助服务工作，对就业困难人员实施重点帮助，提供有针对性的就业服务。地方各级人民政府鼓励和支持社会各方面为就业困难人员提供技能培训、岗位信息等服务。法定劳动年龄内的家庭人员均处于失业状况的城市居民家庭，可以向住所地街道、社区公共就业服务机构申请就业援助。街道、社区公共就业服务机构经确认属实的，应当为该家庭中至少一人提供适当的就业岗位。

3. 特别扶助残疾人就业

各级人民政府采取特别扶助措施，促进残疾人就业。用人单位应当按照国家规定安排残疾人就业，具体办法由国务院规定。

4. 资源开采型城市和独立工矿区的就业援助

《就业促进法》规定，国家鼓励资源开采型城市和独立工矿区发展与市场需求相适应的产业，引导劳动者转移就业。对因资源枯竭或者经济结构调整等原因造成就业困难人员集中的地区，上级人民政府应当给予必要的扶持和帮助。

第二节　公平就业与反就业歧视

一、公平就业的概念

公平就业，即反就业歧视，是指劳动者在就业过程中享有平等的就业权利，不因劳动者的民族、种族、性别、宗教信仰、户籍等因素受到不平等对待。公平就业的反面就是就业歧视，即劳动者在就业过程中受到违反法律的不平等的对待。

通常在劳动法领域内，就业歧视是从违法的角度而言的，即违反法律规定，不合理限制或剥夺劳动者平等就业的权利，依法对某些特殊群体特殊保护而造成的就业不平等除外。我国《劳动法》规定"劳动者享有平等就业和选择职业的权利""劳动者就业，不因民族、种族、性别、宗教信仰不同而受歧视"。《就业促进法》对公平就业作出了更为具体的规定。

二、就业歧视的主要类型和法律规定

《劳动法》规定的就业歧视类型包括民族、种族、性别、宗教信仰四种。《就业促

---

① 信春鹰. 中华人民共和国就业促进法释义 [M]. 北京：法律出版社，2007：156-157.

进法》在重述了以上四种就业歧视类型的基础上,增加了健康歧视和户籍(农民工)歧视两种类型。

(一)性别歧视

男女平等是社会进步、文明发展的表现。在当今社会,妇女已经成为劳动力的重要组成部分。但是由于妇女自身的生理特点和所承担的社会角色,以及长期以来社会历史观念的影响,在整体上与男子相比,会遇到更多的就业困难。保障女性劳动者平等的就业权利,消除性别歧视,一直是劳动法的一个重要内容。

实行男女平等是我国的基本国策。在就业领域,妇女享有与男子平等的权利。《就业促进法》规定,国家保障妇女享有与男子平等的劳动权利。用人单位招用人员,除国家规定的不适合妇女的工种或者岗位外,不得以性别为由拒绝录用妇女或者提高对妇女的录用标准。用人单位录用女职工,不得在劳动合同中规定限制女职工结婚、生育的内容。

(二)健康歧视

对劳动者的健康歧视是我国现实社会中表现得比较明显的就业歧视类型之一。健康歧视可以分为两种:残疾歧视和传染病病原携带歧视。

残疾人与正常人相比,由于身体健康方面的原因,劳动行为能力受到一定的限制,在就业过程中很容易受到歧视。为了保障残疾人的平等就业权,《就业促进法》明确规定,国家保障残疾人的劳动权利。各级人民政府应当对残疾人就业统筹规划,为残疾人创造就业条件。用人单位招用人员,不得歧视残疾人。

传染病病原携带歧视,是指对传染病病原携带者的歧视。传染病病原携带者不同于传染病病人。为了公众的健康,避免传染病的流行,对传染病病人进行就业限制是必要的。但现代医学证明,在日常生活接触中,传染病病原携带者不都具有传染性,如艾滋病病毒感染者、乙肝病毒携带者在日常工作生活的接触中,并不会造成他人的感染。除特殊行业外,传染病病原携带者不应当被排除在就业人员之外。《就业促进法》规定,用人单位招用人员,不得以是传染病病原携带者为由拒绝录用。但是,经医学鉴定传染病病原携带者在治愈前或者排除传染嫌疑前,不得从事法律、行政法规和国务院卫生行政部门规定禁止从事的易使传染病扩散的工作。

(三)户籍(农民工)歧视

农业富余劳动力向非农业领域和城镇转移,是经济发展的必然和社会进步的重要标志，是工业化和现代化的必然趋势。根据我国实行的户籍制度，长期以来产生了城乡二元的就业体系，农业户籍人员进入城镇务工存在着各种各样的限制，但是按照劳动者享有的劳动权和平等的就业权的内在要求，农业户籍人员与城市劳动者一样，享有平等的就业权利。对农业户籍的劳动者就业应当实行公平对待、合理引导、完善管理、搞好服务的原则，取消对农业户籍劳动者进城务工就业的不合理限制，不得干涉企业自主合法使用农村劳动者，各行业和工种尤其是特殊行业和工种要求的技术资格、健康条件等，对农业户籍人员和城镇户籍人员应一视同仁。农村劳动者享有《劳动法》规定的各项权利。《就业促进法》规定，农村劳动者进城就业享有与城镇劳动者平等的劳动权利，不得对农村劳动者进城就业设置歧视性限制。

三、特殊群体的就业保障

为了实现公平就业，保障劳动者的平等就业权，不仅需要法律对公平就业作出规定，对于在就业过程中处于弱者地位的特殊群体，法律还规定了各种促进和保护措施。

（一）妇女就业保障

为了保障妇女的平等就业权，不仅《劳动法》《就业促进法》中对妇女的平等就业作出规定，在《妇女权益保障法》中也明确规定，国家保障妇女享有与男子平等的劳动权利。

《妇女权益保障法》中关于妇女就业保障的内容主要包括以下三方面。

1. 对用人单位录用妇女的要求

各单位在录用职工时，除不适合妇女的工种或者岗位外，不得以性别为由拒绝录用妇女或者提高对妇女的录用标准。各单位在录用女职工时，应当依法与其签订劳动（聘用）合同或者服务协议，劳动（聘用）合同或者服务协议中不得规定限制女职工结婚、生育的内容。

2. 就业中男女的平等待遇

实行男女同工同酬。妇女在享受福利待遇方面享有与男子平等的权利。

在晋职、晋级、评定专业技术职务等方面，应当坚持男女平等的原则，不得歧视妇女。各单位在执行国家退休制度时，不得以性别为由歧视妇女。

3. 对妇女进行特殊的劳动保护

任何单位均应根据妇女的特点，依法保护妇女在工作和劳动时的安全和健康，不得安排不适合妇女从事的工作和劳动。妇女在经期、孕期、产期、哺乳期受特殊保护。任何单位不得因结婚、怀孕、产假、哺乳等情形，降低女职工的工资，辞退女职工，单方解除劳动（聘用）合同或者服务协议。但是，女职工要求终止劳动（聘用）合同或者服务协议的除外。

（二）残疾人就业保障

残疾人是指在心理、生理、人体结构上，某种组织、功能丧失或者不正常，全部或者部分丧失以正常方式从事某种活动能力的人；包括视力残疾、听力残疾、言语残疾、肢体残疾、智力残疾、精神残疾、多重残疾和其他残疾的人。《残疾人保障法》规定，国家保障残疾人劳动的权利。各级人民政府应当对残疾人劳动就业统筹规划，为残疾人创造劳动就业条件。《劳动法》《就业促进法》《残疾人保障法》《残疾人就业条例》等法律、法规中对残疾人就业规定的主要内容包括如下四个方面。

1. 残疾人就业方针

残疾人劳动就业，实行集中与分散相结合的方针，采取优惠政策和扶持保护措施，通过多渠道、多层次、多种形式，使残疾人劳动就业逐步普及、稳定、合理。政府和社会举办残疾人福利企业、盲人按摩机构和其他福利性单位，集中安排残疾人就业。

2. 残疾人就业制度

国家实行按比例安排残疾人就业制度。国家机关、社会团体、企业事业单位、民办非企业单位应当按照规定的比例安排残疾人就业，并为其选择适当的工种和岗位。达不到规定比例的，按照国家有关规定履行保障残疾人就业义务。国家鼓励用人单位超过规定比例安排残疾人就业。国家鼓励和扶持残疾人自主择业、自主创业。

3. 国家优惠措施

国家对安排残疾人就业达到、超过规定比例或者集中安排残疾人就业的用人单位和从事个体经营的残疾人，依法给予税收优惠，并在生产、经营、技术、资金、物资、场地等方面给予扶持。国家对从事个体经营的残疾人，免除行政事业性收费。县级以上地方人民政府及其有关部门应当确定适合残疾人生产、经营的产品、项目，优先安排残疾人福利性单位生产或者经营，并根据残疾人福利性单位的生产特点确定某些产品由其专产。政府采购，在同等条件下应当优先购买残疾人福利性单位的产品或者服务。地方各级人民政府应当开发适合残疾人就业的公益性岗位。对申请从事个体经营的残疾人，有关部门应当优先核发营业执照。对从事各类生产劳动的农村残疾人，有关部门应当在生产服务、技术指导、农用物资供应、农副产品购销和信贷等方面给予帮助。政府有关部门设立的公共就业服务机构，应当为残疾人免费提供就业服务。残疾人联合会举办的残疾人就业服务机构，应当组织开展免费的职业指导、职业介绍和职业培训，为残疾人就业和用人单位招用残疾人提供服务和帮助。

4. 残疾人就业权利保护

国家保护残疾人福利性单位的财产所有权和经营自主权，其合法权益不受侵犯。在职工的招用、转正、晋级、职称评定、劳动报酬、生活福利、休息休假、社会保险等方面，不得歧视残疾人。残疾职工所在单位应当根据残疾职工的特点，提供适当的劳动条件和劳动保护，并根据实际需要对劳动场所、劳动设备和生活设施进行改造。国家采取措施，保障盲人保健和医疗按摩人员从业的合法权益。残疾职工所在单位应当对残疾职工进行岗位技术培训，提高其劳动技能和技术水平。任何单位和个人不得以暴力、威胁或者非法限制人身自由的手段强迫残疾人劳动。

（三）农民工就业保障

2006年国务院发布的《关于解决农民工问题的若干意见》中明确指出要充分认识解决好农民工问题的重大意义；规定了做好农民工工作的指导思想和基本原则；提出要抓紧解决农民工工资偏低和拖欠问题，依法规范农民工劳动管理，搞好农民工就业服务和培训，积极稳妥地解决农民工社会保障问题，切实为农民工提供相关公共服务，健全维护农民工权益的保障机制，促进农村劳动力就地就近转移就业，加强和改进对农民工工作的领导。2014年，为深入贯彻落实党的十八大、十八届三中全会、中央城镇化工作会议精神和国务院的决策部署，进一步做好新形势下为农民工服务工作，切实解决农民工面临的突出问题，有序推进农民工市民化，国务院发布了《关于进一步做好为农民工服务工作的意见》，提出着力稳定和扩大农民工就业创业，着力维护农民工的劳动保障权益，着力推动农民工逐步实现平等享受城镇基本公共服务和在城镇落户，着力促进农民工社会融合。2019年国务院公布《保障农民工工资支付条例》，旨在规范农民工工资支付行为，保障农民工按时足额获得工资。

（四）少数民族人员就业保障

我国是一个多民族的国家，除汉族以外，还有众多的少数民族，对少数民族人员就业实行特殊保障，是我国民族政策的重要组成部分。《就业促进法》规定，各民族劳动者享有平等的劳动权利。用人单位招用人员，应当依法对少数民族劳动者给予适当照顾。

《中华人民共和国民族区域自治法》等法律规定，保障少数民族人员就业，主要有两个方面。（1）民族自治地方的企业、事业单位在招收人员时，要优先招收少数民族人员，并且可以从农村和牧区少数民族人口中招收；上级国家机关隶属的在民族自治地方的企业、事业单位在招收人员时，应当优先招收当地少数民族人员。（2）民族自治地方的自治机关要采取各种措施从当地民族中大量培养各种科学技术、经营管理等专业人才和技术工人，并且注意在少数民族妇女中培养各种专业技术人才。上级国家机关帮助民族自治地方从当地民族中大量培养各种专业人才和技术工人。

（五）退役军人就业保障

退役军人，是指从中国人民解放军依法退出现役的军官、军士和义务兵等人员。国家对退役军人的就业实行保障，有利于维护国家安全，稳定军心。退出现役的军人应当受到社会的尊重，受到国家和人民群众的优待。

《中华人民共和国退役军人保障法》（以下简称《退役军人保障法》）规定，国家采取政府推动、市场引导、社会支持相结合的方式，鼓励和扶持退役军人就业创业。各级人民政府应当加强对退役军人就业创业的指导和服务。县级以上地方人民政府退役军人工作主管部门应当加强对退役军人就业创业的宣传、组织、协调等工作，会同有关部门采取退役军人专场招聘会等形式，开展就业推荐、职业指导，帮助退役军人就业。服现役期间因战、因公、因病致残被评定残疾等级和退役后补评或者重新评定残疾等级的残疾退役军人，有劳动能力和就业意愿的，优先享受国家规定的残疾人就业优惠政策。公共人力资源服务机构应当免费为退役军人提供职业介绍、创业指导等服务。国家鼓励经营性人力资源服务机构和社会组织为退役军人就业创业提供免费或者优惠服务。退役军人未能及时就业的，在人力资源社会保障部门办理求职登记后，可以按照规定享受失业保险待遇。机关、群团组织、事业单位和国有企业在招录或者招聘人员时，对退役军人的年龄和学历条件可以适当放宽，同等条件下优先招录、招聘退役军人。退役的军士和义务兵入伍前是机关、群团组织、事业单位或者国有企业人员的，退役后可以选择复职复工。县级以上地方人民政府投资建设或者与社会共建的创业孵化基地和创业园区，应当优先为退役军人创业提供服务。有条件的地区可以建立退役军人创业孵化基地和创业园区，为退役军人提供经营场地、投资融资等方面的优惠服务。退役军人创办小微企业，可以按照国家有关规定申请创业担保贷款，并享受贷款贴息等融资优惠政策。退役军人从事个体经营，依法享受税收优惠政策。用人单位招用退役军人符合国家规定的，依法享受税收优惠等政策。

第三节　外国人在中国就业的管理

一、外国人和外国人在中国就业的概念

外国人是指依照《中华人民共和国国籍法》，不具有中国国籍的人员。外国人在中

国就业是指没有取得定居权的外国人在中国境内依法从事社会劳动并获取劳动报酬的行为。

为加强外国人在中国就业的管理，1996年劳动部、公安部、外交部、外经贸部以劳部发〔1996〕29号公布《外国人在中国就业管理规定》，2010年和2017年人力资源社会保障部对该规定进行了两次修正。

二、外国人在中国就业的条件

（一）用人单位聘用外国人的条件

（1）用人单位聘用外国人须为该外国人申请就业许可，经获准并取得《中华人民共和国外国人就业许可证书》（以下简称许可证书）后方可聘用；

（2）用人单位聘用外国人从事的岗位应是有特殊需要，国内暂缺适当人选，且不违反国家有关规定的岗位；

（3）用人单位不得聘用外国人从事营业性文艺演出，但经国务院有关部门批准持《临时营业演出许可证》进行营业性文艺演出的外国人除外；

（4）个体经济组织和公民个人不得聘用外国人。

（二）外国人在中国就业的条件

（1）年满18周岁，身体健康；

（2）具有从事其工作所必需的专业技能和相应的工作经历；

（3）无犯罪记录；

（4）有确定的聘用单位；

（5）持有有效护照或能代替护照的其他国际旅行证件。

三、就业许可

在中国就业的外国人应持Z字签证入境（有互免签证协议的，按协议办理），入境后取得《外国人就业证》（以下简称就业证）和外国人居留证件，方可在中国境内就业。未取得居留证件的外国人（即持F、L、C、G字签证者），在中国留学、实习的外国人及持职业签证外国人的随行家属不得在中国就业。特殊情况，应由用人单位按规定的审批程序申领许可证书，被聘用的外国人凭许可证书到公安机关改变身份，办理就业证、居留证后方可就业。

外国驻中国使、领馆和联合国系统、其他国际组织驻中国代表机构人员的配偶在中国就业，应按《中华人民共和国外交部关于外国驻中国使领馆和联合国系统组织驻中国代表机构人员的配偶在中国任职的规定》执行，并按规定办理有关手续。

凡符合下列条件之一的外国人可免办就业许可和就业证：（1）由我国政府直接出资聘请的外籍专业技术和管理人员，或由国家机关和事业单位出资聘请，具有本国或国际权威技术管理部门或行业协会确认的高级技术职称或特殊技能资格证书的外籍专业技术和管理人员，并持有外国专家局签发的《外国专家证》的外国人；（2）持有《外国人在中华人民共和国从事海上石油作业工作准证》从事海上石油作业、不需登陆、有特殊技能的外籍劳务人员；（3）经文化部批准持《临时营业演出许可证》进行营业性文艺演出的外国人。

凡符合下列条件之一的外国人可免办许可证书，入境后凭 Z 字签证及有关证明直接办理就业证：（1）按照我国与外国政府间、国际组织间协议、协定，执行中外合作交流项目受聘来中国工作的外国人；（2）外国企业常驻中国代表机构中的首席代表、代表。

四、用人单位聘用外国人的申请与审批

用人单位聘用外国人，须填写《聘用外国人就业申请表》（以下简称申请表），向其与劳动行政主管部门同级的行业主管部门（以下简称行业主管部门）提出申请，并提供下列有效文件：（1）拟聘用的外国人履历证明；（2）聘用意向书；（3）拟聘用外国人原因的报告；（4）拟聘用的外国人从事该项工作的资格证明；（5）拟聘用的外国人健康状况证明；（6）法律、法规规定的其他文件。行业主管部门按照有关法律、法规进行审批。

经行业主管部门批准后，用人单位应持申请表到本单位所在地区的省、自治区、直辖市劳动行政部门或其授权的地市级劳动行政部门办理核准手续。省、自治区、直辖市劳动行政部门或授权的地市级劳动行政部门应指定专门机构（以下简称发证机关）具体负责签发许可证书工作。发证机关应根据行业主管部门的意见和劳动力市场的需求状况进行核准，并在核准后向用人单位签发许可证书。

中央级用人单位、无行业主管部门的用人单位聘用外国人，可直接到劳动行政部门发证机关提出申请和办理就业许可手续。外商投资企业聘雇外国人，无须行业主管部门审批，可凭合同、章程、批准证书、营业执照和相应文件直接到劳动行政部门发证机关申领许可证书。

获准来中国工作的外国人，应凭许可证书或其他有效法律文书及本国有效护照或能代替护照的证件，到中国驻外使、领馆处申请 Z 字签证。用人单位应在被聘用的外

国人入境后 15 日内，持许可证书、与被聘用的外国人签订的劳动合同及其有效护照或能代替护照的证件到原发证机关为外国人办理就业证，并填写《外国人就业登记表》。就业证只在发证机关规定的区域内有效。已办理就业证的外国人，应在入境后 30 日内，持就业证到公安机关申请办理居留证。居留证件的有效期限可根据就业证的有效期确定。

五、劳动管理

用人单位与被聘用的外国人应依法订立劳动合同。劳动合同的期限最长不得超过 5 年。劳动合同期限届满即行终止，但按照有关规定履行审批手续后可以续订。被聘用的外国人与用人单位签订的劳动合同期满时，其就业证即行失效。如需续订，该用人单位应在原合同期满前 30 日内，向劳动行政部门提出延长聘用时间的申请，经批准并办理就业证延期手续。外国人被批准延长在中国就业期限或变更就业区域、单位后，应在 10 日内到当地公安机关办理居留证件延期或变更手续。

被聘用的外国人与用人单位的劳动合同被解除后，该用人单位应及时报告劳动、公安部门，交还该外国人的就业证和居留证件，并到公安机关办理出境手续。

用人单位支付所聘用外国人的工资不得低于当地最低工资标准。在中国就业的外国人的工作时间、休息休假、劳动安全卫生以及社会保险按国家有关规定执行。用人单位与被聘用的外国人发生劳动争议，应按照《劳动法》和《劳动争议调解仲裁法》处理。

外国人在中国就业的用人单位必须与其就业证所注明的单位相一致。外国人在发证机关规定的区域内变更用人单位但仍从事原职业的，须经原发证机关批准，并办理就业证变更手续。外国人离开发证机关规定的区域就业或在原规定的区域内变更用人单位且从事不同职业的，须重新办理就业许可手续。

因违反中国法律被中国公安机关取消居留资格的外国人，用人单位应解除劳动合同，劳动部门应吊销就业证。

劳动行政部门对就业证实行年检。用人单位聘用外国人就业每满 1 年，应在期满前 30 日内到劳动行政部门发证机关为被聘用的外国人办理就业证年检手续。逾期未办的，就业证自行失效。外国人在中国就业期间遗失或损坏其就业证的，应立即到原发证机关办理挂失、补办或换证手续。

第四节　就业服务

一、就业服务的概念和内容

就业服务是指法定机构为劳动者实现就业和用人单位招用劳动者提供的各种社会服务。根据我国《劳动法》，地方各级人民政府应当采取措施，发展多种类型的职业介绍机构，提供就业服务。《就业促进法》规定，县级以上人民政府培育和完善统一开放、竞争有序的人力资源市场，为劳动者就业提供服务；鼓励社会各方面依法开展就业服务活动，加强对公共就业服务和职业中介服务的指导和监督，逐步完善覆盖城乡的就业服务体系；加强人力资源市场信息网络及相关设施建设，建立健全人力资源市场信息服务体系，完善市场信息发布制度。

就业服务主要包括：（1）为劳动力供求双方相互选择，实现就业而提供的各类职业介绍服务；（2）为提高劳动职业技术和就业能力的多层次、多形式的就业和专业培训服务；（3）为保障失业者基本生活和帮助其重新就业的失业保险服务等。

二、公共就业服务

公共就业服务是指由各级劳动保障部门提供的公益性就业服务，包括职业介绍、职业指导、就业训练、社区就业岗位开发服务和其他服务内容。根据《就业促进法》和《就业服务与就业管理规定》，县级以上人民政府建立健全公共就业服务体系。县级以上劳动保障行政部门统筹管理本行政区域内的公共就业服务工作，根据政府制定的发展计划，建立健全覆盖城乡的公共就业服务体系。公共就业服务机构根据政府确定的就业工作目标任务，制定就业服务计划，推动落实就业扶持政策，组织实施就业服务项目，为劳动者和用人单位提供就业服务，开展人力资源市场调查分析，并受劳动保障行政部门委托经办促进就业的相关事务。

（一）公共就业服务的范围

1. 为劳动者提供公共就业服务

公共就业服务机构为劳动者免费提供下列服务：（1）就业政策法规咨询；（2）职业供求信息、市场工资指导价位信息和职业培训信息发布；（3）职业指导和职业介绍；（4）对就业困难人员实施就业援助；（5）办理就业登记、失业登记等事务；（6）其他公共就业服务。

2. 为用人单位提供公共就业服务

根据用人单位需求，公共就业服务机构提供以下服务：（1）招聘用人指导服务；（2）代理招聘服务；（3）跨地区人员招聘服务；（4）企业人力资源管理咨询等专业性服务；（5）劳动保障事务代理服务；（6）为满足用人单位需求开发的其他就业服务项目。

3. 职业指导服务

公共就业服务机构应当加强职业指导工作，配备专（兼）职职业指导工作人员，向劳动者和用人单位提供职业指导服务。

职业指导包括以下内容：（1）向劳动者和用人单位提供国家有关劳动保障的法律、法规和政策、人力资源市场状况咨询；（2）帮助劳动者了解职业状况，掌握求职方法，确定择业方向，增强择业能力；（3）向劳动者提出培训建议，为其提供职业培训相关信息；（4）开展对劳动者个人职业素质和特点的测试，并对其职业能力进行评价；（5）对妇女、残疾人、少数民族人员及退出现役的军人等就业群体提供专门的职业指导服务；（6）对大中专学校、职业院校、技工学校学生的职业指导工作提供咨询和服务；（7）对准备从事个体劳动或开办私营企业的劳动者提供创业咨询服务；（8）为用人单位提供选择招聘方法、确定用人条件和标准等方面的招聘用人指导；（9）为职业培训机构确立培训方向和专业设置等提供咨询参考。

4. 信息服务

信息服务包括以下几点内容。（1）公共就业服务机构在劳动保障行政部门的指导下，组织实施劳动力资源调查和就业、失业状况统计工作。（2）县级以上劳动保障行政部门和公共就业服务机构应当按照劳动保障信息化建设的统一规划、标准和规范，建立完善人力资源市场信息网络及相关设施。（3）公共就业服务机构应当逐步实行信息化管理与服务，在城市内实现就业服务、失业保险、就业培训信息共享和公共就业服务全程信息化管理，并逐步实现与劳动工资信息、社会保险信息的互联互通和信息共享。（4）公共就业服务机构应当建立健全人力资源市场信息服务体系，完善职业供求信息、市场工资指导价位信息、职业培训信息、人力资源市场分析信息的发布制度，为劳动者求职择业、用人单位招用人员以及培训机构开展培训提供支持。（5）县级以上劳动保障行政部门应当按照信息化建设统一要求，逐步实现全国人力资源市场信息联网。其中，城市应当按照劳动保障数据中心建设的要求，实现网络和数据资源的集中和共享；省、自治区应当建立人力资源市场信息网省级监测中心，对辖区内人力资源市场信息进行监测；劳动保障部设立人力资源市场信息网全国监测中心，对全国人力资源市场信息进行监测和分析。

5. 专项服务

专项服务包括以下内容：(1) 公共就业服务机构针对特定就业群体的不同需求，制定并组织实施专项计划；(2) 公共就业服务机构根据服务对象的特点，在一定时期内为不同类型的劳动者、就业困难对象或用人单位集中组织活动，开展专项服务；(3) 公共就业服务机构受劳动保障行政部门委托，可以组织开展促进就业的专项工作。

6. 就业援助

就业援助对象包括就业困难人员和零就业家庭。就业困难人员是指因身体状况、技能水平、家庭因素、失去土地等原因难以实现就业，以及连续失业一定时间仍未能实现就业的人员。零就业家庭是指法定劳动年龄内的家庭人员均处于失业状况的城市居民家庭。就业困难人员和零就业家庭可以向所在地街道、社区公共就业服务机构申请就业援助。经街道、社区公共就业服务机构确认属实的，纳入就业援助范围。就业援助服务主要包括以下内容：(1) 公共就业服务机构应当制订专门的就业援助计划，对就业援助对象实施优先扶持和重点帮助；(2) 公共就业服务机构建立就业困难人员帮扶制度，通过落实各项就业扶持政策、提供就业岗位信息、组织技能培训等有针对性的就业服务和公益性岗位援助，对就业困难人员实施优先扶持和重点帮助，在公益性岗位上安置的就业困难人员，按照国家规定给予岗位补贴；(3) 公共就业服务机构建立零就业家庭即时岗位援助制度，通过拓宽公益性岗位范围，开发各类就业岗位等措施，及时向零就业家庭中的失业人员提供适当的就业岗位，确保零就业家庭至少有一人实现就业；(4) 街道、社区公共就业服务机构对辖区内就业援助对象进行登记，建立专门台账，实行就业援助对象动态管理和援助责任制度，提供及时、有效的就业援助。

(二) 公共就业服务的管理

1. 公共就业服务机构的内部管理

根据相关法律规定，公共就业服务机构应当加强内部管理，完善服务功能，统一服务流程，按照国家制定的服务规范和标准，为劳动者和用人单位提供优质高效的就业服务。

(1) 公共就业服务机构应当加强工作人员的政策、业务和服务技能培训，组织职业指导人员、职业信息分析人员、劳动保障协理员等专业人员参加相应职业资格培训。

(2) 公共就业服务机构应当公开服务制度，主动接受社会监督。

2. 劳动保障行政部门的绩效考核

县级以上劳动保障行政部门应当对公共就业服务机构加强管理，定期对其完成各项任务情况进行绩效考核。

3. 经费管理

公共就业服务经费纳入同级财政预算。各级劳动保障行政部门和公共就业服务机构应当根据财政预算编制的规定，依法编制公共就业服务年度预算，报经同级财政部门审批后执行。公共就业服务机构可以按照就业专项资金管理相关规定，依法申请公共就业服务专项扶持经费。公共就业服务机构接受社会各界提供的捐赠和资助，按照国家有关法律、法规管理和使用。公共就业服务机构为用人单位提供的服务，应当规范管理，严格控制服务收费。确需收费的，具体项目由省级劳动保障行政部门会同相关部门规定。公共就业服务机构不得从事经营性活动。公共就业服务机构举办的招聘会，不得向劳动者收取费用。

三、职业中介服务

（一）职业中介机构的概念

职业中介机构，是指由法人、其他组织和公民个人举办，为用人单位招用人员和劳动者求职提供中介服务以及其他相关服务的经营性组织。

《就业服务与就业管理规定》规定，政府部门不得举办或者与他人联合举办经营性的职业中介机构。从事职业中介活动，应当遵循合法、诚实信用、公平、公开的原则。禁止任何组织或者个人利用职业中介活动侵害劳动者的合法权益。

（二）职业中介的行政许可

职业中介实行行政许可制度。设立职业中介机构或其他机构开展职业中介活动，须经劳动保障行政部门批准，并获得职业中介许可证。未经依法许可和登记的机构，不得从事职业中介活动。职业中介许可证由劳动保障部统一印制并免费发放。

劳动保障行政部门接到设立职业中介机构的申请后，应当自受理申请之日起20日内审理完毕。对符合条件的，应当予以批准；不予批准的，应当说明理由。劳动保障行政部门对经批准设立的职业中介机构实行年度审验。职业中介机构的具体设立条件、审批和年度审验程序，由省级劳动保障行政部门统一规定。职业中介机构变更名称、住所、法定代表人等或者终止的，应当按照设立许可程序办理变更或者注销登记手续。设立分支机构的，应当在征得原审批机关的书面同意后，由拟设立分支机构所在地县级以上劳动保障行政部门审批。

(三) 设立职业中介机构应当具备的条件

设立职业中介机构应当具备以下条件：(1) 有明确的章程和管理制度；(2) 有开展业务必备的固定场所、办公设施和一定数额的开办资金；(3) 有一定数量具备相应职业资格的专职工作人员；(4) 法律、法规规定的其他条件。

(四) 职业中介机构可以从事的业务

职业中介机构可以从事下列业务：(1) 为劳动者介绍用人单位；(2) 为用人单位和居民家庭推荐劳动者；(3) 开展职业指导、人力资源管理咨询服务；(4) 收集和发布职业供求信息；(5) 根据国家有关规定从事互联网职业信息服务；(6) 组织职业招聘洽谈会；(7) 经劳动保障行政部门核准的其他服务项目。

(五) 职业中介机构的禁止行为

禁止职业中介机构有下列行为：(1) 提供虚假就业信息；(2) 发布的就业信息中包含歧视性内容；(3) 伪造、涂改、转让职业中介许可证；(4) 为无合法证照的用人单位提供职业中介服务；(5) 介绍未满16周岁的未成年人就业；(6) 为无合法身份证件的劳动者提供职业中介服务；(7) 介绍劳动者从事法律、法规禁止从事的职业；(8) 扣押劳动者的居民身份证和其他证件，或者向劳动者收取押金；(9) 以暴力、胁迫、欺诈等方式进行职业中介活动；(10) 超出核准的业务范围经营；(11) 其他违反法律、法规规定的行为。

第五节 职业教育

一、职业教育的概念

职业教育，又称职业培训、职业训练、职业技术培训或职业技能开发，是指为了培养高素质技术技能人才，使受教育者具备从事某种职业或者实现职业发展所需要的职业道德、科学文化与专业知识、技术技能等职业综合素质和行动能力而实施的教育，包括职业学校教育和职业培训。职业教育是与普通教育具有同等重要地位的教育类型，是国民教育体系和人力资源开发的重要组成部分，是培养多样化人才、传承技术技能、促进就业创业的重要途径。

二、国家和政府的职业教育职责

我国《劳动法》规定,国家通过各种途径,采取各种措施,发展职业培训事业,开发劳动者的职业技能,提高劳动者素质,增强劳动者的就业能力和工作能力。各级人民政府应当把发展职业培训纳入社会经济发展的规划,鼓励和支持有条件的企业、事业组织、社会团体和个人进行各种形式的职业培训。

《就业促进法》规定,国家依法发展职业教育,鼓励开展职业培训,促进劳动者提高职业技能,增强就业能力和创业能力。县级以上人民政府加强统筹协调,鼓励和支持各类职业院校、职业技能培训机构和用人单位依法开展就业前培训、在职培训、再就业培训和创业培训;鼓励劳动者参加各种形式的培训。国家采取措施建立健全劳动预备制度,县级以上地方人民政府对有就业要求的初高中毕业生实行一定期限的职业教育和培训,使其取得相应的职业资格或者掌握一定的职业技能。地方各级人民政府鼓励和支持开展就业培训,帮助失业人员提高职业技能,增强其就业能力和创业能力。失业人员参加就业培训的,按照有关规定享受政府培训补贴。地方各级人民政府采取有效措施,组织和引导进城就业的农村劳动者参加技能培训,鼓励各类培训机构为进城就业的农村劳动者提供技能培训,增强其就业能力和创业能力。

《中华人民共和国职业教育法》(以下简称《职业教育法》)规定,国家大力发展职业教育,推进职业教育改革,提高职业教育质量,增强职业教育适应性,建立健全适应社会主义市场经济和社会发展需要、符合技术技能人才成长规律的职业教育制度体系,为全面建设社会主义现代化国家提供有力人才和技能支撑。各级人民政府应当将发展职业教育纳入国民经济和社会发展规划,与促进就业创业和推动发展方式转变、产业结构调整、技术优化升级等整体部署、统筹实施。国务院建立职业教育工作协调机制,统筹协调全国职业教育工作。国务院教育行政部门负责职业教育工作的统筹规划、综合协调、宏观管理。国务院教育行政部门、人力资源社会保障行政部门和其他有关部门在国务院规定的职责范围内,分别负责有关的职业教育工作。省、自治区、直辖市人民政府应当加强对本行政区域内职业教育工作的领导,明确设区的市、县级人民政府职业教育具体工作职责,统筹协调职业教育发展,组织开展督导评估。县级以上地方人民政府有关部门应当加强沟通配合,共同推进职业教育工作。有关行业主管部门、工会和中华职业教育社等群团组织、行业组织、企业、事业单位等应当依法履行实施职业教育的义务,参与、支持或者开展职业教育。国家采取措施,大力发展技工教育,全面提高产业工人素质;支持举办面向农村的职业教育,组织开展农业技能培训、返乡创业就业培训和职业技能培训,培养高素质乡村振兴人才;扶持革命老区、民族地区、边远地区、欠发达地区职业教育的发展；组织各类转岗、再就业、失业人员以及特殊人群等接受各种形式的职业教育，扶持残疾人职业教育的发展。

三、用人单位的职业教育义务

根据《劳动法》和其他相关法律规定，用人单位应当建立职业培训制度，按照国家规定提取和使用职业培训经费，根据本单位实际，有计划地对劳动者进行职业培训。

四、职业教育的分类

《职业教育法》规定，职业教育包括职业学校教育和职业培训。

（一）职业学校教育

职业学校教育分为中等职业学校教育、高等职业学校教育。中等职业学校教育由高级中等教育层次的中等职业学校（含技工学校）实施；高等职业学校教育由专科、本科及以上教育层次的高等职业学校和普通高等学校实施。其他学校、教育机构或者符合条件的企业、行业组织按照教育行政部门的统筹规划，可以实施相应层次的职业学校教育或者提供纳入人才培养方案的学分课程。

职业学校的设立，应当符合下列基本条件：（1）有组织机构和章程；（2）有合格的教师和管理人员；（3）有与所实施职业教育相适应、符合规定标准和安全要求的教学及实习实训场所、设施、设备以及课程体系、教育教学资源等；（4）有必备的办学资金和与办学规模相适应的稳定经费来源。

设立中等职业学校，由县级以上地方人民政府或者有关部门按照规定的权限审批；设立实施专科层次教育的高等职业学校，由省、自治区、直辖市人民政府审批，报国务院教育行政部门备案；设立实施本科及以上层次教育的高等职业学校，由国务院教育行政部门审批。专科层次高等职业学校设置的培养高端技术技能人才的部分专业，符合产教深度融合、办学特色鲜明、培养质量较高等条件的，经国务院教育行政部门审批，可以实施本科层次的职业教育。

职业学校应当依法办学，依据章程自主管理。职业学校在办学中可以开展下列活动：（1）根据产业需求，依法自主设置专业；（2）基于职业教育标准制定人才培养方案，依法自主选用或者编写专业课程教材；（3）根据培养技术技能人才的需要，自主设置学习制度，安排教学过程；（4）在基本学制基础上，适当调整修业年限，实行弹性学习制度；（5）依法自主选聘专业课教师。

（二）职业培训

职业培训包括就业前培训、在职培训、再就业培训及其他职业性培训。职业培训可以由相应的职业培训机构、职业学校实施。其他学校或者教育机构以及企业、社会组织可以根据办学能力、社会需求，依法开展面向社会的、多种形式的职业培训。

职业培训机构的设立，应当符合下列基本条件：（1）有组织机构和管理制度；（2）有与培训任务相适应的课程体系、教师或者其他授课人员、管理人员；（3）有与培训任务相适应、符合安全要求的场所、设施、设备；（4）有相应的经费。

五、职业证书的分类和作用

职业教育应当根据经济社会发展需要，结合职业分类、职业标准、职业发展需求，制定教育标准或者培训方案，实行学历证书及其他学业证书、培训证书、职业资格证书和职业技能等级证书制度。

接受职业学校教育，达到相应学业要求，经学校考核合格的受教育者，取得相应的学业证书；接受职业培训，经职业培训机构或者职业学校考核合格的受教育者，取得相应的培训证书；经符合国家规定的专门机构考核合格的，取得相应的职业资格证书或者职业技能等级证书。接受职业培训取得的职业技能等级证书、培训证书等学习成果，经职业学校认定，可以转化为相应的学历教育学分；达到相应职业学校学业要求的，可以取得相应的学业证书。接受高等职业学校教育，学业水平达到国家规定的学位标准的，可以依法申请相应学位。

学业证书、培训证书、职业资格证书和职业技能等级证书，按照国家有关规定，作为受教育者从业的凭证。

 本章小结

劳动就业作为劳动法领域的一个法学概念，是指具有劳动能力的公民在法定劳动年龄内从事有一定劳动报酬或劳动收入的合法职业。促进劳动就业是国家的一项职责。根据《就业促进法》，我国实行劳动者自主择业、市场调节就业、政府促进就业的方针。为了促进就业，政府要在各个领域给予政策支持。公平就业即反就业歧视，是指劳动者在就业过程中享有平等的就业权利，不因劳动者的性别、民族、种族、宗教信仰、户籍等因素受到不平等对待。我国《劳动法》规定，"劳动者享有平等就业和选择职业的权利""劳动者就业，不因民族、种族、性别、宗教信仰不同而受歧视"。《就业促进法》对公平就业作出了更为具体的规定。为了实现公平就业，保障劳动者的平等就业权，不仅需要法律对公平就业作出规定，对于在就业过程中处于弱者地位的特殊群体，法律还规定了各种就业保障措施。在中国境内就业的外国人应当遵守中国的有关法律、法规，服从有关机关的管理。就业服务是指法定机构为劳动者实现就业和用人单位招用劳动者提供的各种社会服务。职业教育是指为了培养高素质技术技能人才，使受教育者具备从事某种职业或者实现职业发展所需要的职业道德、科学文化与专业知识、技术技能等职业综合素质和行动能力而实施的教育，包括职业学校教育和职业培训。实施职业教育应当根据经济社会发展需要，结合职业分类、职业标准、职业发展需求，制定教育标准或者培训方案，实行学历证书及其他学业证书、培训证书、职业资格证书和职业技能等级证书制度。

复习思考题

1. 简述政府促进劳动就业的职责。
2. 试述《就业促进法》规定的政府促进就业的支持政策。
3. 试述就业歧视的主要类型。
4. 试述职业中介机构的主要法律规定。
5. 试述职业教育的种类。

问题讨论

甲想开办一家职业介绍所，并就此想法向朋友进行咨询。朋友乙说，职业介绍所都是政府举办的，个人是不能开办职业介绍所的；朋友丙说，甲能够开办，并且只要领取了营业执照就可以为所有来办理求职的人介绍工作。

请结合本章就业服务的相关内容对此事例进行分析。

第五章
劳动合同

>> 学习要点

掌握劳动合同的概念和特征，劳动合同的分类，劳动规章制度，劳动合同的形式和内容，劳动合同的订立、履行、变更、解除和终止，劳动合同的特殊规定。

>> 关键概念

劳动合同　劳动规章制度　劳动合同的订立　无效劳动合同　劳动合同的解除　劳务派遣

第一节　劳动合同概述

一、劳动合同的概念和特征

劳动合同也称为劳动契约、劳动协议，还称为雇佣合同、雇佣契约，是指劳动者与用人单位之间为确立劳动关系，依法协商达成的明确双方权利和义务的协议。我国《劳动法》和《劳动合同法》都规定，建立劳动关系应当订立劳动合同，即凡是建立劳动关系的劳动者，都应该与用人单位订立劳动合同。劳动合同是劳动关系建立的法律形式。劳动合同具有以下特征。

（1）劳动合同主体具有特定性。我国《劳动法》明确规定劳动合同的主体一方是劳动者，另一方是用人单位。劳动者是指依法具有劳动权利能力和劳动行为能力的自然人，包括在我国境内与用人单位确立劳动关系的本国公民、外国人和无国籍人；用人单位主要是指企业、个体经济组织，同时也包括与劳动者通过签订劳动合同或其他方式确立劳动关系的国家机关、事业组织和社会团体。

（2）劳动合同具有从属性。劳动合同订立以后，劳动者成为用人单位中的一员，劳动者履行劳动合同的义务，通过劳动获取劳动报酬，为用人单位的目的而进行劳动，要听从用人单位的命令和指派。用人单位有权利也有义务组织和管理本单位劳动者的劳动，并在法律允许的范围内有权对本单位的劳动者进行奖励和处罚。劳动合同当事人双方在实现社会劳动过程中形成了从属关系。

劳动合同是双务、有偿、诺成合同。劳动合同是双务合同，即劳动合同双方都负有义务，劳动者有完成工作任务并遵守所在单位的内部劳动规则和其他规章制度的义务；用人单位有支付劳动报酬、提供安全卫生劳动条件和社会保险、福利待遇及其他保护性条件等的义务。劳动合同是有偿合同，根据劳动合同的约定，劳动者通过向用人单位提供劳动获得工资报酬和其他待遇；用人单位则以支付工资报酬等为条件获得了劳动者的劳动成果。劳动合同是诺成性合同，劳动合同的成立一般只需合同双方意思表示一致，除法律对某些劳动合同有特殊要求外，不需要有实际的行为要件。

二、劳动合同的分类

按照不同的标准，劳动合同可以分为不同的种类。

（一）按照劳动合同期限的不同划分

劳动合同可分为固定期限劳动合同、无固定期限劳动合同和以完成一定工作任务为期限的劳动合同。

1. 固定期限劳动合同

固定期限劳动合同，是指用人单位与劳动者在劳动合同中明确约定了合同终止时间的劳动合同，也称为定期劳动合同。劳动合同的终止时间由双方当事人根据工作需要和各自的实际情况确定。劳动合同约定的合同终止时间到来，劳动关系自行终止。

2. 无固定期限劳动合同

无固定期限劳动合同，是指用人单位与劳动者在劳动合同中约定无确定终止时间的劳动合同。无固定期限劳动合同并不是没有期限的劳动合同，只是"无确定终止时间"的劳动合同。根据《劳动合同法》，在符合法律规定的条件下，用人单位和劳动者之间仍然可以解除劳动合同。

3. 以完成一定工作任务为期限的劳动合同

以完成一定工作任务为期限的劳动合同，是指用人单位与劳动者约定以某项工作的完成为合同期限的劳动合同。这是一种特殊的有固定期限的劳动合同，与普通固定期限劳动合同不同，这种合同是以完成一定工作的结束时间作为合同的终止时间，而不是在合同中具体约定确定的终止时间。

（二）按照就业方式的不同划分

劳动合同可分为全日制用工劳动合同和非全日制用工劳动合同。

1. 全日制用工劳动合同

全日制用工劳动合同是指劳动者按照国家法定工作时间，从事全职工作的劳动合同。

2. 非全日制用工劳动合同

非全日制用工劳动合同又称部分时间劳动合同，是指劳动者依照国家法律规定，从事部分时间工作的劳动合同。各国对非全日制用工一般都有工作时间的限定。我国《劳动合同法》规定，非全日制用工，是指以小时计酬为主，劳动者在同一用人单位一般平均每日工作时间不超过 4 小时，每周工作时间累计不超过 24 小时的用工形式。

（三）按照劳动合同存在形式的不同划分

劳动合同可分为书面劳动合同、口头劳动合同。

1. 书面劳动合同

书面劳动合同又称要式劳动合同，是指以法定的书面形式订立的劳动合同。根据《劳动法》和《劳动合同法》，我国劳动合同的订立，应当采取书面形式。

2. 口头劳动合同

口头劳动合同又称非要式合同，即由劳动关系当事人以口头约定的形式产生的劳动合同。《劳动合同法》规定，非全日制用工双方当事人可以订立口头协议。

三、劳动规章制度

（一）劳动规章制度的概念和特征

劳动规章制度又称为职业规则、工作规则、劳动纪律或职业纪律，是指由用人单位依法制定的要求本单位劳动者在劳动过程中共同遵守的劳动行为准则。劳动规章制度具有以下特征。

(1) 劳动规章制度是由用人单位一方制定的。劳动规章制度的制定者是用人单位,用人单位有权根据本行业、本单位和劳动者所从事的劳动岗位的要求而制定相应的行为准则,要求本单位的劳动者遵守。

(2) 劳动规章制度应当符合法律规定。用人单位应依法制定本单位的劳动规章制度。劳动规章制度的内容和制定程序均应当符合法律规定。

(3) 劳动规章制度是劳动者在劳动过程中共同遵守的行为准则。劳动者应当遵守用人单位依法制定的劳动规章制度。

(二) 劳动规章制度的法律规定

1. 依法制定劳动规章制度

劳动规章制度是用人单位人力资源管理权的具体体现,用人单位内部如何对本单位的劳动者进行管理,法律不应当过多地限制。但是劳动规章制度是劳动者的行为准则和规范,主要规定了劳动者在劳动过程中单方面的劳动义务,因此有必要对劳动规章制度进行法律调整,使用人单位依法行使自己的权利,避免用人单位借用劳动规章制度侵犯劳动者的合法权益。

《劳动法》和《劳动合同法》均规定,用人单位应当依法建立和完善规章制度,保障劳动者享有劳动权利和履行劳动义务。法律赋予了用人单位制定职业规章制度的权利,同时也要求用人单位应当依法制定劳动规章制度。制定劳动规章制度是为了保障劳动者享有劳动权利和履行劳动义务,而不是侵害劳动者的合法权益。

《劳动合同法》规定,用人单位在制定、修改或者决定有关劳动报酬、工作时间、休息休假、劳动安全卫生、保险福利、职工培训、劳动纪律以及劳动定额管理等直接涉及劳动者切身利益的规章制度或者重大事项时,应当经职工代表大会或者全体职工讨论,提出方案和意见,与工会或者职工代表平等协商确定。在规章制度和重大事项决定实施过程中,工会或者职工认为不适当的,有权向用人单位提出,通过协商予以修改完善。用人单位应当将直接涉及劳动者切身利益的规章制度和重大事项决定公示,或者告知劳动者。

2. 劳动规章制度的法律效力

根据《最高人民法院关于审理劳动争议案件适用法律问题的解释(一)》,用人单位根据《劳动合同法》规定,通过民主程序制定的规章制度,不违反国家法律、行政法规及政策规定,并已向劳动者公示的,可以作为确定双方权利义务的依据。用人单位制定的内部规章制度与集体合同或者劳动合同约定的内容不一致，劳动者请求优先适用合同约定的，人民法院应予支持。

第二节　劳动合同的形式和内容

一、劳动合同的形式

劳动合同的形式分为书面和口头两种。

我国《劳动法》规定，劳动合同应当采取书面形式。《劳动合同法》对劳动合同的形式作出了更为详细的规定。《劳动合同法》规定，建立劳动关系，应当订立书面劳动合同。已建立劳动关系，未同时订立书面劳动合同的，应当自用工之日起一个月内订立书面劳动合同。用人单位与劳动者在用工前订立劳动合同的，劳动关系自用工之日起建立。用人单位自用工之日起超过一个月不满一年未与劳动者订立书面劳动合同的，应当向劳动者每月支付二倍的工资。

二、劳动合同的内容

劳动合同的内容是指劳动合同双方当事人在合同中约定的权利义务，具体表现为合同条款。劳动合同的具体条款一般分为法定条款和约定条款两部分。

法定条款，是指依照法律规定劳动合同应当具备的条款。《劳动合同法》规定，劳动合同应当具备以下条款：（1）用人单位的名称、住所和法定代表人或者主要负责人；（2）劳动者的姓名、住址和居民身份证或者其他有效身份证件号码；（3）劳动合同期限；（4）工作内容和工作地点；（5）工作时间和休息休假；（6）劳动报酬；（7）社会保险；（8）劳动保护、劳动条件和职业危害防护；（9）法律、法规规定应当纳入劳动合同的其他事项。

约定条款，是指除法定条款之外，双方当事人在劳动合同中协商议定的条款。约定条款的内容只要不违反法律、法规，同法定条款一样，对当事人具有法律约束力。根据《劳动合同法》，在劳动合同的必备条款之外，用人单位与劳动者可以约定试用期、培训、保守秘密、补充保险和福利待遇等其他事项。

第三节 劳动合同的订立

一、劳动合同订立的概念和原则

劳动合同订立是指劳动者和用人单位之间依法就劳动合同条款进行平等协商，达成协议，确立劳动关系和明确相互权利义务的法律行为。订立劳动合同是建立劳动法律关系的前提和基础。根据我国《劳动法》，订立劳动合同，应当遵循平等自愿、协商一致的原则，不得违反法律、行政法规。《劳动合同法》规定，订立劳动合同，应当遵循合法、公平、平等自愿、协商一致、诚实信用的原则。

二、劳动合同的生效和无效

（一）劳动合同的生效

劳动合同的生效是指劳动合同发生法律效力。

劳动合同的效力，即劳动法赋予劳动合同对双方当事人的法律约束力。理解劳动合同的效力，应当分清劳动合同成立和劳动合同生效这两个法律概念。所谓劳动合同成立是指劳动合同双方当事人就确立劳动关系意思表示一致，并就劳动合同条款经协商一致，签订了协议。劳动合同生效是指劳动合同具有法律效力的起始时间。劳动合同成立和劳动合同生效既有联系又有区别，劳动合同成立是劳动合同生效的前提，但劳动合同成立并不意味着劳动合同一定生效。

劳动合同双方当事人通过平等协商，自愿就劳动合同条款达成一致后，签订协议，劳动合同即告成立，但劳动合同成立并不意味着劳动合同一定生效。劳动合同依法订立即具有法律约束力，当事人必须履行劳动合同规定的义务。只有依法成立的劳动合同才具有法律约束力，才能受到国家法律的保护，产生当事人期望的法律后果。《劳动合同法》规定，依法订立的劳动合同具有约束力，用人单位与劳动者应当履行劳动合同约定的义务；劳动合同由用人单位与劳动者协商一致，并经用人单位与劳动者在劳动合同文本上签字或者盖章生效。

（二）无效劳动合同

无效劳动合同，是指不能发生法律效力的劳动合同。无效的劳动合同，从订立的时候起，就没有法律约束力。

我国《劳动合同法》规定，下列劳动合同无效或者部分无效：（1）以欺诈、胁迫的手段或者乘人之危，使对方在违背真实意思的情况下订立或者变更劳动合同的；（2）用人单位免除自己的法定责任、排除劳动者权利的；（3）违反法律、行政法规强制性规定的。

对劳动合同的无效或者部分无效有争议的，由劳动争议仲裁机构或者人民法院确认。劳动合同部分无效，不影响其他部分效力的，其他部分仍然有效。劳动合同依法被确认无效，给对方造成损害的，有过错的一方应当承担赔偿责任；劳动者已付出劳动的，用人单位应当向劳动者支付劳动报酬。劳动报酬的数额，参照本单位相同或者相近岗位劳动者的劳动报酬确定。

第四节　劳动合同的履行和变更

一、劳动合同的履行

劳动合同的履行，是指劳动合同的双方当事人按照合同约定履行各自的义务，并享有各自的权利的行为。劳动合同依法成立以后，合同的双方当事人应当履行合同，否则，要承担相应的违约责任。

用人单位变更名称、法定代表人、主要负责人或者投资人等事项，不影响劳动合同的履行。用人单位发生合并或者分立等情况，原劳动合同继续有效，劳动合同由承继其权利和义务的用人单位继续履行。

当事人在履行劳动合同过程中应当遵守以下三项原则。（1）亲自履行原则。劳动合同是基于双方当事人相互考察并取得信任的基础上签订的，双方当事人都应当亲自履行合同义务，而不能由第三人代替履行。（2）全面履行原则。劳动合同的当事人应当按照合同规定和要求全面履行合同义务。劳动者一方按照法律与合同规定的时间、地点和方式，保质保量地完成劳动任务；用人单位全面按照法律和合同规定，向劳动者提供劳动条件、劳动报酬和福利待遇等。（3）合作履行原则。双方当事人在履行劳动合同过程中相互配合、友好合作，并在遇到困难时相互理解和帮助。

在劳动合同履行的过程中，用人单位应当按照劳动合同约定和国家规定，向劳动者及时足额支付劳动报酬。用人单位拖欠或者未足额支付劳动报酬的，劳动者可以依法向当地人民法院申请支付令，人民法院应当依法发出支付令。用人单位应当严格执行劳动定额标准，不得强迫或者变相强迫劳动者加班。用人单位安排加班的，应当按照国家有关规定向劳动者支付加班费。

劳动者拒绝用人单位管理人员违章指挥、强令冒险作业的，不视为违反劳动合同。劳动者对危害生命安全和身体健康的劳动条件，有权对用人单位提出批评、检举和控告。

二、劳动合同的变更

劳动合同的变更，是指劳动合同内容的变更，即劳动合同双方当事人就已经订立的合同中的权利义务达成修改或补充协议的法律行为。劳动合同的变更发生于劳动合同已经依法成立但是还没有完全履行完毕期间。一般来讲，劳动合同签订以后，当事人均应信守合同，不得轻易更改，但由于一定主客观情况的变化，使原合同继续履行有一定困难时，则允许依法变更劳动合同。劳动合同的变更同劳动合同的订立一样，是双方当事人的法律行为，提出变更要求的一方，应当提前通知对方，并须取得对方当事人的同意。《劳动合同法》规定，用人单位与劳动者协商一致，可以变更劳动合同约定的内容。变更劳动合同，应当采用书面形式。变更后的劳动合同文本由用人单位和劳动者各执一份。

第五节　劳动合同的解除和终止

一、劳动合同的解除

劳动合同的解除，是指劳动合同签订以后，尚未履行完毕之前，由于一定事由的出现，提前终止劳动合同的法律行为。劳动合同的解除，只对未履行的部分发生效力，不涉及已履行的部分。根据劳动合同的解除是否以双方当事人协商一致为条件，劳动合同的解除可分为协商解除和单方解除两类。协商解除，是指劳动合同双方当事人通过协商达成协议解除劳动合同。单方解除，是指劳动合同当事人一方通过行使解除权而解除劳动合同，而不必得到对方的同意。

（一）双方协商解除劳动合同

根据《劳动法》和《劳动合同法》，用人单位与劳动者协商一致，可以解除劳动合同。劳动合同是双方当事人在自愿的基础上订立的，当然也允许自愿协商解除。只要一方提出解除的要求，另一方表示同意即可。

（二）单方解除劳动合同

根据《劳动法》和《劳动合同法》，劳动合同的单方解除又可分为：劳动者单方解除劳动合同和用人单位单方解除劳动合同。

1. 劳动者单方解除劳动合同

劳动者单方解除劳动合同分为预告解除和即时解除两种。

（1）预告解除。预告解除是指劳动者以提前通知的方式告知用人单位解除劳动合同。《劳动合同法》规定，劳动者提前30日以书面形式通知用人单位，可以解除劳动合同。劳动者在试用期内提前3日通知用人单位，可以解除劳动合同。

（2）即时解除。即时解除是指在特定情形下，劳动者可以随时解除劳动合同，而不必遵守提前30日书面通知用人单位的形式要求。

《劳动合同法》第三十八条规定，用人单位有下列情形之一的，劳动者可以解除劳动合同：1）未按照劳动合同约定提供劳动保护或者劳动条件的；2）未及时足额支付劳动报酬的；3）未依法为劳动者缴纳社会保险费的；4）用人单位的规章制度违反法律、法规的规定，损害劳动者权益的；5）以欺诈、胁迫的手段或者乘人之危，使对方在违背真实意思的情况下订立或者变更劳动合同，或用人单位免除自己的法定责任、排除劳动者权利致使劳动合同无效的；6）法律、行政法规规定劳动者可以解除劳动合同的其他情形。

用人单位以暴力、威胁或者非法限制人身自由的手段强迫劳动者劳动的，或者用人单位违章指挥、强令冒险作业危及劳动者人身安全的，劳动者可以立即解除劳动合同，不需事先告知用人单位。

2. 用人单位单方解除劳动合同

用人单位单方解除劳动合同，又称为辞退或解雇，必须符合法定条件和按照法定程序进行。其可分为即时解除、预告解除和经济性裁员三种情形。用人单位单方解除劳动合同，应当事先将理由通知工会。用人单位违反法律、行政法规规定或者劳动合同约定的，工会有权要求用人单位纠正。用人单位应当研究工会的意见，并将处理结果书面通知工会。

（1）即时解除。即时解除是指在特定情形下，用人单位可以随时解除劳动合同，而不必遵守提前30日书面通知劳动者本人或额外支付劳动者1个月工资的法定要求。

《劳动合同法》第三十九条规定，劳动者有下列情形之一的，用人单位可以解除劳动合同：1）在试用期间被证明不符合录用条件的；2）严重违反用人单位的规章制度的；3）严重失职，营私舞弊，给用人单位造成重大损害的；4）劳动者同时与其他用人单位建立劳动关系，对完成本单位的工作任务造成严重影响，或者经用人单位提出，拒不改正的；5）以欺诈、胁迫的手段或者乘人之危，使对方在违背真实意思的情况下订立或者变更劳动合同，致使劳动合同无效的；6）被依法追究刑事责任的。

（2）预告解除。预告解除是指用人单位提前通知劳动者后才可以解除劳动合同。《劳动合同法》第四十条规定，有下列情形之一的，用人单位提前30日以书面形式通知劳动者本人或者额外支付劳动者1个月工资后，可以解除劳动合同：1）劳动者患病或者非因工负伤，在规定的医疗期满后不能从事原工作，也不能从事由用人单位另行安排的工作的；2）劳动者不能胜任工作，经过培训或者调整工作岗位，仍不能胜任工作的；3）劳动合同订立时所依据的客观情况发生重大变化，致使劳动合同无法履行，经用人单位与劳动者协商，未能就变更劳动合同内容达成协议的。

用人单位选择额外支付劳动者1个月工资解除劳动合同的，其额外支付的工资应当按照该劳动者上1个月的工资标准确定。

（3）经济性裁员。经济性裁员是指因为生产经营的原因，用人单位与大量劳动者解除劳动合同。从需要提前通知的角度分析，经济性裁员属于用人单位预告解除劳动合同的情形，但由于经济性裁员涉及劳动者数量众多，因此法律有必要作出特殊规定。

《劳动合同法》第四十一条规定，有下列情形之一，需要裁减人员20人以上或者裁减不足20人但占企业职工总数10%以上的，用人单位提前30日向工会或者全体职工说明情况，听取工会或者职工的意见后，裁减人员方案经向劳动行政部门报告，可以裁减人员：1）依照企业破产法规定进行重整的；2）生产经营发生严重困难的；3）企业转产、重大技术革新或者经营方式调整，经变更劳动合同后，仍需裁减人员的；4）其他因劳动合同订立时所依据的客观经济情况发生重大变化，致使劳动合同无法履行的。

裁减人员时，应当优先留用下列人员：1）与本单位订立较长期限的固定期限劳动合同的；2）与本单位订立无固定期限劳动合同的；3）家庭无其他就业人员，有需要扶养的老人或者未成年人的。

用人单位经济性裁员后，在6个月内重新招用人员的，应当通知被裁减的人员，并在同等条件下优先招用被裁减的人员。

为了保证劳动者在特殊情况下的权益不受侵害，根据《劳动合同法》第四十二条规定，劳动者有下列情形之一的，用人单位不得预告解除劳动合同和经济性裁员：1）从事接触职业病危害作业的劳动者未进行离岗前职业健康检查，或者疑似职业病病人在诊断或者医学观察期间的；2）在本单位患职业病或者因工负伤并被确认丧失或者部分丧失劳动能力的；3）患病或者非因工负伤，在规定的医疗期内的；4）女职工在孕期、产期、哺乳期的；5）在本单位连续工作满15年，且距法定退休年龄不足5年的；6）法律、行政法规规定的其他情形。

二、劳动合同的终止

劳动合同的终止，是指劳动合同的法律效力终止。劳动合同的终止可以分为正常的终止和非正常的终止两种。正常的终止，是指劳动合同期满或者法律规定的劳动合同终止条件出现，劳动合同即行终止。非正常的终止，是指劳动合同的提前终止，即劳动合同的解除。一般情况下，如果不特殊说明，劳动合同的终止是指劳动合同的正常终止。

《劳动合同法》第四十四条规定，有下列情形之一的，劳动合同终止：（1）劳动合同期满的；（2）劳动者开始依法享受基本养老保险待遇的；（3）劳动者死亡，或者被人民法院宣告死亡或者宣告失踪的；（4）用人单位被依法宣告破产的；（5）用人单位被吊销营业执照、责令关闭、撤销或者用人单位决定提前解散的；（6）法律、行政法规规定的其他情形。法律不允许用人单位与劳动者在法定情形之外约定其他的劳动合同终止条件。

劳动合同期满，有以下情形的，劳动合同应当续延至相应的情形消失时终止：（1）从事接触职业病危害作业的劳动者未进行离岗前职业健康检查，或者疑似职业病病人在诊断或者医学观察期间的；（2）患病或者非因工负伤，在规定的医疗期内的；（3）女职工在孕期、产期、哺乳期的；（4）在本单位连续工作满15年，且距法定退休年龄不足5年的。在本单位患职业病或者因工负伤并被确认丧失或者部分丧失劳动能力劳动者的劳动合同的终止，按照国家有关工伤保险的规定执行。

三、解除或终止劳动合同的经济补偿

（一）支付经济补偿的情形

根据劳动合同法规定，有下列情形之一的，用人单位应当向劳动者支付经济补偿：（1）因用人单位的过错，劳动者单方解除劳动合同的（劳动者单方即时解除劳动合同的）；（2）用人单位向劳动者提出解除劳动合同并与劳动者协商一致解除劳动合同的；（3）用人单位单方预告解除劳动合同的；（4）用人单位因企业破产法规定进行重整而裁减人员，和劳动者解除劳动合同的；（5）除用人单位维持或者提高劳动合同约定条件续订劳动合同，劳动者不同意续订的情形外，劳动合同期满，终止固定期限劳动合同的；（6）用人单位被依法宣告破产、被吊销营业执照、责令关闭、撤销或者用人单位决定提前解散而终止劳动合同的；（7）以完成一定工作任务为期限的劳动合同因任务完成而终止的；（8）法律、行政法规规定的其他情形。

（二）支付经济补偿的标准

经济补偿按劳动者在本单位工作的年限，每满 1 年支付 1 个月工资的标准向劳动者支付。6 个月以上不满 1 年的，按 1 年计算；不满 6 个月的，向劳动者支付半个月工资的经济补偿。劳动者月工资高于用人单位所在直辖市、设区的市级人民政府公布的本地区上年度职工月平均工资 3 倍的，向其支付经济补偿的标准按职工月平均工资 3 倍的数额支付，向其支付经济补偿的年限最高不超过 12 年。月工资是指劳动者在劳动合同解除或者终止前 12 个月的平均工资。

用人单位解除或者终止劳动合同，未依照法律规定向劳动者支付经济补偿的，由劳动行政部门责令限期支付，逾期不支付的，责令用人单位按应付金额 50% 以上 100% 以下的标准向劳动者加付赔偿金。

（三）支付经济补偿的时间

经济补偿在劳动者办理工作交接时支付。

第六节　劳动合同的特殊规定

《劳动合同法》第五章"特别规定"中，共规定了三种情况：集体合同、劳务派遣和非全日制用工。集体合同并不是特殊类型的劳动合同。集体合同是工会（或劳动者代表）与用人单位（或用人单位的组织）就劳动条件达成的协议。应当由专门的法律调整。劳务派遣作为一种特殊的用工形式，涉及劳务派遣单位、用工单位和被派遣劳动者三者之间的一系列法律关系，劳动合同只是其中的一个组成部分。非全日制用工是指劳动者在一个以上（包括一个）用人单位工作，但工作时间少于全日制用工的一种特殊用工形式。在劳务派遣用工与非全日制用工的情况下，劳动者与用人单位之间签订的劳动合同是一种特殊的劳动合同，需要《劳动合同法》作出特殊的规定。本节将就以上两种特殊用工形式展开讨论。集体合同将在下一章予以介绍。

一、劳务派遣

（一）劳务派遣的概念

劳务派遣，又称劳动派遣或劳动力派遣，是指派遣单位按照用工单位（又称要派单位）或劳动力市场的需要招收劳动者并与之订立劳动合同，按照其与用工单位订立的劳务派遣协议将劳动者派遣到用工单位劳动，劳动过程由用工单位管理，工资和社会保险费用等待遇由用工单位提供给派遣单位，再由派遣单位支付给劳动者，并为劳动者办理社会保险登记和缴费等项事务，用工单位向派遣单位就提供的服务支付劳务费的一种特殊用工形式。

《劳动合同法》规定，劳动合同用工是我国企业的基本用工形式。劳务派遣用工是补充形式，只能在临时性、辅助性或者替代性的工作岗位上实施。临时性工作岗位是指存续时间不超过6个月的岗位；辅助性工作岗位是指为主营业务岗位提供服务的非主营业务岗位；替代性工作岗位是指用工单位的劳动者因脱产学习、休假等原因无法工作的一定期间内，可以由其他劳动者替代工作的岗位。用工单位决定使用被派遣劳动者的辅助性岗位，应当经职工代表大会或者全体职工讨论，提出方案和意见，与工会或者职工代表平等协商确定，并在用工单位内公示。用工单位应当严格控制劳务派遣用工数量，不得超过其用工总量的10%。

用人单位不得设立劳务派遣单位向本劳动单位或者所属单位派遣劳动者。

（二）劳务派遣与一般劳动关系的区别

作为一种新型的用工形式，劳务派遣关系与传统意义上的劳动关系存在很大的差别。劳务派遣与一般劳动关系的区别在于：一般劳动关系中，用人单位直接招收和使用劳动者；而劳务派遣中，用工单位通过派遣单位招收劳动者，劳动者的招收和使用发生了分离，即招工与用工的分离。① 传统的劳动关系中，劳动者与一个用人单位建立劳动关系，签订劳动合同，并在该用人单位的指挥下利用其提供的劳动场所和生产资料进行劳动，劳动成果归属该用人单位，劳动者根据自己的劳动成果情况从该用人单位领取工资报酬，并由该用人单位保护劳动者在劳动过程中的生命安全和身体健康。而在劳务派遣这一用工形式中，被派遣的劳动者与劳务派遣单位之间建立劳动关系，签订劳动合同，劳务派遣单位成为名义上的用人单位，但是被派遣劳动者并不在该劳务派遣单位从事劳动，而是被派遣到另一个用人单位即用工单位从事劳动，出现了所谓的"有关系无劳动，有劳动无关系"的情况。

（三）劳务派遣法律关系

劳务派遣法律关系是在劳务派遣单位、用工单位和被派遣劳动者三方之间形成的法律关系，这种法律关系在逻辑上可以划分为三个双边法律关系：劳务派遣单位与用

---

① 王全兴. 劳动法［M］. 北京：法律出版社，2017：232.

工单位之间的法律关系，劳务派遣单位与被派遣劳动者之间的法律关系和用工单位与被派遣劳动者之间的法律关系。

1. 劳务派遣单位与用工单位之间的劳务派遣协议关系

《劳动合同法》规定，劳务派遣单位派遣劳动者应当与接受以劳务派遣形式用工的单位订立劳务派遣协议。劳务派遣协议应当约定派遣岗位和人员数量、派遣期限、劳动报酬和社会保险费的数额与支付方式以及违反协议的责任。

2. 劳务派遣单位与被派遣劳动者之间的劳动关系

在劳务派遣法律关系中，劳务派遣单位与被派遣劳动者之间的关系为劳动合同关系。根据《劳动合同法》，劳务派遣单位应当与被派遣劳动者订立2年以上的固定期限劳动合同。劳务派遣单位与被派遣劳动者之间签订的劳动合同中不仅应当载明劳动合同的必备条款，还应当载明被派遣劳动者的用工单位以及派遣期限、工作岗位等情况。

3. 用工单位与被派遣劳动者之间的实际用工关系

在劳务派遣法律关系中，用工单位具有实际的用工权，被派遣劳动者实际处于用工单位的直接管理之下，在用工单位提供的劳动环境中从事劳动，并根据劳动情况取得劳动报酬。被派遣劳动者与用工单位之间的权利义务直接来源于法律的规定。

（四）劳务派遣的行政许可

根据《劳动合同法》和《劳务派遣行政许可实施办法》，经营劳务派遣业务，应当向所在地有许可管辖权的人力资源社会保障行政部门（以下称许可机关）依法申请行政许可；经许可的，依法办理相应的公司登记。未经许可，任何单位和个人不得经营劳务派遣业务。

根据规定，经营劳务派遣业务应当具备下列条件：（1）注册资本不得少于人民币200万元；（2）有与开展业务相适应的固定的经营场所和设施；（3）有符合法律、行政法规规定的劳务派遣管理制度；（4）法律、行政法规规定的其他条件。

申请经营劳务派遣业务的，申请人应当向许可机关提交申请资料。许可机关对申请人提出的申请决定受理的，应当出具《受理决定书》；决定不予受理的，应当出具《不予受理决定书》，说明不予受理的理由，并告知申请人享有依法申请行政复议或者提起行政诉讼的权利。

许可机关应当自受理之日起20个工作日内作出是否准予行政许可的决定。20个工作日内不能作出决定的，经本行政机关负责人批准，可以延长10个工作日，并应当将延长期限的理由告知申请人。

申请人的申请符合法定条件的,许可机关应当依法作出准予行政许可的书面决定,并自作出决定之日起 5 个工作日内通知申请人领取《劳务派遣经营许可证》。申请人的申请不符合法定条件的,许可机关应当依法作出不予行政许可的书面决定,说明不予行政许可的理由,并告知申请人享有依法申请行政复议或者提起行政诉讼的权利。

《劳务派遣经营许可证》应当载明单位名称、住所、法定代表人、注册资本、许可经营事项、有效期限、编号、发证机关以及发证日期等事项。《劳务派遣经营许可证》分为正本、副本。正本、副本具有同等法律效力。

《劳务派遣经营许可证》有效期为 3 年,由人力资源社会保障部统一制定样式,由各省、自治区、直辖市人力资源社会保障行政部门负责印制、免费发放和管理。

劳务派遣单位名称、住所、法定代表人或者注册资本等改变的,应当向许可机关提出变更申请。符合法定条件的,许可机关应当自收到变更申请之日起 10 个工作日内依法办理变更手续,并换发新的《劳务派遣经营许可证》或者在原《劳务派遣经营许可证》上予以注明;不符合法定条件的,许可机关应当自收到变更申请之日起 10 个工作日内作出不予变更的书面决定,并说明理由。

劳务派遣单位分立、合并后继续存续,其名称、住所、法定代表人或者注册资本等改变的,应当按照规定进行变更。劳务派遣单位分立、合并后设立新公司的,应当按照规定重新申请劳务派遣行政许可。

劳务派遣单位需要延续行政许可有效期的,应当在有效期届满 60 日前向许可机关提出延续行政许可的书面申请,并提交 3 年以来的基本经营情况;劳务派遣单位逾期提出延续行政许可的书面申请的,按照新申请经营劳务派遣行政许可办理。许可机关应当根据劳务派遣单位的延续申请,在该行政许可有效期届满前作出是否准予延续的决定;逾期未作决定的,视为准予延续。准予延续行政许可的,应当换发新的《劳务派遣经营许可证》。

(五)劳动派遣法律关系各方主体的权利义务

1. 劳务派遣单位

劳务派遣单位的义务体现在三个方面。(1)按月支付劳动报酬。在被派遣劳动者工作期间,劳务派遣单位应当向被派遣劳动者按月支付劳动报酬;被派遣劳动者在无工作期间,劳务派遣单位应当按照所在地人民政府规定的最低工资标准,向其按月支付报酬。劳务派遣单位不得克扣用工单位按照劳务派遣协议支付给被派遣劳动者的劳动报酬。(2)告知义务。劳务派遣单位应当将劳务派遣协议的内容告知被派遣劳动者。(3)劳务派遣单位不得向被派遣劳动者收取费用。

2. 用工单位

用工单位的法定义务包括七个方面。（1）执行国家劳动标准，提供相应的劳动条件和劳动保护；（2）告知被派遣劳动者的工作要求和劳动报酬；（3）支付加班费、绩效奖金，提供与工作岗位相关的福利待遇；（4）对在岗被派遣劳动者进行工作岗位所必需的培训；（5）连续用工的，实行正常的工资调整机制；（6）不得向被派遣劳动者收取费用；（7）不得将被派遣劳动者再派遣到其他用人单位。

3. 被派遣劳动者

被派遣劳动者享有与用工单位的劳动者同工同酬的权利。用工单位应当按照同工同酬原则，对被派遣劳动者与本单位同类岗位的劳动者实行相同的劳动报酬分配办法。用工单位无同类岗位劳动者的，参照用工单位所在地相同或者相近岗位劳动者的劳动报酬确定。

被派遣劳动者有权在劳务派遣单位或者用工单位依法参加或者组织工会，维护自身的合法权益。

被派遣劳动者可以依照《劳动合同法》第三十六条、第三十八条的规定与劳务劳动派遣单位解除劳动合同。

（六）法律责任

违反法律规定，未经许可，擅自经营劳务派遣业务的，由劳动行政部门责令停止违法行为，没收违法所得，并处违法所得一倍以上五倍以下的罚款；没有违法所得的，可以处五万元以下的罚款。

劳务派遣单位、用工单位违反《劳动合同法》中劳务派遣规定的，由劳动行政部门责令限期改正；逾期不改正的，以每人5 000元以上1万元以下的标准处以罚款，对劳务派遣单位，吊销其劳务派遣业务经营许可证。用工单位给被派遣劳动者造成损害的，劳务派遣单位与用工单位承担连带赔偿责任。

二、非全日制用工

（一）非全日制用工的概念

非全日制用工，是指以小时计酬为主，劳动者在同一用人单位一般平均每日工作时间不超过4小时，每周工作时间累计不超过24小时的用工形式。以此用工形式在用人单位和劳动者之间达成的劳动合同即为非全日制劳动合同。

（二）非全日制用工的特殊规定

1. 非全日制劳动合同订立的特殊规定

《劳动合同法》第六十九条规定，非全日制用工双方当事人可以订立口头协议。从事非全日制用工的劳动者可以与一个或者一个以上用人单位订立劳动合同；但是，后订立的劳动合同不得影响先订立的劳动合同的履行。《劳动合同法》第七十条规定，非全日制用工双方当事人不得约定试用期。

2. 非全日制劳动合同解除和终止的特殊规定

《劳动合同法》第七十一条规定，非全日制用工双方当事人任何一方都可以随时通知对方终止用工。终止用工，用人单位不向劳动者支付经济补偿。

3. 非全日制劳动合同内容的特殊规定

《劳动合同法》第七十二条规定，非全日制用工小时计酬标准不得低于用人单位所在地人民政府规定的最低小时工资标准。非全日制用工劳动报酬结算支付周期最长不得超过 15 日。

本章小结

劳动合同是指劳动者与用人单位之间为确立劳动关系，依法协商达成的明确双方权利和义务的协议。劳动合同的主体具有特定性，劳动合同当事人在实现社会劳动过程中形成了从属关系。劳动合同是双务、有偿、诺成合同。按照不同的标准，劳动合同可以分为不同的种类。劳动规章制度是指由用人单位依法制定的要求本单位劳动者在劳动过程中共同遵守的劳动行为准则。根据《劳动合同法》，用人单位在制定、修改或者决定有关劳动报酬、工作时间、休息休假、劳动安全卫生、保险福利、职工培训、劳动纪律以及劳动定额管理等直接涉及劳动者切身利益的规章制度或者重大事项时，应当经职工代表大会或者全体职工讨论，提出方案和意见，与工会或者职工代表平等协商确定。在规章制度和重大事项决定实施过程中，工会或者职工认为不适当的，有权向用人单位提出，通过协商予以修改完善。用人单位应当将直接涉及劳动者切身利益的规章制度和重大事项决定公示，或者告知劳动者。通过民主程序制定的规章制度，不违反国家法律、行政法规及政策规定，并已向劳动者公示的，可以作为确定双方权利义务的依据。用人单位制定的内部规章制度与集体合同或者劳动合同约定的内容不一致的，劳动者请求优先适用合同约定的，人民法院应予支持。劳动合同的形式分为书面和口头两种。劳动合同的内容是指劳动合同双方当事人在合同中约定的权利义务，具体表现为合同条款。劳动合同的订立是指劳动者和用人单位之间依法就劳动合同条款进行平等协商，达成协议，确立劳动关系和明确相互权利义务的法律行为。劳动合同生效是指劳动合同产生法律效力的时间。无效劳动合同，是指不能发生法律效力的劳动合同。无效的劳动合同，从订立的时候起就没有法律约束力。劳动合同的履行，是指劳动合同的双方当事人按照合同约定履行各自的义务，享有各自的权利的行为。劳动合同的内容可以依法变更。劳动合同的解除，是指劳动合同签订以后，尚未履行完毕之前，由于一定事由的出现，提前终止劳动合同的法律行为。劳动合同的解除，只对未履行的部分发生效力，不涉及已履行的部分。劳动合同的终止，是指劳动合同的法律效力终止。劳动合同的终止可以分为正常的终止和非正常的终止两种。正常的终止，是指劳动合同期满或者法律规定的劳动合同终止条件出现，劳动合同即行终止。非正常的终止，是指劳动合同的提前终止，即劳动合同的解除。劳务派遣作为一种特殊的用工形式，涉及劳务派遣单位、用工单位和被派遣劳动者三者之间的一系列法律关系，劳动合同只是其中的一个组成部分。劳务派遣形式下的劳动合同与一般的劳动合同不同，需要《劳动合同法》作出特殊规定。非全日制用工是指以小时计酬为主，劳动者在同一用人单位一般平均每日工作时间不超过4小时，每周工作时间累计不超过24小时的用工形式。

复习思考题

1. 劳动合同具有哪些特征？
2. 试述劳动规章制度的法律效力。
3. 订立劳动合同应当遵循什么原则？
4. 劳动合同的内容有哪些？
5. 试述劳动合同解除的不同情形。
6. 试述劳动合同终止的不同情形。
7. 根据《劳动合同法》，用人单位在哪些情形下应当向劳动者支付经济补偿？
8. 试述《劳动合同法》对劳务派遣的特殊规定。
9. 试述《劳动合同法》对非全日制用工的特殊规定。

 问题讨论

甲和乙分别与某用人单位签订了为期3年的劳动合同。在劳动合同的履行过程中，用人单位未与甲商量，单方决定调换了甲的工作岗位，甲不同意，于是用人单位与甲解除了劳动合同。乙由于身体的原因向用人单位提出了调换工作岗位的要求，用人单位没有同意乙的要求，反而以乙不符合录用条件为由解除了与乙之间的劳动合同。

请结合本章的相关内容，对本案进行分析。

第六章
工会和集体合同

>> 学习要点

掌握工会的性质和法律地位、工会的基本职责和权利义务。

掌握集体合同的概念和特征、集体合同的签订程序、集体合同的效力和集体合同争议的解决。

>> 关键概念

工会　集体合同　集体协商

第一节　工　　会

工会作为社会组织形式出现在人类历史舞台，至今已有200多年的历史了。工会的产生以工人阶级的产生和发展为基础。世界上最早的工会组织出现在19世纪初西欧的一些资本主义国家。组织工会实际上是一种结社行为，工人自由结社一直是颇有争议的问题。资本主义国家早期有关工会的立法经历了三个阶段：禁止阶段，视工人组织工会为非法行为、犯罪行为；限制阶段，承认劳动者的结社权，但对工会活动作了种种限制；承认阶段，完全认可工会存在的合法地位，并对工会活动自由权加以保护。第二次世界大战以后，工会在西方国家普遍取得了合法地位。

从1871年英国颁布世界上第一部《工会法》以来，工会随着资本主义制度的发展而发展。当前无论是发达国家还是发展中国家，很多国家都在宪法中明确规定了工会的合法地位，将工会作为工人的合法组织，同时这些国家又纷纷制定工会的专门法或在劳动法典等相关立法中对工会进行专门的规定。

在我国，工会和工会立法有着悠久的历史。上海海员于1914年成立了"焱益社"，上海商务印书馆工人于1916年组织了"集成同志社"。这些组织是我国工会组织的萌芽。1920年上海共产主义小组领导成立的上海机器工会标志着我国现代意义上的工会组织的诞生。1924年11月由孙中山以大元帅的命令公布的《工会条例》是我国最早出现的工会法立法，体现了孙中山"扶助农工"的政策特点和要求。南京国民政府于1929年颁布了《工会法》。1930年江西的红色政权颁布了《赤色工会组织法》，在团结广大职工参加革命战争、发展生产中起到了积极作用。新中国成立后，1950年6月中央人民政府颁布了第一部《中华人民共和国工会法》（以下简称《工会法》），是新中国成立初期颁布的三部重要法律之一，它适应了经济恢复时期的特点，反映了当时"劳资两利""劳资协商"的特点。1992年4月新的《工会法》颁布实施，这部《工会法》保障了工会工作的顺利进行，维护了广大职工的合法权益，在社会主义建设中发挥了应有的作用。2001年、2009年、2021年《工会法》先后进行了三次修正。

一、工会的性质和法律地位

所谓工会的性质是指工会区别于其他社会组织的本质特征。一般认为工会作为工人谋求政治、经济地位的改善而团结在一起组成的群众性社会团体，具有阶级性、群众性和自愿性。阶级性、群众性和自愿性是各国工会在各个时期都具有的普遍性质。工会的阶级性是指工会是工人阶级的组织，工人阶级为其阶级基础和社会基础，工会的会员是工人阶级的成员，工会代表和维护工人阶级的合法利益。群众性是指工会是工人阶级范围内最广泛的群众组织，在我国境内的企业、事业单位、机关、社会组织（以下统称用人单位）中以工资收入为主要生活来源的体力劳动者和脑力劳动者，不分民族、种族、性别、职业、宗教信仰、教育程度，都有依法参加和组织工会的权利，工会具有广泛的群众性社会基础。自愿性是指工会是职工自愿结合的组织，组织和参加工会是建立在职工自愿的基础之上的，任何组织和个人不得阻挠和限制职工加入或者不加入、建立或者不建立工会。确定工会的性质是工会立法的一个重要方面。《工会法》第二条对工会的性质规定为："工会是中国共产党领导的职工自愿结合的工人阶级群众组织，是中国共产党联系职工群众的桥梁和纽带。"

工会的法律地位可以从两个方面来考察。第一，工会的合法性。法律承认工会的合法地位，确认工会作为合法的工人组织而存在。第二，工会的独立性。工会是独立的社会团体，具有独立的组织，有组成成员、必要的经费和场所，工会在法律范围内的一切活动受到法律的保护，任何组织和个人不得干涉，工会不是政府机关，也不是企业的附属部门。

我国工会的法律地位表现在两个方面：第一，工会的唯一性和独立性。全国建立统一的中华全国总工会。工会在全国范围内具有统一的组织体系。工会是我国一个独立的工人阶级的群众组织，有一套独立的组织体系，在宪法和法律的范围内依据《中国工会章程》独立自主地开展活动。第二，工会具有法人资格。《工会法》对工会是否具有法人资格作出了规定，中华全国总工会、地方总工会、产业工会具有社会团体法人资格。基层工会组织具备《民法典》规定的法人条件的，依法取得社会团体法人资格。工会作为法人，能够独立地享有民事权利，承担民事义务。

二、工会的基本职责和权利义务

（一）工会的基本职责

根据《工会法》，维护职工合法权益，竭诚服务职工群众是工会的基本职责。工会在维护全国人民总体利益的同时，代表和维护职工的合法权益；通过平等协商和集体合同制度，推动健全劳动关系协调机制，维护职工劳动权益，构建和谐劳动关系。工会依照法律规定通过职工代表大会或者其他形式，组织职工参与本单位的民主选举、民主决策、民主协商、民主管理和民主监督。工会建立联系广泛、服务职工的工会工作体系，密切联系职工，听取和反映职工的意见和要求，关心职工的生活，帮助职工解决困难，全心全意为职工服务。

（二）工会的权利和义务

工会的权利和义务是工会法律地位的体现。工会各级组织代表职工的利益，依法维护职工的合法权益。工会的权利义务具有一致性，对于工会而言，在享有权利的同时必须承担一定的义务。

1. 工会的权利

工会代表和维护劳动者的合法权益，在直接或间接维护劳动者合法权益活动中，工会拥有自己合法的权利。根据《劳动法》《工会法》等有关法律，工会享有以下权利。

（1）保障职工依法行使民主管理的权利。劳动者依照法律规定，通过职工大会、职工代表大会或者其他形式，参与民主管理或者就保护劳动者合法权益与用人单位进行平等协商。工会作为劳动者的组织，有权保护职工民主管理权利的行使。

《工会法》规定，企业、事业单位、社会组织违反职工代表大会制度和其他民主管理制度，工会有权要求纠正，保障职工依法行使民主管理的权利。法律、法规规定应当提交职工大会或者职工代表大会审议、通过、决定的事项，企业、事业单位、社会组织应当依法办理。

（2）帮助、指导劳动者签订劳动合同和签订集体合同的权利。在签订劳动合同时，相对于用人单位，劳动者处于弱者地位，为了保护劳动者的合法权利，工会有权依法帮助、指导职工与企业、实行企业化管理的事业单位、社会组织签订劳动合同。

工会有权代表职工与企业、事业单位、社会组织进行平等协商，依法签订集体合同。集体合同草案应提交职工代表大会或者由全体职工讨论通过。工会签订集体合同，上级工会应当给予支持和帮助。企业、事业单位、社会组织违反集体合同，侵犯职工劳动权益的，工会可以依法要求企业、事业单位、社会组织予以改正并承担责任。

（3）提出意见和建议的权利。企业、事业单位、社会组织处分职工，工会认为不适当的，有权提出意见。用人单位单方面解除职工劳动合同时，应当事先将理由通知工会，工会认为用人单位违反法律、法规和有关合同，要求重新研究处理时，用人单位应当研究工会的意见，并将处理结果书面通知工会。

工会发现企业违章指挥、强令工人冒险作业，或者生产过程中发现明显重大事故隐患和职业危害，有权提出解决的建议，企业应当及时研究答复；发现危及职工生命安全的情况时，工会有权向企业建议组织职工撤离危险现场，企业必须及时作出处理决定。

（4）进行交涉和协商的权利。企业、事业单位、社会组织违反劳动法律、法规规定，有下列侵犯职工劳动权益情形，工会应当代表职工与企业、事业单位、社会组织交涉，要求企业、事业单位、社会组织采取措施予以改正；企业、事业单位、社会组织应当予以研究处理，并向工会作出答复；企业、事业单位、社会组织拒不改正的，工会可以提请当地人民政府依法作出处理：1）克扣、拖欠职工工资的；2）不提供劳动安全卫生条件的；3）随意延长劳动时间的；4）侵犯女职工和未成年工特殊权益的；5）其他严重侵犯职工劳动权益的。

企业、事业单位、社会组织发生停工、怠工事件，工会应当代表职工同企业、事业单位、社会组织或者有关方面协商，反映职工的意见和要求并提出解决意见。对于职工的合理要求，企业、事业单位、社会组织应当予以解决。工会协助企业、事业单位、社会组织做好工作，尽快恢复生产、工作秩序。

（5）监督和调查的权利。工会依照国家规定对新建、扩建企业和技术改造工程中的劳动条件和安全卫生设施与主体工程同时设计、同时施工、同时投产使用进行监督。对工会提出的意见，企业或者主管部门应当认真处理，并将处理结果书面通知工会。

工会有权对企业、事业单位、社会组织侵犯职工合法权益的问题进行调查，有关单位应当予以协助。

职工因工伤亡事故和其他严重危害职工健康问题的调查处理，必须有工会参加。工会应当向有关部门提出处理意见，并有权要求追究直接负责的主管人员和有关责任人员的责任。对工会提出的意见，应当及时研究，给予答复。

（6）争议解决的权利。工会参加企业的劳动争议调解工作。地方劳动争议仲裁组织应当有同级工会代表参加。职工认为用人单位侵犯其劳动权益而申请劳动争议仲裁或者向人民法院提起诉讼的，工会应当给予支持和帮助。

因履行集体合同发生争议，经协商解决不成的，工会可以向劳动争议仲裁机构提请仲裁，仲裁机构不予受理或者对仲裁裁决不服的，可以向人民法院提起诉讼。

（7）参与立法和行政管理的权利。国家机关在组织起草或者修改直接涉及职工切身利益的法律、法规、规章时，应当听取工会意见。

县级以上各级人民政府制定国民经济和社会发展计划，对涉及职工利益的重大问题，应当听取同级工会的意见。

县级以上各级人民政府及其有关部门研究制定劳动就业、工资、劳动安全卫生、社会保险等涉及职工切身利益的政策、措施时，应当吸收同级工会参加研究，听取工会意见。

县级以上地方各级人民政府可以召开会议或者采取适当方式，向同级工会通报政府的重要的工作部署和与工会工作有关的行政措施，研究解决工会反映的职工群众的意见和要求。

各级人民政府劳动行政部门应当会同同级工会和企业方面代表，建立劳动关系三方协商机制，共同研究解决劳动关系方面的重大问题。

2. 工会的义务

工会的义务主要表现如下。

（1）为职工提供法律援助等法律服务。

（2）协助用人单位办好职工集体福利事业，做好工资、劳动安全卫生和社会保险工作。

（3）会同用人单位加强对职工的思想政治引领，教育职工以国家主人翁态度对待劳动，爱护国家和单位的财产，组织职工开展群众性的合理化建议、技术革新、劳动和技能竞赛活动，进行业余文化技术学习和职工培训，参加职业教育和文化体育活动，推进职业安全健康教育和劳动保护工作。

（4）根据政府委托，与有关部门共同做好劳动模范和先进生产（工作）者的评选、表彰、培养和管理工作。

第二节 集 体 合 同

一、集体合同的概念和特征

1. 集体合同的概念

集体合同也称为集体契约（或集体协议）、团体协约（或团体协议）。集体合同是指职工代表、工会或工会团体与企业、企业的组织根据法律、法规就劳动报酬、工作时间、休息休假、劳动安全卫生、保险福利等事项在平等协商一致基础上签订的书面协议。

根据《劳动法》《工会法》《劳动合同法》《集体合同规定》等相关法律规定，企业职工一方与用人单位通过平等协商，可以就劳动报酬、工作时间、休息休假、劳动安全卫生、保险福利等事项订立集体合同；企业职工一方也可以与用人单位订立劳动安全卫生、女职工权益保护、工资调整机制等专项集体合同。在县级以下区域内，建筑业、采矿业、餐饮服务业等行业可以由工会与企业方面代表订立行业性集体合同，或者订立区域性集体合同。

2. 集体合同的特征

（1）集体合同的主体具有特定性。集体合同的当事人一方为各级工会或职工代表，另一方为用人单位（雇主）或各级用人单位的组织（雇主组织）。

（2）集体合同以集体劳动条件为主要内容。集体合同是以职工集体的劳动条件为主要内容的协议，其内容非常广泛，涉及劳动关系的各个方面，包括职工集体的劳动报酬、工作时间、休息休假、劳动安全卫生、保险福利等。

（3）集体合同的订立有严格的程序和形式要求。按照我国法律、法规规定，集体合同的签订，首先由双方依法产生的代表进行协商，草拟集体合同草案；其次由工会主持召开职工大会或职工代表大会讨论通过；再次由双方首席代表签字盖章；最后报送劳动行政部门审查、备案。

（4）集体合同是特殊的双务合同。集体合同依法签订后就具有法律效力，双方当事人都应当履行合同规定的义务，没有履行自己义务的一方要承担相应的法律责任。

但是由于工会或职工代表地位的特殊性,在集体合同履行过程中,一般不承担法律责任,特别是有关物质方面的法律责任,只承担道义责任;而用人单位一方则需要承担包括物质方面法律责任在内的法律责任。

二、集体合同的签订

集体合同由工会代表企业职工一方与用人单位订立;尚未建立工会的用人单位,由上级工会指导劳动者推举的代表与用人单位订立。

根据相关法律规定,集体合同的签订应当经过以下程序。

1. 集体协商,拟定集体合同草案

签订集体合同是集体协商的一种结果,而从集体合同的角度看,集体协商又是签订集体合同的必经程序。集体协商双方代表在进行充分酝酿、交换意见的基础上共同草拟集体合同的草案。

集体协商也称为集体谈判,是工会或工人代表与用人单位或用人单位组织的代表,为签订集体合同进行协商的行为。集体协商双方的代表人数应当对等,每方至少 3 人,并各确定 1 名首席代表。

2. 讨论并通过集体合同草案

根据相关法律规定,集体合同草案应当提交职工代表大会或者全体职工讨论通过。职工代表大会或者全体职工讨论集体合同草案,应当有 2/3 以上职工代表或者职工出席,且须经全体职工代表半数以上或者全体职工半数以上同意,集体合同草案或专项集体合同草案方获通过。

3. 签署集体合同与审查备案

集体合同草案经职工代表大会或全体职工讨论通过后,由双方首席代表在合同文书上签字,然后报送当地劳动行政部门。劳动行政部门自收到集体合同文本之日起 15 日内未提出异议的,集体合同即行生效。

4. 公布

生效的集体合同,应当自其生效之日起由协商代表及时以适当的形式向本方全体人员公布。

三、集体合同的效力

依法订立的集体合同对用人单位和劳动者具有约束力。行业性、区域性集体合同对当地本行业、本区域的用人单位和劳动者具有约束力。

集体合同中劳动报酬和劳动条件等标准不得低于当地人民政府规定的最低标准;

用人单位与劳动者订立的劳动合同中劳动报酬和劳动条件等标准不得低于集体合同规定的标准。

四、集体合同争议的解决

签订集体合同发生争议，当事人可以协商解决，当事人之间协商解决不成的，当地人民政府劳动行政部门可以组织有关各方协调处理。因履行集体合同发生争议，经协商解决不成的，工会可以依法申请仲裁、提起诉讼。

 本章小结

在我国，工会和工会立法有着悠久的历史。新中国成立后，1950年6月中央人民政府颁布了第一部《中华人民共和国工会法》，是新中国成立初期颁布的三部重要法律之一。确定我国工会的法律地位表现在两个方面：第一，工会的唯一性和独立性；第二，工会具有法人资格。《工会法》规定：维护职工合法权益、竭诚服务职工群众是工会的基本职责。工会在维护全国人民总体利益的同时，代表和维护职工的合法权益。工会代表和维护劳动者的合法权益，在直接或间接维护劳动者合法权益活动中，工会拥有自己合法的权利。在享有权利的同时，工会也要履行相应的义务。

根据《劳动法》《工会法》《劳动合同法》《集体合同规定》等相关法律规定，企业职工一方与用人单位通过平等协商，可以就劳动报酬、工作时间、休息休假、劳动安全卫生、保险福利等事项订立集体合同；企业职工一方也可以与用人单位订立劳动安全卫生、女职工权益保护、工资调整机制等专项集体合同。在县级以下区域内，建筑业、采矿业、餐饮服务业等行业可以由工会与企业方面代表订立行业性集体合同，或者订立区域性集体合同。集体合同的主体具有特定性。集体合同是以职工集体的劳动条件为主要内容的协议，订立集体合同有严格的程序和形式要求。依法订立的集体合同对用人单位和劳动者具有约束力。行业性、区域性集体合同对当地本行业、本区域的用人单位和劳动者具有约束力。集体合同中劳动报酬和劳动条件等标准不得低于当地人民政府规定的最低标准；用人单位与劳动者订立的劳动合同中劳动报酬和劳动条件等标准不得低于集体合同规定的标准。签订集体合同发生争议，当事人可以协商解决，当事人之间协商解决不成的，当地人民政府劳动行政部门可以组织有关各方协调处理。因履行集体合同发生争议，经协商解决不成的，工会可以依法申请仲裁、提起诉讼。

复习思考题

1. 试述工会的性质和法律地位。
2. 试述工会的基本职责。
3. 工会有哪些权利和义务?
4. 集体合同有哪些特征?
5. 试述签订集体合同应当遵循的程序。
6. 试述集体合同的效力。

第七章
工作时间和休息休假

> **>> 学习要点**
>
> 掌握工作时间和休息休假的概念、工作时间和休息休假法律调整的意义、工作时间和休息休假的种类、延长工作时间的概念及主要法律规定。

>> 关键概念

工作时间　标准工作时间　非标准工作时间　缩短工作时间　延长工作时间　公休日

第一节　工作时间和休息休假概述

一、工作时间和休息休假的概念

（一）工作时间的概念

工作时间是指劳动者根据国家的法律规定，在1昼夜或1周内从事本职工作的时间。法律规定的1昼夜内从事工作的小时数总和称为工作日；1周内从事工作的工作日总和称为工作周。

工作时间作为劳动法上的一个概念，不仅是指劳动者实际进行本职工作的时间，也包括进行与本职工作密切联系的其他工作的时间和法律、法规规定的视为提供了正常工作的时间。这些时间主要包括：（1）辅助工作时间，如必要的工作准备时间和工作结束整理时间、职业培训时间等；（2）因用人单位原因造成的等待工作任务的时间，如停工待料的时间；（3）根据法律规定视为工作的工作时间，如必要的工间休息时间，女职工哺乳婴儿时间，依据法律、法规或用人单位的安排离开正常的工作岗位从事其他活动的时间等。

（二）休息休假的概念

广义的休息时间是指劳动者按照国家的法律规定，不从事工作而自己自由支配的时间，是劳动者在工作时间之外的所有休息时间的总和，包括工作日内的休息时间、工作日之间的休息时间、工作周之间的休息时间、法定节假日的休息时间、探亲假休息时间和年休假休息时间等。狭义的休息时间仅指劳动者工作日内的休息时间、工作日之间的休息时间和工作周之间的休息时间；法定节假日的休息时间、探亲假休息时间和年休假休息时间则称为休假。

二、工作时间和休息休假法律调整的意义

法律限定劳动者的工作时间和保证劳动者的休息休假有重要意义。

（一）保证劳动者的休息权

休息权是宪法赋予公民的一项基本权利。我国《宪法》第四十三条规定："中华人民共和国劳动者有休息的权利。国家发展劳动者休息和休养的设施，规定职工的工作时间和休假制度。"在一定的时间范围内，工作时间和休息休假时间存在着此消彼长的关系，过长时间的工作会对劳动者的身体健康造成伤害，法律对劳动者工作时间和休息休假的规定，首要的作用就在于保障劳动者的休息权利。

（二）提高劳动者的素质和劳动生产率

保证劳动者在工作之外有充足的休息时间，才能使劳动者有更为充沛的精力和体力继续从事劳动，才能使劳动者有时间进行知识学习，提高自己的素质和工作能力，从而提高劳动生产率。

（三）协调劳动报酬分配和促进就业

工作时间是确定劳动者报酬的一个重要的衡量依据。劳动者的报酬是劳动者在工

作时间内创造的财富的一部分。通过对劳动者工作时间的调整，可以间接协调劳动报酬的分配，国家可以调节劳动力供需之间的矛盾。缩短工作时间，为失业者提供更多的劳动岗位，也是解决失业问题的一个途径。

第二节 工作时间和休息休假的种类

一、工作时间的种类

（一）标准工作时间

标准工作时间是指根据法律规定正常情况下的工作时间，分为标准工作日和标准工作周。法定以日为计算单位的工作时间称为工作日，法定以周为计算单位的工作时间称为工作周，周是指日历周。标准工作时间是确定非标准工作时间的基础，非标准工作时间的确定都要以标准工作时间为依据。

法律通常规定标准工作时间的最高限度。我国《劳动法》第三十六条规定，国家实行劳动者每日工作时间不超过 8 小时，平均每周工作时间不超过 44 小时的工时制度；第三十八条规定，用人单位应当保证劳动者每周至少休息 1 日。

1995 年 3 月重新修订的《国务院关于职工工作时间的规定》中对标准工作时间重新进行了限定，该规定适用于在中华人民共和国境内的国家机关、社会团体、企业事业单位以及其他组织的职工。根据这一规定，职工每日工作 8 小时，每周工作 40 小时；国家机关、事业单位实行统一的工作时间，星期六和星期日为周休息日；企业和不能实行规定的统一工作时间的事业单位，可以根据实际情况灵活安排周休息日。

（二）非标准工作时间

非标准工作时间是指在特殊情形下适用的不同于标准工作时间的工作时间。《劳动法》规定，企业因生产特点不能实行标准工作时间的，经劳动行政部门批准，可以实行其他工作和休息办法。相关法律、法规规定，我国的非标准工作时间可以分为以下四种：缩短工作时间、不定时工作时间、综合计算工作时间和计件工作时间。

1. 缩短工作时间

缩短工作时间是指法定特殊条件或特殊情况下少于标准工作时间长度的工作时间。《国务院关于职工工作时间的规定》第四条规定，在特殊条件下从事劳动和有特殊情况，需要适当缩短工作时间的，按照国家有关规定执行。1995 年 3 月 25 日劳动部发布的《〈国务院关于职工工作时间的规定〉的实施办法》第四条规定，在特殊条件下从事劳动和有特殊情况，需要在每周工作 40 小时的基础上再适当缩短工作时间的，应在保证完成生产和工作任务的前提下，《劳动法》第三十六条规定，由企业根据实际情况决定。

2. 不定时工作时间和综合计算工作时间

不定时工作时间又称不定时工作制，是指根据法律规定在特殊条件下实行的每日无固定工作时间的工作制，是适用于因生产特点、工作特殊需要或职责范围的关系，无法按标准工作时间衡量或需要机动作业的劳动者的一种工作时间安排。根据现行规定，主要适用于以下人员：（1）企业中的高级管理人员、外勤人员、推销人员、部分值班人员和其他因工作无法按标准工作时间衡量的职工；（2）企业中的长途运输人员、出租汽车司机和铁路、港口、仓库的部分装卸人员以及因工作性质特殊，需机动作业的职工；（3）其他因生产特点、工作特殊需要或职责范围的关系，适合实行不定时工作制的职工。

综合计算工作时间也称为综合计算工时工作制，是指分别于周、月、季、年等为周期，综合计算工作时间，但其平均日工作时间和平均周工作时间应与法定标准工作时间基本相同。根据现行规定，综合计算工作时间主要适用于以下人员：（1）交通、铁路、邮电、水运、航空、渔业等行业中因工作性质特殊，需连续作业的职工；（2）地质及资源勘探、建筑、制盐、制糖、旅游等受季节和自然条件限制的行业的部分职工；（3）其他适合实行综合计算工时工作制的休假职工。对于那些在市场竞争中，由于外界因素的影响，生产任务不均衡的企业的部分劳动者，经劳动行政部门严格审批后，可以参照综合计算工作时间的方法实施。

对于实行不定时工作制和综合计算工时工作制的职工，企业应根据《劳动法》有关规定，在保障职工身体健康并充分听取职工意见的基础上，采用集中工作、集中休息、轮休调休、弹性工作时间等适当方式，确保职工的休息休假权利和生产、工作任务的完成。

3. 计件工作时间

《劳动法》第三十七条规定：对实行计件工作的劳动者，用人单位应当根据本法第三十六条规定的工时制度合理确定其劳动定额和计件报酬标准。虽然这一规定表面上是通过确定劳动者的劳动数量（计件）来计算劳动报酬的，但是实际上也规定了劳动者劳动时间，即以劳动定额来计算工作时间。实行计件工作时间，劳动者的劳动定额要根据标准工时制度来合理确定。

二、休息休假的种类

（一）工作日内的休息时间

工作日内的休息时间，是指劳动者在1个工作日内进行工作过程中的休息时间。根据人生理条件的限制，劳动者经过一定时间的劳动后都会感到疲劳，如果不及时休息，必然会损害劳动者的身体健康，降低劳动生产率。在工作一段时间之后进行休息既是保障劳动者健康的需要，也有利于提高生产率。工作日内休息时间的长短、次数一般可以由用人单位根据本单位的实际情况自主决定。

（二）连续2个工作日之间的休息时间

连续2个工作日之间的休息时间是指劳动者在前1个工作日结束后至后1个工作日开始之间的休息时间。一般而言，这种休息时间应当连续不间断。

（三）公休日

公休日即周休息日，是劳动者工作1个工作周后的休息时间。根据《国务院关于职工工作时间的规定》，一般情况下星期六和星期日为周休息日；用人单位也可以根据本单位的实际情况，灵活安排确定本单位的周休息日。

（四）法定节假日

法定节假日是国家法律统一规定的用以开展纪念、庆祝活动的休息时间。法定节日一般可以分为三种：（1）政治性节日，如国庆节、独立日等；（2）宗教性节日，如圣诞节；（3）民族传统习惯的节日，如我国的春节。

《劳动法》规定，用人单位应当依法安排劳动者休假的节日包括：（1）元旦；（2）春节；（3）国际劳动节；（4）国庆节；（5）法律、法规规定的其他休假节日。《全国年节及纪念日放假办法》规定，全体公民放假的节日包括：（1）新年，放假1天（1月1日）；（2）春节，放假3天（农历正月初一、初二、初三）；（3）清明节，放假1天（农历清明当日）；（4）劳动节，放假1天（5月1日）；（5）端午节，放假1天（农历端午当日）；（6）中秋节，放假1天（农历中秋当日）；（7）国庆节，放假3天（10月1日、2日、3日）。部分公民放假的节日及纪念日包括：（1）妇女节（3月8日），妇女放假半天；（2）青年节（5月4日），14周岁以上的青年放假半天；（3）儿童节（6月1日），不满14周岁的少年儿童放假1天；（4）中国人民解放军建军纪念日（8月1日），现役军人放假半天。少数民族习惯的节日，由各少数民族聚居地区的地方人民政府，按照各该民族习惯，规定放假日期。全体公民放假的假日，如果适逢星期六、星期日，应当在工作日补假。部分公民放假的假日，如果适逢星期六、星期日，则不补假。

（五）探亲假

探亲假是指劳动者的工作地点与父母或配偶的居住地不在一地，不住在一起，在公休假日不能团聚时享受的与父母或配偶团聚的带薪假期。1981年3月国务院公布施行的《国务院关于职工探亲待遇的规定》，对劳动者享受探亲假待遇作出了规定。

（六）年休假

年休假是指劳动者每年享受的一定期限的带薪休假。《劳动法》第四十五条对年休假作出了原则性的规定：国家实行带薪年休假制度；劳动者连续工作一年以上的，享受带薪年休假。2007年12月国务院通过了《职工带薪年休假条例》。2008年7月人力资源社会保障部通过了《企业职工带薪年休假实施办法》。《职工带薪年休假条例》和《企业职工带薪年休假实施办法》对职工带薪年休假作出了规定。

1. 享受带薪年休假的职工范围

根据规定，机关、团体、企业、事业单位、民办非企业单位、有雇工的个体工商户等单位的职工连续工作1年以上的，享受带薪年休假（以下简称年休假）。劳务派遣单位的职工连续工作满12个月以上的，享受年休假。

2. 带薪年休假的休假安排

年休假天数根据职工累计工作时间确定。职工累计工作已满1年不满10年的，年休假5天；已满10年不满20年的，年休假10天；已满20年的，年休假15天。国家法定休假日、休息日不计入年休假的假期。职工新进用人单位且连续工作满12个月以上的，当年度年休假天数，按照在本单位剩余日历天数折算确定，折算后不足1整天的部分不享受年休假。职工依法享受的探亲假、婚丧假、产假等国家规定的假期以及因工伤停工留薪期间不计入年休假假期。

单位根据生产、工作的具体情况，并考虑职工本人意愿，统筹安排职工年休假。年休假在1个年度内可以集中安排，也可以分段安排，一般不跨年度安排。单位因生产、工作特点确有必要跨年度安排职工年休假的，可以跨1个年度安排。单位确因工作需要不能安排职工休年休假的，经职工本人同意，可以不安排职工休年休假。

3. 职工不享受带薪年休假的情形

职工有下列情形之一的，不享受当年的年休假：（1）职工依法享受寒暑假，其休假天数多于年休假天数的；（2）职工请事假累计20天以上且单位按照规定不扣工资的；（3）累计工作满1年不满10年的职工，请病假累计2个月以上的；（4）累计工作满10年不满20年的职工，请病假累计3个月以上的；（5）累计工作满20年以上的职工，请病假累计4个月以上的。确因工作需要，职工享受的寒暑假天数少于其年休假天数的，用人单位应当安排补足年休假天数。

4. 职工带薪年休假的工资报酬

职工在年休假期间享受与正常工作期间相同的工资收入。对职工应休未休的年休假天数，单位应当按照该职工日工资收入的300%支付年休假工资报酬。用人单位安排职工休年休假，但是职工因本人原因且书面提出不休年休假的，用人单位可以只支付其正常工作期间的工资收入。劳动合同、集体合同约定的或者用人单位规章制度规定的年休假天数、未休年休假工资报酬高于法定标准的，用人单位应当按照有关约定或者规定执行。

5. 监督检查

县级以上地方人民政府人事部门、劳动保障部门应当依据职权对单位执行年休假的情况主动进行监督检查。工会组织依法维护职工的年休假权利。

6. 法律责任

用人单位不安排职工休年休假又不依照《职工带薪年休假条例》及《企业职工带薪年休假办法》规定支付未休年休假工资报酬的，由县级以上地方人民政府劳动行政部门依据职权责令限期改正；对逾期不改正的，除责令该用人单位支付未休年休假工资报酬外，用人单位还应当按照未休年休假工资报酬的数额向职工加付赔偿金；对拒不执行支付未休年休假工资报酬、赔偿金行政处理决定的，由劳动行政部门申请人民法院强制执行。

第三节 延长工作时间

一、延长工作时间的概念

延长工作时间是指法律规定，在标准工作时间之外延长劳动者的工作时间。延长工作时间一般可以分为两种情形：加班和加点。加班是指劳动者根据用人单位的要求在休息日和节假日进行工作；加点是指劳动者根据用人单位的要求在一个标准工作日之外延长工作时间。用人单位不得违反法律规定延长劳动者的工作时间。

二、延长工作时间的主要规定

（一）限制延长工作时间的规定

1. 劳动者范围的限制

《劳动法》及相关法律、法规规定，怀孕 7 个月以上和哺乳期内的女职工，不得安排延长工作时间。

2. 延长工作时间的长度限制

《劳动法》规定，用人单位由于生产经营需要，经与工会和劳动者协商后可以延长劳动时间，一般每日不得超过 1 小时；因特殊原因需要延长工作时间的，在保障劳动者身体健康的条件下延长工作时间每日不得超过 3 小时，但是每月不得超过 36 小时。延长工作时间的长度限制包括正常工作日的加点、休息日和法定休假日的加班。

3. 延长工作时间的条件

延长工作时间需要符合以下条件：（1）生产经营需要；（2）用人单位要与工会和劳动者进行协商。

（二）特殊情况下延长工作时间的规定

根据法律规定，出现以下情况时，延长工作时间可以不受法律规定的延长工作时间的长度限制：（1）发生自然灾害、事故或者因其他原因，威胁劳动者生命健康和财产安全，需要紧急处理的；（2）生产设备、交通运输线路、公共设施发生故障，影响生产和公众利益，必须及时抢修的；（3）法律、行政法规规定的其他情形。

（三）延长工作时间的劳动报酬

根据《劳动法》规定，安排劳动者延长工作时间的，支付不低于工资的 150% 的工资报酬；休息日安排劳动者工作应先按同等时间安排其补休，不能安排补休的，支付不低于工资 200% 的工资报酬；法定休假日安排劳动者工作的，一般不安排补休，应支付不低于工资 300% 的工资报酬。

本章小结

本章介绍了工作时间和休息休假的基本内容。工作时间是指劳动者根据国家的法律规定，在1个昼夜或1周之内从事本职工作的时间。工作时间可以分为标准工作时间和非标准工作时间。广义的休息时间是指劳动者按照国家的法律规定，不从事工作而自己自由支配的时间。休息是劳动者在工作时间之外的所有休息时间的总和，包括工作日内的休息时间、工作日之间的休息时间、工作周之间的休息时间、法定的节假日休息时间、探亲假休息时间和年休假休息时间等。狭义的休息时间仅指劳动者的工作日内的休息时间、工作日之间的休息时间和工作周之间的休息时间；法定的节假日休息时间、探亲假休息时间和年休假休息时间则称为休假。延长工作时间是指法律规定，在标准工作时间之外延长劳动者的工作时间。延长工作时间一般可以分为两种情形：加班和加点。对于延长工作时间，法律作出了详细的规定。

复习思考题

1. 试述工作时间和休息休假时间法律调整的意义。
2. 试述我国有关工作时间和休息休假的主要法律规定。
3. 试述延长工作时间的主要法律规定。

第八章 工资

>> 学习要点

掌握工资的概念和特征、工资分配的基本原则、工资宏观调控、工资形式、特殊情况下工资的支付与工资保障。

>> 关键概念

工资　最低工资　计时工资　计件工资　奖金　津贴

第一节　工资概述

一、工资的概念和特征

工资是指用人单位按照法律、法规的规定和集体合同与劳动合同的约定，依据劳动者提供的劳动数量和质量以货币形式直接支付给本单位劳动者的劳动报酬，一般包括计时工资、计件工资、奖金、津贴和补贴、延长工作时间的工资报酬以及特殊情况下支付的工资报酬等。

工资具有以下特征：第一，工资是劳动者基于与用人单位的劳动关系取得的劳动报酬；第二，工资是按照国家法律、法规的规定和集体合同与劳动合同的约定由用人单位向本单位的劳动者支付；第三，工资是用人单位支付给本单位劳动者的货币报酬，不包括实物报酬；第四，支付工资是用人单位的法定义务，劳动者取得工资则应当履行劳动合同约定的劳动义务。

我国一直十分重视工资方面的立法，保护劳动者的工资收入。《劳动法》第五章对工资进行专门的规定，在《劳动法》颁布前后，还有大量的关于工资的法律规定。

劳动者的工资与收入既有联系又有区别。工资指的是用人单位支付给本单位劳动者的货币报酬。收入是指用人单位在法律允许的范围内支付给本单位劳动者的各种形式的报酬，包括货币报酬和实物报酬；货币报酬不仅包括工资，还包括各种社会保险待遇、职工持股的股息和分红等；实物报酬包括用人单位以实物形式向劳动者提供的各种企业福利等。1995年8月劳动部发布的《关于贯彻执行〈中华人民共和国劳动法〉若干问题的意见》第五十三条规定，劳动者的以下劳动收入不属于工资范围：（1）单位支付给劳动者个人的社会保险福利费用，如丧葬抚恤救济费、生活困难补助费、计划生育补贴等；（2）劳动保护方面的费用，如用人单位支付给劳动者的工作服、解毒剂、清凉饮料费用等；（3）按规定未列入工资总额的各种劳动报酬及其他劳动收入，如根据国家规定发放的创造发明奖、国家星火奖、自然科学奖、科学技术进步奖、合理化建议和技术改进奖、中华技能大奖等，以及稿费、讲课费、翻译费等。

二、工资分配的基本原则

工资分配基本原则，是由法律确认的贯穿于工资法律制度的基本准则。

《劳动法》规定，工资分配应当遵循按劳分配原则，实行同工同酬。工资水平在经济发展的基础上逐步提高。国家对工资总量实行宏观调控。用人单位根据本单位的生产经营特点和经济效益，依法自主确定本单位的工资分配方式和工资水平。

（一）按劳分配、同工同酬

按劳分配是指按照劳动者提供劳动的数量和质量来确定劳动者应当获得的工资额；同工同酬是指用人单位对于从事相同工作、付出等量劳动且取得相同劳绩的劳动者，应支付同等的劳动报酬。根据该原则的要求，劳动者工资收入的高低只取决于劳动者提供的劳动数量和质量，劳动者提供了相同的劳动数量和质量就应当获得同样的工资收入，除了劳动数量和质量之外，工资不能因为劳动者的性别、年龄、种族、民族、宗教信仰等的不同存在差别。

（二）工资水平在经济发展的基础上逐步提高

工资水平是指在某一个时期、一定地域范围内劳动者平均工资的高低。工资水平与经济发展水平相联系。一般而言，经济发展水平高的时期和地域内，其工资水平也较高；反之，经济发展水平较低的时期和地域内，工资水平也较低。经济的发展会促使工资水平的提高，但工资水平的提高不能超越经济发展。

（三）宏观调控

宏观调控是指国家在宏观上对工资分配进行干预，以消除工资分配中的不合理因素。根据《劳动法》，国家对工资总量实行宏观调控。实行工资总量的宏观调控，要使消费基金的增长与生产基金的增长相协调，消费与生产比例关系趋于合理；建立最低工资保障制度，确定劳动者的最低工资水平，保障劳动者的基本生活需要；建立工资税收制度，对过高的工资收入进行控制，避免过度的贫富悬殊和两极分化。

（四）用人单位自主决定工资分配方式和工资水平

决定工资分配方式和工资水平的主体是用人单位。在国家对工资总量宏观调控的基础上，用人单位有权根据本单位的实际情况，依法自主确定本单位的工资构成、工资标准、工资形式、工资增长机制、工资水平等。

第二节 工资宏观调控

一、国有企业工资总额的管理

工资总额是指企业在一个会计年度内直接支付给与本企业建立劳动关系的全部职工的劳动报酬总额，包括基本工资、奖金、津贴、补贴、加班加点工资、特殊情况下支付的工资等。国家对国有企业的工资总额进行宏观管理。

1993年，劳动部等五个部委联合发布《国有企业工资总额同经济效益挂钩规定》，规定工资总额同经济效益挂钩是确定和调控国有企业工资总量的主要形式。国有企业实行工资总额和经济效益挂钩办法，必须坚持工资总额增长幅度低于本企业经济效益（依据实现利税计算）增长幅度、职工实际平均工资增长幅度低于本企业劳动生产率（依据净产值计算）增长幅度等原则。2018年国务院发布《关于改革国有企业工资决定机制的意见》，国有企业全面实行工资总额预算管理。工资总额预算方案由国有企业自主编制，按规定履行内部决策程序后，根据企业功能性质定位、行业特点并结合法人治理结构完善程度，分别报履行出资人职责机构备案或核准后执行。对主业处于充分竞争行业和领域的商业类国有企业，工资总额预算原则上实行备案制。其中，未建立规范董事会、法人治理结构不完善、内控机制不健全的企业，经履行出资人职责机构认定，其工资总额预算应实行核准制。对其他国有企业，工资总额预算原则上实行核准制。其中，已建立规范董事会、法人治理结构完善、内控机制健全的企业，经履行出资人职责机构同意，其工资总额预算可实行备案制。国有企业在经备案或核准的工资总额预算内，依法依规自主决定内部工资分配。企业应建立健全内部工资总额管理办法，根据所属企业功能性质定位、行业特点和生产经营等情况，指导所属企业科学编制工资总额预算方案，逐级落实预算执行责任，建立预算执行情况动态监控机制，确保实现工资总额预算目标。企业集团应合理确定总部工资总额预算，其职工平均工资增长幅度原则上应低于本企业全部职工平均工资增长幅度。根据不同国有企业功能性质定位、行业特点和法人治理结构完善程度，实行工资总额分类管理。按照企业国有资产产权隶属关系，健全工资分配分级监管体制，落实各级政府职能部门和履行出资人职责机构的分级监管责任。

二、工资指导线和工资指导价位制度

工资指导线制度是社会主义市场经济体制下，国家对企业工资分配进行宏观调控的一种制度，是企业工资宏观调控办法改革的一项重要举措。其目的是在国家宏观指导下，促使企业的工资微观分配与国家的宏观政策相协调，引导企业在生产发展、经济效益提高的基础上，合理确定工资分配。1997年，劳动部印发《试点地区工资指导线制度试行办法》，在试点地区开始实行工资指导线制度。工资指导线的制定应遵循以下原则：（1）符合国家宏观经济政策和对工资增长的总体要求，坚持"两低于"原则；（2）结合地区、行业、企业特点，实行分级管理、分类调控的原则；（3）实行协商原则，以劳动行政部门为主，会商政府有关部门、工会、企业协会等组织共同制定。工资指导线水平的制定应以本地区年度经济增长率、社会劳动生产率、城镇居民消费价格指数为主要依据，并综合考虑城镇就业状况、劳动力市场价格、人工成本水平和对外贸易状况等相关因素。

劳动力市场工资指导价位制度是完善企业工资分配宏观调控制度的重要组成部分，是健全劳动力市场价格机制的重要措施。1999年，劳动和社会保障部发布《关于建立劳动力市场工资指导价位制度的通知》，其主要内容是：劳动保障行政部门按照国家统一规范和制度要求，定期对各类企业中的不同职业（工种）的工资水平进行调查、分析、汇总、加工，形成各类职业（工种）的工资价位，向社会发布，用以指导企业合理确定职工工资水平和工资关系，调节劳动力市场价格。建立劳动力市场工资指导价位制度，有利于政府劳动工资管理部门转变职能，由直接的行政管理，转为充分利用劳动力市场价格信号指导企业合理进行工资分配，将市场机制引入企业内部分配，为企业合理确定工资水平和各类人员工资关系，开展工资集体协商提供重要依据；有利于促进劳动力市场形成合理的价格水平，为劳动力供求双方协商确定工资水平提供客观的市场参考标准，减少供求双方的盲目性，提高劳动者求职的成功率和劳动力市场运作的整体效率；有利于引导劳动力的合理、有序流动，调节地区、行业之间的就业结构，使劳动力价格机制与劳动力供求机制紧密结合，构建完整的劳动力市场体系。

第三节 工 资 形 式

工资形式是指计量劳动和支付工资的形式。我国现行的工资形式主要有计时工资、计件工资两种基本形式和奖金、津贴两种辅助形式。具体采用什么工资形式，一般由企业确定。

一、计时工资

计时工资是指按计时工资标准和工作时间支付给个人的工资报酬。计时工资标准是根据劳动者的技术熟练程度、劳动繁重程度等标准确定的，在相同的工作时间内，从事同种工作并具有基本相同的劳动技能的劳动者的工资是相同的。计时工资通常可以分为月工资制、日工资制和小时工资制三种。

在计时工资中，还有一种特殊情形：年薪。它是以年为时间单位来支付劳动者工资的特殊工资形式，但是与通常的计时工资形式不同，年薪主要适用于企业高级管理人员等特定人员。2000年11月，劳动和社会保障部发布《进一步深化企业内部分配制度改革指导意见》中指出，要在具备条件的企业积极试行董事长、总经理年薪制。2012年国务院办公厅转发的《人力资源社会保障部、财政部、国资委关于加强企业技能人才队伍建设意见》中规定，企业对聘用的高技能人才可实行年薪制收入分配方式。2018年中共中央办公厅、国务院办公厅印发《关于提高技术工人待遇的意见》，规定试行高技能领军人才年薪制，鼓励企业对关键技术岗位、关键工序和紧缺急需的技术工人实行年薪制，提高技术工人工资待遇。

二、计件工资

计件工资是根据劳动者提供的合格产品的数量和规定的计件单价支付工资的一种形式。与计时工资不同，计件工资不是按劳动者劳动时间的长短，而是按照劳动者在单位时间内完成的合格产品的数量来计算工资报酬的。包括：（1）实行超额累进计件、直接无限计件、限额计件、超定额计件等工资制，按劳动部门或主管部门批准的定额和计件单价支付给个人的工资；（2）按工作任务包干方法支付给个人的工资；（3）按营业额提成或利润提成办法支付给个人的工资。

三、奖金

奖金是工资的补充形式。奖金有很多种，这里只介绍作为工资形式的奖金。奖金是用人单位对劳动者进行物质奖励的一种，是对劳动者超额劳动的报酬和增收节支的报酬。主要包括超产奖、质量奖、节约奖、劳动竞赛奖、创造发明奖、年终奖等。奖金是构成劳动者工资的一个重要部分，我国一直十分重视奖金制度。

四、津贴

津贴是辅助工资形式的一种，是指补偿职工在特殊条件下的劳动消耗及生活费额外支出的工资。津贴的种类很多，主要有以下几类：（1）按工作特点和劳动条件设置的津贴，主要有矿山井下津贴、高温津贴、野外工作津贴等；（2）为特殊劳动和额外生活支出的双重性设置的津贴，主要有林区津贴、艰苦气象台站津贴、基建工程流动施工津贴、流动施工津贴等；（3）岗位津贴，主要对在特殊岗位从事工作的劳动者发放。

第四节　特殊情况下的工资支付

特殊情况下的工资支付，是指根据法律规定或根据集体合同与劳动合同的约定，在非正常情况下用人单位对本单位劳动者的工资支付。《劳动法》和《工资支付暂行规定》对特殊情况下的工资支付作出了规定。

一、加班加点工资

《劳动法》第四十四条规定，有下列情形之一的，用人单位应当按照下列标准支付高于劳动者正常工作时间工资的工资报酬：（1）安排劳动者延长工作时间的，支付不低于工资的150%的工资报酬；（2）休息日安排劳动者工作又不能安排补休的，支付不低于工资的200%的工资报酬；（3）法定休假日安排劳动者工作的，支付不低于工资的300%的工资报酬。《工资支付暂行规定》作出了更为具体的规定。

二、休假期间的工资

劳动者依法享受年休假、探亲假、婚假、丧假期间，用人单位应按劳动合同规定的标准支付劳动者工资。

三、依法参加社会活动期间的工资

劳动者在法定工作时间内依法参加社会活动期间，用人单位应视同其提供了正常劳动而支付工资。这些社会活动包括：（1）依法行使选举权或被选举权；（2）当选代表出席乡（镇）、区以上政府、党派、工会、青年团、妇女联合会等组织召开的会议；（3）出任人民法庭证明人；（4）出席劳动模范、先进工作者大会；（5）《工会法》规定的不脱产工会基层委员会委员因工会活动占用的生产或工作时间；（6）其他依法参加的社会活动。

四、停工、停产期间的工资

非因劳动者原因造成单位停工、停产在一个工资支付周期内的，用人单位应按劳动合同规定的标准支付劳动者工资。超过一个工资支付周期的，若劳动者提供了正常劳动，则支付给劳动者的劳动报酬不得低于当地的最低工资标准；若劳动者没有提供正常劳动，应按国家有关规定办理。

五、用人单位破产时的工资

用人单位依法破产时，劳动者有权获得其工资。在破产清偿中用人单位应按《中华人民共和国企业破产法》规定的清偿顺序，支付本单位劳动者的工资。

第五节 工 资 保 障

工资是以工资为唯一或主要生活来源的劳动者的生活依靠，依法取得工资是劳动者的一项基本权利。保障劳动者依法足额、按时得到工资，是工资立法的一个重要内容。《劳动法》《工资支付暂行规定》以及其他相关的法律、法规都对劳动者工资的保障作出了规定。

一、最低工资保障制度

（一）最低工资的概念

最低工资是指劳动者在法定工作时间或依法签订的劳动合同约定的工作时间内提供了正常劳动，用人单位依法应支付的最低工资报酬。最低工资一般采取月最低工标准和小时最低工资标准的形式。

1. 最低工资是劳动者在法定或依法签订的劳动合同约定的工作时间提供了劳动后得到的工资

法定工作时间是指按照法律规定劳动者正常的工作时间。按照法律规定，我国目前实行的是劳动者每日工作时间不超过 8 小时、平均每周工作时间不超过 40 小时的工作时间制度，最低工资就是在这一工作时间内劳动者提供了劳动所得到的最低的工资报酬。劳动合同当事人双方可以在合同中约定工作时间，但该约定不得违反法律规定。

2. 最低工资是劳动者在法定或依法签订的劳动合同约定的工作时间提供了正常劳动得到的最低劳动报酬

正常劳动是指劳动者按依法签订的劳动合同约定，在法定工作时间或劳动合同约定的工作时间内从事的劳动。劳动者依法享受带薪年休假、探亲假、婚丧假、生育（产）假等国家规定的假期期间，以及法定工作时间内依法参加社会活动期间，视为提供了正常劳动。

3. 最低工资是用人单位在劳动者法定或依法签订的劳动合同约定的工作时间内提供了正常劳动下支付的最低工资报酬

最低工资报酬是最低的，用人单位支付的劳动报酬低于该标准要承担相应的法律责任。根据有关法律规定，在劳动者提供正常劳动的情况下，用人单位应支付给劳动者的工资在剔除下列各项以后，不得低于当地最低工资标准：（1）延长工作时间工资；（2）中班、夜班、高温、低温、井下、有毒有害等特殊工作环境、条件下的津贴；（3）法律、法规和国家规定的劳动者福利待遇等。实行计件工资或提成工资等工资形式的用人单位，在科学合理的劳动定额基础上，其支付给劳动者的工资不得低于相应的最低工资标准。用人单位支付给劳动者的工资低于最低工资标准的，由劳动保障行政部门责令其限期补发所欠工资，并可责令其按所欠工资的 1 至 5 倍支付劳动者赔偿金。

（二）最低工资的确定、调整和发布

1. 最低工资的确定和调整的因素

根据《劳动法》，确定和调整最低工资标准应当综合参考下列因素：（1）劳动者本人及平均赡养人口的最低生活费用；（2）社会平均工资水平；（3）劳动生产率；（4）就业状况；（5）地区之间经济发展水平的差异。

省、自治区、直辖市范围内的不同行政区域可以有不同的最低工资标准。最低工资标准发布实施后，如相关因素发生变化，应当适时调整。最低工资标准每两年至少调整一次。

2. 最低工资标准方案的拟订

最低工资标准的确定和调整方案，由省、自治区、直辖市人民政府劳动保障行政部门会同同级工会、企业联合会/企业家协会研究拟订，并将拟订的方案报送劳动保障部。方案内容包括最低工资确定和调整的依据、适用范围、拟订标准和说明。劳动保障部在收到拟订方案后，应征求全国总工会、中国企业联合会/企业家协会的意见。

劳动保障部对方案可以提出修订意见，若在方案收到后14日内未提出修订意见的，视为同意。

3. 最低工资标准的批准和发布

省、自治区、直辖市劳动保障行政部门应将本地区最低工资标准方案报省、自治区、直辖市人民政府批准，并在批准后7日内在当地政府公报上和至少一种全地区性报纸上发布。省、自治区、直辖市劳动保障行政部门应在发布后10日内将最低工资标准报劳动保障部。用人单位应在最低工资标准发布后10日内将该标准向本单位全体劳动者公示。

二、工资按时足额支付保障

（一）用人单位应以法定货币形式将工资支付给劳动者本人

工资应当以法定货币支付。不得以实物及有价证券替代货币支付。

劳动者本人因故不能领取工资时，可由其亲属或委托他人代领。用人单位可委托银行代发工资。用人单位必须书面记录支付劳动者工资的数额、时间、领取者的姓名以及签字，并保存2年以上备查。用人单位在支付工资时应向劳动者提供1份其个人的工资清单。

（二）用人单位应当按时支付工资

根据规定，工资必须在用人单位与劳动者约定的日期支付。如遇节假日或休息日，则应提前在最近的工作日支付。工资至少每月支付1次，实行周、日、小时工资制的可按周、日、小时支付工资。对完成一次性临时劳动或某项具体工作的劳动者，用人单位应按有关协议或合同规定在其完成劳动任务后即支付工资。劳动关系双方依法解除或终止劳动合同时，用人单位应在解除或终止劳动合同时一次付清劳动者工资。

（三）用人单位不得克扣或无故拖欠劳动者的工资

克扣是指用人单位无正当理由扣减劳动者应得工资，不包括以下减发工资的情况：

（1）国家的法律、法规中有明确规定的；（2）依法签订的劳动合同中有明确规定的；（3）用人单位依法制定并经过民主程序批准的内部规章制度有明确规定的；（4）企业工资总额与经济效益相联系，经济效益下浮时，工资必须下浮的（但支付给劳动者工资不得低于当地的最低工资标准）；（5）因劳动者请事假等相应减发工资等。

无故拖欠指用人单位无正当理由超过规定付薪时间未支付劳动者工资，不包括以下情况：（1）用人单位遇到非人力所能抗拒的自然灾害、战争等原因，无法按时支付工资；（2）用人单位确因生产经营困难、资金周转受到影响，在征得本单位工会同意后，可暂时延期支付劳动者工资，延期时间的最长限制可由各省、自治区、直辖市劳动行政部门根据各地情况确定。其他情况下拖欠工资均属无故拖欠。

有下列情况之一的，用人单位可以代扣劳动者工资：（1）用人单位代扣代缴的个人所得税；（2）用人单位代扣代缴的应由劳动者个人负担的各项社会保险费用；（3）法院判决、裁定中要求代扣的抚养费、赡养费；（4）法律、法规规定可以从劳动者工资中扣除的其他费用。

因劳动者本人原因给用人单位造成经济损失的，用人单位可按照劳动合同的约定要求其赔偿经济损失。经济损失的赔偿，可从劳动者本人的工资中扣除。但每月扣除的部分不得超过劳动者当月工资的20%。若扣除后的剩余工资部分低于当地月最低工资标准，则按最低工资标准支付。

本章小结

本章介绍了工资法律制度的基本内容。工资是指用人单位按照法律、法规的规定和集体合同与劳动合同的约定，依据劳动者提供的劳动数量和质量以货币形式直接支付给本单位劳动者的劳动报酬。《劳动法》规定，我国工资分配原则有：（1）按劳分配、同工同酬；（2）工资水平在经济发展的基础上逐步提高；（3）宏观调控；（4）用人单位自主决定工资分配方式和工资水平。工资形式是指计量劳动和支付工资的形式。我国现行的工资形式主要有计时工资、计件工资两种基本形式和奖金、津贴两种辅助形式。特殊情况下的工资支付，是指根据法律规定或根据集体合同与劳动合同的约定，在非正常情况下用人单位对本单位劳动者的工资支付，主要包括：加班加点工资、休假期间的工资、依法参加社会活动期间的工资、停工停产期间的工资和用人单位破产时的工资等。保障劳动者依法足额、按时得到工资，是工资立法的一个重要内容。《劳动法》《工资支付暂行规定》及其他相关的法律、法规都对劳动者工资的保障作出了规定。

复习思考题

1. 试述工资的特征。
2. 试述工资分配的基本原则。
3. 试述最低工资确定、调整和发布的主要法律规定。
4. 哪些属于特殊情况下支付工资的情况？在这些情况下，工资应当如何支付？
5. 在什么情形下用人单位可以减发和代扣工资？

 问题讨论

某用人单位招收了一批工人，签订了为期 2 年的劳动合同，合同中约定的工资为每月 800 元，当地的最低工资标准为每月 1 000 元。工人们要求该用人单位应按照当地最低工资标准支付工资，用人单位的回答是，工人每月的基本工资加上加班加点工资和本单位发放的各种实物福利远远高于当地最低工资标准，不同意增加工资。

请结合本章的有关内容，分析本案。

第九章
职业安全卫生

>> 学习要点

掌握职业安全卫生的概念、职业安全卫生立法的作用、职业安全卫生法律制度的基本方针、用人单位和劳动者的权利与义务、职业安全卫生监督管理制度。掌握女职工和未成年工劳动保护的特殊规定及禁止使用童工的法律规定。

>> 关键概念

职业安全卫生　未成年工

第一节　职业安全卫生概述

一、职业安全卫生的概念

职业安全卫生即劳动安全卫生、劳动保护，是指规定劳动者的劳动条件和工作环境状况，保护劳动者在劳动中的生命安全和身体健康的各项法律制度。职业安全卫生法的实施具有强制性。不允许用人单位通过任何形式免除或降低职业安全卫生保护的法定义务，同时也不允许劳动者个人基于任何动机放弃劳动安全卫生保护的权利。在用人单位与劳动者签订的劳动合同中，有关免除用人单位保护义务的条款和劳动者放弃保护权利的条款无效。职业安全卫生的保护范围只限于劳动过程之中，只有在劳动过程中采取的各种改善劳动条件、保护劳动者生命安全和身体健康的措施，才属于职业安全卫生制度的范围。

二、职业安全卫生立法的作用

职业安全卫生立法的作用主要体现在保护劳动者的生命权和健康权以及促进生产力的发展和劳动生产率的不断提高两个方面。

（一）有利于保护劳动者的生命权和健康权

由于劳动过程客观上存在着危害劳动者生命安全和身体健康的因素，因此应当通过立法保障劳动者的生命安全和身体健康，防止伤亡事故，减少职业病的危害。《劳动法》第五十二条明确规定，用人单位必须建立、健全劳动安全卫生制度，严格执行国家劳动安全卫生规程和标准，对劳动者进行劳动安全卫生教育，防止劳动过程中的事故，减少职业危害。第五十四条规定，用人单位必须为劳动者提供符合国家规定的劳动安全卫生条件和必要的劳动防护用品，对从事有职业危害作业的劳动者应当定期进行健康检查。同时，国家有关部门依法制定了各项劳动安全卫生规程和标准，这些法律规定，有利于保证劳动者得到正常的、符合职业安全卫生要求的劳动条件，减少或消除劳动者在劳动过程中出现伤亡事故或者患职业病的概率。

（二）有利于促进生产力的发展和劳动生产率的不断提高

通过立法建立职业安全卫生制度，要求用人单位严格执行国家职业安全卫生标准，不断改善劳动条件，为劳动者创造安全、卫生、舒适的劳动条件和劳动环境，而改善劳动条件往往伴随着生产技术和生产工具的改进，有利于减轻劳动者的劳动负担，推动生产技术的进步。可见，加强职业安全卫生立法能够为促进生产力的发展和劳动生产率的提高创造有利条件，从而推动社会发展和进步。

三、职业安全卫生法律制度的基本方针

职业安全卫生制度的基本方针，是指贯穿于整个职业安全卫生法律制度始终的指导思想。

《安全生产法》规定，安全生产工作应当坚持安全第一、预防为主、综合治理的方针，从源头上防范化解重大安全风险。《职业病防治法》规定，职业病防治工作坚持预防为主、防治结合的方针，建立用人单位负责、行政机关监管、行业自律、职工参与

和社会监督的机制，实行分类管理、综合治理。

四、用人单位的职业安全卫生权利和义务

根据《劳动法》《安全生产法》《职业病防治法》等相关法律规定，用人单位依法享有安全生产的权利，履行保障劳动者职业安全卫生权利的义务。

《劳动法》规定：（1）用人单位必须建立、健全职业安全卫生制度，严格执行国家职业安全卫生规程和标准，对劳动者进行劳动安全卫生教育，防止劳动过程中的事故，减少职业危害；（2）用人单位的劳动安全卫生设施必须符合国家规定的标准，新建、改建、扩建工程的劳动安全卫生设施必须与主体工程同时设计、同时施工、同时投入生产和使用；（3）用人单位必须为劳动者提供符合国家规定的劳动安全卫生条件和必要的劳动防护用品，对从事有职业危害作业的劳动者应当定期进行健康检查；（4）用人单位应当依法对劳动者在劳动过程中发生的伤亡事故和劳动者的职业病状况，进行统计、报告和处理。

《安全生产法》《职业病防治法》等相关法律规定分别从安全生产和职业病防治的角度对用人单位的职业安全卫生权利义务进行了详细规定。

五、劳动者的职业安全卫生权利与义务

《劳动法》规定，从事特种作业的劳动者必须经过专门培训并取得特种作业资格。劳动者在劳动过程中必须严格遵守安全操作规程。劳动者对用人单位管理人员违章指挥、强令冒险作业，有权拒绝执行；对危害生命安全和身体健康的行为，有权提出批评、检举和控告。

《安全生产法》规定，从业人员安全生产的权利和义务有如下内容。

（1）生产经营单位与从业人员订立的劳动合同，应当载明有关保障从业人员劳动安全、防止职业危害的事项，以及依法为从业人员办理工伤保险的事项。生产经营单位不得以任何形式与从业人员订立协议，免除或者减轻其对从业人员因生产安全事故伤亡依法应承担的责任。

（2）生产经营单位的从业人员有权了解其作业场所和工作岗位存在的危险因素、防范措施及事故应急措施，有权对本单位的安全生产工作提出建议。

（3）从业人员有权对本单位安全生产工作中存在的问题提出批评、检举、控告；有权拒绝违章指挥和强令冒险作业。生产经营单位不得因从业人员对本单位安全生产工作提出批评、检举、控告或者拒绝违章指挥、强令冒险作业而降低其工资、福利等待遇或者解除与其订立的劳动合同。

（4）从业人员发现直接危及人身安全的紧急情况时，有权停止作业或者在采取可能的应急措施后撤离作业场所。生产经营单位不得因从业人员在紧急情况下停止作业或者采取紧急撤离措施而降低其工资、福利等待遇或者解除与其订立的劳动合同。

（5）生产经营单位发生生产安全事故后，应当及时采取措施救治有关人员。因生产安全事故受到损害的从业人员，除依法享有工伤保险外，依照有关民事法律尚有获得赔偿的权利的，有权提出赔偿要求。

（6）从业人员在作业过程中，应当严格落实岗位安全责任，遵守本单位的安全生产规章制度和操作规程，服从管理，正确佩戴和使用劳动防护用品。

（7）从业人员应当接受安全生产教育和培训，掌握本职工作所需的安全生产知识，提高安全生产技能，增强事故预防和应急处理能力。

（8）从业人员发现事故隐患或者其他不安全因素，应当立即向现场安全生产管理人员或者本单位负责人报告；接到报告的人员应当及时予以处理。

《职业病防治法》规定，劳动者享有下列职业卫生保护权利。

（1）获得职业卫生教育、培训。

（2）获得职业健康检查、职业病诊疗、康复等职业病防治服务。

（3）了解工作场所产生或者可能产生的职业病危害因素、危害后果和应当采取的职业病防护措施。

（4）要求用人单位提供符合防治职业病要求的职业病防护设施和个人使用的职业病防护用品，改善工作条件。

（5）对违反职业病防治法律、法规以及危及生命健康的行为提出批评、检举和控告。

（6）拒绝违章指挥和强令进行没有职业病防护措施的作业。

（7）参与用人单位职业卫生工作的民主管理，对职业病防治工作提出意见和建议。

第二节　职业安全卫生监督管理制度

一、安全生产监督管理制度

（一）安全生产监督管理机构及其职责

《安全生产法》规定，国务院应急管理部门依法对全国安全生产工作实施综合监督管理；县级以上地方各级人民政府应急管理部门依法对本行政区域内安全生产工作实施综合监督管理。国务院有关部门依法在各自的职责范围内对有关行业、领域的安全生产工作实施监督管理；县级以上地方各级人民政府有关部门依法在各自的职责范围内对有关行业、领域的安全生产工作实施监督管理。对新兴行业、领域的安全生产监督管理职责不明确的，由县级以上地方各级人民政府按照业务相近的原则确定监督管理部门。

县级以上地方各级人民政府应当根据本行政区域内的安全生产状况，组织有关部门按照职责分工，对本行政区域内容易发生重大生产安全事故的生产经营单位进行严格检查。应急管理部门应当按照分类分级监督管理的要求，制定安全生产年度监督检查计划，并按照年度监督检查计划进行监督检查，发现事故隐患，应当及时处理。

负有安全生产监督管理职责的部门依照有关法律、法规，对涉及安全生产的事项需要审查批准（包括批准、核准、许可、注册、认证、颁发证照等，下同）或者验收的，必须严格依照有关法律、法规和国家标准或者行业标准规定的安全生产条件和程序进行审查；不符合有关法律、法规和国家标准或者行业标准规定的安全生产条件的，不得批准或者验收通过。对未依法取得批准或者验收合格的单位擅自从事有关活动的，负责行政审批的部门发现或者接到举报后应当立即予以取缔，并依法予以处理。对已经依法取得批准的单位，负责行政审批的部门发现其不再具备安全生产条件的，应当撤销原批准。

应急管理部门和其他负有安全生产监督管理职责的部门依法开展安全生产行政执法工作，对生产经营单位执行有关安全生产的法律、法规和国家标准或者行业标准的情况进行监督检查、行使职权。（1）进入生产经营单位进行检查，调阅有关资料，向有关单位和人员了解情况。（2）对检查中发现的安全生产违法行为，当场予以纠正或者要求限期改正；对依法应当给予行政处罚的行为，依法作出行政处罚决定。（3）对检查中发现的事故隐患，应当责令立即排除；重大事故隐患排除前或者排除过程中无法保证安全的，应当责令从危险区域内撤出作业人员，责令暂时停产停业或者停止使用相关设施、设备；重大事故隐患排除后，经审查同意，方可恢复生产经营和使用。（4）对有根据认为不符合保障安全生产的国家标准或者行业标准的设施、设备、器材以及违法生产、储存、使用、经营、运输的危险物品予以查封或者扣押，对违法生产、储存、使用、经营危险物品的作业场所予以查封，并依法作出处理决定。监督检查不得影响被检查单位的正常生产经营活动。

生产经营单位对负有安全生产监督管理职责的部门的监督检查人员依法履行监督检查职责，应当予以配合，不得拒绝、阻挠。

负有安全生产监督管理职责的部门依法对存在重大事故隐患的生产经营单位作出

停产停业、停止施工、停止使用相关设施或者设备的决定，生产经营单位应当依法执行，及时消除事故隐患。生产经营单位拒不执行，有发生生产安全事故的现实危险的，在保证安全的前提下，经本部门主要负责人批准，负有安全生产监督管理职责的部门可以采取通知有关单位停止供电、停止供应民用爆炸物品等措施，强制生产经营单位履行决定。通知应当采用书面形式，有关单位应当予以配合。负有安全生产监督管理职责的部门依法采取停止供电措施，除有危及生产安全的紧急情形外，应当提前24小时通知生产经营单位。

（二）安全生产事故的应急救援与调查处理

1. 安全生产事故的应急救援

国家加强生产安全事故应急能力建设，在重点行业、领域建立应急救援基地和应急救援队伍，并由国家安全生产应急救援机构统一协调指挥；鼓励生产经营单位和其他社会力量建立应急救援队伍，配备相应的应急救援装备和物资，提高应急救援的专业化水平。

国务院应急管理部门牵头建立全国统一的生产安全事故应急救援信息系统，国务院有关部门和县级以上地方人民政府建立健全相关行业、领域、地区的生产安全事故应急救援信息系统，实现互联互通、信息共享，通过推行网上安全信息采集、安全监管和监测预警，提升监管的精准化、智能化水平。

（1）应急救援预案和体系的建立。县级以上地方各级人民政府应当组织有关部门制定本行政区域内生产安全事故应急救援预案，建立应急救援体系。乡镇人民政府和街道办事处，以及开发区、工业园区、港区、风景区等应当制定相应的生产安全事故应急救援预案，协助人民政府有关部门或者按照授权依法履行生产安全事故应急救援工作职责。生产经营单位应当制定本单位生产安全事故应急救援预案，与所在地县级以上地方人民政府组织制定的生产安全事故应急救援预案相衔接，并定期组织演练。危险物品的生产、经营、储存单位以及矿山、金属冶炼、城市轨道交通运营、建筑施工单位应当建立应急救援组织；生产经营规模较小的，可以不建立应急救援组织，但应当指定兼职的应急救援人员。危险物品的生产、经营、储存、运输单位以及矿山、金属冶炼、城市轨道交通运营、建筑施工单位应当配备必要的应急救援器材、设备和物资，并进行经常性维护、保养，保证正常运转。

（2）安全生产事故的报告和救援。生产经营单位发生生产安全事故后，事故现场有关人员应当立即报告本单位负责人。单位负责人接到事故报告后，应当迅速采取有效措施，组织抢救，防止事故扩大，减少人员伤亡和财产损失，并按照国家有关规定立即如实报告当地负有安全生产监督管理职责的部门，不得隐瞒不报、谎报或者迟报，不得故意破坏事故现场、毁灭有关证据。负有安全生产监督管理职责的部门接到事故报告后，应当立即按照国家有关规定上报事故情况。负有安全生产监督管理职责的部门和有关地方人民政府对事故情况不得隐瞒不报、谎报或者迟报。有关地方人民政府和负有安全生产监督管理职责的部门的负责人接到生产安全事故报告后，应当按照生产安全事故应急救援预案的要求立即赶到事故现场，组织事故抢救。参与事故抢救的部门和单位应当服从统一指挥，加强协同联动，采取有效的应急救援措施，并根据事故救援的需要采取警戒、疏散等措施，防止事故扩大和次生灾害的发生，减少人员伤亡和财产损失。事故抢救过程中应当采取必要措施，避免或者减少对环境造成的危害。任何单位和个人都应当支持、配合事故抢救，并提供一切便利条件。

2. 安全生产事故的调查处理

安全生产事故调查处理应当按照科学严谨、依法依规、实事求是、注重实效的原则，及时、准确地查清事故原因，查明事故性质和责任，评估应急处置工作，总结事故教训，提出整改措施，并对事故责任单位和人员提出处理建议。事故调查报告应当依法及时向社会公布。

事故发生单位应当及时全面落实整改措施，负有安全生产监督管理职责的部门应当加强监督检查。负责事故调查处理的国务院有关部门和地方人民政府应当在批复事故调查报告后一年内，组织有关部门对事故整改和防范措施落实情况进行评估，并及时向社会公开评估结果；对不履行职责导致事故整改和防范措施没有落实的有关单位和人员，应当按照有关规定追究责任。

生产经营单位发生生产安全事故，经调查确定为责任事故的，除了应当查明事故单位的责任并依法予以追究外，还应当查明对安全生产的有关事项负有审查批准和监督职责的行政部门的责任，对有失职、渎职行为的，依照法律规定追究法律责任。

二、职业病防治的监督管理制度

（一）职业病防治监督管理机构及其职责

《职业病防治法》规定，国务院卫生行政部门、劳动保障行政部门（以下统称职业卫生监督管理部门）依照本法和国务院确定的职责，负责全国职业病防治的监督管理工作。国务院有关部门在各自的职责范围内负责职业病防治的有关监督管理工作。

县级以上地方职业卫生监督管理部门依据各自职责，负责本行政区域内职业病防治的监督管理工作。县级以上地方人民政府有关部门在各自的职责范围内负责职业病防治的有关监督管理工作。

县级以上职业卫生监督管理部门应当加强沟通，密切配合，按照各自职责分工，依法行使职权，承担责任。

县级以上地方人民政府统一负责、领导、组织、协调本行政区域的职业病防治工作，建立健全职业病防治工作体制、机制，统一领导、指挥职业卫生突发事件应对工作；加强职业病防治能力建设和服务体系建设，完善、落实职业病防治工作责任制。乡、民族乡、镇的人民政府应当支持职业卫生监督管理部门依法履行职责。

有关防治职业病的国家职业卫生标准，由国务院卫生行政部门组织制定并公布。国务院卫生行政部门应当组织开展重点职业病监测和专项调查，对职业健康风险进行评估，为制定职业卫生标准和职业病防治政策提供科学依据。县级以上地方人民政府卫生行政部门应当定期对本行政区域的职业病防治情况进行统计和调查分析。

县级以上人民政府职业卫生监督管理部门依照职业病防治法律、法规、国家职业卫生标准和卫生要求，依据职责划分，对职业病防治工作进行监督检查。卫生行政部门履行监督检查职责时，有权采取下列措施：（1）进入被检查单位和职业病危害现场，了解情况，调查取证；（2）查阅或者复制与违反职业病防治法律、法规的行为有关的资料和采集样品；（3）责令违反职业病防治法律、法规的单位和个人停止违法行为。

发生职业病危害事故或者有证据证明危害状态可能导致职业病危害事故发生时，卫生行政部门可以采取下列临时控制措施：（1）责令暂停导致职业病危害事故的作业；（2）封存造成职业病危害事故或者可能导致职业病危害事故发生的材料和设备；（3）组织控制职业病危害事故现场。

职业卫生监督执法人员依法执行职务时，被检查单位应当接受检查并予以支持配合，不得拒绝和阻碍。职业卫生监督执法人员应当依法经过资格认定。职业卫生监督管理部门应当加强队伍建设，提高职业卫生监督执法人员的政治、业务素质，依照《职业病防治法》和其他有关法律、法规，建立、健全内部监督制度，对其工作人员执行法律、法规和遵守纪律的情况，进行监督检查。

卫生行政部门及其职业卫生监督执法人员履行职责时，不得有下列行为：（1）对不符合法定条件的，发给建设项目有关证明文件、资质证明文件或者予以批准；（2）对已经取得有关证明文件的，不履行监督检查职责；（3）发现用人单位存在职业病危害的，可能造成职业病危害事故，不及时依法采取控制措施；（4）其他违反法律规定的行为。

（二）职业病的前期预防

国家建立职业病危害项目申报制度。用人单位工作场所存在职业病目录所列职业病的危害因素的，应当及时、如实向所在地卫生行政部门申报危害项目，接受监督。国家对从事放射性、高毒、高危粉尘等作业实行特殊管理。

新建、扩建、改建建设项目和技术改造、技术引进项目（以下统称建设项目）可能产生职业病危害的，建设单位在可行性论证阶段应当进行职业病危害预评价。医疗机构建设项目可能产生放射性职业病危害的，建设单位应当向卫生行政部门提交放射性职业病危害预评价报告。卫生行政部门应当自收到预评价报告之日起30日内，作出审核决定并书面通知建设单位。未提交预评价报告或者预评价报告未经卫生行政部门审核同意的，不得开工建设。职业病危害预评价报告应当对建设项目可能产生的职业病危害因素及其对工作场所和劳动者健康的影响作出评价，确定危害类别和职业病防护措施。

建设项目的职业病防护设施所需费用应当纳入建设项目工程预算，并与主体工程同时设计，同时施工，同时投入生产和使用。建设项目的职业病防护设施设计应当符合国家职业卫生标准和卫生要求；其中，医疗机构放射性职业病危害严重的建设项目的防护设施设计，应当经卫生行政部门审查同意后，方可施工。建设项目在竣工验收前，建设单位应当进行职业病危害控制效果评价。国家对从事放射性、高毒、高危粉尘等作业实行特殊管理。医疗机构可能产生放射性职业病危害的建设项目竣工验收时，其放射性职业病防护设施经卫生行政部门验收合格后，方可投入使用；其他建设项目的职业病防护设施应当由建设单位负责依法组织验收，验收合格后，方可投入生产和使用。卫生行政部门应当加强对建设单位组织的验收活动和验收结果的监督核查。

（三）职业病诊断与职业病病人保障

职业病诊断应当由取得《医疗机构执业许可证》的医疗卫生机构承担。卫生行政部门应当加强对职业病诊断工作的规范管理。承担职业病诊断的医疗卫生机构不得拒绝劳动者进行职业病诊断的要求。

劳动者可以在用人单位所在地、本人户籍所在地或者经常居住地依法承担职业病诊断的医疗卫生机构进行职业病诊断。职业病诊断标准和职业病诊断、鉴定办法由国务院卫生行政部门制定。职业病伤残等级的鉴定办法由国务院劳动保障行政部门会同国务院卫生行政部门制定。

职业病诊断，应当综合分析下列因素：（1）病人的职业史；（2）职业病危害接触史和工作场所职业病危害因素情况；（3）临床表现以及辅助检查结果等。没有证据否定职业病危害因素与病人临床表现之间的必然联系的，应当诊断为职业病。职业病诊断证明书应当由参与诊断的取得职业病诊断资格的执业医师签署，并经承担职业病诊断的医疗卫生机构审核盖章。

用人单位应当如实提供职业病诊断、鉴定所需的劳动者职业史和职业病危害接触史、工作场所职业病危害因素检测结果等资料；卫生行政部门应当监督检查和督促用人单位提供上述资料；劳动者和有关机构也应当提供与职业病诊断、鉴定有关的资料。职业病诊断、鉴定机构需要了解工作场所职业病危害因素情况时，可以对工作场所进行现场调查，也可以向卫生行政部门提出，卫生行政部门应当在10日内组织现场调查。

用人单位不得拒绝、阻挠。职业病诊断、鉴定过程中，用人单位不提供工作场所职业病危害因素检测结果等资料的，诊断、鉴定机构应当结合劳动者的临床表现、辅助检查结果和劳动者的职业史、职业病危害接触史，并参考劳动者的自述、卫生行政部门提供的日常监督检查信息等，作出职业病诊断、鉴定结论。

劳动者对用人单位提供的工作场所职业病危害因素检测结果等资料有异议，或者因劳动者的用人单位解散、破产，无用人单位提供上述资料的，诊断、鉴定机构应当提请卫生行政部门进行调查，卫生行政部门应当自接到申请之日起30日内对存在异议的资料或者工作场所职业病危害因素情况作出判定；有关部门应当配合。

用人单位和医疗卫生机构发现职业病病人或者疑似职业病病人时，应当及时向所在地卫生行政部门报告。确诊为职业病的，用人单位还应当向所在地劳动保障行政部门报告。接到报告的部门应当依法作出处理。县级以上地方人民政府卫生行政部门负责本行政区域内的职业病统计报告的管理工作，并按照规定上报。当事人对职业病诊断有异议的，可以向作出诊断的医疗卫生机构所在地地方人民政府卫生行政部门申请鉴定。职业病诊断争议由设区的市级以上地方人民政府卫生行政部门根据当事人的申请，组织职业病诊断鉴定委员会进行鉴定。当事人对设区的市级职业病诊断鉴定委员会的鉴定结论不服的，可以向省、自治区、直辖市人民政府卫生行政部门申请再鉴定。

职业病诊断鉴定委员会由相关专业的专家组成。省、自治区、直辖市人民政府卫生行政部门应当设立相关的专家库，需要对职业病争议作出诊断鉴定时，由当事人或者当事人委托有关卫生行政部门从专家库中以随机抽取的方式确定参加诊断鉴定委员会的专家。职业病诊断鉴定委员会应当按照国务院卫生行政部门颁布的职业病诊断标准和职业病诊断、鉴定办法进行职业病诊断鉴定，向当事人出具职业病诊断鉴定书。医疗卫生机构发现疑似职业病病人时，应当告知劳动者本人并及时通知用人单位。

第三节 女职工和未成年工劳动保护的特殊规定

一、女职工劳动保护的特殊规定

(一) 女职工劳动权利的特殊保护

女职工劳动权利的特殊保护主要是消除性别歧视，集中体现在两个方面：一是享有平等的就业权利；二是同工同酬。《劳动法》规定，妇女享有与男子平等的就业权利。在录用职工时，除国家规定的不适合妇女的工种或者岗位外，不得以性别为由拒绝录用妇女或者提高对妇女的录用标准。工资分配应当遵循按劳分配原则，实行同工同酬。《妇女权益保障法》也专章对妇女的劳动权益作出了规定，特别明确了女性与男性享有平等的劳动权利。《女职工劳动保护特别规定》中规定用人单位不得因女职工怀孕、生育、哺乳而降低其工资、予以辞退、与其解除劳动或者聘用合同。

(二) 女职工禁忌从事的劳动范围

由于女性的身体结构和生理机能与男性不同，有些工作会给女性的身体健康带来危害，从保护女职工的生命安全、身体健康的角度出发，法律规定了女职工禁忌从事的劳动范围。《劳动法》规定，禁止安排女职工从事矿山井下、国家规定的第四级体力劳动强度的劳动和其他禁忌从事的劳动。《女职工劳动保护特别规定》中规定的女职工禁忌从事的劳动范围包括：(1) 矿山井下作业；(2) 体力劳动强度分级标准中规定的第四级体力劳动强度的作业；(3) 每小时负重6次以上、每次负重超过20公斤的作业，或者间断负重、每次负重超过25公斤的作业。

(三) 女职工特殊生理期间的保护

对女职工特殊生理期间的保护是指对女职工在经期、孕期、产期、哺乳期的保护，也称为女职工的"四期"保护。《劳动法》《女职工劳动保护特别规定》中都分别作出了规定。

1. 经期保护

经期保护是指对女职工在月经期间的特殊保护。《劳动法》规定，不得安排女职工在经期从事高处、低温、冷水作业和国家规定的第三级体力劳动强度的劳动。《女职工劳动保护特别规定》中规定的女职工在经期禁忌从事的劳动范围包括：(1) 冷水作业分级标准中规定的第二级、第三级、第四级冷水作业；（2）低温作业分级标准中规定的第二级、第三级、第四级低温作业；（3）体力劳动强度分级标准中规定的第三级、第四级体力劳动强度的作业；（4）高处作业分级标准中规定的第三级、第四级高处作业。

2. 孕期保护

女职工孕期保护是指对女职工在怀孕期间的特殊保护。《劳动法》规定，不得安排女职工在怀孕期间从事国家规定的第三级体力劳动强度的劳动和孕期禁忌从事的劳动。对怀孕7个月以上的女职工，不得安排其延长工作时间和夜班劳动。

《女职工劳动保护特别规定》中规定的女职工在孕期禁忌从事的劳动范围包括：（1）作业场所空气中铅及其化合物、汞及其化合物、苯、镉、铍、砷、氰化物、氮氧化物、一氧化碳、二硫化碳、氯、己内酰胺、氯丁二烯、氯乙烯、环氧乙烷、苯胺、甲醛等有毒物质浓度超过国家职业卫生标准的作业；（2）从事抗癌药物、己烯雌酚生产，接触麻醉剂气体等的作业；（3）非密封源放射性物质的操作，核事故与放射事故的应急处置；（4）高处作业分级标准中规定的高处作业；（5）冷水作业分级标准中规定的冷水作业；（6）低温作业分级标准中规定的低温作业；（7）高温作业分级标准中规定的第三级、第四级的作业；（8）噪声作业分级标准中规定的第三级、第四级的作业；（9）体力劳动强度分级标准中规定的第三级、第四级体力劳动强度的作业；（10）在密闭空间、高压室作业或者潜水作业，伴有强烈振动的作业，或者需要频繁弯腰、攀高、下蹲的作业。

《女职工劳动保护特别规定》规定，女职工在孕期不能适应原劳动的，用人单位应当根据医疗机构的证明，予以减轻劳动量或者安排其他能够适应的劳动。对怀孕7个月以上的女职工，用人单位不得延长劳动时间或者安排夜班劳动，并应当在劳动时间内安排一定的休息时间。怀孕女职工在劳动时间内进行产前检查，所需时间计入劳动时间。

3. 产期保护

产期保护是指对女职工生育期间的特殊保护，包括产假和产假期间的待遇。

《劳动法》规定，女职工生育享有不少于90天的产假。《女职工劳动保护特别规定》中规定，女职工生育享受98天产假，其中产前可以休假15天；难产的，增加产假15天；生育多胞胎的，每多生育1个婴儿，增加产假15天。女职工怀孕未满4个月流产的，享受15天产假；怀孕满4个月流产的，享受42天产假。

女职工产假期间的生育津贴，对已经参加生育保险的，按照用人单位上年度职工月平均工资的标准由生育保险基金支付；对未参加生育保险的，按照女职工产假前工资的标准由用人单位支付。女职工生育或者流产的医疗费用，按照生育保险规定的项目和标准，对已经参加生育保险的，由生育保险基金支付；对未参加生育保险的，由用人单位支付。①

4. 哺乳期保护

哺乳期保护是对女职工在哺乳不满 1 周岁婴儿期间的特殊保护。《劳动法》规定，不得安排女职工在哺乳未满 1 周岁的婴儿期间从事国家规定的第三级体力劳动强度的劳动和哺乳期禁忌从事的其他劳动，不得安排其延长工作时间和夜班劳动。

《女职工劳动保护特别规定》规定，对哺乳未满 1 周岁婴儿的女职工，用人单位不得延长劳动时间或者安排夜班劳动。用人单位应当在每天的劳动时间内为哺乳期女职工安排 1 小时哺乳时间；女职工生育多胞胎的，每多哺乳 1 个婴儿每天增加 1 小时哺乳时间。女职工在哺乳期禁忌从事的劳动范围包括：（1）孕期禁忌从事的劳动范围的第一项、第三项、第九项；（2）作业场所空气中锰、氟、溴、甲醇、有机磷化合物、有机氯化合物等有毒物质浓度超过国家职业卫生标准的作业。

二、未成年工劳动保护的特殊规定

（一）最低就业年龄

未成年工是达到法定最低就业年龄的未成年人。保护未成年工，首先要确定招用未成年工的最低年龄限制，也就是最低就业年龄限制。各国劳动法对于最低就业年龄的规定不同，1973 年国际劳工组织通过的《准予就业最低年龄公约》（第 138 号）规定的最低就业年龄标准一般为 15 周岁，我国最低就业年龄一般为 16 周岁。

《劳动法》规定，未成年工是指年满 16 周岁未满 18 周岁的劳动者。禁止用人单位招用未满 16 周岁的未成年人。文艺、体育和特种工艺单位招用未满 16 周岁的未成年人，必须依照国家有关规定，并保障其接受义务教育的权利。

（二）未成年工劳动过程中的特殊保护

未成年工的特殊劳动保护是针对未成年工处于生长发育期的特点，以及接受义务教育的需要，采取的特殊劳动保护措施。《中华人民共和国未成年人保护法》（以下简称《未成年人保护法》）规定，任何组织或者个人不得招用未满 16 周岁未成年人，国

---

① 根据《社会保险法》第六十四条规定，基本医疗保险基金与生育保险基金合并建账及核算。2019 年国务院办公厅发布《关于全面推进生育保险和职工基本医疗保险合并实施的意见》，生育保险和职工基本医疗保险统一参保登记、统一基金征缴和管理、统一医疗服务管理、统一经办和信息服务。

家另有规定的除外。营业性娱乐场所、酒吧、互联网上网服务营业场所等不适宜未成年人活动的场所不得招用已满16周岁的未成年人。招用已满16周岁未成年人的单位和个人应当执行国家在工种、劳动时间、劳动强度和保护措施等方面的规定，不得安排其从事过重、有毒、有害等危害未成年人身心健康的劳动或者危险作业。

《劳动法》规定，不得安排未成年工从事矿山井下、有毒有害、国家规定的第四级体力劳动强度的劳动和其他禁忌从事的劳动。用人单位应当对未成年工定期进行健康检查。

《未成年工特殊保护规定》对未成年工的特殊保护作出了具体的规定，主要内容如下。

1. 用人单位不得安排未成年工从事的劳动范围

用人单位不得安排未成年工从事以下劳动：（1）《生产性粉尘作业危害程度分级》国家标准中第一级以上的接尘作业；（2）《有毒作业分级》国家标准中第一级以上的有毒作业；（3）《高处作业分级》国家标准中第二级以上的高处作业；（4）《冷水作业分级》国家标准中第二级以上的冷水作业；（5）《高温作业分级》国家标准中第三级以上的高温作业；（6）《低温作业分级》国家标准中第三级以上的低温作业；（7）《体力劳动强度分级》国家标准中第四级体力劳动强度的作业；（8）矿山井下及矿山地面采石作业；（9）森林业中的伐木、流放及守林作业；（10）工作场所接触放射性物质的作业；（11）有易燃易爆、化学性烧伤和热烧伤等危险性大的作业；（12）地质勘探和资源勘探的野外作业；（13）潜水、涵洞、涵道作业和海拔3 000米以上的高原作业（不包括世居高原者）；（14）连续负重每小时在6次以上并每次超过20公斤，间断负重每次超过25公斤的作业；（15）使用凿岩机、捣固机、气镐、气铲、铆钉机、电锤的作业；（16）工作中需要长时间保持低头、弯腰、上举、下蹲等强迫体位和动作频率每分钟大于50次的流水线作业；（17）锅炉司炉。

2. 未成年工患有某种疾病或具有某些生理缺陷（非残疾型）时[①]，用人单位不得安排其从事的劳动范围

未成年工患有某种疾病或具有某些生理缺陷（非残疾型）时，不得从事以下工作：

---

① 《未成年工特殊保护规定》规定，患有某种疾病或具有某些生理缺陷（非残疾型）的未成年工，是指有以下一种或一种以上情况者：（一）心血管系统：1 先天性心脏病；2 克山病；3 收缩期或舒张期二级以上心脏杂音。（二）呼吸系统：1 中度以上气管炎或支气管哮喘；2 呼吸音明显减弱；3 各类结核病；4 体弱儿，呼吸道反复感染者。（三）消化系统：1 各类肝炎；2 肝、脾肿大；3 胃、十二指肠溃疡；4 各种消化道疝。（四）泌尿系统：1 急、慢性肾炎；2 泌尿系感染。（五）内分泌系统：1 甲状腺机能亢进；2 中度以上糖尿病。（六）精神神经系统：1 智力明显低下；2 精神忧郁或狂暴。（七）肌肉、骨骼运动系统：1 身高和体重低于同龄人标准；2 一个及一个以上肢体存在明显功能障碍；3 躯干四分之一以上部位活动受限，包括强直或不能旋转。（八）其他：1 结核性胸膜炎；2 各类重度关节炎；3 血吸虫病；4 严重贫血，其血色素每升低于95克。

(1)《高处作业分级》国家标准中第一级以上的高处作业；(2)《低温作业分级》国家标准中第二级以上的低温作业；(3)《高温作业分级》国家标准中第二级以上的高温作业；(4)《体力劳动强度分级》国家标准中第三级以上体力劳动强度的作业；(5)接触铅、苯、汞、甲醛、二硫化碳等易引起过敏反应的作业。

3. 用人单位应对未成年工定期进行健康检查

用人单位在未成年工安排工作岗位之前；工作满 1 年；年满 18 周岁；距前一次的体检时间已超过半年的情况下，要对未成年工进行健康检查。未成年工的健康检查，应按《未成年工健康检查表》列出的项目进行。用人单位应根据未成年工的健康检查结果安排其从事适合的劳动，对不能胜任原劳动岗位的，应根据医务部门的证明，予以减轻劳动量或安排其他劳动。未成年工体检，由用人单位统一办理和承担费用。

4. 用人单位招收使用未成年工登记制度

用人单位招收使用未成年工，除符合一般用工要求外，还须向所在地的县级以上劳动行政部门办理登记。劳动行政部门根据《未成年工健康检查表》《未成年工登记表》，核发《未成年工登记证》。未成年工须持《未成年工登记证》上岗。《未成年工登记证》由国务院劳动行政部门统一印制。未成年工登记，由用人单位统一办理和承担费用。

5. 未成年工上岗前的安全卫生教育

未成年工上岗前用人单位应对其进行有关的职业安全卫生教育、培训。

三、禁止使用童工

使用童工是指招用不满 16 周岁的未成年人。文艺、体育单位经未成年人的父母或者其他监护人同意，可以招用不满 16 周岁的专业文艺工作者、运动员。用人单位应当保障被招用的不满 16 周岁的未成年人的身心健康，保障其接受义务教育的权利。学校、其他教育机构以及职业培训机构按照国家有关规定组织不满 16 周岁的未成年人进行不影响其人身安全和身心健康的教育实践劳动、职业技能培训劳动，不属于使用童工。《禁止使用童工规定》对禁止使用童工作出了详细的规定。

（一）禁止用人单位招用童工

国家机关、社会团体、企业事业单位、民办非企业单位或者个体工商户（以下统称用人单位）均不得招用不满 16 周岁的未成年人。禁止任何单位或者个人为不满 16 周岁的未成年人介绍就业。禁止不满 16 周岁的未成年人开业从事个体经营活动。不满 16 周岁的未成年人的父母或者其他监护人应当保护其身心健康，保障其接受义务教育的权利，不得允许其被用人单位非法招用。

（二）用人单位招用未成年人的特殊要求

用人单位招用人员时，必须核查被招用人员的身份证；对不满 16 周岁的未成年人，一律不得录用。用人单位录用人员的录用登记、核查材料应当妥善保管。

（三）违法使用童工的法律责任

（1）不满 16 周岁的未成年人的父母或者其他监护人允许其被用人单位非法招用的，所在地的乡（镇）人民政府、城市街道办事处以及村民委员会、居民委员会应当给予批评教育。

（2）用人单位使用童工的，由劳动保障行政部门处以罚款；在使用有毒物品的作业场所使用童工的，从重处罚。劳动保障行政部门并应当责令用人单位限期将童工送回原居住地交其父母或者其他监护人，所需交通和食宿费用全部由用人单位承担。用人单位经劳动保障行政部门责令限期改正，逾期仍不将童工送交其父母或者其他监护人的，从责令限期改正之日起，由劳动保障行政部门处以罚款，并由工商行政管理部门吊销其营业执照或者由民政部门撤销民办非企业单位登记；用人单位是国家机关、事业单位的，由有关单位依法对直接负责的主管人员和其他直接责任人员给予降级或者撤职的行政处分或者纪律处分。

（3）单位或者个人为不满 16 周岁的未成年人介绍就业的，由劳动保障行政部门处以罚款；职业中介机构为不满 16 周岁的未成年人介绍就业的，并由劳动保障行政部门吊销其职业介绍许可证。

（4）用人单位未按照规定保存录用登记材料，或者伪造录用登记材料的，由劳动保障行政部门处以罚款。

（5）无营业执照、被依法吊销营业执照的单位以及未依法登记、备案的单位使用童工或者介绍童工就业的，加倍处以罚款，该非法单位由有关的行政主管部门予以取缔。

（6）童工患病或者受伤的，用人单位应当负责送到医疗机构治疗，并负担治疗期间的全部医疗和生活费用。童工伤残或者死亡的，用人单位由工商行政管理部门吊销营业执照或者由民政部门撤销民办非企业单位登记；用人单位是国家机关、事业单位的，由有关单位依法对直接负责的主管人员和其他直接责任人员给予降级或者撤职的行政处分或者纪律处分；用人单位还应当一次性地对伤残的童工、死亡童工的直系亲属给予赔偿，赔偿金额按照国家工伤保险的有关规定计算。

（7）拐骗童工，强迫童工劳动，使用童工从事高空、井下、放射性、高毒、易燃易爆以及国家规定的第四级体力劳动强度的劳动，使用不满14周岁的童工，或者造成童工死亡或者严重伤残的，依照刑法规定追究刑事责任。

（8）国家行政机关工作人员有下列行为之一的，依法给予记大过或者降级的行政处分；情节严重的，依法给予撤职或者开除的行政处分；构成犯罪的，依照刑法规定追究刑事责任：1）劳动保障等有关部门工作人员在禁止使用童工的监督检查工作中发现使用童工的情况，不予制止、纠正、查处的；2）公安机关的人民警察违反规定发放身份证或者在身份证上登录虚假出生年月的；3）工商行政管理部门工作人员发现申请人是不满16周岁的未成年人，仍然为其从事个体经营发放营业执照的。

本章小结

职业安全卫生是指规定劳动者的劳动条件和工作环境状况，保护劳动者在劳动或工作中的生命安全和身体健康的各项法律制度。职业安全卫生立法的作用主要体现为两个方面：（1）有利于保护劳动者的生命权和健康权；（2）有利于促进生产力的发展和劳动生产率的不断提高。《安全生产法》规定，安全生产工作应当以人为本，坚持安全发展，坚持安全第一、预防为主、综合治理的方针。《职业病防治法》规定，职业病防治工作坚持预防为主、防治结合的方针。

《劳动法》《安全生产法》《职业病防治法》等相关法律规定，用人单位应当依法履行保障劳动者职业安全卫生权利的义务。国务院安全生产监督管理部门依法对全国安全生产工作实施综合监督管理；县级以上地方各级人民政府安全生产监督管理部门依法对本行政区域内安全生产工作实施综合监督管理。负有安全生产监督管理职责的部门应当建立举报制度。生产经营单位发生生产安全事故后，事故现场有关人员应当立即报告本单位负责人。单位负责人接到事故报告后，应当迅速采取有效措施，组织抢救，防止事故扩大，减少人员伤亡和财产损失，并按照国家有关规定立即如实报告当地负有安全生产监督管理职责的部门。负有安全生产监督管理职责的部门接到事故报告后，应当立即按照国家有关规定上报事故情况。安全生产事故调查处理应当按照科学严谨、依法依规、实事求是、注重实效的原则，及时、准确地查清事故原因，查明事故性质和责任，总结事故教训，提出整改措施，并对事故责任者提出处理意见。事故调查报告应当依法及时向社会公布。县级以上地方人民政府卫生行政部门、劳动保障行政部门依据各自职责，负责本行政区域内职业病防治的监督管理工作。县级以上地方人民政府有关部门在各自的职责范围内负责职业病防治的有关监督管理工作。国家建立职业病危害项目申报制度。新建、扩建、改建建设项目和技术改造、技术引进项目可能产生职业病危害的，建设单位在可行性论证阶段应当进行职业病危害预评价。职业病诊断应当由取得《医疗机构执业许可证》的医疗卫生机构承担。用人单位和医疗卫生机构发现职业病病人或者疑似职业病病人时，应当及时向所在地卫生行政部门报告。确诊为职业病的，用人单位还应当向所在地劳动保障行政部门报告。

《劳动法》规定，妇女享有与男子平等的就业权利。在录用职工时，除国家规定的不适合妇女的工种或者岗位外，不得以性别为由拒绝录用妇女或者提高对妇女的录用标准；工资分配应当遵循按劳分配原则，实行同工同酬。从保护女职工的生命安全、身体健康的角度出发，法律规定了女职工禁忌从事的劳动范围。对女职工特殊生理期间的保护是指对女职工在经期、孕期、产期、哺乳期的保护，也称为女职工的"四期"保护，《劳动法》《女职工劳动保护特别规定》都分别作出了规定。

未成年工是指年满16周岁，未满18周岁的劳动者。《劳动法》《未成年人保护法》《未成年工特殊保护规定》对未成年工的特殊保护都分别作出了规定。《劳动法》和《禁止使用童工规定》对禁止使用童工作出了规定。

复习思考题

1. 试述职业安全卫生立法的作用。
2. 试述用人单位的职业安全卫生权利和义务。
3. 负有安全生产监督管理职责的部门在执法过程中享有哪些职权？
4. 应当如何保护女职工的合法权益？
5. 应当如何保护未成年工的合法权益？
6. 违法使用童工的单位应当承担哪些法律责任？

问题讨论一

某煤矿发生瓦斯爆炸事故，请问对此事故应当如何进行调查和处理？

女职工王某在怀孕7个月后要求单位不要再安排她上夜班,但用人单位以无人代替其岗位为由拒绝。休完产假后,王某回到单位上班,单位生产任务繁重,需要工人加班生产,但王某认为自己正处于哺乳期,拒绝加班,单位以王某不服从工作安排为由解除了与王某的劳动合同。

请指出用人单位有哪些违法的情形。

第十章
劳动争议处理和劳动监察

>> 学习要点

掌握劳动争议的概念和特征、劳动争议的分类、劳动争议的范围、劳动争议处理的原则、劳动争议的处理途径、劳动争议的调解、劳动争议的仲裁、劳动争议的诉讼和集体合同争议的处理。

掌握劳动监察的概念和特点、劳动保障行政部门的劳动监察职责、劳动监察事项、劳动监察的实施。

>> 关键概念

劳动争议　劳动争议调解　劳动争议仲裁　劳动监察

第一节　劳动争议处理

一、劳动争议概述

（一）劳动争议的概念和特征

劳动争议又称劳动纠纷、劳资纠纷、劳资争议，是指劳动者及工会（劳动者组织）

与用人单位及其组织之间因劳动权利和劳动义务而发生的纠纷和争议。劳动争议包括劳动者个人与某个用人单位之间的争议、劳动者组织与某个用人单位之间的争议、劳动者组织与用人单位组织之间的争议。

劳动争议主要具有以下特征。

1. 劳动争议是基于劳动关系产生的争议

劳动争议产生的前提必须是双方当事人之间存在着劳动关系。如果双方当事人之间并不存在劳动关系，也就不会产生劳动争议。

2. 劳动争议双方当事人为用人单位、劳动者或其组织

劳动争议双方当事人一方为用人单位或其组织，一方为劳动者或其组织，即工会。发生在其他当事人之间的争议可能与劳动关系有关，但并不属于劳动争议，如发生在用人单位与劳动行政管理机关之间的有关劳动行政管理问题的争议。

3. 劳动争议的标的是劳动权利和劳动义务

劳动权利和劳动义务是法律规定和集体合同、劳动合同约定的权利义务，主要包括工作内容、工时、工资、劳动保护、职工福利、职业培训、民主管理等。以劳动权利和劳动义务以外的其他权利义务为标的的争议，不属于劳动争议的范围。

（二）劳动争议分类

劳动争议按照不同的标准，可以分为不同的种类。

1. 按照争议标的的性质划分，劳动争议可以分为权利争议和利益争议

（1）权利争议。权利争议也称为实现既定权利的争议，是指因为劳动法律规定和劳动合同、集体合同约定的劳动权利和劳动义务而发生的争议。争议产生的原因往往是因为一方当事人违反了法律规定或集体合同、劳动合同的约定，侵害了另一方的合法权益，或者双方对法定或约定的权利义务内容产生理解差异。

（2）利益争议。利益争议也称为确定权利的争议，是指因为确定或变更双方当事人权利义务而发生的争议。争议的产生是因为双方当事人对有待确定的权利义务有不同的要求，争议的目的在于使一方或双方的某种利益得到合法确认，从而上升为权利。

2. 按照劳动争议主体划分，劳动争议可分为个别争议和集体争议

（1）个别争议。个别争议即狭义上的劳动争议，指劳动者与用人单位发生的劳动争议。根据劳动争议主体中劳动者一方人数的多少，又可以分为单个劳动者与用人单位之间的劳动争议和多个劳动者与用人单位之间的劳动争议。

（2）集体争议。集体争议是指劳动者组织工会与用人单位或用人单位组织之间发生的争议，也称为团体争议。

（三）劳动争议的范围

《劳动争议调解仲裁法》中规定的劳动争议的范围是：（1）因确认劳动关系发生的争议；（2）因订立、履行、变更、解除和终止劳动合同发生的争议；（3）因除名、辞退和辞职、离职发生的争议；（4）因工作时间、休息休假、社会保险、福利、培训以及劳动保护发生的争议；（5）因劳动报酬、工伤医疗费、经济补偿或者赔偿金等发生的争议；（6）法律、法规规定的其他劳动争议。

为正确审理劳动争议案件，《民法典》、《劳动法》、《劳动合同法》、《劳动争议调解仲裁法》、《中华人民共和国民事诉讼法》（以下简称《民事诉讼法》）等相关法律规定，结合审判实践，最高人民法院2020年通过的《最高人民法院关于审理劳动争议案件适用法律若干问题的解释（一）》[以下简称《劳动争议司法解释（一）》]中规定的人民法院应当受理的劳动争议包括：（1）劳动者与用人单位在履行劳动合同过程中发生的纠纷；（2）劳动者与用人单位之间没有订立书面劳动合同，但已形成劳动关系后发生的纠纷；（3）劳动者与用人单位因劳动关系是否已经解除或者终止，以及应否支付解除或者终止劳动关系经济补偿金发生的纠纷；（4）劳动者与用人单位解除或者终止劳动关系后，请求用人单位返还其收取的劳动合同定金、保证金、抵押金、抵押物发生的纠纷，或者办理劳动者的人事档案、社会保险关系等移转手续发生的纠纷；（5）劳动者以用人单位未为其办理社会保险手续，且社会保险经办机构不能补办导致其无法享受社会保险待遇为由，要求用人单位赔偿损失发生的纠纷；（6）劳动者退休后，与尚未参加社会保险统筹的原用人单位因追索养老金、医疗费、工伤保险待遇和其他社会保险待遇而发生的纠纷；（7）劳动者因为工伤、职业病，请求用人单位依法给予工伤保险待遇发生的纠纷；（8）劳动者依据劳动合同法第八十五条规定，要求用人单位支付加付赔偿金发生的纠纷；（9）因企业自主进行改制发生的纠纷。

《劳动争议司法解释（一）》规定，以下纠纷不属于劳动争议：（1）劳动者请求社会保险经办机构发放社会保险金的纠纷；（2）劳动者与用人单位因住房制度改革产生的公有住房转让纠纷；（3）劳动者对劳动能力鉴定委员会的伤残等级鉴定结论或者对职业病诊断鉴定委员会的职业病诊断鉴定结论的异议纠纷；（4）家庭或者个人与家政服务人员之间的纠纷；（5）个体工匠与帮工、学徒之间的纠纷；（6）农村承包经营户与受雇人之间的纠纷。

（四）劳动争议处理的原则

劳动争议处理的原则，是劳动争议处理过程中所必须遵循的基本准则。《劳动法》

规定，解决劳动争议，应当根据合法、公正、及时处理的原则，依法维护劳动争议当事人的合法权益。《劳动争议调解仲裁法》规定，解决劳动争议，应当根据事实，遵循合法、公正、及时、着重调解的原则，依法保护当事人的合法权益。

（五）劳动争议的处理途径

《劳动法》规定，用人单位与劳动者发生劳动争议，当事人可以依法申请调解、仲裁、提起诉讼，也可以协商解决。因签订集体合同发生争议，当事人协商解决不成的，当地人民政府劳动行政部门可以组织有关各方协调处理。因履行集体合同发生争议，当事人协商解决不成的，可以向劳动争议仲裁委员会申请仲裁；对仲裁裁决不服的，可以自收到仲裁裁决书之日起15日内向人民法院提起诉讼。可见，我国劳动争议解决的途径主要有：协商、调解、仲裁、诉讼和行政解决。《劳动争议调解仲裁法》对劳动争议的调解和仲裁作出了详细规定。

1. 劳动争议协商

劳动争议协商是指劳动争议发生后，争议的双方在没有第三方介入的情况下直接进行接触和交流、自行解决争议的一种方式。劳动争议双方当事人协商解决争议，可以是在采取其他解决方式之前，也就是在第三方介入之前，也可以是在采取了其他解决方式之后，在调解、仲裁、诉讼的过程中，双方当事人仍然可以进行协商，从而解决争议。劳动争议的协商解决应当符合法律，不得损害国家、集体或他人的合法权益。

2. 劳动争议调解

广义的劳动争议调解是指劳动争议发生后，争议的双方在第三方的调解下达成协议，从而解决争议的一种方式。第三方包括法定的劳动争议调解组织、劳动争议仲裁机构和人民法院。狭义的劳动争议调解指法定劳动争议调解组织的调解。通常情况下，劳动争议调解取狭义理解。

3. 劳动争议仲裁

劳动争议仲裁是指劳动争议发生后，争议的双方通过劳动争议仲裁机构进行仲裁从而解决劳动争议的方式。

4. 劳动争议诉讼

劳动争议诉讼是指劳动争议发生后，争议的双方向人民法院起诉，通过诉讼解决争议的方式。

二、劳动争议的调解

（一）劳动争议调解组织

《劳动争议调解仲裁法》规定，发生劳动争议，当事人可以到下列调解组织申请调解：（1）企业劳动争议调解委员会；（2）依法设立的基层人民调解组织；（3）在乡镇、街道设立的具有劳动争议调解职能的组织。企业劳动争议调解委员会由职工代表和企业代表组成。职工代表由工会成员担任或者由全体职工推举产生，企业代表由企业负责人指定。企业劳动争议调解委员会主任由工会成员或者双方推举的人员担任。

劳动争议调解组织的调解员应当由公道正派、联系群众、热心调解工作，并具有一定法律知识、政策水平和文化水平的成年公民担任。

（二）劳动争议调解程序

当事人申请劳动争议调解可以书面申请，也可以口头申请。口头申请的，调解组织应当当场记录申请人基本情况、申请调解的争议事项、理由和时间。

调解劳动争议，应当充分听取双方当事人对事实和理由的陈述，耐心疏导，帮助其达成协议。经调解达成协议的，应当制作调解协议书。调解协议书由双方当事人签名或者盖章，经调解员签名并加盖调解组织印章后生效，对双方当事人具有约束力，当事人应当履行。

因支付拖欠劳动报酬、工伤医疗费、经济补偿或者赔偿金事项达成调解协议，用人单位在协议约定期限内不履行的，劳动者可以持调解协议书依法向人民法院申请支付令。人民法院应当依法发出支付令。

（三）劳动争议调解与仲裁的衔接

自劳动争议调解组织收到调解申请之日起15日内未达成调解协议的，当事人可以依法申请仲裁。达成调解协议后，一方当事人在协议约定期限内不履行调解协议的，另一方当事人可以依法申请仲裁。

三、劳动争议的仲裁

（一）劳动争议仲裁机构

劳动争议仲裁机构是劳动争议仲裁委员会。劳动争议仲裁委员会（以下简称仲裁委员会）是经国家授权，依法独立进行劳动争议案件仲裁的专门机构。

1. 仲裁委员会的设立、组成

劳动争议仲裁委员会按照统筹规划、合理布局和适应实际需要的原则设立。省、自治区人民政府可以决定在市、县设立；直辖市人民政府可以决定在区、县设立。直辖市、设区的市也可以设立一个或者若干个劳动争议仲裁委员会。劳动争议仲裁委员会不按行政区划层层设立。

劳动争议仲裁委员会由劳动行政部门代表、工会代表和企业方面代表组成。劳动争议仲裁委员会组成人员应当是单数。

2. 仲裁委员会的职责

劳动争议仲裁委员会依法履行下列职责：（1）聘任、解聘专职或者兼职仲裁员；（2）受理劳动争议案件；（3）讨论重大或者疑难的劳动争议案件；（4）对仲裁活动进行监督。劳动争议仲裁委员会下设办事机构，负责办理劳动争议仲裁委员会的日常工作。

3. 劳动争议仲裁员的选任

劳动争议仲裁委员会应当设仲裁员名册。仲裁员应当公道正派并符合下列条件之一：（1）曾任审判员的；（2）从事法律研究、教学工作并具有中级以上职称的；（3）具有法律知识、从事人力资源管理或者工会等专业工作满5年的；（4）律师执业满3年的。

（二）劳动争议仲裁的参加人

发生劳动争议的劳动者和用人单位为劳动争议仲裁案件的双方当事人。劳务派遣单位或者用工单位与劳动者发生劳动争议的，劳务派遣单位和用工单位为共同当事人。

与劳动争议案件的处理结果有利害关系的第三人，可以申请参加仲裁活动或者由劳动争议仲裁委员会通知其参加仲裁活动。

当事人可以委托代理人参加仲裁活动。委托他人参加仲裁活动，应当向劳动争议仲裁委员会提交有委托人签名或者盖章的委托书，委托书应当载明委托事项和权限。丧失或者部分丧失民事行为能力的劳动者，由其法定代理人代为参加仲裁活动；无法定代理人的，由劳动争议仲裁委员会为其指定代理人。劳动者死亡的，由其近亲属或者代理人参加仲裁活动。

（三）劳动争议仲裁的管辖

劳动争议仲裁委员会负责管辖本区域内发生的劳动争议。劳动争议由劳动合同履行地或者用人单位所在地的劳动争议仲裁委员会管辖。双方当事人分别向劳动合同履行地和用人单位所在地的劳动争议仲裁委员会申请仲裁的,由劳动合同履行地的劳动争议仲裁委员会管辖。

(四)劳动争议仲裁的时效期间

劳动争议申请仲裁的时效期间为一年。仲裁时效期间从当事人知道或者应当知道其权利被侵害之日起计算。仲裁时效,因当事人一方向对方当事人主张权利,或者向有关部门请求权利救济,或者对方当事人同意履行义务而中断。从中断时起,仲裁时效期间重新计算。因不可抗力或者有其他正当理由,当事人不能在本条第一款规定的仲裁时效期间申请仲裁的,仲裁时效中止。从中止时效的原因消除之日起,仲裁时效期间继续计算。劳动关系存续期间因拖欠劳动报酬发生争议的,劳动者申请仲裁不受《劳动争议调解仲裁法》规定的仲裁时效期间的限制;但是,劳动关系终止的,应当自劳动关系终止之日起一年内提出。

(五)劳动争议仲裁的程序

1. 申请和受理

申请人申请仲裁应当提交书面仲裁申请,并按照被申请人人数提交副本。书写仲裁申请确有困难的,可以口头申请,由劳动争议仲裁委员会记入笔录,并告知对方当事人。

劳动争议仲裁委员会收到仲裁申请之日起5日内,认为符合受理条件的,应当受理,并通知申请人;认为不符合受理条件的,应当书面通知申请人不予受理,并说明理由。对劳动争议仲裁委员会不予受理或者逾期未作出决定的,申请人可以就该劳动争议事项向人民法院提起诉讼。劳动争议仲裁委员会受理仲裁申请后,应当在5日内将仲裁申请书副本送达被申请人。被申请人收到仲裁申请书副本后,应当在10日内向劳动争议仲裁委员会提交答辩书。劳动争议仲裁委员会收到答辩书后,应当在5日内将答辩书副本送达申请人。被申请人未提交答辩书的,不影响仲裁程序的进行。

2. 开庭和裁决

(1)仲裁公开原则。劳动争议仲裁公开进行,但当事人协议不公开进行或者涉及国家秘密、商业秘密和个人隐私的除外。

(2)仲裁庭的组成。劳动争议仲裁委员会裁决劳动争议案件实行仲裁庭制。仲裁庭由3名仲裁员组成,设首席仲裁员。简单劳动争议案件可以由1名仲裁员独任仲裁。

仲裁员有下列情形之一,应当回避,当事人也有权以口头或者书面方式提出回避申请：1）是本案当事人或者当事人、代理人的近亲属的；2）与本案有利害关系的；3）与本案当事人、代理人有其他关系，可能影响公正裁决的；4）私自会见当事人、代理人，或者接受当事人、代理人的请客送礼的。

（3）通知当事人。劳动争议仲裁委员会应当在受理仲裁申请之日起5日内将仲裁庭的组成情况书面通知当事人。

仲裁员有下列情形之一，应当回避，当事人也有权以口头或者书面方式提出回避申请：1）是本案当事人或者当事人、代理人的近亲属的；2）与本案有利害关系的；3）与本案当事人、代理人有其他关系，可能影响公正裁决的；4）私自会见当事人、代理人，或者接受当事人、代理人的请客送礼的。

劳动争议仲裁委员会对回避申请应当及时作出决定，并以口头或者书面方式通知当事人。

仲裁庭应当在开庭5日前，将开庭日期、地点书面通知双方当事人。当事人有正当理由的，可以在开庭3日前请求延期开庭。是否延期，由劳动争议仲裁委员会决定。申请人收到书面通知，无正当理由拒不到庭或者未经仲裁庭同意中途退庭的，可以视为撤回仲裁申请。被申请人收到书面通知，无正当理由拒不到庭或者未经仲裁庭同意中途退庭的，可以缺席裁决。

（4）鉴定。仲裁庭对专门性问题认为需要鉴定的，可以交由当事人约定的鉴定机构鉴定；当事人没有约定或者无法达成约定的，由仲裁庭指定的鉴定机构鉴定。根据当事人的请求或者仲裁庭的要求，鉴定机构应当派鉴定人参加开庭。当事人经仲裁庭许可，可以向鉴定人提问。

（5）质证和辩论。当事人在仲裁过程中有权进行质证和辩论。质证和辩论终结时，首席仲裁员或者独任仲裁员应当征询当事人的最后意见。

（6）证据规则。当事人提供的证据经查证属实的，仲裁庭应当将其作为认定事实的根据。劳动者无法提供由用人单位掌握管理的与仲裁请求有关的证据，仲裁庭可以要求用人单位在指定期限内提供。用人单位在指定期限内不提供的，应当承担不利后果。

（7）开庭记录。仲裁庭应当将开庭情况记入笔录。当事人和其他仲裁参加人认为对自己陈述的记录有遗漏或者差错的，有权申请补正。如果不予补正，应当记录该申请。笔录由仲裁员、记录人员、当事人和其他仲裁参加人签名或者盖章。

（8）和解。当事人申请劳动争议仲裁后，可以自行和解。达成和解协议的，可以撤回仲裁申请。

（9）先行调解。仲裁庭在作出裁决前，应当先行调解。调解达成协议的，仲裁庭应当制作调解书。调解书应当写明仲裁请求和当事人协议的结果。调解书由仲裁员签名，加盖劳动争议仲裁委员会印章，送达双方当事人。调解书经双方当事人签收后，发生法律效力。调解不成或者调解书送达前，一方当事人反悔的，仲裁庭应当及时作出裁决。

（10）裁决。仲裁庭裁决劳动争议案件，应当自劳动争议仲裁委员会受理仲裁申请之日起45日内结束。案情复杂需要延期的，经劳动争议仲裁委员会主任批准，可以延期并书面通知当事人，但是延长期限不得超过15日。逾期未作出仲裁裁决的，当事人可以就该劳动争议事项向人民法院提起诉讼。仲裁庭裁决劳动争议案件时，其中一部分事实已经清楚，可以就该部分先行裁决。

裁决应当按照多数仲裁员的意见作出，少数仲裁员的不同意见应当记入笔录。仲裁庭不能形成多数意见时，裁决应当按照首席仲裁员的意见作出。裁决书应当载明仲裁请求、争议事实、裁决理由、裁决结果和裁决日期。裁决书由仲裁员签名，加盖劳动争议仲裁委员会印章。对裁决持不同意见的仲裁员，可以签名，也可以不签名。

仲裁庭对追索劳动报酬、工伤医疗费、经济补偿或者赔偿金的案件，根据当事人的申请，可以裁决先予执行，移送人民法院执行。仲裁庭裁决先予执行的，应当符合下列条件：1）当事人之间权利义务关系明确；2）不先予执行将严重影响申请人的生活。劳动者申请先予执行的，可以不提供担保。

下列劳动争议，除法律另有规定的外，仲裁裁决为终局裁决，裁决书自作出之日起发生法律效力：1）追索劳动报酬、工伤医疗费、经济补偿或者赔偿金，不超过当地月最低工资标准12个月金额的争议；2）因执行国家的劳动标准在工作时间、休息休假、社会保险等方面发生的争议。劳动者对一裁终局的仲裁裁决不服的，可以自收到仲裁裁决书之日起15日内向人民法院提起诉讼。用人单位有证据证明一裁终局的仲裁裁决有下列情形之一，可以自收到仲裁裁决书之日起30日内向劳动争议仲裁委员会所在地的中级人民法院申请撤销裁决：1）适用法律、法规确有错误的；2）劳动争议仲裁委员会无管辖权的；3）违反法定程序的；4）裁决所根据的证据是伪造的；5）对方当事人隐瞒了足以影响公正裁决的证据的；6）仲裁员在仲裁该案时有索贿受贿、徇私舞弊、枉法裁决行为的。人民法院经组成合议庭审查核实裁决有上述情形之一的，应当裁定撤销。仲裁裁决被人民法院裁定撤销的，当事人可以自收到裁定书之日起15日内就该劳动争议事项向人民法院提起诉讼。

当事人对一裁终局以外的其他劳动争议案件的仲裁裁决不服的，可以自收到仲裁裁决书之日起15日内向人民法院提起诉讼；期满不起诉的，裁决书发生法律效力。当事人对发生法律效力的调解书、裁决书，应当依照规定的期限履行。一方当事人逾期不履行的，另一方当事人可以依照民事诉讼法的有关规定向人民法院申请执行。受理申请的人民法院应当依法执行。

四、劳动争议的诉讼

（一）劳动争议案件的管辖

劳动争议案件由用人单位所在地或者劳动合同履行地的基层人民法院管辖，劳动合同履行地不明确的，由用人单位所在地的基层人民法院管辖。法律另有规定的，依照其规定。劳动者和用人单位就同一仲裁裁决分别向有管辖权的人民法院起诉的，后受理的人民法院应当将案件移送给先受理的人民法院。

（二）劳动争议案件的诉讼当事人

劳动者和用人单位是劳动争议案件的诉讼当事人。《劳动争议司法解释（一）》中根据不同情形，对劳动争议案件的诉讼当事人作出了更为具体的规定。

（1）劳动者与用人单位均不服劳动争议仲裁机构的同一裁决，向同一人民法院起诉的，人民法院应当并案审理，双方当事人互为原告和被告，对双方的诉讼请求，人民法院应当一并作出裁决。在诉讼过程中，一方当事人撤诉的，人民法院应当根据另一方当事人的诉讼请求继续审理。

（2）用人单位与其他单位合并的，合并前发生的劳动争议，由合并后的单位为当事人；用人单位分立为若干单位的，其分立前发生的劳动争议，由分立后的实际用人单位为当事人。用人单位分立为若干单位后，具体承受劳动权利义务的单位不明确的，分立后的单位均为当事人。

（3）用人单位招用尚未解除劳动合同的劳动者，原用人单位与劳动者发生的劳动争议，可以列新的用人单位为第三人。原用人单位以新的用人单位侵权为由向人民法院起诉的，可以列劳动者为第三人。用人单位招用尚未解除劳动合同的劳动者，原用人单位以新的用人单位和劳动者共同侵权为由向人民法院起诉的，新的用人单位和劳动者列为共同被告。

（4）劳动者在用人单位与其他平等主体之间的承包经营期间，与发包方和承包方双方或者一方发生劳动争议，依法提起诉讼的，应当将承包方和发包方作为当事人。

（5）劳动者与未办理营业执照、营业执照被吊销或者营业期限届满仍继续经营的用人单位发生争议的,应当将用人单位或者其出资人列为当事人。未办理营业执照、营业执照被吊销或者营业期限届满仍继续经营的用人单位,以挂靠等方式借用他人营业执照经营的,应当将用人单位和营业执照出借方列为当事人。

(三)劳动案件的审判程序

法院在受理劳动争议案件之后,依照《民事诉讼法》诉讼程序进行审判,实行两审终审制。

五、集体合同争议处理

集体合同争议,包括因签订集体合同而产生的争议和在集体合同履行过程中产生的争议。《劳动法》规定,因签订集体合同发生争议,当事人协商解决不成的,当地人民政府劳动行政部门可以组织有关各方协调处理。因履行集体合同发生争议,当事人协商解决不成的,可以向劳动争议仲裁委员会申请仲裁;对仲裁裁决不服的,可以自收到仲裁裁决书之日起 15 日内向人民法院提起诉讼。《劳动合同法》规定,用人单位违反集体合同,侵犯职工劳动权益的,工会可以依法要求用人单位承担责任;因履行集体合同发生争议,经协商解决不成的,工会可以依法申请仲裁、提起诉讼。

第二节 劳动监察

一、劳动监察的概念和特点

劳动监察是指依法设立的劳动监察专门机构对劳动法的执行情况进行监督、检查,对违反劳动法的行为进行处罚的活动。

劳动监察具有以下特点。

1. 劳动监察是政府设立的专门机构对劳动法执行情况进行的监督检查

《劳动法》规定,县级以上各级人民政府劳动行政部门依法对用人单位遵守劳动法律、法规的情况进行监督检查,对违反劳动法律、法规的行为有权制止,并责令改正。《劳动保障监察条例》规定,国务院劳动保障行政部门主管全国的劳动保障监察工作。县级以上地方各级人民政府劳动保障行政部门主管本行政区域内的劳动保障监察工作。县级、设区的市级人民政府劳动保障行政部门可以委托符合监察执法条件的组织实施劳动监察。

2. 劳动监察是全面的监督检查

劳动监察是对企业、个体工商户等用人单位，职业介绍机构、职业技能培训机构和职业技能考核鉴定机构等，执行劳动法情况进行全面监督检查，包括劳动法执行情况的方方面面。

3. 劳动监察是具有法律强制性的监督检查

在劳动监察过程中，劳动保障行政部门有权依法采取各种调查、检查措施，有权根据调查、检查结果作出处理，有权对劳动违法行为在其职能范围内依法作出处罚。

二、劳动保障行政部门的劳动监察职责

劳动保障行政部门实施劳动监察履行下列职责：（1）宣传劳动法律、法规和规章，督促用人单位贯彻执行；（2）检查用人单位遵守劳动法律、法规和规章的情况；（3）受理对违反劳动法律、法规或规章的行为的举报、投诉；（4）依法纠正和查处违反劳动法律、法规或者规章的行为。

三、劳动监察事项

根据有关法律规定，劳动保障行政部门对下列事项实施劳动监察：（1）用人单位制定内部劳动保障规章制度的情况；（2）用人单位与劳动者订立劳动合同的情况；（3）用人单位遵守禁止使用童工规定的情况；（4）用人单位遵守女职工和未成年工特殊劳动保护规定的情况；（5）用人单位遵守工作时间和休息休假规定的情况；（6）用人单位支付劳动者工资和执行最低工资标准的情况；（7）用人单位参加各项社会保险和缴纳社会保险费的情况；（8）职业介绍机构、职业技能培训机构和职业技能考核鉴定机构遵守国家有关职业介绍、职业技能培训和职业技能考核鉴定的规定的情况；（9）法律、法规规定的其他劳动保障监察事项。

四、劳动监察的实施

1. 劳动监察的管辖

对用人单位的劳动监察，由用人单位用工所在地的县级或者设区的市级劳动保障行政部门管辖。上级劳动保障行政部门根据工作需要，可以调查处理下级劳动保障行政部门管辖的案件。劳动保障行政部门对劳动监察管辖发生争议的，报请共同的上一级劳动保障行政部门指定管辖。省、自治区、直辖市人民政府可以对劳动监察的管辖制定具体办法。

2. 劳动监察的形式

劳动监察以日常巡视检查、审查用人单位按照要求报送的书面材料以及接受举报投诉等形式进行。

劳动保障行政部门认为用人单位有违反劳动法律、法规或者规章的行为，需要进行调查处理的，应当及时立案。劳动保障行政部门或者受委托实施劳动监察的组织应当设立举报、投诉信箱和电话。对因违反劳动法律、法规或者规章的行为引起的群体性事件，劳动保障行政部门应当根据应急预案，迅速会同有关部门处理。

3. 劳动监察的实施

根据规定，劳动保障行政部门实施劳动监察，有权采取下列调查、检查措施：

（1）进入用人单位的劳动场所进行检查；

（2）就调查、检查事项询问有关人员；

（3）要求用人单位提供与调查、检查事项相关的文件资料，并作出解释和说明，必要时可以发出调查询问书；

（4）采取记录、录音、录像、照相或者复制等方式收集有关情况和资料；

（5）委托会计师事务所对用人单位工资支付、缴纳社会保险费的情况进行审计；

（6）法律、法规规定可以由劳动保障行政部门采取的其他调查、检查措施。

劳动保障行政部门对事实清楚、证据确凿、可以当场处理的违反劳动法律、法规或者规章的行为有权当场予以纠正。劳动保障行政部门对违反劳动法律、法规或者规章的行为的调查，应当自立案之日起60个工作日内完成；对情况复杂的，经劳动保障行政部门负责人批准，可以延长30个工作日。

劳动保障行政部门对违反劳动法律、法规或者规章的行为，根据调查、检查结果，作出以下处理：

（1）对依法应当受到行政处罚的，依法作出行政处罚决定。

（2）对应当改正未改正的，依法责令改正或者作出相应的行政处理决定。

（3）对情节轻微且已改正的，撤销立案。发现违法案件不属于劳动监察事项的，应当及时移送有关部门处理；涉嫌犯罪的，应当依法移送司法机关。

劳动保障行政部门对违反劳动法律、法规或者规章的行为作出行政处罚或者行政处理决定前，应当听取用人单位的陈述、申辩；作出行政处罚或者行政处理决定，应当告知用人单位依法享有申请行政复议或者提起行政诉讼的权利。

本章小结

　　劳动争议又称劳动纠纷、劳资纠纷、劳资争议，是指劳动者及工会（劳动者组织）与用人单位及其组织之间因劳动权利和劳动义务而发生的纠纷和争议。劳动争议包括劳动者个人与某个用人单位之间的争议，劳动者组织（工会）与某个用人单位之间的争议，劳动者组织与用人单位组织之间的争议。劳动争议按照不同的标准，可以分为不同的种类。《劳动法》规定，解决劳动争议，应当根据合法、公正、及时处理的原则，依法维护劳动争议当事人的合法权益。根据我国法律规定，用人单位与劳动者发生劳动争议，当事人可以依法申请调解、仲裁或提起诉讼，也可以协商解决。因签订集体合同发生争议，当事人协商解决不成的，当地人民政府劳动行政部门可以组织有关各方协调处理。因履行集体合同发生争议，当事人协商解决不成的，可以向劳动争议仲裁委员会申请仲裁；对仲裁裁决不服的，可以自收到仲裁裁决书之日起15日内向人民法院提起诉讼。

　　劳动监察是指依法设立的劳动监察专门机构对劳动法的执行情况进行监督、检查，对违反劳动法的行为进行处罚的活动。劳动保障行政部门实施劳动监察，应当依法履行各项职责。对用人单位的劳动监察，由用人单位用工所在地的县级或者设区的市级劳动保障行政部门管辖。劳动监察以日常巡视检查、审查用人单位按照要求报送的书面材料以及接受举报、投诉等形式进行。劳动保障行政部门实施劳动监察，有权依法采取调查、检查措施。根据调查、检查结果，劳动保障行政部门对违反劳动法律、法规或者规章的行为，有权作出处理。

复习思考题

1. 劳动争议具有哪些特征？
2. 按照不同的分类标准，劳动争议可以分为哪些种类？
3. 《劳动争议调解仲裁法》中规定的劳动争议包括哪些内容？
4. 劳动争议处理的原则是什么？
5. 劳动争议有哪些解决途径？
6. 试述劳动争议不同解决途径所应遵循的程序。
7. 什么是劳动监察？劳动监察的特点是什么？
8. 劳动保障行政部门实施劳动监察，应当履行哪些职责？

9. 劳动监察的事项有哪些?
10. 试述劳动监察的实施。

 问题讨论

因拖欠工资,赵某与用人单位发生纠纷,赵某想向法院起诉用人单位,但是赵某的朋友告诉赵某,法院不受理劳动争议。

请问,对于因拖欠工资产生的争议可以通过什么法律途径解决?

社会保障法篇

第十一章
社会保障法的产生和发展

>> 学习要点

　　了解国外社会保障法从萌芽到产生、发展的历史,以及我国社会保障法产生、发展的历史。
　　掌握我国自 20 世纪 90 年代初至今社会保障法改革的情况。

>> 关键概念

　　社会保障　社会保障立法　福利国家

第一节　国外社会保障法的产生和发展

一、弱势群体保障机制的类型

　　在人类对弱势群体保障的历史上,出现过多种自发形成的或者人们有意识建立的有代表性的保障机制,都在一定程度上起到过并将继续起到生存保障的作用。了解这些保障机制有助于分析和掌握社会保障法的历史。在人类历史上,典型的对弱势群体的保障机制可以分为以下几种类型。

（一）家庭保障机制

自从人类社会进入文明时代以来，家庭成为人类社会的基本细胞，是人类生活的基本组织形式，并承担了繁衍后代、生产、教育、消费以及供养不具有或丧失劳动能力的家庭成员的职能。这种家庭保障机制成为弱势群体最初的、最基本的保障机制。进入工业社会以后，家庭保障机制的作用逐渐弱化，但仍将继续存在下去。

（二）互助保障机制

在一些国家的劳动者中形成的民间互助组织对老、弱、病、残人员的保障发挥了一定的作用。这些互助组织从成员那里募集捐款，在成员遇到困难时提供帮助。如在成员患病时提供补助，在成员去世时支付丧葬费用，或者资助去世成员的遗属和后代等。

（三）市场保障机制

市场保障机制以商业保险为主要代表，通过人寿保险、健康保险、意外伤害保险等方式，来应对社会成员面临的来自自然和社会的风险。

（四）社会保障机制

社会保障机制即通过法律规定，由国家和社会举办，对社会成员因年老、疾病、伤残、失业、生育、死亡、遭遇灾害等原因而面临生活困难时，给予物质帮助，以保障其基本生活需要的机制。

二、社会保障法的萌芽

济贫的思想古已有之。在农业社会，家庭既是生活单位，又是生产单位，并承担老、弱、病、残等弱势群体的生存保障职能。工业化以后，家庭的保障能力难以适应经济社会发展的要求，互助保障和市场保障也无法成为抵御风险的主要形式，社会保障应运而生。

现代社会保障制度萌芽于最早进行工业革命的英国。在英国封建社会末期，自然经济逐步向商品经济过渡，摆脱了人身依附关系的农民不断涌入城市，家庭的保障功能日趋弱化。与此同时，贫困问题有增无减，社会性的贫困、严重的失业和流浪现象成为国家经济停滞、社会动荡的起因。1601年，英国伊丽莎白女王颁布了《济贫法》（史称"旧济贫法"），确认国家负有救济贫民的义务。该法将救济对象分为有劳动能力的贫民、无劳动能力的贫民和无依无靠的孤儿三种。其救济措施包括：（1）建立地方行政和征税机构；（2）为有能力劳动的人提供劳动场所；（3）资助老人、盲人等丧失劳动能力的人，为他们建立收容场所；（4）组织穷人和儿童学艺，建立贫民习艺所；（5）提倡父母子女的社会责任；（6）从比较富裕的地区征税补贴贫困地区。该法表明当时的英国政府意识到了贫困和失业对社会秩序的威胁，认识到必须由政府采取措施缓和社会矛盾。旧济贫法是人类历史上首次以立法的形式规定政府在解决贫困问题上应尽的职责，是通过立法强制征收济贫税来救济贫民的第一次社会行动，它意味着处于绝境的贫民有权向国家和其他更富有的人请求帮助。

旧济贫法实施后，由于救济费用逐年增加，政府不堪重负，英国议会于1834年通过了《济贫法》修正案（史称"新济贫法"），废止了由各教区掌握的济贫行政管理权，合并临近若干教区，成立济贫协会；扩大地方济贫的基层管理单位，将地方贫民习艺所列为地方单位的行政管理中心；成立中央济贫法实施委员会，实行中央督导制，将济贫的执行权力集于中央。

英国《济贫法》的颁布实施对稳定当时的社会秩序和促进资本主义经济的发展起到了重要的作用，受到后起的资本主义国家的重视，特别是被欧洲资本主义国家效仿。英国《济贫法》产生于以农业经济为主体的社会，主要目的是通过强迫劳动来解决贫民的流浪问题。一方面强迫劳动，一方面进行福利救济，以强迫劳动为主，兼顾救济，但对接受救济者规定了苛刻的条件。它体现着国家对贫困问题制度化的介入，但带有一种居高临下的施舍性质，水平低下，与现代意义的社会保障法有较大的差距，它的颁布只能算是社会保障法的萌芽。

三、社会保障法的产生

（一）德国社会保障法的产生

真正意义上的社会保障法产生于19世纪下半叶的德国。当时德国经济萧条，工人生活贫困，工人运动不断爆发，社会矛盾空前激烈，影响到德国的经济发展，威胁到政权的稳定。1883年德国颁布了《疾病保险法》，1884年颁布了《工伤事故保险法》，1889年颁布了《老年和残疾保险法》，这是世界上第一批社会保险法。社会保险费由雇主、劳动者和国家共同支付，确立了劳动者生存风险的共同分担机制，承认了劳动者获得生存保障的权利。社会保险作为社会保障的基本项目由法律加以明确规定，形成了稳定的法律体系，意味着社会保障法的产生。它体现了通过国家直接干预和调节社会再分配来缓解社会矛盾，解决社会问题的思路。从此，社会保障全面进入国家立法阶段。社会保险与其他社会保障机制结合，逐步形成了完善的现代社会保障制度。

进入20世纪以后，德国对社会保障立法进行了完善。1911年颁布了统一的《社会保险法典》，1923年颁布了《矿工保险法》，1927年颁布了《职业介绍和失业保险法》，构建出当时世界上最为完备的社会保障体系。

（二）其他国家社会保障法的产生

德国的社会保障立法适合工业化国家的需要，成为各国效仿的对象，一批欧洲国家和少数美洲、大洋洲的国家也陆续颁布了包括医疗、养老、失业、工伤等内容的社会保障法律。这些制定社会保障法的国家和年代如下：比利时、波兰（1884年），奥地利、捷克斯洛伐克（1887年），丹麦、瑞典、匈牙利（1891年），挪威、芬兰（1895年），英国、爱尔兰（1897年），法国、意大利（1898年），西班牙（1900年），荷兰、卢森堡（1901年），俄罗斯（1903年），冰岛（1909年）。此后，苏联建立起了"国家保险制度"，东欧和亚洲的社会主义国家也都仿照苏联模式建立起自己的社会保障制度。在工业化以后各国进行的大规模、系统化的社会保障立法，标志着新兴的社会保障法的形成。

四、社会保障法的发展

（一）美国《社会保障法》

1929年爆发并席卷资本主义世界的经济危机，使各资本主义国家的政治、经济陷入严重的混乱之中。1933年美国罗斯福总统上台之后，开始实行"新政"，强调国家干预经济生活，并发展社会保障事业。在新政初期，实施了许多社会保障措施，尤以1935年美国国会通过的《社会保障法》最具影响力。美国《社会保障法》的内容主要包括：（1）联邦政府设立社会保障署，负责全联邦社会保障计划的实施；（2）实行全联邦统一的养老保险制度，由雇主和雇员缴纳养老保险税，建立养老保险基金；（3）由联邦政府和州政府共同实施失业保险计划，对雇用八人以上的雇主征收失业保险税；（4）在联邦政府的资助下，由州政府实施老人和儿童福利、社会救济和公共卫生措施。

美国1935年的《社会保障法》在社会保障法发展史上具有里程碑意义，它的内容涉及社会保险、社会福利和社会救助等，是世界上第一个对社会保障进行全面系统规范的法律，社会保障的普遍性、社会性原则得以确立。该法对世界其他国家的社会保障制度也产生了较大影响，导致西方各国纷纷对原有的社会保障立法进行修订。

（二）英国的"福利国家"立法

1941年，英国政府委托著名经济学家威廉·贝弗里奇爵士制订社会保障计划。1942年，贝弗里奇提出了名为《社会保险和相关服务》的报告，即著名的《贝弗里奇报告》。这份报告提出了建立社会保障制度的一系列全面的计划和建议，强调社会保障应遵循强制性、普遍性原则；社会保障的管理应该全国统一；国家有义务防止贫困和不幸，社会福利是一种社会责任；实现充分就业；每个国民都有权利从社会获得救济，使自己的生活水平达到最低生活标准。报告确立了第二次世界大战后英国社会保障体系的基本框架，是一份较为完整的现代福利国家的蓝图，影响深远。

"福利国家"一词在《贝弗里奇报告》发表后不胫而走，并且很快成为第二次世界大战后英国以艾德礼首相为首的工党政府的施政方针。英国以《贝弗里奇报告》为基础，进行了一系列社会保障立法，其中主要有《家庭津贴法》（1942年）、《国民保险法》（1946年）、《国民工伤保险法》（1946年）、《国民保健事业法》（1946年）、《国民救济法》（1947年）等。1948年，艾德礼宣布英国已成为福利国家。

"福利国家"立法对社会保障法的影响极为深刻。在英国的影响下，西欧、北欧等工业发达国家也都纷纷按英国模式实施社会福利政策，建设自己的"福利国家"，社会保障制度得以更充分地发展。这一时期的社会保障立法不仅在数量上大大增加，而且注重内容的完整性和体系的科学性。

（三）社会保障法的完善

20世纪50—70年代，世界经济高速发展，各发达国家的社会保障法普遍扩大了社会保障的覆盖范围，放宽了享受社会保障的条件，提高了社会保障的标准。"高增长、高福利"的政策使国家用于社会保障的费用也持续增长，社会保障开支的增长率普遍高于经济增长率，高福利影响经济效率的负面作用开始显现。1973年中东石油危机爆发以后，世界经济形势发生逆转，发达国家经济停滞不前，通货膨胀率居高不下，失业人口增加，加之老龄人口增加，社会保障开支的增长使财政不堪重负。当然，这些问题并不是社会保障制度导致的。但在这种背景下，人们开始反省高福利政策，社会保障观念出现了一些变化。基于对社会保障更深刻的认识及为适应新形势的需要，各国在保持社会保障法基本制度不变的前提下，进行了一定的调整，以使其更好地发挥作用。这些调整措施包括改进社会保障的受益规则或直接减少社会保障基金支付以控制社会保障支出的增长速度、政府的社会保障义务向私营部门转移、提高保险费率、提高退休年龄等。这些措施都是在社会保障法原有的框架内对社会保障法的完善，是人们认识水平提高和经验教训总结的结果,不是对原有社会保障的否定。随着社会保障法的调整和改革,社会保障法律制度将更加趋于完善,更有利于发挥其不可替代的作用。

第二节　中国社会保障法的产生和发展

中国历代封建王朝都采取过一些国民生存保障措施,将其称为"荒政",从中国多灾性特点及"积蓄备荒"思想出发,包括仓储、赈灾、恤贫等措施。清末变法修律未能在社会保障立法方面取得进展。直至20世纪20年代,北京政府颁布了涉及社会保障的法规,开启了社会保障法制化的历程。此后,南京国民政府也曾进行过社会保障立法,实行过一些社会保障措施。但现代意义上的社会保障法真正开始制定是在中华人民共和国成立以后。

一、社会保障法的创建时期（1949—1956年）

1951年2月26日,政务院颁布了《中华人民共和国劳动保险条例》（该条例在1953年和1956年作了两次修订）,初步建立起了养老、工伤、疾病、生育等劳动保险制度。这是新中国成立初期最重要的一部劳动保险立法,奠定了我国改革开放前社会保障制度的基础。此外,我国在这一时期还制定了《女职工保护条例（草案）》（1956年）等法规、规章。通过上述立法,我国企业职工的劳动保险待遇逐步趋于完备。关于国家机关工作人员的劳动保险制度,也以单行立法的形式逐步建立起来,主要有《革命工作人员伤亡褒恤暂行条例》（1950年）、《国家工作人员实行公费医疗预防的指示》（1952年）、《各级人民政府工作人员在患病期间待遇暂行办法》（1952年）、《关于女工作人员生育假期的通知》（1955年）、《国家机关工作人员退休处理暂行办法》（1955年）、《国家机关工作人员退职处理暂行办法》（1955年）等。

在社会救助方面的立法主要有《关于生产救灾的指示》（1949年）、《关于救济失业工人的指示》（1950年）、《救济失业工人暂行办法》（1950年）、《关于劳动就业问题的决定》（1952年）、《关于失业人员统一登记办法》（1952年）等。在社会优抚方面的立法主要有《革命残废军人优待抚恤暂行条例》（1950年）等。

通过以上立法,我国社会保障制度基本框架大体形成,初步建立起以社会保险为核心、以劳动关系为基础的社会保障制度,在一定程度上满足了职工的基本生活需求,维护了社会的稳定,促进了国民经济的恢复和发展。

二、社会保障法的调整时期（1957—1967 年）

从 1957 年开始，随着社会主义建设的全面开展，国家对一些不适应经济建设的劳动保险制度进行了调整和补充，主要体现在以下方面。

（1）统一企业职工和国家工作人员的退休、退职制度。1957 年和 1958 年国务院先后发布了《关于工人、职员退休处理的暂行规定》和《关于工人、职员退职处理的暂行规定》。

（2）改革公费医疗制度。1965 年，卫生部和财政部发布了《关于改进公费医疗管理问题的通知》。1966 年，劳动部和中华全国总工会发布了《关于改进企业职工劳保医疗制度几个问题的通知》。

（3）规定被精简职工的社会保障待遇。1962 年，国务院发布了《关于精简职工安置办法的若干规定》。

（4）规定职业病的范围和职业病患者的处理办法。1957 年，卫生部发布了《职业病范围和职业病患者处理办法的规定》。

（5）制定批准职工病、伤、生育假期办法，调整了学徒的社会保险待遇。

从总体上看，这一时期我国的社会保障立法比较活跃，社会保障制度基本遵循了 20 世纪 50 年代初期建立社会保障制度时确定的原则，但在一些方面作了更符合中国实际的改变，使社会保障制度得到了进一步的调整和发展，取得了一定的成绩。

三、社会保障法遭受挫折时期（1967—1978 年）

"文化大革命"期间，我国的社会保障制度遭到严重破坏，各项社会保障立法被停止执行，社会保障立法活动基本上处于停滞状态。1969 年，财政部发布《关于国营企业财务工作中几项制度的改革意见（草案）》，规定国营企业一律停止提取工会经费和劳动保险金，企业的退休职工、长期病号和其他劳保开支，改在企业营业外列支。社会保险机构被撤销或长期处于瘫痪状态，劳动保险的统筹被取消，使社会保险成为"企业保险"。在这一时期，中国的社会保障立法遭受严重挫折，社会保障事业出现了倒退。从 1976 年"文化大革命"结束到 1978 年，社会保障制度经历了的短暂的徘徊。

四、社会保障法的探索时期（1978—1992 年）

从 1978 年开始，在改革开放的政策下，我国的政治、经济生活发生了巨大的变化，社会保障制度逐步恢复和发展。这一时期的社会保障制度主要是作为国有企业改革的配套措施，在关系国有企业改革的各单项项目上进行了探索，其指导思想局限在计划经济与市场调节相结合的框架内。

1982年《宪法》第四十三条、第四十四条、第四十五条、第四十六条、第四十八条、第四十九条对社会保障作了规定。1986年，第六届全国人民代表大会第四次会议通过的"中华人民共和国国民经济和社会发展第七个五年计划"将"社会保障事业"列为一章，提出按照有利于生产、保障生活的原则，逐步建立、改革各种类型的社会保险制度，改进和完善社会福利、社会救济与优抚工作，有步骤地建立起具有中国特色的社会主义的社会保障制度雏形。国务院于1978年发布了《关于安置老弱病残干部的暂行办法》和《关于工人退休、退职的暂行办法》；1980年发布了《关于老干部离职休养的暂行规定》；1981年发布了《国家机关工作人员病假期间生活待遇的规定》；1986年发布了《国营企业职工待业保险暂行规定》；1991年发布了《关于企业职工养老保险制度改革的决定》等行政法规或规范性文件。国务院有关部门也制定了一批有关社会保障的部门规章或规范性文件。

五、社会保障法的改革

（一）传统社会保障制度的弊端

随着经济体制改革的不断推进，特别是建立社会主义市场经济体制的改革目标的确立，我国传统的社会保障制度越来越暴露出其弊端，难以适应新体制的要求。这些弊端主要体现在以下几个方面。

1. 社会保障的覆盖范围狭窄

我国传统的社会保障的覆盖范围主要局限于全民所有制企业、国家机关、事业单位和部分集体所有制企业。全民所有制企业、国家机关和事业单位职工享有较为完善的社会保障，但相当一部分集体所有制企业尚未建立起相应的社会保障制度。改革开放以来，外商投资企业、私营企业和个体经济组织以及各种混合所有制企业迅速发展，非公有制经济所占的比重越来越大，并被确定为社会主义市场经济的重要组成部分，原有的社会保障的覆盖范围已不能适应多种经济成分共同发展的需要，不利于劳动者在不同所有制企业之间的流动，也不利于国有企业同其他所有制类型的企业平等竞争。

2. 社会保障的社会化程度低

在传统制度下，社会保险费用基本上由企业全部承担。在这种"企业自保"的体制下，社会保险的统筹调剂、社会共济的功能难以发挥，新老企业的社会保障负担不平衡，影响了一些企业的竞争力，而亏损企业则无法保证职工的社会保障待遇。

3. 社会保障项目不全

各国的社会保障项目不太相同,国际劳工组织 1952 年通过的《社会保障最低标准公约》规定了医疗、疾病、失业、养老、工伤、生育、残疾、遗属和家庭津贴九项。而我国长期以来缺少失业保险制度,企业职工形成事实上的终生就业,国有企业的冗员较多。1986 年国务院颁布的《国营企业职工待业保险暂行规定》仅适用于国有企业,不符合建立统一的劳动力市场的要求。

4. 社会保障立法不健全

由于对社会保障立法的重要性、科学性认识不够,缺乏全面规划,政出多门,社会保障立法层次低、缺乏系统性,内容上存在矛盾和冲突的地方,可操作性差。

(二)社会保障制度的改革

鉴于以上弊端,我国开始对传统的社会保障制度按发展市场经济的要求进行改革。1993 年 11 月,党的十四届三中全会通过的《中共中央关于建立社会主义市场经济体制若干问题的决定》,对我国社会保障制度改革提出了以下要求:建立多层次的社会保障体系;社会保障体系包括社会保险、社会救济、社会福利、优抚安置和社会互助、个人储蓄积累保障;社会保障政策要统一,管理要法制化;社会保障水平要与我国社会生产力水平以及各方面的承受能力相适应;城乡居民的社会保障办法应有区别;城镇职工养老和医疗保险金由单位和个人共同负担,实行社会统筹和个人账户相结合;建立统一的社会保障管理机构;社会保障行政管理和社会保险基金经营要分开;建立由政府有关部门和社会公众代表参加的社会保险基金监督组织。1996 年第八届全国人民代表大会第四次会议批准的《中华人民共和国国民经济和社会发展"九五"计划和 2010 年远景目标纲要》明确,要"加快养老、失业、医疗保险制度改革,初步形成社会保险、社会救济、社会福利、优抚安置和社会互助、个人储蓄积累保障相结合的多层次社会保障制度"。2002 年,国务院新闻办公室发表题为《中国的劳动和社会保障状况》白皮书,对中国社会保障改革进行了概括,社会保障制度改革的目标是:建立独立于企业事业单位之外、资金来源多元化、保障制度规范化、管理服务社会化的社会保障体系。其主要特征是:基本保障,广泛覆盖,多个层次,逐步统一。与经济发展水平相适应,国家强制建立的基本保障主要满足人们的基本生活需要;社会保障逐步覆盖全体公民;在基本保障之外,国家积极推动其他保障形式的发展,力争形成多层次的社会保障体系;通过改革与发展,逐步实行全国统一的社会保障制度。

1994 年 7 月 5 日,第八届全国人民代表大会常务委员会通过的《劳动法》设第九章"社会保险和福利"专章,对养老保险、医疗保险、工伤保险、失业保险、生育保险、遗属津贴和社会福利作出了原则规定。2010 年 10 月 28 日,第十一届全国人民代表大会常务委员会通过《社会保险法》，自2011年7月1日起施行。《社会保险法》是中华人民共和国成立以来第一部关于社会保险制度的综合性法律，是一部在中国法律体系中起支架作用的重要法律，是我国社会保险制度进入法治化轨道的重要步骤。在此期间，相应的社会保障方面的法规、规章和其他规范性文件也相继出台，其中比较重要的体现在以下方面。

1. 养老保险方面

1995年《国务院关于深化企业职工养老保险制度改革的通知》和1997年《国务院关于建立统一的企业职工基本养老保险制度的决定》确立了我国养老保险制度改革的目标和基本框架。2005年，国务院又发布了《国务院关于完善企业职工基本养老保险制度的决定》。近年来，我国的养老保险制度改革取得了令人瞩目的进展。2014年，国务院发布《关于建立统一的城乡居民基本养老保险制度的意见》；2015年，国务院发布《关于机关事业单位工作人员养老保险制度改革的决定》，国务院办公厅发布《机关事业单位职业年金办法》；2017年，人力资源社会保障部、财政部发布《企业年金办法》。

2. 医疗保险方面

1998年《国务院关于建立城镇职工基本医疗保险制度的决定》明确了城镇职工医疗保险制度改革的目标、原则和主要政策，城镇职工基本医疗保险制度逐步建立。2003年，国务院办公厅转发了卫生部、财政部和农业部《关于建立新型农村合作医疗制度的意见》，新型农村合作医疗制度开始逐步建立。2007年《国务院关于开展城镇居民基本医疗保险试点的指导意见》发布，城镇居民基本医疗保险制度逐步建立。2016年《国务院关于整合城乡居民基本医疗保险制度的意见》要求，整合城镇居民基本医疗保险和新型农村合作医疗两项制度，建立统一的城乡居民基本医疗保险制度。

3. 工伤保险方面

1996年劳动部发布的《企业职工工伤保险试行办法》和国家技术监督局发布的《职工工伤与职业病致残程度鉴定》（国家标准GB/T 16180—1996）具体规定了工伤保险改革措施。2001年，第九届全国人民代表大会常务委员会通过的《职业病防治法》规定，职业病病人的社会保障，按照国家有关工伤保险的规定执行。2003年4月，国务院出台《工伤保险条例》。2010年12月，国务院对该条例进行了修订。2010年12月，人力资源社会保障部出台《工伤认定办法》。2013年，卫生部出台《职业病诊断与鉴定管理办法》。2021年1月，国家卫健委出台新的《职业病诊断与鉴定管理办法》。2014年，人力资源社会保障部和国家卫生计生委出台《工伤职工劳动能力鉴定管理办法》。

4. 失业保险方面

1999 年，国务院出台《失业保险条例》，扩大了失业保险的适用范围，调整了失业保险基金的筹集。2000 年，劳动和社会保障部出台《失业保险金申领发放办法》（2019 年修订）。在我国初步建立起与市场经济相适应的失业保险制度。

5. 生育保险方面

1994 年，劳动部发布《企业职工生育保险试行办法》。2004 年，劳动和社会保障部发布《关于进一步加强生育保险工作的指导意见》。2019 年，国务院办公厅发布《关于全面推进生育保险和职工基本医疗保险合并实施的意见》。

6. 社会保险费的征缴和社会保障基金监管方面

1999 年，国务院发布了《社会保险费征缴暂行条例》（2019 年修订）。同年，劳动和社会保障部发布了《社会保险费申报缴纳管理暂行办法》和《社会保险费征缴监督检查办法》。2001 年，劳动和社会保障部发布了《社会保险基金行政监督办法》和《社会保险基金监督举报工作管理办法》。2013 年，人力资源社会保障部发布了《社会保险费申报缴纳管理规定》。2016 年，国务院发布《全国社会保障基金条例》。

7. 社会救助方面

1999 年，国务院发布了《城市居民最低生活保障条例》。2006 年，国务院发布了《农村五保供养工作条例》。2010 年，国务院发布《自然灾害救助条例》。2014 年，国务院发布《社会救助暂行办法》。

8. 社会优抚方面

1998 年，第九届全国人民代表大会常务委员会第六次会议修正通过《中华人民共和国兵役法》（2009 年、2011 年、2021 年进行了修改）。1999 年，国务院和中央军委发布《中国人民解放军士官退出现役安置暂行办法》。2001 年，中共中央、国务院、中央军委共同发布《军队转业干部安置暂行办法》。2004 年，国务院、中央军委发布《军人抚恤优待条例》，并于 2011 年和 2019 年进行了修改。2012 年，第十一届全国人民代表大会常务委员会通过《中华人民共和国军人保险法》（以下简称《军人保险法》）。2020 年，第十三届全国人民代表大会常务委员会通过《退役军人保障法》。2021 年，第十三届全国人民代表大会常务委员会第二十九次会议通过《中华人民共和国军人地位和权益保障法》（以下简称《军人地位和权益保障法》）。

除以上重要的立法外，国家和地方各有关部门还发布了大量的社会保障法规、规章，我国还批准了一批国际劳工公约，社会保障法律体系的框架已初步形成。

本章小结

本章介绍了社会保障法的产生和发展历史，介绍了英国早期社会保障制度建立的历史，重点介绍了19世纪下半叶的德国社会保障法律制度建立的基本概况。如德国于1883年颁布了《疾病保险法》、1884年颁布了《工伤事故保险法》、1889年颁布了《老年和残疾保险法》，这是世界上第一批社会保险法。德国的社会保障立法适应工业化国家的需要，成为各国效仿的对象。美国1935年的《社会保障法》在社会保障法发展史上具有里程碑意义，是世界上第一部对社会保障进行全面系统规定的法律。中国的社会保障法经历了创建、调整、遭受挫折、探索和改革等几个发展阶段。1993年以后，随着经济体制改革的不断推进，传统的社会保障制度越来越暴露出其弊端，因此中国按照发展市场经济的要求对其进行改革。近年来，中国颁布了大量的社会保障法律、法规，社会保障法律体系的框架已初步形成。

复习思考题

1. 简述社会保障法产生、发展过程中的几次重大事件。
2. 中国社会保障制度改革的目标是什么？
3. 中国现行的社会保障立法主要有哪些？

第十二章
社会保障法基础理论

>> 学习要点

重点掌握社会保障的概念和特征、社会保障法的概念和特征、社会保障法的调整对象。

了解社会保障法调整对象的种类，掌握社会保障法基本原则的含义和功能。

了解社会保障法在社会主义市场经济法律体系中的地位，以及社会保障法与劳动法、经济法、行政法之间的关系，掌握社会保障法的两大功能和社会保障法的法律渊源。

>> 关键概念

社会保障法　社会保障关系　社会保障法的调整对象　社会保障法的基本原则　社会保障法的地位　社会保障法的功能

第一节 社会保障法的概念和特征

一、社会保障法的概念

（一）社会保障的概念

"社会保障"一词译自英文的"social security"，又可译作"社会安全"。最早在立法中使用"社会保障"概念的是美国 1935 年的《社会保障法》。其后，这一概念被各国立法及有关国际公约普遍使用。在我国，最早在政府文件中使用社会保障概念的是"国民经济和社会发展第七个五年计划"。社会保障，是指通过法律规定，由国家和社会举办，对社会成员在年老、疾病、工伤、失业、生育、遭遇灾害、面临生活困难时，给予物质帮助，以保障其生活需要的制度。

我国社会保障制度包括社会保险、社会救助、社会福利和社会优抚。

社会保险，是指国家通过立法建立社会保险基金，对被保险人在面临年老、疾病、工伤、失业、生育等社会风险时给予物质帮助的制度。

社会救助，是指国家和社会对于符合条件的贫困者给予物质救助或服务帮助，以维持其最低生活水平的制度。

社会福利，是指国家和社会为满足全体或部分社会成员的生活需要，提高其生活质量，而提供各种服务、设施或津贴的制度。

社会优抚，是指国家和社会对军人及其家属给予抚恤和优待的一种社会保障制度。

（二）社会保障法的概念

社会保障法是调整社会保障关系的法律规范的总称。具体地说，社会保障法是调整为保障社会成员的生活需要而发生于国家、社会成员及其他相关主体之间的社会关系的法律规范的总称。

社会保障法分为形式意义上的社会保障法与实质意义上的社会保障法。形式意义上的社会保障法是指冠以与社会保障内容相关名称的法律、法规，如《社会保险法》《工伤保险条例》《失业保险条例》《城市居民最低生活保障条例》《社会保险费征缴暂行条例》等；实质意义上的社会保障法是指所有调整社会保障关系的法律、法规，而不论其名称中是否包含与社会保障相关的内容。法学研究的社会保障法是实质意义上的社会保障法。

二、社会保障法的特征

（一）公法与私法的融合性

社会保障法是典型的社会法，具有公法与私法相融合的特征。社会保障法涉及私人生活领域，但主要是用公法的方法来调整和实现立法目的。社会保障法律关系主体之间既不完全是平等主体之间的关系，也不完全是管理与服从的关系。社会保障法在调整方法上将公法的调整方法与私法的调整方法集合于一身，由于国家干预的广泛运用而不能简单地归入传统公法或私法的法律，克服了传统私法和公法严格划分的局限性，使法律与新的社会关系以及新的社会观念相适应。

（二）严格的强制性

法律规范按其强制性程度不同，可以分为强制性规范和任意性规范。强制性规范是指不问当事人的意愿必须加以适用的规范；任意性规范是指适用与否可以由当事人自行选择的规范。社会保障法是国家为保障社会成员的基本生活而制定的，涉及社会公益，必须强制推行。因此，社会保障法中的大部分法律规范为强制性规范，从社会保障项目与覆盖范围的选择、社会保障基金的筹集到社会保障待遇给付，都有明确的法律规定，有关各方当事人必须遵照执行，不能任意选择。

（三）实体法与程序法的统一性

法律按其所规定内容的不同，可以分为实体法与程序法。实体法是规定具体权利和义务（或职责、职权）的法律；程序法是规定权利和义务（或者职责、职权）实施的程序或方式的法律。在社会保障法中既有实体法规范，也有程序法规范，兼具实体法与程序法的属性，是实体法与程序法的统一。

（四）特定的技术性

社会保障的运行须以数理计算为基础，这使得社会保障法中存在较多的技术性规范。其中，最为典型的是"大数法则"和"平均法则"在筹措社会保障基金中的运用。此外，工伤保险法中劳动能力鉴定的标准亦为技术性规范。

第二节　社会保障法的调整对象

一、社会保障法的调整对象及特点

（一）社会保障法的调整对象

社会保障法的调整对象是社会保障关系。社会保障关系就是为保障社会成员的基本生活需要而在国家、社会成员及其他相关主体之间发生的社会关系。社会保障法以其特定的调整对象与其他法律相区别。

（二）社会保障法调整对象的特点

社会保障法调整的社会保障关系有自己的特点，主要表现如下。

1. 社会保障关系产生于社会保障活动过程中

社会保障活动是产生社会保障关系的基础，没有社会保障活动就不会产生社会保障关系。但社会保障关系并不是自然存在的，立法先行是社会保障得以产生的特征，没有社会保障法就没有社会保障活动，也就不存在社会保障关系。

2. 社会保障关系的主体众多

社会保障关系的主体包含被保障的自然人，社会保障经办机构，社会保障管理机关，为社会保障提供专业服务的医疗、鉴定、康复、基金运营机构，缴纳社会保障费用的雇主，社会保障的其他受益人，进行社会保障监督的财政、审计、监察机关以及有关个人，负责社会保障争议处理的司法机关与仲裁机构等。

3. 社会保障关系是一种以人身关系为基础的财产关系

社会保障关系是围绕社会保障基金的筹集、管理、支付、运营等活动展开的，社会保障活动的最终结果是使保障对象获得物质帮助。因此，社会保障关系是财产关系。社会保障具有普遍性，而社会保障待遇则并非任何人均能享受。社会保障包括社会保险、社会救助、社会福利以及社会优抚等。社会保险、社会救助、社会优抚都是针对特定社会群体而设的，须具备一定身份才能参加这些社会保障项目。社会福利虽具有广泛性，强调普惠性，但仍有部分项目是为特殊群体如残疾人、老年人、未成年人等提供的，仍须具有一定身份才能享受到。在一些社会保障项目中，由于被保障主体的身份不同，所能享受的待遇也有所不同。所以说，社会保障关系是以人身关系为基础的财产关系。

4. 社会保障关系是一种社会权利与义务关系

社会保障关系既不同于体现意思自治的平等主体之间的民事关系，也不同于体现管理与服从的不平等主体之间的行政关系。社会保障关系由法律加以规定，而不能由当事人自由约定，所产生的社会关系与传统的民事关系有别。在社会保障关系中，行政权力行使的最终结果是使保障对象获得利益，体现了对弱势群体的倾斜性保护，所产生的社会关系与传统的行政关系不同。社会保障将每一个社会成员纳入进来，紧密地联结在一起，形成一种相互作用、相互依存的社会连带关系，这是一种新型的社会关系。

5. 社会保障关系中的特定主体的权利和义务具有不对等性

在社会保障关系中，既有无须履行义务即可享有的权利，又有不享有任何权利而必须履行的义务。前者体现在社会救助、社会福利和社会优抚关系中，社会保障权利的享有者无须履行任何义务，只要符合条件即可享受社会保障权利。后者体现在社会保险关系中，从形式上看被保险人首先要尽到缴纳社会保险费的义务才能拥有享受社会保险待遇的权利，但对特定的被保险人而言，社会保险待遇的给付标准并不一定与其所缴纳的社会保险费的数额之间具有对等关系。有的社会保险项目并非全体缴费者都享受保险待遇，如失业保险。此外，雇主须为其雇用的劳动者缴纳社会保险费，但雇主并不享有获得社会保险待遇的权利。

二、社会保障法调整对象的种类

对于社会保障法所调整的社会保障关系可以用不同的标准进行多种分类。以社会保障的内容为标准，可以将社会保障关系分为社会保险关系、社会救助关系、社会福利关系和社会优抚关系。以社会保障行为为标准，可以将社会保障关系分为社会保障管理关系、社会保障基金筹集关系、社会保障基金给付关系、社会保障基金运营关系、社会保障监督关系等。以社会保障关系主体为标准，可以将社会保障关系分为以下七类。

（1）政府与全体社会成员之间的关系。社会保障法调整这类社会关系，以明确政府代表国家对社会成员的社会保障职责和社会成员应享受的社会保障权利。

（2）政府与社会保障经办机构之间的关系。社会保障经办机构作为社会保障的具体实施者，与政府之间存在委托、管理和监督的关系。社会保障法调整这类社会关系，以明确社会保障经办机构的性质、地位、任务及具体的权利与义务。

（3）社会保障经办机构与社会成员之间的关系。社会保障经办机构与社会成员之间存在着社会保障基金的筹集、给付关系，是社会保障的具体提供者与接受者之间的关系。社会保障法调整这类社会关系，以明确社会保障经办机构对社会成员的职责和社会成员参加社会保障的权利与义务。

（4）社会保障职能机构与用人单位之间的关系。这是社会保障的组织、实施者，即政府、社会保障经办机构及其他有关机构，与社会保障参加义务人之间的关系。社会保障法调整这类社会关系，以明确双方的权利和义务。

（5）用人单位与劳动者之间的关系。社会保障法调整这类社会关系，以明确用人单位在社会保障中对劳动者应负的义务和劳动者享有的权利。

（6）社会保障职能机构相互之间的关系。这是承担社会保障基金的筹集、管理、运营、给付职能的机构之间，由于职能划分而形成的分工协作关系。社会保障法调整这类社会关系，以明确各机构的地位和权限。

（7）社会保障监督关系。这是在社会保障活动中，国家权力机关、司法机关、行政机关以及社会行使监督权，与被监督对象之间发生的社会关系。

第三节 社会保障法的基本原则

一、社会保障法的基本原则的含义

法律原则是指可以作为法律规则的基础或本源的综合性、稳定性的原理和准则，它不预先设定任何确定的、具体的事实状态，没有规定具体的权利和义务，更没有规定确定的法律后果。[①] 但是，它是指导和协调着全部社会关系或某一领域的社会关系的调整机制。法律原则具有更宽的覆盖面、宏观上的指导性和稳定性。

社会保障法的基本原则是指集中体现社会保障法的本质和精神，主导整个社会保障法体系，为社会保障法调整社会保障关系所应遵循的根本准则。社会保障法的基本原则贯穿于整个社会保障法，统率社会保障法的各项制度及规范，是社会保障立法、执法、司法、守法以及研究社会保障法的总的指导思想。

二、社会保障法的基本原则的功能

（一）确定立法准则

社会保障法的基本原则是社会保障立法的准则，社会保障法的具体内容必须以社

---

① 张文显. 法哲学范畴研究：修订版 [M]. 北京：中国政法大学出版社，2001：54.

会保障法的基本原则为依据。社会保障法包含众多的法律规范，而且这些规范又是分别由各级、各类不同的国家机关所制定，如何保证社会保障法律自身的协调一致就成为一个突出的问题。在立法中遵循社会保障法的基本原则，可以有效地防止和消除社会保障法律制度内部的矛盾，增进法律的统一性。

（二）确定法的实施准则

社会保障法的基本原则是社会保障执法、司法和守法中不可缺少的准则。

1. 在执法和司法活动中，法律解释和法律推理需要以社会保障法的基本原则为指导

为了将抽象的普遍性规则适用于具体的事实、关系和行为，就必须对法律进行解释并进行法律推理，法律解释和法律推理是法律实施过程中的两个关键性环节。在这一过程中，社会保障法的基本原则是正确理解法律的指南，尤其是当法律的含义具有多种解释可能性的时候，基本原则就成为在各种可能的解释中进行取舍的主要依据。同时，社会保障法的基本原则也构成了法律推理权威性的出发点，保证推理的结果符合法律的目的。并且基本原则具有一定的伸缩性和弹性，可以防止现有规则的不合理适用。

2. 社会保障法的基本原则是补充法律漏洞的手段

由于社会保障关系的复杂性和变动性，社会保障立法不可避免地会存在漏洞。此时，依据社会保障法的基本原则，可以平衡互相重叠或冲突的利益关系，为疑难案件寻求合理又合法的解决方法，填补法律规则的空白地带。

3. 社会保障法的基本原则可以限定自由裁量权的合理范围

社会保障法允许执法和司法机关拥有一定的自由裁量权，但是，如果对自由裁量权不加限制，就会使其绝对化，极易导致权力的滥用，从而对法律秩序构成威胁，而基本原则就是使自由裁量权保持在合理范围内的最重要的因素。

（三）确定科学研究的依据

社会保障法的基本原则体现了社会保障法的本质和精神，体现了立法者的立法意图和方针，是研究社会保障法的出发点。只有把握这些基本原则，才能更好地认识社会保障法的性质和特点，理解社会保障法的基本精神，并在此基础上建立和完善社会保障法理论。

三、社会保障法的基本原则的内容

（一）普遍性原则

普遍性原则，是指社会保障对象应包括所有社会成员。普遍性原则是英国贝弗里奇首先提出来的，后来成为各国社会保障立法共同遵循的一条基本原则。《世界人权宣言》《经济、社会和文化权利国际公约》和我国《宪法》中，均有关于人人有权享受社会保障的规定。《世界人权宣言》第一条规定，人人"在尊严和权利上一律平等"。《经济、社会和文化权利国际公约》第二条第二款规定："本公约缔约各国承担保证，本公约所宣布的权利应予普遍行使，而不得由例如种族、肤色、性别、语言、宗教、政治或其他见解、国籍或社会出身、财产、出生或其他身份等任何区分。"我国《宪法》第四十五条规定："中华人民共和国公民在年老、疾病或者丧失劳动能力的情况下，有从国家和社会获得物质帮助的权利。国家发展为公民享受这些权利所需要的社会保险、社会救济和医疗卫生事业。"从这一规定来看，我国的社会保障对象应包括全体社会成员。公民在法律面前一律平等，意味着每一个公民在其生活发生困难时，都应平等地享有从国家和社会获得物质帮助的权利。全体社会成员平等地享有社会保障权利，是促进劳动力合理流动、优化资源配置的条件之一，是市场经济的必然要求。社会保障法应对所有社会成员一视同仁，凡符合法定条件的社会成员，都有权获得社会保障待遇。只有这样，社会保障法才能起到稳定社会、保障社会成员生活的作用。

（二）保障生活需要的原则

社会保障法是满足人们物质生活需要的法，而人的生活需要是多层次的。社会保障法确定的社会保障水平必须适度，通常应坚持保障基本生活需要的原则，以满足被保障主体的基本生活需要为限。各国社会保障法的产生首先是为了应对由于年老、疾病、伤残、死亡、失业、生育、灾害以及其他风险导致的公民基本生活所面临的困境，抵御危及人的生存的风险，保障人的基本生活。它是一种给困苦者雪中送炭的制度，而不是给富足者锦上添花的制度。社会保障作为一种国民收入再分配机制，必须在分配中体现实质正义，但也不是要抹平收入差距和生活水平的差别，而仅是要达到被保障主体在当时的生产力条件和社会承受能力下维持基本生活的水平，同时应能够激发其劳动热情和创造性。

社会保障法遵循保障基本生活需要的原则，源于社会保障水平要以经济发展水平为基础和条件，经济发展水平决定着社会保障水平。社会保障是以经济发展创造的可供进行再分配的社会财富作为物质基础的，没有这个基础就没有社会保障，超越经济发展水平的社会保障水平都是难以维持的。基本生活水平也是动态的、可变的，随着生产力水平的提高和经济的发展，社会保障水平也必然有所提高。

（三）注重公平兼顾效率的原则

社会保障法是最直接体现社会公平价值的法律规范。公平是社会保障法追求的目标，也是社会保障法的一项基本原则。社会保障支出是国家对国民收入的再分配，必须平等对待被保障的社会成员，避免分配不公。通过社会保障基金的筹集和支付，要在一定程度上改变社会成员之间的收入分配状态，调剂、均衡社会成员之间的收入差别，促进社会公平。但不能将公平等同于平均主义或"大锅饭"。公平是以效率和发展所带来的物质基础为依据的。公平如果不能促进效率，甚至成为制约经济发展的负担，那么这种公平可能是难以为继的，最终不利于公平的实现。失去公平的效率是难以持久的。从某种意义上可以说公平是效率的源泉，公平的程度决定了效率的程度，任何不公平的社会机制和社会政策都会造成对效率的破坏。

公平与效率又是社会发展中的一对矛盾。公平倾向社会成员利益平等化，但却容易忽视经济发展的高效率。效率强调经济的迅速发展，但却容易忽视利益差别的扩大。如果社会保障水平过高，能够使社会成员依赖它而过上舒适的生活，就会使部分社会成员滋长懒惰心理和不劳而获的思想，挫伤从业人员工作的积极性，抑制企业投资和居民储蓄的动力，导致效率的丧失。在一些西方国家，高福利体现了形式上的公平，却牺牲了经济效率，产生了负面影响。这也是近年来这些国家纷纷对社会保障制度进行调整的原因之一。社会保障水平往往能上不能下，否则就会引起公众和社会舆论的不满，可能危及社会安定，西方国家"福利病"现象的教训值得警惕。在社会保障法中，应当维持公平与效率的动态平衡，使二者和谐统一、相辅相成。如单方面追求效率而牺牲公平，将导致效率本身的提高也受到制约，造成效率自身的危机。公平与效率虽同为社会保障法的目标和基本原则，但二者的地位不可等量齐观。在二者发生冲突时，公平是社会保障法首先追求的价值目标，应当优先获得保障。

（四）社会化原则

社会化原则是指将社会保障作为全社会共同参与的事业，实现社会保障资金来源、社会保障管理及社会保障责任的社会化。伴随着人类社会工业化进程而出现的疾病、年老、伤残、失业等减少或丧失生活来源的风险，在一定程度上是社会因素导致的，完全由个人承担其后果是不公平的，也是不可能的。必须借助于国家的力量，保证社会成员的基本生活和社会稳定。在现代国家，社会保障主要的义务承担者是国家，但国家并不是唯一的义务承担者。除此以外，社会及其成员也负有使每一个社会成员"继续生存下去"的义务。① 近年来，西方一些国家社会保障制度调整的内容之一，就是减轻国家的责任，强化社会成员个人和社会组织的责任，将更多的责任分散到社会，激励社会成员更多地发挥自己的工作能力。社会保障社会化的主要内容是实现社会保障资金的社会化统筹，由国家、企业（单位）和个人共同负担，建立健全社会保障管理体系，加强社会保障法治建设。

第四节　社会保障法的地位

一个国家的全部现行法律规范分类组合为不同的法律部门而形成的有机联系的统一整体，构成一国的法律体系。法律部门是法律体系的基本组成要素，是根据一定的标准和原则，按照法律调整社会关系的不同领域和不同方法等所划分的同类法律规范的总和。法律体系具有内在的结构和层次，属于第一层次的法律部门根据需要可以划分为若干个第二层次的法律部门，第二层次的法律部门又可以划分为若干个第三层次的法律部门，直到能够满足需要为止。社会保障法的地位是指社会保障法在整个法律体系中的地位，以及它与相近法律部门的关系。

一、社会法的界定

法学界一般将社会保障法归属于社会法。但对于社会法的界定分歧较大，我国法学界尚未形成较为一致的看法。古罗马将全部法律划分为政治国家的法和市民社会的法，前者称为公法，以权力为核心，表现为命令与服从，旨在维护政治秩序和国家利益；后者则称为私法，以权利为核心，以人的平等和自治为基本理念，旨在实现私人利益。随着法律制度的演进，公法和私法的划分越来越难以解释现代社会的法律现象。法律体系的基本结构以及人们对它的认识都是历史的、发展的。进入20世纪以来，特别是第二次世界大战以后，在法律观方面个人本位向社会本位转变的趋势，及在法律发展方面公法私法化和私法公法化的倾向，都对由公法和私法构成的法律体系的基本结构提出了挑战。在现代社会，由于公法与私法的融合，既难以归入公法也不能归入私法的立法大量出现。公法与私法的界限在一些领域变得模糊了，形成了既非公法又非私法，公、私渗透的新领域。有学者将公法和私法之外的所谓第三法域称为社会法。

---

① 种明钊. 社会保障法律制度研究［M］. 北京：法律出版社，2000：15.

这是对社会法最为广义的界定，它可以包括社会保障法、劳动法、经济法、环境法等。其中包含了立法的价值取向、法律原则、调整对象、调整方法大不相同的法律，因此，这种意义上的社会法不是一个法律部门。也有学者认为，社会法就是指社会保障法，这是一种狭义的界定。

我们认为，社会法所调整的社会关系应该是同类社会关系或同质社会关系，这类社会关系基本可归类为基本生活权利保障关系，法律保护的对象为社会弱势群体之自然人，法律关系主体为特定社会团体、国家和受保护之自然人；社会法是维护自然人基本权益而产生的社会关系，其法律调整方法兼具公力和私力色彩。这类法律包括弱势群体（未成年人、老年人、残疾人、妇女和消费者）的法律、基本生活保障性法律（广义社会保障性法律）、公益法以及教育权利保障法[①]。

二、社会保障法在法律体系中的地位

社会保障法以社会利益为本位，以社会公平为基本价值取向，弥补市场经济的缺陷，对社会弱势群体进行倾斜性保护，体现社会互助合作精神，以实现其在谋求社会安全的基础上促进经济与社会良性运行和协调发展的目标，体现出其具有社会法的属性。因此，在整个国家法律体系中，社会保障法是社会法之下的一个法律部门。社会保障法所调整的社会关系所涉及的领域十分广泛。社会保障法现有的法律、法规以及规章的数量已经相当可观，并还处于逐步完备的过程中，尚有许多法律、法规亟待制定出台，这是一个很大的法律群体。社会保障法是伴随着工业化的进程而出现、伴随着市场经济的发展和社会文明进步而完善起来的，具有十分广阔的发展前景。社会保障法涉及每一个社会成员，对于国民的影响巨大，是市场经济条件下保障和实现人权、维护社会安定、促进经济增长不可或缺的重要的法律部门。

三、社会保障法与相邻部门法之间的关系

与社会保障法相邻的法律部门有劳动法、经济法、行政法等，现就它们之间的关系分析如下。

（一）社会保障法与劳动法的关系

1. 社会保障法与劳动法的联系

（1）社会保障法是在劳动法的基础上发展起来的。最初的社会保障形式——社

---

① 郑尚元. 社会法的定位和未来［J］. 中国法学，2003（5）：128.

保险是为保护雇员的利益而建立的。到20世纪二三十年代，社会保障法在社会保险法的基础上扩张，突破了以雇员为保障对象的限制，将社会保障对象扩大到全体社会成员。社会保障法从劳动法中独立出来，成为涵盖社会保险、社会救助、社会福利、社会优抚等内容的新兴的社会法部门的组成部分。

（2）劳动法的调整对象与社会保障法的调整对象在社会保险领域存在交叉。职业劳动者参加的社会保险以劳动关系的存在为前提，这就决定了社会保障法与劳动法的密切关系。至今在很多国家还保持着在劳动法中规定劳动者社会保险的传统，我国的劳动法也是如此。

（3）社会保障法对劳动法功能的发挥有补充和促进作用。一方面，社会保障法为劳动者的权益提供了更有力的保障。劳动法对劳动者权益的保护以存在劳动关系为前提，大量的是在用人单位内部实现的。而社会保障法对劳动者权益的保障不以劳动关系存在为限，当企业破产倒闭、劳动者失业时也提供保护。另一方面，社会保障法为劳动关系的延续提供有利条件。社会保障法保护社会弱者，使失业者能够维持生活，包括对妇女、儿童的社会保护，都使劳动力再生产得以延续，继而使劳动关系得以延续。

2. 社会保障法与劳动法的区别

（1）调整对象不同。社会保障法调整制度化的自然人生活保障领域的社会关系，而劳动法则调整雇佣劳动关系。

（2）二者分属于不同的法律部门。社会保障法与劳动法属于互不隶属的法律部门，社会保障法隶属于社会法部门；而劳动法与社会法在起源、调整对象和调整方法上都有明显的区别，劳动法不属于社会法，而属于一个独立的法律部门。

（3）法律关系主体不同。劳动关系涉及的是劳动者与用人单位之间的关系；社会保障关系的主体更加广泛、复杂，包括政府、全体社会成员、社会保障经办机构、用人单位等。

（4）立法目的不同。社会保障法的立法目的主要是保障全体社会成员在面临生活困难时的基本生活需要，促进社会安全和发展；劳动法的立法目的主要是保障劳动者的合法权益，协调劳动关系。

（5）解决争议的程序不同。因社会保障关系发生的争议主要采用公法争议程序解决；因劳动关系引发的争议主要通过劳动争议仲裁和民事诉讼程序解决。

（二）社会保障法与经济法的关系

经济集中和垄断是经济法产生的内在原因。19世纪末20世纪初，主要发达国家先后进入垄断阶段，社会经济矛盾激化，要求国家干预经济生活，经济法由此产生。由于经济法产生的时间较短，关于经济法的调整对象、范围等基本问题一直众说纷纭。大体可以将经济法定义为调整国家对经济运行进行干预、管理或者协调过程中发生的经济关系的法律规范的总称。

1. 社会保障法与经济法的联系

（1）社会保障法与经济法都是市场经济的产物。随着市场经济的建立，社会化大生产取代了家庭的生产功能，家庭已无力对社会成员遇到的生存风险提供充分的保障。资本主义由自由竞争过渡到垄断阶段，劳资矛盾日益尖锐，工人的力量开始发展壮大，逐渐走上政治舞台，劳动者的生活保障问题逐渐得到社会各阶层的关注，政府不得不考虑建立一种社会化的保护体系，来解决劳工问题和其他社会问题，现代意义的社会保障得以产生。在市场经济条件下，竞争的发展导致垄断，出现了市场不能自行解决的经济问题，需要由国家对经济生活进行干预，出现了大量的市场规制和宏观调控的法律规范，经济法由此产生。可见，社会保障法与经济法都根植于市场经济的土壤，都是为了弥补市场的缺陷，因国家干预经济生活而产生。

（2）社会保障法与经济法都是公法与私法融合的产物。二者都不能简单地归入公法或私法，都属于第三法域。

（3）社会保障法与经济法在功能上相互补充。社会保障法的实施，对国民收入进行再分配，使社会分配更加趋于公平合理，缓和社会矛盾，维持社会安定，改善劳资关系，能够有效地促进经济法的市场规制和宏观调控功能的发挥；同样，通过经济法的实施，维护公平的竞争环境，提高经济效率，能够增加社会保障基金的来源，使社会保障法的功能得以更加充分地发挥。

2. 社会保障法与经济法的区别

（1）地位不同。虽然对经济法的调整对象还存在较大的争论，但法学界大多认为经济法是一个独立的法律部门。而社会保障法不是一个独立的法律部门，而是社会法之下的法律部门。

（2）调整对象不同。社会保障法的调整对象是为保障社会成员的基本生活需要而在国家、社会成员及其他相关主体之间发生的社会关系；经济法的调整对象是国家对经济运行进行干预、管理或者协调过程中发生的经济关系，也就是市场规制关系和宏观调控关系。社会保障法与经济法有各自的调整对象，二者互不从属。

（3）立法目的不同。社会保障法的立法目的是保障全体社会成员在面临生活困难时的基本生活需要，促进社会安全和发展；经济法的立法目的主要是维护公平、公正的市场竞争环境和优化经济结构。

（4）价值取向不同。效率与公平的矛盾是任何法律部门都必须面对的，社会保障法和经济法都必须兼顾效率与公平。但社会保障法与经济法对效率与公平的侧重有所不同，经济效率为经济法的基本价值，侧重经济的发展；与之相比，社会保障法更侧重社会稳定与公平①。

（三）社会保障法与行政法的关系

行政法是指以特有的方式调整行政——行政行为、行政程序和行政组织——的（成文或者不成文）法律规范的总称，是为行政所特有的法。② 社会保障由国家和社会举办，需要强制推行，社会保障法实施中有广泛的行政权力的介入，管理、经办社会保障事务以及监督社会保障的实施，要受一般行政法的规制，社会保障法因而具有较强的公法性，行政法的原理在社会保障法中有较广泛的适用余地，行政法上所研究的行政给付与社会保障法也有较强的关联性。即便如此，社会保障法与行政法也存在明显的区别。

（1）调整对象不同。社会保障法调整因实施社会保障而发生的社会关系，而行政法调整因行政权力行使而发生的社会关系。社会保障法尽管在一定程度上借用了行政法的外壳，但其内核却并非行政法。社会保障法虽也需规范和控制行政权，但这并非其目的，而是社会保障法实现社会成员生存保障目的的手段。社会保障法有自身独特的理念、宗旨、技术和体系，这是行政法所无法容纳的。

（2）法律性质不同。社会保障法具有公法与私法相融合的性质，而行政法是典型的公法。社会保障法中有一些具有私法性质的制度和规范，如社会保险法对保险原理的运用。

（3）功能不同。社会保障法的主要功能在于为社会成员提供生存保障，而行政法的主要功能在于规范与控制行政权。

第五节　社会保障法的功能

一、社会保障法的社会功能

社会保障法的社会功能主要表现在保障生存权、促进社会公平和稳定社会秩序

---

① 威力·凡尼库特，等. 论社会保障法[M]. 杨燕绥，董保华，译. 北京：中国劳动社会保障出版社，2003：37.
② 哈特穆特·毛雷尔. 行政法学总论[M]. 北京：法律出版社，2000：33.

方面。

（一）保障生存权功能

生存权是人类最基本的权利，是人的生命不受非法侵害以及人生存所必需的生活条件不受任意剥夺的权利，是首要的人权。生存权的实现与社会保障法密切相关。社会保障法从其所保护的权利的性质来看，是保护人的生存权利的法。保障人的生存权是社会保障法的出发点和归宿点。社会保障法作为人的生存权利保护法的本质，被多国宪法所肯定。1919年德国《魏玛宪法》第一次规定了公民的社会保障权。我国《宪法》第四十五条规定，中华人民共和国公民在年老、疾病或者丧失劳动能力的情况下，有从国家和社会获得物质帮助的权利。国家发展为公民享受这些权利所需要的社会保险、救济和医疗卫生事业。国家和社会保障残废军人的生活，抚恤烈士家属，优待军人家属。国家和社会帮助安排盲、聋、哑和其他有残疾的公民的劳动、生活和教育。这种物质帮助权实质为公民的生存保障权。在当代社会，物质匮乏是人的生存权实现的一个主要障碍。社会保障法保障人生命延续所必需的物质条件，使社会成员在遭受疾病、年老、伤残、失业、灾害等风险而失去基本生活来源、生存陷入困境时，能及时得到社会的帮助和支持，保证基本生活需要，消除、摆脱贫困，保障和实现人的生存权。社会保障的施行使社会成员获得生活安全与稳定感，从而免除其生活的后顾之忧，增强其信心，为人的全面自由发展创造物质条件和社会环境，使人们平等地参与社会生活、共享社会文明的成果。

（二）促进社会公平功能

社会公平作为社会发展的重要内容，在很早以前便成为人类追求的最高目标，它要求社会应当以公正的、不偏不倚的态度来对待每一个社会成员。社会公平体现在经济利益方面主要是社会成员之间没有过分悬殊的贫富差别。在市场经济条件下，收入分配机制与竞争机制相联系，必然导致社会成员之间在收入分配方面的不均等，甚至相差悬殊。为了解决这一社会问题，就需要运用国家的力量对社会经济生活进行干预，制定和施行社会保障法，对社会成员的收入进行必要的再分配调节，将高收入者的一部分收入适当转移给生活陷入困境的社会成员，从而在一定程度上缩小社会成员之间的贫富差距，弥补市场经济的缺陷，缓和社会矛盾，以实现社会公平。社会保障法可被称为社会公平的调节器。

（三）稳定社会秩序功能

社会稳定是人类赖以生存和发展的前提和基础，个人生活稳定又是实现社会稳定的前提和基础。个人生活安全稳定得不到保障，则无法维护和实现整个社会的稳定。没有社会的稳定，就没有经济的发展和社会的进步，而社会保障则是个人和社会稳定的重要防线。社会保障制度本身就是一种社会安全体系，它通过对面临生活风险者给予物质帮助，满足其基本生活需要，消除社会成员的不安全感，从而维护社会稳定。社会保障法可被称为社会稳定的"安全网"。

二、社会保障法的经济功能

（一）国民收入的再分配功能

由于市场机制的内在缺陷，国民收入由市场机制初次分配的结果必然是财富和收入在社会成员之间的分配不公、贫富悬殊和两极分化，这不仅会危及社会稳定，而且也会影响市场机制本身健康有序的运行和经济效率的提高。因此，需要由国家凭借其公权力对收入分配进行干预，建立再分配体系，以维护社会公平，实现经济与社会的协调发展。社会保障是国民收入再分配的基本部分。通过社会保障法的施行，政府和非政府公共机构以征税、收费等方式，从在市场竞争中处于优势、获得较多收入的群体中抽取部分利益进行二次分配，用于向生活困难的社会成员提供货币、实物、劳务等形式的帮助。

（二）劳动力再生产和配置功能

保护劳动力的再生产和合理配置劳动力资源是市场经济的客观要求。在市场经济条件下，竞争机制所形成的优胜劣汰，必然会造成部分劳动者被迫退出劳动力市场，从而使其本人和家庭因失去收入而陷入生存危机。社会保障通过提供各种帮助使这部分社会成员获得基本的物质资料，维持基本生活水平，从而保护劳动力的生产和再生产。社会保障法的施行有效地缓解了人们的生存风险，在一定程度上也会影响人们的行为选择。市场经济要求建立劳动力合理流动机制，社会保障法通过建立全社会统一的保障网络，打破家庭保障或企业保障的局限，减少劳动力流动的风险，使劳动者在更换劳动岗位时没有后顾之忧，在一定程度上促进了劳动力的自由流动与合理配置。此外，随着市场经济的发展，日益增多的社会保障项目必然给社会成员提供更多的社会保障服务，而社会保障的服务性工作的增多，也会增加劳动者的就业机会。

（三）经济调节功能

社会保障法的经济调节功能表现在调节社会总供给和总需求方面。保持社会供求的总量平衡是经济稳定增长的基本要求，由于市场经济本身的局限性，经济运行不可能自行保持总量的平衡，因而必须通过国家的各种宏观调控措施加以调节。社会保障具有调节市场经济中供求关系的蓄水池作用，能够在一定程度上平抑经济过热或过冷的现象，促进国民经济的良性循环。社会保障的支出是随着市场经济的运行变化而增减的。在经济处于高涨时期，社会保障的支出会相应地缩减，社会保障基金的存储规模会随之增大，从而减少社会需求的急剧膨胀；而当经济处于萧条时期，社会保障的支出会相应地增加，促使社会总需求相应地扩大，并在一定程度上促进经济复苏。

第六节　社会保障法的法律渊源

社会保障法的法律渊源也就是社会保障法借以表现的形式，是指由法定国家机关制定的，具有不同法律地位或效力的社会保障法的具体表现形式。在不同国家，由于经济发展水平、政治法律制度、文化传统、民族习惯的不同，或者在同一国家的不同历史时期，由于经济状况、政治制度、所处国际环境以及所受政治、法律、道德等方面不同思想派别影响的差异，社会保障法会有不同的法律形式。我国社会保障法的法律形式主要有宪法中有关社会保障的规定、法律、行政法规和部门规章、地方性法规和地方政府规章以及我国缔结或参加的国际条约。我国社会保障法的法律渊源有以下几种形式。

一、宪法中有关社会保障的规定

宪法是国家的根本法，具有最高法律效力，其中有关社会保障的规定是我国社会保障法的法律渊源，其他社会保障立法都不得同宪法相抵触。如《宪法》第四十四条规定，国家依照法律规定实行企业事业组织的职工和国家机关工作人员的退休制度。退休人员的生活受到国家和社会的保障。第四十五条也对社会保障作出规定，中华人民共和国公民在年老、疾病或者丧失劳动能力的情况下，有从国家和社会获得物质帮助的权利。国家发展为公民享受这些权利所需要的社会保险、社会救济和医疗卫生事业。国家和社会保障残废军人的生活，抚恤烈士家属，优待军人家属。国家和社会帮助安排盲、聋、哑和其他有残疾的公民的劳动、生活和教育。宪法适用于中华人民共和国全部领土范围，这些规定既是我国社会保障法的重要法律渊源，也是我国进行其他社会保障立法的最根本依据。

二、法律

这里所称的法律是指由全国人民代表大会或其常务委员会制定的有关社会保障的

规范性文件。它包括专门的社会保障法律和其他法律中包含的有关社会保障的规定。在社会保障法的法律形式中，法律居于第二个层次，其效力仅次于宪法。如在《劳动法》、《社会保险法》、《残疾人保障法》、《妇女权益保障法》、《中华人民共和国老年人权益保障法》（以下简称《老年人权益保障法》）、《未成年人保护法》、《母婴保健法》、《军人保险法》、《退役军人保障法》、《军人地位和权益保障法》中，都有关于社会保障的法律规范。法律应成为我国社会保障法的主要渊源，我国应加强专门的社会保障法律的立法工作。

三、行政法规和部门规章

行政法规是指由国务院制定的关于社会保障的规范性文件。如《工伤保险条例》《失业保险条例》《城市居民最低生活保障条例》《社会保险费征缴暂行条例》《军人抚恤优待条例》等。在我国目前社会保障法律不健全的情况下，行政法规有着特殊的作用。

部门规章是指由国务院有关部委和具有行政管理职能的直属机构制定的关于社会保障的规范性文件。较多制定社会保障部门规章的是人力资源社会保障部（劳动部、人事部、劳动和社会保障部）、财政部、民政部等部门。

四、地方性法规和地方政府规章

地方性法规是指省、自治区、直辖市的人民代表大会及其常务委员会以及设区的市的人民代表大会及其常务委员会，根据本地的具体情况和实际需要制定的关于社会保障的规范性文件。地方政府规章是指省、自治区、直辖市和设区的市、自治州的人民政府制定的关于社会保障的规范性文件。我国地域辽阔，各地经济发展水平不平衡，各地可以在不同宪法、法律和行政法规相抵触的前提下，因地制宜，制定关于社会保障的地方性法规和地方政府规章，在本行政区域内适用。

五、我国缔结或参加的国际条约和签署的双边协定

第二次世界大战以后，社会保障发展史上出现了一个新的现象，就是社会保障的国际化，并出现了大量的有关社会保障的国际公约和双边协定。我国缔结或参加的有关社会保障的国际条约和签署的双边协定，对我国有法律约束力，也是我国社会保障法的法律形式之一。

本章小结

　　社会保障，是指通过法律规定，由国家和社会举办，对社会成员在年老、疾病、工伤、失业、生育、遭遇灾害、面临生活困难时，给予物质帮助，以保障其生活需要的制度。我国社会保障制度包括社会保险、社会救助、社会福利和社会优抚。即社会保障法是调整社会保障关系的法律规范的总称。社会保障法具有公法与私法的融合性、严格的强制性、实体法与程序法的统一性和特定的技术性等特征。社会保障法的调整对象即社会保障关系，这一关系是为保障社会成员的基本生活需要而在国家、社会成员及其他相关主体之间发生的社会关系，社会保障法以其特定的调整对象区别于其他法律部门。社会保障法的基本原则贯穿于整个社会保障法，统率社会保障法的各项制度及规范，是社会保障立法、执法、司法、守法以及研究社会保障法的总的指导思想。社会保障法的功能可以分为社会功能和经济功能两个方面。社会保障法与相邻部门法之间既有区别又有联系。我国社会保障法的法律渊源指具有不同法律效力和法律地位的社会保障法的具体表现形式。

 复习思考题

1. 什么是社会保障？
2. 什么是社会保障法？
3. 社会保障法有哪些特征？
4. 社会保障法的调整对象包括哪些社会关系？
5. 试述社会保障法的基本原则的含义和功能。
6. 论述社会保障法与劳动法的关系。
7. 社会保障法与行政法有何区别？
8. 社会保障法的社会功能、经济功能表现在哪些方面？
9. 我国社会保障法的法律渊源主要有哪些？

第十三章
国际社会保障立法及国际合作

>> 学习要点

掌握国际劳工组织的社会保障立法和联合国的社会保障立法概况。
了解欧盟和其他地区性的社会保障立法。

>> 关键概念

国际社会保障立法　国际劳工组织

　　国家间社会保障法律制度的差别是劳动力合理流动的障碍，不利于经济全球化的发展和劳动力市场一体化的形成，因而不同国家的社会保障法律制度需要协调。协调方法包括通过国际组织的国际立法实现统一的社会保障法律制度和通过国与国之间的双边或者多边协议建立国际合作与协调。因此，在各国国内社会保障立法以外还存在着一类特殊的社会保障立法，即由若干国家或者国际组织共同制定和实施的国际社会保障立法。国际社会保障立法不是由一个国家自行制定和实施的，其适用范围超出一国国界，因而在性质、作用、内容和形式等方面颇具特点，需要专门加以研究。

第一节　国际劳工组织及联合国的社会保障立法

一、国际劳工组织的社会保障立法

在国际劳工组织制定的公约和建议书中，有数十个涉及社会保障事项，大体列举如下。

（一）综合性社会保障公约

国际劳工组织制定的综合性社会保障公约有三项，即 1952 年通过的《社会保障（最低标准）公约》（第 102 号）、1962 年通过的《（社会保障）同等待遇公约》（第 118 号）、1982 年通过的《维护社会保障权利公约》（第 157 号）。

《社会保障（最低标准）公约》是国际劳工大会制定的最有影响的社会保障国际公约，它确立了应当把社会保障作为一种普遍性制度加以实行的原则，对社会保障在各国的建立和推广起了重要的作用，被誉为"社会保障的国际宪章"。它确定社会保障包括九个项目，即医疗保险、疾病补助、失业保险、养老保险、工伤赔偿、家属津贴、生育补助、伤残恤金和遗属恤金。批准本公约的会员国，必须实行上述九项中的至少三项。

（二）医疗保险方面

1927 年通过《（工业）疾病保险公约》（第 24 号）和《（农业）疾病保险公约》（第 25 号）。

（三）疾病补助方面

1969 年通过《医疗和疾病津贴公约》（第 130 号）。

（四）失业保险方面

1934 年通过《失业补贴公约》（第 44 号），1988 年通过《促进就业和失业保护公约》（第 168 号）。

（五）工伤保险方面

1921 年通过《（农业）工人赔偿公约》（第 12 号），1925 年通过《工人（事故）

赔偿公约》(第17号)、《工人(职业病)赔偿公约》(第18号),1934年通过《工人(职业病)赔偿公约(修订)》(第42号),1964年通过《工伤事故和职业病津贴公约》(第121号)。

(六)养老、伤残及遗属保险

1933年通过《(工业等)老年保险公约》(第35号)、《(农业)老年保险公约》(第36号)、《(工业等)残疾保险公约》(第37号)、《(农业)残疾保险公约》(第38号)、《(工业等)遗属保险公约》(第39号)、《(农业)遗属保险公约》(第40号)。1967年对以上公约修订后合并成《残疾、老年和遗属津贴公约》(第128号)。

(七)生育补助方面

1919年通过《生育保护公约》(第3号),1952年通过《生育保护公约(修订)》(第103号)。

二、联合国的社会保障立法

(一)《世界人权宣言》中有关社会保障的规定

1948年12月10日,联合国大会通过的《世界人权宣言》第22条规定,每个人,作为社会的一员,有权享受社会保障,并有权享受他的个人尊严和人格的自由发展所必需的经济、社会和文化方面各种权利的实现,这种实现是通过国家努力和国际合作并依照各国的组织和资源情况。第23条规定,(1)人人有权工作、自由选择职业、享受公正和合适的工作条件并享受免于失业的保障;(2)人人有同工同酬的权利,不受任何歧视;(3)每一个工作的人,有权享受公正和合适的报酬,保证使他本人和家属有一个符合人的尊严的生活条件,必要时并辅以其他方式的社会保障;(4)人人有为维护其利益而组织和参加工会的权利。第25条规定,(1)人人有权享受为维持他本人和家属的健康和福利所需的生活水准,包括食物、衣着、住房、医疗和必要的社会服务;在遭到失业、疾病、残废、守寡、衰老或在其他不能控制的情况下丧失谋生能力时,有权享受保障。(2)母亲和儿童有权享受特别照顾和协助。一切儿童,无论婚生或非婚生,都应享受同样的社会保护。

(二)《经济、社会及文化权利国际公约》中有关社会保障的规定

1966年12月16日,联合国大会通过了《公民权利和政治权利国际公约》和《经

济、社会及文化权利国际公约》。1976年1月3日《经济、社会及文化权利国际公约》生效，中国政府于1997年10月27日签署该公约，全国人大常委会于2001年2月28日批准该公约。《经济、社会及文化权利国际公约》充分考虑到经济、社会和文化权利的特殊性，要求各缔约国尽其最大能力，采取步骤，借助于国际合作，通过立法措施和适当方法逐步使公约确认的权利充分实现。公约共31条，包括序言和四部分内容。公约保护的经济、社会和文化权利主要包括：（1）工作权，即人人应有机会凭其自由选择和接受的工作谋生的权利；（2）人人有权享受公正和良好的工作条件；（3）人人有权组织工会和参加他所选择的工会；（4）人人有权享受社会保障，包括社会保险；（5）对家庭应给予尽可能广泛的保护和协助；（6）人人有获得相当的生活水准的权利和免于饥饿的基本权利；（7）人人有权享有能达到的最高的体质和心理健康的标准；（8）人人有受教育的权利；（9）人人有参加文化生活、享受科学进步及其应用所产生的利益的权利。

（三）联合国有关社会保障的其他国际公约

联合国大会1965年12月21日通过的《消除一切形式种族歧视国际公约》、1979年12月18日通过的《消除对妇女一切形式歧视公约》、1989年11月20日通过的《儿童权利公约》、2006年12月13日通过的《残疾人权利国际公约》等也有很多内容涉及社会保障。

联合国在半个世纪的风雨历程中，为社会保障在各国的推行做了大量有益的工作，有力地促进了各国社会保障制度的发展。

第二节 地区性的社会保障立法

一、欧洲联盟的社会保障立法

（一）欧洲联盟在社会方面的任务

欧洲联盟的前身为欧洲共同体。1993年11月1日，欧共体成员国通过的《政治联盟条约》和《欧洲经济与货币联盟条约》（统称《欧洲联盟公约》，即《马斯特里赫特条约》）生效，欧洲共同体更名为欧洲联盟（简称欧盟）。欧洲联盟是目前一体化程度最高的区域性国际组织。根据《马斯特里赫特条约》，欧共体法全部原则、规则和规章制度维持不变。

欧盟主要有两大社会性任务。第一，提高欧盟成员国的就业水平，通过劳动力的自由流动，更好地调节欧盟地域范围内工作岗位的供给和需求。第二，采取使成员国国内立法逐渐趋同等措施，使欧盟范围内雇员的生活和工作条件趋向平等。《马斯特里赫特条约》指出，欧共体应促进社会保障水平的完善。该条约第117条规定，欧共体及其成员国的目标在于，在社会进步中，平衡地促进就业水平的提高、生活和工作条件的改善，提供适当的社会保障水平、社会对话，以及发展有利于持续提高就业水平和减轻社会遗弃现象的人力资源。

（二）欧洲联盟成员国的社会保障法律冲突问题

随着跨国交往的日益频繁，移民和境外务工人员日渐增加。但各国的社会保障制度都具有本土性，即只适用于在本国领土上居住或工作的人，如果移居他国或者到他国工作，他们原来在移出国的社会保障缴费和待遇给付就可能由此中断，而参加移入国的社会保障却未必能够符合有关国籍和居住期的严格规定，这就使移民和境外务工人员无法得到有效的社会保障，不利于人员在不同国家间的流动。出现这一现象的根源在于各国社会保障法律的并立和冲突。这一问题单靠一国是无法彻底解决的，必须进行国际合作。这对各国的社会保障制度提出了一系列问题。如是由移出国还是移入国来为移民和境外务工人员提供社会保障待遇？如果是由移出国提供，那么移民和境外务工人员如何缴纳其应付的社会保障费？如果是由移入国提供，移入国如何将移民和境外务工人员纳入社会保障体系？为了在欧盟范围内建立统一市场，实现人员和劳务的自由流通，就必须克服社会保障制度上的障碍。

（三）欧洲联盟成员国社会保障法律冲突的解决

欧共体《罗马条约》第51条规定，欧共体部长理事会对委员会提出的建议以一致同意的方式，采取社会保障方面的必要措施，以建立促进人员自由流动的适用于流动的劳动者及其家属的规范，使他们在不同成员国的工作期限能够在保障权利的享有、维持和计算方面得以连续考虑，并且实行超过成员国国界的待遇发放。根据这些规定，欧洲理事会通过了若干协调各成员国社会保障制度以解决各成员国社会保障法律冲突的条例，包括1971年第1408/71号《关于适用于薪金雇员和自由执业者及其家属在共同体内流动的社会保障制度的条例》、1972年第574/72号《关于上述条例的适用方法的条例》、1983年第2001/83号对上述条例进行修订的条例。这些条例对成员国具有直接的约束力（不需要任何事先批准），并适用于整个欧盟。

这些条例并不是要建立欧盟成员国统一的立法，而是为流动的劳动者确定在社会保障问题上所适用的法律，使成员国的法律具有域外效力。第 1408/71 号条例规定的基本原则是，用工作地点来作为确定对当事人可适用的国家体系的标准；原则上，所有对成员国的居民的差别待遇不复存在；如有必要，移民劳动者的权利根据他曾在不同国家的保障体系中所完成的期间确定。①

二、其他地区性的社会保障立法

除欧盟外，其他一些地区的社会保障立法也取得了一定的成果。主要有：1950 年签署的以航行于莱茵河的船员为对象的社会保障条约；1957 年签署的以欧洲铁路、公路、航空运输劳动者为对象的欧洲水陆运输国际社会保障条约；1971 年非洲统一组织签署了《社会保障一般条约》；中北美地区国家形成了《社会保障多国条约》；1981 年丹麦、芬兰、冰岛、挪威和瑞典签订《北欧五国社会保障条约》，规定五国之间在老年（含病残和遗属）、疾病、职业伤害、生育、失业保障和家庭救助（含儿童补贴）等社会保障项目下，对移民实行国民待遇。

本章小结

在国际劳工组织制定的公约中，有数十个涉及社会保障事项。《社会保障（最低标准）公约》是国际劳工大会制定的最有影响的社会保障国际公约，它确立了应当把社会保障作为一种普遍性制度加以实行的原则，对社会保障在各国的建立和推广起了重要的作用，被誉为"社会保障的国际宪章"。联合国大会通过的《世界人权宣言》《经济、社会及文化权利国际公约》以及其他一些国际公约中也有很多关于社会保障的规定。欧洲联盟和其他一些地区的社会保障立法也取得了一定的成果。

复习思考题

1. 简述国际劳工组织的综合性社会保障立法。
2. 联合国的社会保障立法主要有哪些？
3. 欧洲联盟的社会保障立法取得了哪些成果？

---

① ［法］让-雅克·迪贝卢，爱克扎维尔·普列多. 社会保障法［M］. 北京：法律出版社，2002：201.

第十四章
当代社会保障法律体系及立法价值取向

>> 学习要点

掌握社会保障法律规范体系的构成，了解国外社会保障法的立法体系模式和我国的选择。

掌握社会保障法的公平价值，了解社会保障法的秩序、效率价值。

>> 关键概念

社会保障法律体系　社会保障法的立法模式　社会保障法的价值取向

第一节　社会保障法律体系

社会保障法律体系，可以从法律规范体系和立法体系两个层面来理解。

社会保障法律规范数量巨大、内容各异，但它们不是杂乱无章地堆积在一起的，而是按照一定的标准分类组合，成为体系化、系统化的相互联系的有机整体。一国现行的全部社会保障法律规范按照一定的标准分类组合而形成的有机联系的统一整体，称为该国的社会保障法律规范体系。社会保障法律规范体系是一个科学、完整的体系。在我国社会保障制度改革过程中，如何设计社会保障法律体系的结构，是从宏观上把握和指导社会保障立法需要研究的问题。根据我国的国情以及社会保障发展的目标，我国社会保障法律规范体系应由四个方面构成。

一、社会保障实体法

社会保障实体法是具体规定社会保障项目的法律规范，是社会保障法的核心内容。我国社会保障实体法的主要内容包括社会保险法、社会救助法、社会福利法和社会优抚法。社会保险法是社会保障实体法中的基本部分，是保障被保险人在因年老、疾病、伤残、生育、死亡、失业等风险，导致支出增加或者收入中断、减少甚至丧失的情况下，给予物质帮助，使其仍能保持基本生活水平的法律制度。社会救助法是规定由国家和社会按照法定的标准，在公民无法维持最低生活水平时，向其提供满足最低生活需求的物质帮助的法律制度。社会福利法是规定由国家和社会为了改善和提高社会成员的生活质量而提供各种设施、服务和采取措施的法律制度。社会优抚法是规定国家和社会对社会优抚对象实施特殊物质帮助和精神抚慰的法律制度。为使众多的社会保障项目都有法可依，社会保障实体法应该涵盖所有的社会保障项目。随着经济、社会的发展和改革的深化，还会有新的社会保障项目出现，社会保障实体法要及时反映新出现的社会保障项目。

二、社会保障组织法

社会保障组织法是规定被授权或被委托履行社会保障职责的组织的设立及其职责、权限等内容的法律规范。各类社会保障组织分别负责社会保障事务的决策、管理、经办、基金运营、监督等项工作，已成为一个独立的社会管理和社会工作系统，在现代社会中发挥着重要作用，须纳入法律调整的范围。

三、社会保障基金法

社会保障基金法是规定社会保障基金的筹集、支付、运营、管理、监督等内容的法律制度。社会保障基金是社会保障事业的物质基础，也是社会保障法调整的一项重要内容，有的国家在社会保障基本法中设专章进行规定，有的国家制定专门的社会保障基金法进行规定。

四、社会保障程序法

社会保障程序法规定社会保障工作程序以及社会保障争议的调解、复议、仲裁、诉讼等内容。社会保障程序法是社会保障实体法得以顺利实施的保障。

第二节 社会保障法的立法模式选择

一、国外社会保障法的立法模式

社会保障立法受国家的政治经济条件、历史文化传统、法律观念等多种因素的影响,自社会保障法律制度产生以来,各国和地区形成了各具特色的社会保障法律制度。世界各国和地区社会保障法的立法模式主要有分散立法模式和总分立法模式两种。

(一)分散立法模式

分散立法模式,即针对社会保险、社会救助、社会福利、社会优抚等社会保障项目分别立法,各自调整某类社会保障项目所涉的社会关系。其特点是多部社会保障单行法并存,互不隶属,共同调整社会保障关系。这种模式由德国首创,德国于1883年颁布《疾病保险法》、1884年颁布《工伤事故保险法》、1889年颁布《老年和残疾保险法》。日本也采用由多部平行的社会保障法律共同构成其社会保障法律体系的立法模式。平行模式的优点是灵活性强,制定、修改比较容易;缺点是没有一部基本法总揽全局,各个社会保障单行法之间可能出现矛盾和冲突。

(二)总分立法模式

总分立法模式,即统一制定一部社会保障基本法,综合规定各类社会保障项目的基本问题,再依据基本法就各类社会保障项目分别制定若干单项法律、法规。这种一法统驭、多法并行的体系呈现出层次性,有利于社会保障法的一体化、规范化以及立法形式多样化。这种模式由美国首创,罗斯福新政时期于1935年颁布《社会保障法》。这种模式的优点是有利于整个社会保障法律体系的稳定、协调和统一,防止不同社会保障立法之间的矛盾和冲突。但这种模式必须在各方面条件比较成熟的时候才能运用。

二、我国社会保障法的立法模式选择

我国的社会保障立法还处于初创时期,长期以来采用"分散立法"体例,尚未制定关于社会保障的综合性法律,只有《社会保险法》一部专门的社会保障法律,几部社会保障行政法规,以及大量的规章和规范性文件。立法层次低,缺少统一性、稳定

性和权威性，远未形成完整的体系。从我国的现实来看，社会保障立法不可能一蹴而就。建立完备的社会保障立法体系应分两步走，即确立社会保障立法的近期和远期目标，分步骤实现。

（一）理想的社会保障立法体系模式

在我国，理想的社会保障立法模式应是总分立法模式，即以社会保障基本法为龙头，以专项的单行立法相配合，形成完整、统一的社会保障立法体系。理由如下。

（1）采取总分立法模式，使所有立法都遵守共同的准则，有利于建立系统、全面、完善、协调的社会保障法律体系，克服社会保障法律之间的冲突和矛盾。

（2）我国社会保障制度中的诸多问题需要整体谋划，各种社会保障项目与具体制度设计都应统筹考虑，很多问题都是单行立法不能解决的。

（3）社会保障法律制度是一项系统工程，它具有长期性、根本性和全面性，不是临时的政策、具体的措施抑或局部的规定，因此，必须由社会保障基本法作出整体规定，不能零敲碎打、不求统一。

（4）社会保障制度应在全国范围内统一实施，因而社会保障立法不应各地各行其是，形成地区之间制度的不平衡。因此，需要有一个基本法对地方立法进行统一、协调并指导其发展。

社会保障事关基本人权的保障和实现，涉及国民收入的再分配、经济和社会政策的实施及社会的稳定，故社会保障基本法应由全国人民代表大会制定，其他主干的单项社会保障立法，如《社会保险法》《社会救助法》《社会福利法》《社会保障基金法》等也应由全国人民代表大会或其常务委员会制定。上述社会保障立法执行中所涉与行政有关的事项可由国务院依照宪法和法律制定行政法规。执行社会保障法律和行政法规过程中所涉具体事项可由国务院有关的部委制定部门规章。在法律和行政法规允许地方自行决定的事项上可以制定地方立法。

（二）近期的社会保障立法体系模式

我们应该充分地认识到，一个理想的社会保障立法体系的建成不是一蹴而就的，国外的社会保障立法历程也给我们这样的启示。从中国的现实国情出发，由于社会保障的内容广泛和由多部门管理，以及以往的立法惯例、立法结构和经验，在近期内制定综合性的社会保障法作为基本法的条件尚不成熟，而社会保障领域又迫切需要相应的法律规范来加以调整。我国社会保障立法，在步骤上可采用先分步单项立法然后统一的方式，当前宜采用多法并立的分散立法模式，即根据社会保障体系的各个子系统，在尊重现有立法格局与立法传统的基础上，分别制定《社会保险法》《社会救助法》《社会福利法》等多部平行的社会保障单行法律。2010年制定的《社会保险法》可看作是这种模式的开端。随着我国各项改革的逐步深化，社会保障制度逐步完备，社会保障立法经验日益丰富，在条件成熟时，应当适时地进行社会保障基本法的编纂工作，以使我国社会保障法律体系得以完备，功能得以充分发挥。

第三节　社会保障法的价值取向

社会保障法的价值一方面体现了人与社会保障法之间需要和满足的关系，即社会保障法的价值关系；另一方面它又体现了社会保障法所具有的对人有意义的可以满足人的需要的功能和属性。法律制度的价值一般包括秩序、正义、自由、效率、平等、安全等内容。但由于各个部门法的调整对象、调整方法和自身功能的差异，使得各个部门法的基本价值取向有不同侧重。社会保障法律制度的价值取向表现为公平、秩序和效率三方面。

一、公平价值

公平是人类追求的崇高理想，是法律制度的价值基础，也是社会保障法的重要理论基点和立法初衷，在社会保障法诸价值中占有首要地位。社会保障法是最直接体现公平价值的法律规范，其产生、发展的历程表现出非常明显的对公平价值的追求。公平要求社会应当以公正的、不偏不倚的态度来对待每一个社会成员，保持社会成员之间的利益关系的均衡。一般而言，社会是否公平，主要体现在社会成员的收益分配与生活状况等方面，并客观上充当着评价每一社会发展阶段的发展水平状况的标志。[①] 市场经济能够优化资源配置，创造高效率。但是，市场机制也会对社会产生一些负面影响，市场经济运行的某些结果并不符合公平标准。例如，市场经济会导致社会成员的分配不公平和收入差距的两极分化问题，这是市场经济运行所产生的必然结果。这种结果在激励方面具有一定的积极作用，但也可能导致社会矛盾激化，从而影响社会稳定，阻碍或破坏市场经济的正常运行及发展，因而必须把市场经济的负效应控制在一定的限度之内。社会保障法可以对社会成员之间的不公平状态进行必要的调整，消除或减少市场经济的负效应，既有利于提高社会的公平程度，又有利于促进市场经济的发展。社会保障法对公平的促进作用主要表现在三个方面。

---

① 郑功成. 社会保障学 [M]. 北京：商务印书馆，2000：190.

（一）社会保障法可以促进机会的公平

完善的社会保障制度是面向全体社会成员的，任何社会成员只要符合法律规定的条件，均被纳入社会保障范围，获得社会保障的机会。社会保障的社会化程度越高，此种机会的均等体现得越充分。每一个社会保障项目对于其适用范围内的社会成员而言，都是一种在机会的获得上体现公平的保障。

（二）社会保障法可以促进起点与过程的公平

社会保障法能够为社会成员提供基本生活保障，避免他们因先天不足或某些社会风险的影响而陷入生存困境，在一定程度上维持社会成员发展起点和过程的公平。

（三）社会保障法可以促进结果的公平

市场经济的分配原则是效率优先，市场经济本身没有自发实现分配公平的机制。缓解这一矛盾的方法就是先按效率优先的市场原则进行分配，再通过政府的再分配政策来解决收入不公问题，在一定程度上实现收入分配公平化。社会保障属于分配范畴，是对国民收入的再分配，具有调节收入差距的功能。一方面，社会保障在筹资方式上，一般要求高收入者多缴纳费用，低收入者少缴纳费用；另一方面，收入高的社会成员因其生活水平高而享受社会保障待遇的机会要少，而贫困、低收入的社会成员享受社会保障待遇的机会要多。从总体上看，后者较前者更能从社会保障制度中获得好处。社会保障法通过上述"付出"与"享受"的调整，将一部分国民收入集中起来进行再分配，客观上起到了调节收入差距、促进结果公平的作用。

二、秩序价值

秩序是指自然界和人类社会发展和变化的规律性现象。秩序总是意味着某种程度的关系的稳定性、结构的一致性、行为的规则性、进程的连续性、事件的可预测性以及人身财产的安全性。秩序的存在是人类活动的必要前提。社会保障法律制度对于保障和促进社会秩序具有重要的作用。

（一）社会保障法有助于建立和维护社会成员正常的、基本的生活秩序

生活秩序是一切社会秩序的基础。当公民在遇到年老、疾病、伤残、生育、失业、灾害等风险而收入或生活来源中断、减少甚至丧失，进而影响其基本生活时，人们正常的生活秩序将被破坏。社会保障帮助社会成员建立生活保护体系，通过提供物质帮

助，实现社会成员生活秩序的稳定性和连续性。

（二）社会保障法有助于建立和维护和谐稳定的社会秩序

当众多社会成员的个人生活秩序被破坏，就可能导致社会秩序的混乱。没有稳定的社会秩序，就没有经济的发展和社会的进步。而社会保障法建立起一套社会安全体系，是社会稳定的重要防线，它通过对没有生活来源者、贫困者、遭遇不幸者和失去劳动能力或工作岗位的劳动者提供援助，满足其基本生活需要，消除恐惧、忧虑和不安全感，以维护稳定的社会秩序。因此，社会保障又被誉为"社会安全网"和"社会稳定器"。

（三）社会保障法有助于建立和维护稳定的经济秩序

社会保障通过对社会成员收入水平的调节，以及为社会成员提供多方面的保障，可以避免社会成员因生活陷入困境而与社会对抗，消除社会的不稳定因素，为经济发展提供良好的社会环境。

三、效率价值

经济社会发展既应维护应有的公平，又应是高效率的。效率的基本含义是指从一个给定的投入量中获得最大的产出，即以最少的资源消耗取得同样多的效果，或以同样的资源消耗取得最大的效果。社会保障法可以提高效率。

（一）社会保障法可以为经济发展创造良好的社会环境

社会保障法可以缓解贫困，保障社会成员的基本生活，在一定程度上缩小收入差距，缓和社会矛盾，解决社会问题，从而创造一个安定的社会环境，这是提高效率的重要前提。随着社会保障法的实施，扩大了人们的消费需求，社会保障机构及相关服务业也创造了大量的就业机会，从而有利于经济的良性发展。

（二）社会保障法可以免除社会成员的后顾之忧，调动其劳动积极性

社会保障法为社会成员提供基本的物质保证，使其得到基本生活保障和生息、繁衍的经济条件，解决单靠家庭和个人难以解决的困难，从而免除其后顾之忧，使社会成员切实认识到自己的主体地位，认识到自己的人权获得尊重和保障，有利于其全身心地投入劳动过程，发挥其劳动积极性，创造出更多的劳动成果。

（三）社会保障法可以保证社会再生产所需劳动力的供给

社会保障法不仅可以提供基本的生活保障，维持社会成员的生活，使其恢复、补充和保持充分的劳动力，而且还可提供健康保障和教育培训保障，从而提高社会成员的身体、心理和技能素质，保证劳动力供给的充分性。

（四）社会保障法有利于劳动力市场的完善和发展

社会保障法使劳动者可以摆脱对企业保障的依赖，进入劳动力市场自主择业，减少劳动力流动的风险，因而有利于促进劳动力市场的完善、劳动力的合理流动和劳动力资源的有效配置。

（五）社会保障法可以促进经济发展，减缓经济波动的危害

社会保障具有调节市场经济供求关系的作用，能够在一定程度上平抑经济过热或过冷的现象，促进国民经济的良性循环。社会保障基金经过长期的积累，形成了庞大的资产，成为投资融资的一大财源。国家通过立法规定社会保障基金的投资项目和投资比例，指导投资的方向，会促进社会保障基金向国家鼓励的产业领域投资，从而成为国家对国民经济进行宏观调控的有效手段。同时，社会保障基金的投资收益，也会使社会保障基金本身保值增值。因而社会保障法在促进经济发展、减缓经济波动的危害方面具有重要作用。

本章小结

> 社会保障法律体系，可以从法律规范体系和立法体系两个层面来理解。一国现行的全部社会保障法律规范按照一定的标准分类组合而形成的有机联系的统一整体称为该国的社会保障法律规范体系。中国社会保障法律规范体系由社会保障实体法、社会保障组织法、社会保障基金法和社会保障程序法构成。国外社会保障法的立法模式主要有分散立法模式和总分立法模式两种。我国理想的社会保障立法模式应是总分立法模式，即以社会保障基本法为龙头，以专项的单行立法相配合，形成完整、统一的社会保障立法体系，在步骤上可采用先分步单项立法然后统一的方式。社会保障法律法的价值取向表现为公平、秩序和效率三方面，其中公平价值在社会保障法诸价值中占有首要地位。

复习思考题

1. 社会保障法律规范体系应由哪些方面构成?
2. 中国应如何选择社会保障法的立法模式?
3. 试述社会保障法的价值取向。

第十五章
养老保险法律制度

>> 学习要点

重点掌握养老保险的概念和法律特征、养老保险法的基本原则、我国养老保险的保障对象范围、国际上普遍采用的养老保险基金筹资模式、养老保险基金的来源、养老保险待遇的享受条件。

了解国外和我国的养老保险立法情况、养老保险待遇的内容和标准、养老保险待遇的发放。

>> 关键概念

养老保险　养老保险法　养老保险法的基本原则　养老保险的保障对象　养老保险基金　养老保险基金的筹资模式　养老保险待遇的给付

第一节 养老保险法律制度概述

一、养老保险法的概念

（一）养老保险的概念

养老保险又称老年保险、年金保险，是指国家通过立法建立养老保险基金，在被保险人达到法定年龄后，从养老保险基金中领取养老金，以保障其基本生活的一种社会保险制度。其目的是向符合条件的老年人提供物质帮助，以使其老有所养，安度晚年。养老保险对于应对老年生存风险、保障老年人的基本生活、安定社会秩序、促进经济发展和社会进步等具有重要意义。

我国按照职业和人群实施不同的养老保险制度，有职工养老保险、机关事业单位工作人员养老保险和城乡居民养老保险三种。我国实行多层次的养老保险制度，养老保险制度由基本养老保险和补充养老保险构成。基本养老保险是按国家统一规定实施的为保障退休或达到法定年龄人员基本生活需要的一种养老保险制度。补充养老保险是指由企业或者机关、事业单位在国家规定的实施政策和实施条件下为本单位职工建立的辅助性的养老保险。

（二）养老保险的法律特征

1. 养老保险以保障老年生活安全为目的

养老保险通过向符合条件的社会成员提供稳定可靠的物质帮助，来满足老年人的基本生活需要。这一标准低于劳动者的工资收入水平，高于社会救助水平。这样，劳动者就不必为老年生活而担忧，能够激发其劳动的积极性，促进劳动生产率的提高和整个社会的安定。

2. 享受养老保险待遇的基本条件是达到法定年龄

享有养老保险待遇者须为老年人，而老年人的一般判断依据是年龄。至于在年龄之外是否还需符合其他条件，则根据不同的养老保险类别而有所差异。一般还有缴费年限、退出劳动岗位等条件要求，但达到法定年龄是最基本的条件。

3. 养老保险应对的风险是被保险人在年老后维持生活的风险

养老保险所应对的社会风险的发生具有高度的确定性。对于一个正常度过一生的人来说，年老是必然到来、不可避免的，因而养老保险所应对的年老后维持生活的风险在一定程度上是可预测的、确定的风险。而其他社会保险所针对的疾病、工伤、失业等风险的发生具有不确定性。

4. 养老保险是时间跨度最长的社会保险项目

被保险人从缴纳养老保险费开始，即进入养老保险的法律关系中，需要缴费至法定年限，在退出劳动岗位或达到法定年龄时，开始享受养老保险待遇，直至离世，这期间可达数十年。因此，对养老保险须进行长远规划，这也导致其所需资金多于其他社会保险项目，养老保险基金的规模巨大。

5. 养老保险待遇给付具有持续性

养老保险保障的是长期生活需求，该需求的满足受到被保险人的寿命、物价涨幅、币值稳定性等因素的影响，如采取一次性待遇给付的方式，易受经济变动因素及通货膨胀的影响，也易因被保险人自身原因使资金过早耗尽而无法维持老年生活。故养老保险适宜采用定期持续给付方式，直至被保险人死亡，每次给付的数额有限，一般不至于被挪用，能真正用于被保险人的生活支出，还可随着物价的上涨或生活水平的提高而调整，使被保险人的生活水平不至于降低，真正实现被保险人的经济保障。

（三）养老保险法的概念

养老保险法是调整养老保险当事人之间因养老保险的参加、享受、管理和监督而发生的社会关系的法律规范的总称。养老保险法的调整对象是政府、养老保险经办机构、用人单位、劳动者及其他城乡居民之间因养老保险的参加、享受、管理和监督而发生的社会关系。养老保险法是规定在被保险人达到法定年龄后，从养老保险基金中领取养老金，以保障其基本生活的一种社会保险法律。养老保险的建立和发展，必须以完善的养老保险法律制度为保障，以确保其稳定性和连续性。

二、养老保险法的基本原则

（一）保障基本生活水平原则

养老金是退休者主要甚至是唯一的生活来源，因此，养老保障水平应能满足退休人员的基本生活需要。这就要求养老金标准的确定，既要考虑到与原工资水平的适当差别，但又不能差距过大。由于养老金享受的时间长，在给付期间不可避免地会出现物价上涨或通货膨胀的情况。为保障退休者的实际生活水平与整个社会消费水平相适应，应根据物价指数或通货膨胀率的变动情况，适时调整养老金的水平。养老保障必须有足够的物质基础，否则这一制度将难以维持，因此，养老保障水平不能脱离生产力发展水平，必须保证养老保障水平与社会经济发展水平和社会承受能力的协调发展，以保证生产力水平和养老保障水平的稳步提高。我国的养老金水平也必须与经济发展水平相适应。我国老年人口数量庞大，老龄化发展迅速，但生产力水平和人民生活水平不高，因此，在较长一段时间内，大多数劳动者退休后，养老金水平只能维持在保障基本生活需要这一层次上。

（二）三方共同负担原则

养老保险制度的运行和发展的基础是养老保险基金，只有最大限度地集中全社会的力量，才能使养老保险基金有充分的保障，解决被保险人进入老年后的生活来源问题，因此，对于养老保险费，多数国家实行国家、雇主和劳动者三方共担的原则。国家、雇主和劳动者三方分担的比例应当合理确定。国际劳工组织确定的社会保障筹资原则要求劳动者个人所承担的费用比例，不应超过全部费用的一半。具体分担比例应充分考虑本国的经济状况。在多数国家，雇主的负担比例高于劳动者个人。

（三）权利与义务相对应原则

被保险人必须参加养老保险，并按规定履行缴纳养老保险费的义务，在具备条件时才有权利享受养老保险待遇，因此，对被保险人而言，其权利义务是对应的。这一原则使养老保险具有激励作用，有利于提高劳动者的劳动积极性。不过，被保险人的权利与其义务并不一致。被保险人虽然承担缴费义务，但雇主也是缴费主体，也要缴纳养老保险费，政府或集体经济组织也有义务提供经费支持，因而被保险人的缴费与其所获养老保险待遇在量上并不一致，被保险人群体所获养老保险待遇要超出其缴费总额。养老保险不具有营利性，不实行市场经济的等价交换原则，因而与商业保险有别。

第二节　养老保险立法

一、国外的养老保险立法

养老保险立法最早见于1669年法国的《年金法典》。但这项立法适用范围狭窄，不能普遍推行。现代意义的养老保险立法始于德国。德国于1889年颁布《老年和残疾保险法》，标志着现代意义的养老保险法的诞生。随后，奥地利、英国、卢森堡、瑞典、荷兰等国分别于1906—1913年颁布养老保险法，开始实行养老保险制度。欧洲其他国家以及澳大利亚、新西兰等国也纷纷效仿,颁布了养老保险法。美国早期由各州分别进行养老保险立法,没有全国统一的计划。在1929年至1933年的经济危机导致的"汤森运动"的推动和罗斯福总统的支持下,1935年颁布了《社会保障法》,养老保险制度是其中的重要内容。

从20世纪20年代开始,苏联及东欧国家大多建立了覆盖范围广泛的全部由国家举办的养老保险制度,颁布了各自的养老保险法。到20世纪50年代,许多发展中国家也相继建立起养老保险法律制度。

20世纪50年代初以来,养老保险立法得到了国际社会的重视和支持。1952年,国际劳工组织通过《社会保障(最低标准)公约》。经过100多年的发展,已经有160多个国家和地区建立了养老保险法律制度。

从世界范围看,人类面临的以下因素促使很多国家的养老保险法律制度进行改革。一是人口老龄化。据世界银行的一份调查和预测,1990年世界60岁以上的人口总数为5亿人,占世界总人口的9%;到2030年,60岁以上人口数量将增加到14亿人,约占世界总人口的18%。二是出生率下降。世界发达国家正出现较小年龄段人口减少的趋势,欧洲有一半国家的人口增长率为零,美国自1964年生育高峰期结束以来,人口增长率一直以每年1%以上的速度下降。三是医疗技术有了突飞猛进的发展,人类寿命越来越长。发达国家平均预期寿命已在80岁左右。未来全球不同年龄段的人口数量将严重失衡,工作的人越来越少,退休的人越来越多。人口结构的变化和技术的进步,将直接影响养老保险制度的实施。随着老龄化的增加,养老费用和医疗费用不断增长,将使政府的预算吃紧,在开支上面临极大的压力,原有的社会保障体系必须进行改革。这是涉及每个人切身利益的问题,也是一个政治性问题。概括起来,西方国家对养老保险制度的改革措施主要有削减养老保险支出、扩充养老保险基金来源、引入私人机制等。

二、我国的养老保险立法

新中国成立以后,我国的养老保险立法经历了四个阶段。

(一)初创时期(新中国成立初期至1966年)

1951年,政务院颁布了《劳动保险条例》,主要适用于企业职工,对职工养老保险的覆盖范围、条件和待遇标准等作了具体规定,标志着我国养老保险制度的形成。该条例在我国社会保险发展史上具有划时代的意义,后又做过几次修改。

《劳动保险条例》规定,男职工年满60岁、一般工龄满25年,女职工年满50岁、一般工龄满20年，本企业工龄满5年者可退休养老；退休后由劳动保险基金按照其本企业工龄的长短每月付给退休养老金，为本人工资的50%~70%，直到退休者死亡。制度实施到1956年年底，参加养老保险的国有企业职工1 600万人，集体企业的职工2 300万人，占全国职工总数的94%。在此期间，包括养老保险基金在内的劳动保险基金由企业提取，由国家统一筹集，统一调剂使用。

1955年，国务院颁布了《国家机关工作人员退休处理暂行办法》，对国家机关工作人员的退休养老办法作了具体规定，退休职工依据自身满足的不同标准按月领取本人工资的50%~80%作为退休金。

鉴于企业和国家机关工作人员的退休待遇不一致，以及制度设计中的某些不足，1958年，国务院制定了《关于工人、职员退休处理的暂行规定》，统一了企业和国家工作人员的养老保险制度，对不符合退休条件的职工建立了退职制度。

（二）遭受挫折的时期（1966—1976年）

"文化大革命"期间，劳动部被撤销，劳动保险基金的筹集、管理和调剂使用制度也停止实施，养老保险制度遭到严重的破坏。1969年，财政部颁发《关于国营企业财务工作中几项制度的改革意见（草案）》，规定国营企业一律停止提取工会经费和劳动保险金，企业的退休职工、长期病号工资和其他劳保开支，改在营业外列支。这一规定将包括职工养老保险在内的劳动保险的统筹调剂方式改变为由职工所在企业为职工提供。这种做法一直延续到国有企业改革开始时期。

（三）恢复、发展时期（1976—1993年）

党的十一届三中全会以后，我国的养老保险事业得以恢复。1978年，经第五届全国人民代表大会常务委员会批准，国务院发布了《国务院关于工人退休、退职的暂行办法》和《国务院关于安置老弱病残干部的暂行办法》，规定了全民所有制企业、事业单位和党政机关、群众团体的工人退休、退职的条件，退休退职后的退休费、退职生活费、安家补助费、居住迁移费等待遇，以及退休退职工人子女安排问题；建立了老弱病残干部离休、退休制度。

1984年，劳动人事部发布了《中外合资经营企业劳动管理规定实施办法》，规定了中外合资经营企业养老保险办法应参照国营企业的方案实行，为我国外商投资企业的中方职工的养老保险确立了法律依据。

1986年，国务院发布了《国营企业实行劳动合同制暂行规定》，规定国家对劳动合同制工人的退休养老实行社会统筹，进一步明确退休养老保险基金采取基金积累式筹集方式，由国家、企业和个人三方共同负担的原则，当退休养老基金入不敷出时，由国家给予适当的财政补助。这是我国传统的企业养老保险制度向责任分担的社会化养老保险制度过渡的标志。

1988年，国务院发布了《中华人民共和国私营企业暂行条例》，规定有条件的私营企业应为职工办理养老保险，建立规范的职工养老保险制度。

1991年6月发布的《国务院关于城镇企业职工养老保险制度改革的决定》，确立了实行社会基本养老保险、企业补充养老保险、个人储蓄养老保险相结合的多层次养老保险制度。社会基本养老保险是法定的、强制实施的社会保险，由政府组织实施，是国民收入再分配的一种方式，在必要时国家必须予以财政投入，它是以国家信誉保证最终兑现的制度，因而是最安全可靠的制度，在养老保险三种形式中占有核心地位。企业补充养老保险次之，个人储蓄养老或者个人购买商业人寿保险居第三层次。

（四）改革时期（1993年至今）

我国传统的养老保险制度适用范围狭窄，社会化程度低，抗风险能力差，养老保险基金来源不合理，养老金计发标准脱离实际，没有建立养老金的正常调整机制，国有企业尤其是退休职工比较多的老国有企业背负沉重的养老金负担，企业承担职工的养老保障使得劳动力难以在企业之间自由流动，传统养老保险制度随着职工队伍的老化而日益暴露出自身固有的缺陷，已表明了它的不可持续性。

1995年3月，《国务院关于深化企业职工养老保险制度改革的通知》发布，确立了社会统筹和个人账户相结合的养老保险模式。在这种制度模式下，企业和职工缴纳的养老保险费分为两部分，分别记入统筹基金账户和职工个人账户。但各地确定的社会统筹和个人账户的比例不同，成为职工在地区之间流动的障碍，不符合建立统一劳动力市场的要求，并且造成不同地区基本养老保险金待遇差别，给未来建立统一养老保险制度带来困难。鉴于以上问题，1997年7月，《国务院关于建立统一的企业职工基本养老保险制度的决定》发布，规定统一企业和个人的缴费比例、个人账户规模和基本养老金计发办法，各地统账结合的模式逐渐得到统一。2000年12月，国务院发布的《完善城镇社会保障体系试点方案》，将企业缴费率确定为职工工资总额的20%，职工个人缴费率确定为本人工资的8%。2005年12月，《国务院关于完善企业职工基本养老保险制度的决定》发布，要求扩大基本养老保险覆盖范围，规定了城镇个体工商户和灵活就业人员参加基本养老保险的缴费基数、缴费比例、养老金计发，要求逐步做实个人账户。同时，进一步完善鼓励职工参保缴费的激励约束机制，相应调整基本养老金计发办法。我国养老保险制度逐步完善。2010年《社会保险法》第二章规定了基本养老保险，对职工基本养老保险和城乡居民养老保险作出了规定，养老保险制度的基本框架以法律的形式得以确立。2014年2月，《国务院关于建立统一的城乡居民基本养老保险制度的意见》发布，将新型农村社会养老保险和城镇居民社会养老保险两项制度合并实施，在全国范围内建立统一的城乡居民基本养老保险制度。2015年1月，《国务院关于机关事业单位工作人员养老保险制度改革的决定》发布，提出改革现行机关事业单位工作人员退休保障制度，逐步建立独立于机关事业单位之外、资金来源多渠道、保障方式多层次、管理服务社会化的养老保险体系。

第三节　养老保险的保障对象

一、养老保险的保障对象的含义

养老保险的保障对象范围，也称养老保险的覆盖面，是指养老保险适用于哪些人群，即哪些人有权享受养老保险。

养老保险的保障对象范围广泛。从一般意义上说，养老保险的保障对象范围应当是全体公民，即每个公民都有权在年老时获得他所需要的生活帮助。但权利实现的程度又受到多种因素的制约，从各国养老保险制度发展的历史来看，养老保险的保障对象范围经历了从小到大的过程。发达国家也不是一开始就将全体国民都纳入养老保险的保障对象范围，而是随着社会经济的发展和养老保险制度的完善，才逐步将养老保险的保障对象范围扩大。由于各国养老保险的模式不同，养老保险的保障对象范围也有较大差异。

二、我国养老保险保障对象的历史及现状

1951年发布的《劳动保险条例》是按照单位的规模来确定养老保险保障对象范围的。在社会主义改造完成以后，城乡经济基本上都纳入了全民所有制和集体所有制的轨道，养老保障的对象只限于城镇的全民和集体所有制企业、国家机关和事业单位的职工，其中集体所有制企业职工只是参照执行。而且国家机关、事业单位职工的养老保险与城镇企业职工的养老保险分别立法，形成干部和工人的身份界限。随着后来取消养老保险基金的社会统筹，实行企业保险，劳动者的企业隶属界限逐步形成。

1978年发布的《国务院关于安置老弱病残干部的暂行办法》和《国务院关于工人退休、退职的暂行办法》，建立了干部的离休、退休和退职制度以及工人退休、退职制度。这一制度仅适用于党政机关、群众团体和全民所有制企业、事业单位中的干部和

工人。集体所有制企业、事业单位中的干部和工人可以参照执行。改革开放以来，随着多种所有制形式的形成，出现了外商投资企业、私营企业、联营企业、股份制企业、合伙企业、独资企业等新型的企业组织形式。对这些企业职工的养老保险问题，有的规定可以参照国有企业的办法执行，如外商投资企业，而对大多数企业职工的养老保险则没有作出明确的法律规定。

1995年《国务院关于深化企业职工养老保险制度改革的通知》提出，企业职工养老保险制度改革的目标之一，是建立起适用于城镇各类企业职工和个体劳动者的养老保险体系。1997年《国务院关于建立统一的企业职工基本养老保险制度的决定》也规定，要建立起适用城镇各类企业职工和个体劳动者的养老保险体系。

2010年《社会保险法》出台，根据《社会保险法》中关于养老保险的相关规定，职工应当参加基本养老保险，由用人单位和职工共同缴纳基本养老保险费。无雇工的个体工商户、未在用人单位参加基本养老保险的非全日制从业人员以及其他灵活就业人员可以参加基本养老保险，由个人缴纳基本养老保险费。公务员和参照公务员法管理的工作人员养老保险的办法由国务院规定。国家建立和完善新型农村社会养老保险制度和城镇居民社会养老保险制度。随着《社会保险法》的实施，我国养老保险的保障对象在制度上逐步扩大到全体公民。

2014年发布的《国务院关于建立统一的城乡居民基本养老保险制度的意见》规定，城乡居民基本养老保险的保障对象是：年满16周岁（不含在校学生），非国家机关和事业单位工作人员及不属于职工基本养老保险制度覆盖范围的城乡居民。

2015年发布的《国务院关于机关事业单位工作人员养老保险制度改革的决定》规定，机关事业单位工作人员养老保险的保障对象包括：按照公务员法管理的单位、参照公务员法管理的机关（单位）、事业单位及其编制内的工作人员。

第四节　养老保险基金的筹集

一、养老保险基金筹资模式

养老保险基金是指为保障被保险人的老年基本生活，用于在被保险人达到法定年龄后享受养老保险待遇而筹集的基金。

关于养老保险基金的筹资模式，国际上普遍采用的有三种模式，即现收现付式、完全积累式和部分积累式。

（一）现收现付式

现收现付式是以同一个时期正在工作的一代人的缴费来支付已经退休的一代人的养老金的制度安排，即用劳动者退休期间正在工作的一代人所创造的财富来向其支付养老保险待遇，是一种代际转嫁的模式。这种方式是以支定收，不留积累，通常是一个自然年度或一个财政年度或若干年内，根据养老保险费用收支大致相等的原则，筹集本段时间的养老保险基金，在职人员供养退休人员。

（二）完全积累式

完全积累式也称基金制，是指在劳动者工作期间，由其本人和用人单位按照一定标准向养老保险基金缴纳养老保险费，并记入劳动者的个人账户，待其退休以后，再以该基金向其支付养老金。这是一种强制劳动者在工作期间储蓄，以保障其年老丧失劳动能力时生活的办法。

（三）部分积累式

部分积累式也称混合式，是现收现付式和完全积累式的混合，是指一部分养老保险基金实行现收现付，另一部分采取积累的方式，既保证当前支付养老保险金的需要，又满足今后增加养老保险开支需要的模式。

新中国成立后我国养老保险实行的是现收现付式筹资模式。从 1991 年开始，建立了基本养老保险、企业补充养老保险和个人储蓄性养老保险相结合的制度。1995 年，实行了企业职工基本养老保险社会统筹与个人账户相结合的养老保险基金筹资模式。社会统筹与个人账户相结合的基本养老保险制度是我国在世界上首创的一种基本养老保险制度。职工养老保险费用社会统筹是指由社会保险管理机构在一定范围内统一征集、统一管理、统一调剂使用退休费用的制度。同时强调个人账户养老金的激励因素和劳动贡献差别。

《社会保险法》第十一条第一款规定，基本养老保险实行社会统筹与个人账户相结合。在这种模式下，基本养老保险基金和待遇分为两部分：一部分是用人单位缴纳的基本养老保险费进入基本养老统筹基金，用于支付职工退休时社会统筹部分养老金（即基础养老金），基本养老统筹基金用于均衡用人单位的负担，实行现收现付，体现社会互助共济；另一部分是个人缴纳的基本养老保险费进入个人账户，用于负担退休后个人账户养老金的支付，体现个人责任。

二、养老保险基金的来源

养老保险基金的来源,即养老保险基金的筹资渠道,是指养老保险费的负担主体。目前世界上实行养老保险制度的国家,大部分实行国家、雇主和劳动者三方共同出资的办法。

我国曾实行养老保险费用完全由国家和企业负担,劳动者不承担任何费用的办法。1991年《国务院关于企业职工养老保险制度改革的决定》改变了养老保险完全由国家、企业负担的局面,实行国家、企业、个人三方共同负担,职工个人也要缴纳费用。从此,我国确立了养老保险基金由国家、用人单位和劳动者个人三方共担的筹资原则。《社会保险法》规定,基本养老保险基金由用人单位和个人缴费以及政府补贴等组成。《国务院关于建立统一的城乡居民基本养老保险制度的意见》规定,城乡居民养老保险基金由个人缴费、集体补助、政府补贴构成。

(一)单位缴纳养老保险费

用人单位缴纳部分养老保险费是世界各国的通例,也是我国基本养老保险基金的最主要来源。单位缴纳养老保险费的方式,多数国家采用缴费的方式,也有一些国家采用纳税的方式。

我国企业缴纳的基本养老保险费,按本企业职工工资总额和当地政府规定的比例在税前提取。《国务院关于建立统一的企业职工基本养老保险制度的决定》规定,企业缴纳基本养老保险费的比例,一般不得超过企业工资总额的20%(包括划入个人账户的部分),具体比例由省、自治区、直辖市人民政府确定。少数省、自治区、直辖市因离退休人数较多、养老保险负担过重,确需超过企业工资总额20%的,应报劳动部、财政部审批。《社会保险法》规定,用人单位应当按照国家规定的本单位职工工资总额的比例缴纳基本养老保险费,记入基本养老保险统筹基金。职工应当按照国家规定的本人工资的比例缴纳基本养老保险费,记入个人账户。无雇工的个体工商户、未在用人单位参加基本养老保险的非全日制从业人员以及其他灵活就业人员参加基本养老保险的,应当按照国家规定缴纳基本养老保险费,分别记入基本养老保险统筹基金和个人账户。《国务院关于机关事业单位工作人员养老保险制度改革的决定》规定,机关事业单位工作人员基本养老保险费由单位和个人共同负担。单位缴费比例为本单位工资总额的20%。

确定适度的养老保险费率是养老保险制度良性运转的需要,过低或过高的缴费率都会对养老保险制度的运行造成不利影响。如果缴费率过低,养老保险基金将面临资金缺口，增加支付压力，影响被保险人的养老保险待遇。如果缴费率过高，单位和劳动者的资金压力沉重，不利于企业的经营，影响劳动者的消费水平。我国的养老保险缴费率的规定各地不一致，但普遍认为费率偏高。近年来，我国采取措施降低养老保险费率，作为减轻企业负担、优化营商环境、完善社会保险制度的措施。例如，自2019年5月1日起，降低城镇职工基本养老保险（包括企业和机关事业单位基本养老保险）单位缴费比例，此后还实行了阶段性的减免措施。

（二）个人缴纳养老保险费

职工个人缴纳养老保险费，是每个职工享受养老保险权利应尽的义务。1997年《国务院关于建立统一的企业职工基本养老保险制度的决定》规定，个人缴纳基本养老保险费的比例，1997年不得低于本人缴费工资的4%，1998年起每两年提高1个百分点，最终达到本人缴费工资的8%。有条件的地区和工资增长较快的年份，个人缴费比例提高的速度应适当加快。按本人缴费工资11%的数额为职工建立基本养老保险个人账户，个人缴费全部记入个人账户，其余部分从企业缴费中划入。随着个人缴费比例的提高，企业划入的部分要逐步降至3%。个人账户储存额，每年参考银行同期存款利率计算利息。个人账户储存额只用于职工养老，不得提前支取。职工调动时，个人账户全部随同转移。职工或退休人员死亡，个人账户中的个人缴费部分可以继承。《社会保险法》规定，职工应当按照国家规定的本人工资的比例缴纳基本养老保险费，记入个人账户。无雇工的个体工商户、未在用人单位参加基本养老保险的非全日制从业人员以及其他灵活就业人员参加基本养老保险的，应当按照国家规定缴纳基本养老保险费，分别记入基本养老保险统筹基金和个人账户。个人账户不得提前支取，记账利率不得低于银行定期存款利率，免征利息税。个人死亡的，个人账户余额可以继承。

参加城乡居民养老保险的人员按规定缴纳养老保险费，缴费标准设若干个档次，被保险人自主选择档次缴费，多缴多得。缴费标准具有弹性，不采取一刀切的统一标准，投保人可以根据自身的收入状况、家庭经济承受能力自主选择。

（三）政府补贴

国家在养老保险基金的筹集中应承担职责。但国家只是发挥辅助性作用，并不直接缴纳养老保险费，而是在单位和个人负担的基础上，进行补贴或者承担养老保险费收不抵支的部分。《社会保险法》明确规定了养老保险基金的政府补贴职责。

（四）集体补助

《国务院关于建立统一的城乡居民基本养老保险制度的意见》规定，有条件的村集体经济组织应当对参保人缴费给予补助。

第五节　养老保险待遇的给付

一、养老保险待遇的享受条件

养老保险待遇的享受条件,一般包括退出劳动领域、年龄、工龄和缴费年限等。

(一)退出劳动领域

对于职工养老保险和机关事业单位工作人员养老保险而言,养老保险的目的是保障劳动者因年老退出劳动领域而丧失劳动收入时的基本生活,所以劳动者退出劳动领域,收入终止后,才能享受基本养老保险待遇,这是国际公认的准则。大多数国家都把退出劳动领域作为劳动者享受养老保险待遇的条件之一。1952年《社会保障(最低标准)公约》第26条规定,国家法律或条例可规定,对于应该发给某人的津贴,如发现该人从事任何规定的有收益的活动时,可以停发;或其津贴如属要缴费才可以享受者,当受益人的收入超过规定数额时可以减发;如属无须缴纳任何费用即可享受者,当受益人的收入或其他收益或两者相加超过规定数额时,也可减发。

(二)年龄条件

达到退休年龄是享受养老保险待遇的又一必要条件。各国都根据本国社会经济发展的需要、人口的平均寿命及劳动力供给状况等因素对退休年龄作出明确的规定。有些国家规定退休年龄为男60岁、女55岁,有些国家规定为男65岁、女60岁。约有半数国家男女劳动者退休年龄相同。我国规定的退休年龄为:男性年满60周岁、女干部年满55周岁、女工人年满50周岁。我国的城乡居民养老保险适用于非劳动人群,所以不需考虑退出劳动领域的条件,而是将年满60周岁作为养老保险待遇的享受条件。

(三)工龄和缴费年限

工龄是指劳动者以工资收入为其全部或主要生活来源的劳动年限。各国对工龄作为养老保险待遇给付条件的规定不尽相同,一般要求职工连续工龄达到一定时间,短的为15年,长的为40年,有的国家还规定男女职工退休工龄不同。在实行劳动者个人缴费制度的国家,退休工龄即为缴费年限,多数国家规定为15~20年。

缴费年限是指用人单位和职工共同缴纳养老保险费的年限。各国一般都规定一个最低缴费年限，即最低保龄。最低保龄是参照人的正常寿命和可能的工作年限并结合保险金支出的财务状况来确定的。关于最低保龄的长短，国际劳工组织建议为15年。最低缴费年限的计算有连续计算和累计计算两种。

我国改革前的养老保险不存在职工个人缴费的问题，所以保险待遇的给付依据主要是劳动风险和工龄，不包括缴费年限。养老保险制度改革以来，缴费年限成为一项重要的养老保险待遇给付依据。《社会保险法》规定，参加基本养老保险的个人，达到法定退休年龄时累计缴费满15年的，按月领取基本养老金。参加基本养老保险的个人，达到法定退休年龄时累计缴费不足15年的，可以缴费至满15年，按月领取基本养老金；也可以转入新型农村社会养老保险或者城镇居民社会养老保险，按照国务院规定享受相应的养老保险待遇。机关事业单位工作人员养老保险和城乡居民养老保险也都有累计缴费满15年的待遇享受条件的要求。

二、养老保险待遇的内容和标准

（一）职工基本养老保险待遇

基本养老金由统筹养老金和个人账户养老金组成。基本养老金根据个人累计缴费年限、缴费工资、当地职工平均工资、个人账户金额、城镇人口平均预期寿命等因素确定。

参加基本养老保险的个人，达到法定退休年龄时累计缴费满15年的，按月领取基本养老金。参加基本养老保险的个人，因病或者非因工死亡的，其遗属可以领取丧葬补助金和抚恤金；在未达到法定退休年龄时因病或者非因工致残完全丧失劳动能力的，可以领取病残津贴。所需资金由基本养老保险基金支付。

国家建立基本养老金正常调整机制。根据职工平均工资增长、物价上涨情况，适时提高基本养老保险待遇水平。个人跨统筹地区就业的，其基本养老保险关系随本人转移，缴费年限累计计算。个人达到法定退休年龄时，基本养老金分段计算、统一支付。

（二）机关事业单位工作人员养老保险待遇

个人缴费年限累计满15年的人员，退休后按月发给基本养老金。基本养老金由基础养老金和个人账户养老金组成。退休时的基础养老金月标准以当地上年度在岗职工月平均工资和本人指数化月平均缴费工资的平均值为基数，缴费每满1年发给1%。个人账户养老金月标准为个人账户储存额除以计发月数，计发月数根据本人退休时城镇人口平均预期寿命、本人退休年龄、利息等因素确定。建立基本养老金正常调整机制，根据职工工资增长和物价变动等情况，统筹安排机关事业单位和企业退休人员的基本养老金调整，逐步建立兼顾各类人员的养老保险待遇正常调整机制，分享经济社会发展成果，保障退休人员基本生活。

（三）城乡居民养老保险待遇

参加城乡居民养老保险的个人，年满60周岁、累计缴费满15年，且未领取国家规定的基本养老保障待遇的，可以按月领取城乡居民养老保险待遇。城乡居民养老保险待遇由基础养老金和个人账户养老金构成，支付终身。中央确定基础养老金最低标准，建立基础养老金最低标准正常调整机制。个人账户养老金的月计发标准，目前为个人账户全部储存额除以139。被保险人死亡的，从次月起停止支付其养老金。社会保险经办机构应每年对城乡居民养老保险待遇领取人员进行核对。

本章小结

本章介绍了养老保险的概念和法律特征，国外养老保险立法的经验及我国养老保险立法的基本概况，对养老保险的保障对象、养老保险基金的筹集、养老保险待遇的给付等法律制度的主要内容作了介绍。养老保险又称老年保险、年金保险，是指国家通过立法建立养老保险基金，在被保险人达到法定年龄后，从养老保险基金中领取养老金，以保障其基本生活的一种社会保险制度。我国按照职业和人群实施不同的养老保险制度，有职工养老保险、机关事业单位工作人员养老保险和城乡居民养老保险三种。我国实行多层次的养老保险制度，养老保险制度由基本养老保险和补充养老保险构成。养老保险的保障对象范围，也称养老保险的覆盖面，是指养老保险适用于哪些人群，即哪些人有权享受养老保险。我国养老保险的保障对象在制度上逐步扩大到全体公民。养老保险基金是指为保障被保险人的老年基本生活，用于在被保险人达到法定年龄后享受养老保险待遇而筹集的基金。国际上普遍采用三种养老保险基金的筹资模式，即现收现付式、完全积累式和部分积累式。我国基本养老保险实行社会统筹与个人账户相结合的模式。基本养老保险基金由用人单位和个人缴费以及政府和集体的补贴等组成。养老保险待遇的享受条件，一般包括退出劳动领域、年龄、工龄和缴费年限等条件。

复习思考题

1. 什么是养老保险和养老保险法？
2. 养老保险法的基本原则有哪些？
3. 试述我国养老保险保障对象范围。
4. 国际上普遍采用的养老保险基金的筹资模式有哪些？
5. 试述我国养老保险基金的来源。
6. 享受养老保险待遇应具备哪些条件？

问题讨论

杨某经招聘进入某公司工作，公司未为杨某缴纳养老保险费。五年后，公司与杨某签订了不参保协议书和不参保确认书，杨某按月从公司领取养老保险补贴。因未参加养老保险，杨某达到法定退休年龄后无法享受基本养老保险待遇。杨某向当地劳动人事争议仲裁委员会申请仲裁，该仲裁委员会不予受理。杨某向人民法院提起诉讼，请求判令公司向其支付养老金损失。公司辩称，因双方协商达成协议不缴纳养老保险费，杨某按月从公司领取养老保险补贴，对杨某的诉讼请求不应支持。

请分析杨某与公司签订的不参保协议书的效力，本案应如何处理？

第十六章
失业保险法律制度

>> 学习要点

掌握失业保险和失业保险法、失业保险的保障对象、失业保险基金的筹集、享受失业保险待遇的条件和失业保险待遇的标准。

了解失业的概念和类型、国外及我国的失业保险立法情况、失业保险待遇的给付期限。

>> 关键概念

失业　失业保险　失业保险法　失业保险的保障对象　失业保险基金的筹集　失业保险待遇的支付

第一节　失业保险法律制度概述

一、失业与失业保险

（一）失业

失业是指在劳动年龄范围内、有劳动能力和就业意愿的劳动者没有就业机会的现象。各国对失业的具体界定有所不同。国际劳工组织将失业界定为在调查期内达到一定年龄并满足以下条件者：(1) 没有工作，即不在有报酬的职业或自营职业中；(2) 本人当前可以工作，具有劳动能力；(3) 正在寻找工作。

按照不同的标准，可以将失业划分为不同的类型。理论上一般将失业分为摩擦性失业、结构性失业、周期性失业、季节性失业和技术性失业五种类型。

(1) 摩擦性失业是指求职的劳动者的需求与能够提供的就业岗位之间存在时间上的差异而引起的失业。其原因主要在于劳动者在各地区之间、各工作岗位之间转移或者正在跨越生命周期中的不同阶段。如学生从学校毕业时寻找工作、母亲在生育孩子后重新就业，在这一阶段未能就业的就属于典型的摩擦性失业。

(2) 结构性失业是指由于经济结构上的变动，造成劳动力的供给和需求不匹配而导致的失业。如果对一种劳动的需求上升，对另一种劳动的需求下降，而劳动力的供给又未能及时作出调整，结构性失业就可能出现。

(3) 周期性失业是指由于经济周期的波动，而引起的劳动力供给大于劳动力需求产生的失业。

(4) 季节性失业是指某些行业由于生产条件或产品受季节变化或消费者季节性购买习惯等原因，对劳动力的需求出现季节性变化而导致的失业。

(5) 技术性失业是指由于新技术、新的管理方式的采用，导致社会局部劳动力需求减少而产生的失业。

失业是市场经济不可避免的现象。一定数量失业者的存在为生产的发展提供了劳动力后备军，能够满足技术进步、经济结构调整对劳动力的需求。但失业是一种劳动力资源未充分利用的状态，其存在本身是劳动力资源的浪费，较高的失业率会使大量的失业者面临生存的困境，给社会带来动荡不安。因此，失业问题不仅是个经济问题，而且是个社会问题，必须采取措施消除其负面影响。

(二) 失业保险

失业保险是指通过立法建立失业保险基金，对因失业而中断生活来源的劳动者在法定期间内提供失业保险金，以维持其基本生活的一种社会保险制度。失业保险除具有其他社会保险项目共同的特征外，还有以下特征。

(1) 失业保险的保障对象是在劳动年龄范围内、具有劳动能力和就业意愿的劳动者。

(2) 享受失业保险待遇的基本条件是劳动者失业。

(3) 享受失业保险待遇有一定的期限。超过法定的期限，即使劳动者的失业状态依然持续，也不能享受失业保险待遇。

（4）失业保险不仅向失业者提供基本生活保障，而且为促进失业者重新就业提供服务。其他社会保险项目则不具备促进就业的功能。

二、失业保险法的概念

失业保险法是调整由国家建立失业保险基金，对因失业而中断生活来源的劳动者在法定期间内提供失业保险金，以维持其基本生活而发生的社会关系的法律规范的总称。失业保险法是社会保障法的重要组成部分，其内容主要包括失业保险法的基本原则、失业保险的保障对象、失业保险基金的来源、享受失业保险待遇的条件、失业保险金的支付标准和期限、失业保险的管理和监督等。

三、失业保险法的作用

（一）保障失业者的基本生活

这是失业保险法的主要作用。失业意味着失去生活来源，失业者本人及其家庭可能会陷入生存危机。而失业保险法的施行使失业者在一定时期内能够领取失业保险金，满足其基本生活需要，有利于劳动力的再生产和适应市场对劳动力的需求。

（二）促进失业者再就业

失业保险法不能仅满足于失业者的生活保障，还应当积极帮助和促进他们实现再就业。我国《失业保险条例》规定，促进失业人员再就业是其立法目的之一，失业保险基金的支出项目中设有职业培训和职业介绍补贴，并将"有求职要求"作为领取失业保险金的条件之一。

（三）有利于统一的劳动力市场的建立

失业保险法的实施，使从生产领域游离出来的失业者得到必要的生活保障，促进劳动力能够合理流动，从而建立起统一的劳动力市场，使人力资源得到合理的配置。

第二节 失业保险立法

一、国外的失业保险立法

失业保险立法较之其他社会保险立法起步较晚。20世纪初失业保险法才开始出现。

1905 年，法国颁布《失业保险法》，建立了非强制性失业保险制度，标志着失业保险国家立法的开端。挪威于 1906 年、丹麦于 1907 年也相继通过国家立法建立了非强制性的失业保险制度。1911 年英国颁布了《国民保险法》，对失业保险作出规定，首开强制失业保险的先河。此后，意大利、奥地利、波兰、德国等许多国家纷纷效仿，实行强制性失业保险。美国于 1935 年通过包括失业保险的《社会保障法》。第二次世界大战前后，失业保险法律制度迅速发展，延伸至一些新兴的工业化国家。但相对于其他社会保险项目来说，失业保险法律制度的发展较为缓慢。

二、我国的失业保险立法

20 世纪 50 年代，我国建立了社会保障制度，但并不包括失业保险制度。1950 年，劳动部发布了《救济失业工人暂行办法》，政务院发布了《关于救济失业教师与处理学生失学问题的指示》，但这一措施属于社会救助的范畴，而非严格意义上的失业保险。我国传统理论认为，失业是资本主义社会特有的现象，社会主义社会不存在失业问题，因此没有必要建立失业保险。1957 年，我国宣布消灭了失业。之后的 20 多年里，中国的社会保障体系内是没有失业保险这一概念的。

进入 20 世纪 80 年代，随着经济体制改革和经济结构的调整，失业问题自然而然地出现在我国的社会经济生活中，人们开始重新认识社会主义制度下的失业问题。1986 年，国务院发布了《国营企业职工待业保险暂行规定》，标志着我国失业保险制度的正式建立。该规定仅适用于国营企业，对失业保险保障对象范围，职工待业保险基金的筹集、管理、使用以及管理机构等内容作出了规定。

随着社会主义市场经济目标的确立和改革的不断深化，原有的失业保险制度已不适应新形势的需要。在总结经验的基础上，1993 年，国务院出台了《国有企业职工待业保险规定》，增加了失业保险的保障对象范围，改变了缴费基数和待业救济金的发放标准，进一步明确了失业保障的机构，强化了法律责任。但这一规定仍然存在着较大的局限性，难以适应日益发展的市场经济的需要。经过数年的酝酿，1999 年 1 月 22 日，国务院发布施行《失业保险条例》。该条例扩大了失业保险保障的对象，提高了失业保险基金的缴费率，规定了职工的缴费义务和失业保险基金的统筹层次，调整了失业保险基金的发放标准，进一步明确了失业保险的管理部门和经办机构。该条例的颁布标志着我国与市场经济相适应的失业保险法律制度的初步建立。2010 年通过的《社会保险法》设失业保险一章，对失业保险制度的基本框架作出了规定。

第三节　失业保险的保障对象

一、国外失业保险的保障对象

失业保险的保障对象，又称失业保险的覆盖范围，即依照失业保险法有权获得失业保险待遇的当事人。

在社会经济活动中，每一个劳动者都有可能失业，而失业保险是为那些遭遇失业风险、收入暂时中断的失业者提供的一种生活保障。从理论上讲，失业保险的保障对象范围应覆盖全体劳动者。但从各国的失业保险立法来看，在失业保险产生之初，受社会经济发展水平和失业保险管理手段的限制，其保障对象范围一般只包括有稳定职业、暂时失去工作的工资劳动者，而不包括职业不稳定、不正规的季节性工人、农业工人、临时工、家庭雇工等，甚至不包括职业相当稳定的国家公务员以及有独立收入的个体劳动者、中等以上学校毕业生。

随着社会经济的发展和失业人员在不同产业和行业的广泛出现，尤其是周期性经济危机对就业的影响，失业保险的保障对象范围逐步扩大。国际劳工组织于1988年举行的第75届国际劳工大会对失业保险作出界定：凡有能力参加经济活动，可以工作，并且确实在寻找职业而未能得到适当工作，以至没有任何收入、生活无着落的劳动者，均属失业者，应受到失业保险制度的保障。这样，不仅工资劳动者，以前未包括在失业保险保障范围的季节工、临时工、家庭雇工、学徒和公务员也被列为失业保险的保障对象。除此之外，还有八种正在寻找职业的公民，也包括在失业保险保障的范围内，分别为结束了学业并且成为劳动力的青年、完成了国家规定服兵役义务的青年、完成了职业培训的青年、无权享受遗属社会保险待遇的丧偶者、刑满释放的犯人、结束职业康复的残疾者、回归祖国的劳动者、结束抚育子女义务的父亲和母亲。失业保险的保障对象范围有扩大的趋势，但各国之间仍有很大的不同。

二、我国失业保险的保障对象

我国失业保险的保障对象范围也经历了逐步扩大的过程。按照1986年的《国营企业职工待业保险暂行规定》，失业保险的保障对象只限于国营企业中的四类人员。随着经济体制改革的不断深入、产业结构的调整、就业政策转轨以及现代企业制度的建立，我国扩大了失业保险的保障对象范围。1993年国务院制定的《国有企业职工待业保险规定》规定，失业保险的保障对象扩大到七类人员。但是，失业保险的保障对象限于国有企业的职工，而非国有企业及事业单位的职工未被纳入失业保险的保障范围，这种状况不适应市场经济的要求。要发挥失业保险的作用，必须扩大失业保险的保障范围。

1999年国务院制定的《失业保险条例》第二条规定，城镇企业事业单位、城镇企业事业单位职工依照本条例的规定，缴纳失业保险费。城镇企业事业单位失业人员依照本条例的规定，享受失业保险待遇。本条所称城镇企业，是指国有企业、城镇集体企业、外商投资企业、城镇私营企业以及其他城镇企业。第三十二条规定，省、自治区、直辖市人民政府根据当地实际情况，可以决定本条例适用于本行政区域内的社会团体及其专职人员、民办非企业单位及其职工、有雇工的城镇个体工商户及其雇工。该条例规定的社会保险的保障对象范围较以往的规定有较大的发展，打破了所有制的限制，由原来的国有企业扩大为各类所有制的城镇企业；将失业保险的保障范围扩大至事业单位的职工；授权省级政府可以决定将失业保险的保障对象扩大到本行政区域内的社会团体及其专职人员、民办非企业单位及其职工、有雇工的城镇个体工商户及其雇工。

第四节　失业保险基金的筹集

一、失业保险基金的来源

失业保险基金是依法征缴用于各类失业保险支出的专项基金，是失业保险制度的物质基础。由于各国经济发展水平、失业保险制度的历史、指导思想、实施方式的不同，失业保险基金的来源也存在很大的差别，大体可归纳为六种类型：由政府、雇主和雇员三方共同负担；由雇主和雇员双方负担；由政府和雇主双方负担；由雇主全部负担；由政府全部负担；由雇员全部负担。其中，由政府、雇主和雇员三方共同负担失业保险费用的做法被多数国家采用，也有不少国家采用由雇主和雇员分担的做法。市场经济运行需要有一定的失业率，以保证供需双方的选择。在这个意义上，失业也是雇主从市场上获得适当劳动力的条件之一，因此，从雇员失业中获取利益的雇主应为失业保险支付费用，这被视为是为雇用劳动者支付的一种社会成本。而雇员个人为分担失业风险也应支付一定的成本，个人缴费也有利于激励雇员更努力地工作和强化自我保障意识。因此，多数国家要求雇主缴费，并且缴费水平比雇员要高。失业保险是国家建立的，但这不一定意味着政府直接承担所有费用。在大多数国家的失业保险基金的来源中，政府只承担部分费用，较常见的是由政府对失业保险基金进行补贴，或在基金出现赤字时由政府承担保底责任。[①]

我国1986年和1993年制定的关于待业保险的行政法规都规定，待业保险基金来源于企业缴纳的待业保险费、待业保险费的利息收入和政府补贴。而劳动者个人无须缴费。实际上，保险费主要来源于企业。1999年《失业保险条例》贯彻政府、用人单位和劳动者三方负担的原则，规定失业保险基金的来源为：（1）城镇企业事业单位、城镇企业事业单位职工缴纳的失业保险费；（2）失业保险基金的利息；（3）财政补贴；（4）依法纳入失业保险基金的其他资金。《社会保险法》第四十四条规定，职工应当参加失业保险，由用人单位和职工按照国家规定共同缴纳失业保险费。

二、失业保险基金的筹集

各国失业保险基金一般都以工资为基础，按一定比例（即费率或税率）缴纳。在我国，单位缴纳失业保险费以该单位的工资总额为基础，职工缴纳失业保险费以本人工资为基础。《失业保险条例》第六条规定，城镇企业事业单位按照本单位工资总额的2%缴纳失业保险费。城镇企业事业单位职工按照本人工资的1%缴纳失业保险费。城镇企业事业单位招用的农民合同制工人本人不缴纳失业保险费。第九条规定，省、自治区、直辖市人民政府根据本行政区域失业人员数量和失业保险基金数额，报经国务院批准，可以适当调整本行政区域失业保险费的费率。此后，人力资源社会保障部、财政部等部门又于2015年、2016年、2017年、2020年，多次发文调整失业保险费率，总趋势是降低失业保险费率。

第五节 失业保险待遇的支付

一、失业保险基金的支出项目

《社会保险法》和《失业保险条例》规定，失业保险基金用于下列支出。

1. 失业保险金

失业保险金是失业保险经办机构依法支付给符合条件的失业人员的基本生活费用，是最主要的失业保险待遇。

2. 医疗待遇

《社会保险法》规定，失业人员在领取失业保险金期间，参加职工基本医疗保险，

[①] 郑秉文，和春雷. 社会保障分析导论［M］. 北京：法律出版社，2001：111-113.

享受基本医疗保险待遇。失业人员应当缴纳的基本医疗保险费从失业保险基金中支付，个人不缴纳基本医疗保险费。

3. 丧葬补助金和抚恤金

失业人员在领取失业保险金期间死亡的，参照当地对在职职工死亡的规定，向其遗属发给一次性丧葬补助金和抚恤金。所需资金从失业保险基金中支付。

4. 接受职业培训、职业介绍的补贴

失业人员在领取失业保险金期间，应当积极求职，接受职业介绍和职业培训。失业人员接受职业介绍、职业培训的补贴由失业保险基金按照规定支付。

5. 国务院规定或者批准的与失业保险有关的其他费用

二、享受失业保险待遇的条件

不是所有的失业人员都可以享受失业保险待遇，各国在失业保险的享受条件方面均有明确而严格的限定。一般来说，享受失业保险待遇的条件有：失业者必须处于劳动年龄阶段，必须是非自愿失业者，失业前必须工作或缴纳了一定时期的失业保险费，必须按规定进行失业登记并积极寻找工作等。

我国《社会保险法》和《失业保险条例》规定的享受失业保险待遇的条件可分为两类，即积极条件和消极条件。积极条件是享受失业保险待遇必须具备的条件，消极条件是停止享受失业保险待遇的条件。

（一）积极条件

失业人员符合下列条件的，从失业保险基金中领取失业保险金。

1. 失业前所在单位和本人已经缴纳失业保险费满一年

失业人员在尽了一定期限的缴费义务后，才能获得享受失业保险待遇的权利。未参加工作或未按规定缴纳失业保险费满一年的，则不能享受失业保险待遇。失业人员领取失业保险金后重新就业的，再次失业时，缴费时间重新计算。失业人员因当期不符合失业保险金领取条件的，原有缴费时间予以保留，重新就业并参保的，缴费时间累计计算。

2. 非因本人意愿中断就业

自愿中断就业的责任在劳动者本人，不应由社会为其承担后果，不能享受失业保险待遇；非自愿失业是因本人无法控制的原因而被迫中断就业，社会应为其提供保险待遇，帮助他们渡过难关，同时也可防止有的劳动者为获取失业保险待遇而自愿中断就业。非因本人意愿中断就业是各国普遍要求具备的一项享受失业保险待遇的条件。

非因本人意愿中断就业包括下列情形：（1）依照劳动合同法第四十四条第一项、第四项、第五项规定终止劳动合同的；（2）由用人单位依照劳动合同法第三十九条、第四十条、第四十一条规定解除劳动合同的；（3）由用人单位依照劳动合同法第三十六条规定向劳动者提出解除劳动合同并与劳动者协商一致解除劳动合同的；（4）由用人单位提出解除聘用合同或者被用人单位辞退、除名、开除的；（5）劳动者本人依照劳动合同法第三十八条规定解除劳动合同的；（6）法律、法规规定的其他情形。

3. 已经进行失业登记，并有求职要求

大多数实行失业保险制度的国家，都要求失业人员办理失业登记。经过这一程序，可以掌握失业人员的情况，确认其资格，帮助其寻找工作。我国城镇企业事业单位职工失业后，应当持本单位为其出具的终止或者解除劳动关系的证明，及时到指定的社会保险经办机构办理失业登记。失业保险的目的之一是促进失业者重新就业，因此要求失业者必须积极寻找工作。

（二）消极条件

《社会保险法》第五十一条规定，失业人员在领取失业保险金期间有下列情形之一的，停止领取失业保险金，并同时停止享受其他失业保险待遇：（1）重新就业的；（2）应征服兵役的；（3）移居境外的；（4）享受基本养老保险待遇的；（5）无正当理由，拒不接受当地人民政府指定部门或者机构介绍的适当工作或者提供的培训的。

三、失业保险待遇的给付期限

失业保险待遇的给付期限包括两类：等待期限和享受期限。

（一）等待期限

失业者并非在失业后立即领到失业保险金，一般要经历一段等待时间才能领取。设置等待期限的目的是：（1）使失业保险经办机构有时间核实失业者的真实情况，以判断其是否符合享受失业保险待遇的条件，防止冒领失业保险金；（2）避免大量的小额的失业保险金的烦琐支付，减轻管理上的负担；（3）取消很短期限失业的补偿，因为两次工作之间短暂的失业间隔是正常的，也是劳动者有能力承担的。

1988年第75届国际劳工大会建议，失业者领取失业保险金的等待期限不超过7天。目前各国立法规定的等待期限一般均在7天以内，并有缩短的趋势。我国对失业人员领取失业保险金没有规定等待期限。

（二）享受期限

失业保险的享受期限是失业者享受失业保险待遇的持续期限。为鼓励失业者再就业，各国法律通常都规定失业保险待遇的享受期限，超过这一期限，即使仍未就业，也不能继续享受失业保险待遇，符合条件的，可以转而享受其他社会保障待遇。国际劳工组织规定，失业保险待遇的享受期限为：每年上限为156个工作日，下限为78个工作日。各国享受期限的规定差别较大。各国确定失业保险享受期限的方式有以下几种：（1）把最长享受期限与缴纳失业保险费的时间长短联系起来，即缴费时间越长，享受期限也越长；（2）把最长享受期限与失业者的年龄联系起来；（3）把最长享受期限与失业期的长短联系起来，即失业期越长，享受期也越长。

我国将享受失业保险待遇的期限与缴费时间联系起来确定失业保险待遇的享受期限。《社会保险法》第四十六条规定，失业人员失业前用人单位和本人累计缴费满1年不足5年的，领取失业保险金的期限最长为12个月；累计缴费满5年不足10年的，领取失业保险金的期限最长为18个月；累计缴费10年以上的，领取失业保险金的期限最长为24个月。重新就业后，再次失业的，缴费时间重新计算，领取失业保险金的期限与前次失业应当领取而尚未领取的失业保险金的期限合并计算，最长不超过24个月。

四、失业保险待遇的标准

根据失业保险的目的，失业保险待遇标准不能过低，否则不足以保障失业者的基本生活；但又不能过高，否则会减弱失业者寻找工作的动力，甚至损害在业者的劳动积极性。关于失业保险待遇的标准，国际劳工组织曾通过了以下三项建议：（1）失业保险金的确定，或以失业者在业期间的工资为依据，或以失业者所投保费为依据，视各国具体情况而定；（2）失业保险金的数额不低于失业者原有工资的50%；（3）失业保险金有上下限之分。1988年第75届国际劳工大会又提出建议，要求各国的失业保险金至少不低于失业者原有工资的60%。目前世界上实行失业保险制度的国家，多数是依据失业者失业前的工资来计算失业保险金，一般都规定在失业者原有工资的50%以上，少数国家实行对失业者一律支付等额的保险金的制度。

保障失业人员失业期间的基本生活是失业保险制度的基本功能。失业保险金标准关系失业人员的切身利益和能否共享经济社会发展成果，对于促进社会公平、维护社会和谐稳定具有重要意义。确定失业保险金具体标准，既要保障失业人员基本生活需要，又要防止待遇水平过高影响就业积极性。《社会保险法》规定，失业保险金的标准，由省、自治区、直辖市人民政府确定，不得低于城市居民最低生活保障标准。人力资源社会保障部、财政部于 2017 年 9 月发布的《关于调整失业保险金标准的指导意见》提出，要在确保基金可持续前提下，随着经济社会的发展，适当提高失业保障水平，分步实施，循序渐进，逐步将失业保险金标准提高到最低工资标准的 90%。

本章小结

本章介绍了失业及失业保险法的概念，以及失业保险法的作用，概括地介绍了国外及我国失业保险立法的历史和现状，分析了失业保险的保障现状，失业保险基金的筹集和失业保险待遇给付等失业保险法律制度的基本内容。失业是指在劳动年龄范围内、有劳动能力和就业意愿的劳动者没有就业机会的现象。失业保险法是调整由国家建立失业保险基金，对因失业而中断生活来源的劳动者在法定期间内提供失业保险金，以维持其基本生活而产生的社会关系的法律规范的总称，是社会保险法的重要组成部分。20 世纪初失业保险法开始出现。绝大多数国家实行的是强制性失业保险制度。1986 年，国务院发布了《国营企业职工实行待业保险暂行规定》，标志着我国失业保险制度的正式建立。1999 年，国务院制定了《失业保险条例》。2010 年通过的《社会保险法》对失业保险进行了规定。失业保险费由用人单位和职工按照国家规定共同缴纳。失业保险基金的支出项目包括失业保险金、医疗待遇、丧葬补助金和抚恤金、接受职业培训和职业介绍的补贴、国务院规定或者批准的与失业保险有关的其他费用。享受失业保险待遇的期限与缴费时间联系。

复习思考题

1. 失业保险有哪些特征？
2. 简述我国失业保险的保障对象的范围。
3. 试述各国及我国失业保险基金的来源。
4. 试述我国失业保险基金的筹集制度。
5. 我国失业保险基金的支出项目有哪些？
6. 我国规定的享受失业保险待遇的条件有哪些？
7. 失业保险待遇的标准应如何确定？

 **问题讨论**

王某在某科技公司工作期间，单位和他本人一直按规定缴纳各种社会保险费用。2021年3月初，王某与单位提前解除了劳动合同，并到劳动行政部门办理了失业保险登记。在王某2021年3—9月失业期间，失业保险机构专门为其进行了"专业"培训，并为其提供了职业介绍，但收取了王某相关费用。其间，王某向失业保险机构申请失业保险费，失业保险机构以王某是自愿性失业为由拒绝发放失业保险金。王某向劳动仲裁部门申请仲裁被拒绝受理后，向劳动保障行政部门申请行政复议，劳动保障行政部门经复议后，维持了失业保险机构的决定。之后，王某提起行政诉讼以救济其权利。

1. 王某是否应享受失业保险待遇？失业保险机构是否应收取王某的相关费用？
2. 王某向劳动保障行政部门申请行政复议，并最终打起了行政官司。王某要求退还相关费用的诉讼属于行政诉讼吗？

第十七章
工伤保险法律制度

>> 学习要点

掌握工伤保险法律制度的基本内容，理清工伤保险法律关系。
掌握现行工伤保险法律制度实施的基本程序。

>> 关键概念

工伤保险　工伤保险法　工伤保险法律关系　工伤保险法律关系的要素　工伤认定　工伤保险费　差别费率　工伤保险基金　劳动能力鉴定　工伤保险对象　工伤保险待遇　工伤保险法律程序

第一节　工伤保险法律制度概述

一、工伤保险的概念和特点

（一）工伤保险的概念

工伤保险又称职业伤害保险，是指依法为在工作中遭受事故伤害和患职业病的劳动者及其亲属提供医疗救治、生活保障、经济补偿和职业康复等必要物质帮助的一项社会保险制度。

（二）工伤保险的特点

工伤保险属于社会保险法律制度的组成部分，是社会保险项目的一种，除具备社会保险的共性特征外，还有以下特点。

1. 工伤保险对象的特定性

工伤保险对象的特定性是指工伤保险的实施针对特定的社会人群。一般情况下，工伤保险实施的范围仅为产业雇佣劳动领域的劳动者及其亲属。而从现行的《工伤保险条例》看，国家公务人员并未被纳入工伤保险制度中，因而不属于工伤保险的对象。

2. 工伤保险产生于传统私法，并超越了传统私法

最初职业劳动受害同样实行过错责任原则，之后无过错责任原则或雇主强制责任原则的推行，逐渐将责任的天平倾斜于雇主一方。由于传统私法责任落实的局限性，最终选择了工伤社会保险制度。

3. 工伤保险不实行统一费率制度

工伤保险与其他社会保险项目不同，针对不同的缴费单位，可能实行不同的工伤保险费率征纳标准。

4. 对工伤保险基金，劳动者没有缴费义务

工伤保险费由用人单位负担，部分国家由财政予以补贴，个人缴费基本被取消。我国劳动者不缴纳工伤保险费。

二、工伤保险的意义

劳动者在劳动过程中由于职业伤害，如工伤事故和职业病伤害很可能导致身体伤残，甚至会发生生命危险，由此造成的打击不仅是精神上的，还可能直接影响劳动者及其亲属的基本生活。建立工伤保险制度，设立工伤保险基金，通过社会力量对工伤职工提供物质帮助和经济补偿，不仅可以使其尽可能得到及时康复，还尽最大可能保障其基本生活不受影响。因此，实行工伤保险制度意义重大。

（一）保障遭受工伤事故和职业病伤害的职工获得及时和有效的救治

发生职业伤害事故和职业病的劳动者必须得到及时救治。及时治疗须有相应的经济条件作保证，由当事人个人负担这笔费用既不合理，大多数情况下也不可能。在传统私法领域，基本上可以通过诉讼程序确定雇主的责任，但是漫漫无期的诉讼程序和具有法律效力的判决可能因雇主的责任能力不足而使当事人的权利救济陷入困境。建

立工伤保险就可以从制度上规避这一风险。

（二）及时补偿当事人，保障其基本生活

劳动者因工伤导致暂时或永久性丧失劳动能力，其依靠劳动获得收入的能力也就大为降低甚至丧失，生活质量因此而下降。工伤保险通过工伤保险基金对工伤职工或其亲属进行经济补偿，可以保障其基本生活不受太大影响。

（三）减轻企业经营风险，均衡企业成本负担

不同的行业面临不同的经营风险，而对于工伤事故和职业病造成的职业伤害风险，一定程度上是客观存在的，有些行业职业伤害风险明显偏大，如煤炭、建筑、冶金、矿业、运输行业等。通过筹集工伤保险费，形成工伤保险基金，可以减轻企业经营风险，均衡企业成本负担。

（四）有利于工伤职工职业康复，有利于工伤预防

个人或个别企业无法开展职业康复工作，建立职业康复设施。有了工伤保险基金的支撑，职业康复和工伤预防事业才能得以开展。

三、工伤保险法的概念及其沿革

工伤保险法是调整为在工作中遭受事故伤害和患职业病的劳动者及其亲属提供医疗救治、生活保障、经济补偿和职业康复等物质帮助的过程中发生的社会关系的法律规范的总称。

工伤保险是世界上产生最早的社会保险项目之一，1884年，德国颁布了《工伤事故保险法》。1921年国际劳工组织通过《（农业）工人赔偿公约》（第12号公约），1925年通过《工人（事故）赔偿公约》（第17号公约）、《工人职业病赔偿公约》（第18号公约，由1935年第42号公约修改）和《（事故赔偿）同等待遇公约》（第19号公约），1964年通过《工伤事故和职业病津贴公约》（第121号公约）。

我国在1951年由政务院发布的《劳动保险条例》及其实施细则都对工伤保险作了具体规定。1996年，劳动部发布《企业职工工伤保险试行办法》。2003年4月27日国务院发布《工伤保险条例》，于2004年1月1日起开始施行，该条例在2010年12月进行了修订。2010年通过的《社会保险法》设专章对工伤保险作出了规定。

第二节　工伤保险法律关系

一、工伤保险法律关系的概念、特点和分类

（一）工伤保险法律关系的概念

工伤保险法律关系是指工伤保险法律规范所调整的相关主体之间的权利义务关系。工伤保险法律关系是工伤保险制度实施过程中相关主体之间社会关系在法律上的表现，是多种权利义务关系的集合。

（二）工伤保险法律关系的特点

工伤保险法律关系是社会保险法律关系的一种，其特点如下。

1. 工伤保险法律关系是因工伤补偿问题而产生的社会关系

工伤保险法律关系早已被法律所调整。《工伤保险条例》和《社会保险法》颁布后，强化了工伤保险制度实施过程中权利义务关系的法律调整。

2. 工伤保险法律关系与民事法律关系、行政法律关系不同

尽管目前将工伤纠纷按照民事案件处理，工伤认定争议按照行政案件处理，但是，这种分割工伤保险法律关系的认识是不正确的。

3. 工伤保险法律关系是因特定领域人身伤害补偿而形成的权利义务关系

工伤是特殊的"人身损害"，关于人身伤害都要涉及赔偿和补偿问题，工伤保险法律关系的形成与人身侵权损害赔偿而产生的民事法律关系有着本质的区别。

4. 工伤保险法律关系与劳动法律关系有着密切的联系

只有具备相应的劳动法律关系，才可能产生工伤保险法律关系。没有劳动法律关系的存在，工伤保险法律关系是不存在的。

（三）工伤保险法律关系的分类

工伤保险法是社会法，属于现代法律的范畴，现代法律与传统法律相比，法律关系愈加复杂，在一项法律制度中一般有若干法律关系。工伤保险法律关系按照不同法律关系主体之间社会关系的不同，有如下分类：（1）社会保险经办机构与用人单位之间的社会关系；（2）社会保险经办机构与工伤职工及其亲属之间的关系；（3）社会保险行政管理部门与工伤职工之间的工伤认定关系；（4）劳动能力鉴定机构与工伤职工

或用人单位之间的伤残鉴定和劳动能力鉴定关系。

二、工伤保险法律关系的要素

工伤保险法律关系的要素是构成工伤保险法律关系的必要条件，工伤保险法律关系属于现代法律关系，具有多元主体下权利义务关系复杂化的特点。但是，与其他法律关系一样，工伤保险法律关系同样必须具备法律关系的三要素：主体、客体和内容。

（一）工伤保险法律关系的主体

工伤保险法律关系主体，是指根据工伤保险法律制度，依法参与工伤保险法律关系、享受权利和承担义务的个人和组织。根据现行法律制度，工伤保险法律关系主体主要包括以下几方面。

（1）社会保险行政管理部门，即人力资源社会保障部门。它通过自身的抽象行政行为和具体行政行为而参与工伤保险法律关系，一般情况下为义务或责任主体。

（2）社会保险经办机构。它是工伤保险法律关系中最重要的主体之一，该机构属于事务管理机构，目前属于事业单位，负责工伤保险基金的筹集、管理及工伤保险待遇的发放等，一般为义务和责任主体。

（3）劳动能力鉴定机构。该机构属于专业鉴定机构，以其鉴定行为参与工伤保险法律关系。

（4）用人单位。一般情况下，用人单位属于义务主体。

（5）工伤职工及其家属。该主体一般情况下属于权利主体。

（二）工伤保险法律关系的客体

工伤保险法律关系客体与主体相对应，是指工伤保险法律关系主体之间得以形成工伤保险法律关系内容的目标性事物。工伤保险法律关系因其不同的分类而存在不同的客体，如工伤保险待遇、劳动能力鉴定结论等。

（三）工伤保险法律关系的内容

工伤保险法律关系的内容是指工伤保险法律关系主体所享有的权利和承担的义务和责任。如人力资源社会保障保障行政部门应当按照相关规定准确、及时地进行工伤认定；社会保险经办机构依法应及时发放工伤保险待遇、依法管理工伤保险基金；用人单位应依法缴纳工伤保险费等。

第三节　工伤保险法律制度的基本内容

工伤保险法律制度的基本内容是指工伤保险法律制度所规定的基本法律规范。

一、工伤保险对象和工伤保险法适用范围

（一）工伤保险对象

《工伤保险条例》第二条规定，中华人民共和国境内的企业、事业单位、社会团体、民办非企业单位、基金会、律师事务所、会计师事务所等组织和有雇工的个体工商户（以下称用人单位）应当依照本条例规定参加工伤保险，为本单位全部职工或者雇工（以下称职工）缴纳工伤保险费。中华人民共和国境内的企业、事业单位、社会团体、民办非企业单位、基金会、律师事务所、会计师事务所等组织的职工和个体工商户的雇工，均有依照本条例的规定享受工伤保险待遇的权利。

（二）工伤保险法的适用范围

工伤保险法的适用范围是指工伤保险法律制度适用于哪些社会主体，适用于哪些地域，适用于什么时间。《工伤保险条例》规定，包括工伤保险对象在内的所有法律关系主体都适用于该条例。外国人和无国籍人，可以按照国际惯例享受这项国民待遇。《工伤保险条例》适用于我国各省、自治区和直辖市（港澳台地区除外）。该条例公布于 2003 年 4 月 27 日，于 2010 年 12 月修订。

二、工伤认定

（一）工伤的范围

所谓工伤，是指劳动者在劳动过程中因执行职务（业务）工作而受到的意外伤害。《工伤保险条例》第十四条和十五条分别规定了认定为工伤和视同工伤的情形。具体情形如下。

1. 认定为工伤的情形

职工有下列情形之一的，应当认定为工伤：（1）在工作时间和工作场所内，因工作原因受到事故伤害的；（2）工作时间前后在工作场所内，从事与工作有关的预备性或者收尾性工作受到事故伤害的；（3）在工作时间和工作场所内，因履行工作职责受

到暴力等意外伤害的;(4)患职业病的;(5)因工外出期间,由于工作原因受到伤害或者发生事故下落不明的;(6)在上下班途中,受到非本人主要责任的交通事故或者城市轨道交通、客运轮渡、火车事故伤害的;(7)法律、行政法规规定应当认定为工伤的其他情形。

2. 视同工伤的情形

职工有下列情形之一的,视同工伤:(1)在工作时间和工作岗位,突发疾病死亡或者在 48 小时之内经抢救无效死亡的;(2)在抢险救灾等维护国家利益、公共利益活动中受到伤害的;(3)职工原在军队服役,因战、因公负伤致残,已取得革命伤残军人证,到用人单位后旧伤复发的。

同时,《工伤保险条例》第十六条规定,职工符合本条例第十四条、第十五条的规定,但是有下列情形之一的,不得认定为工伤或者视同工伤:(1)故意犯罪的;(2)醉酒或者吸毒的;(3)自残或者自杀的。

(二)工伤认定程序

工伤认定程序包括申请程序和认定程序,即当事人申请与社会保险行政部门认定两个程序。职工发生事故伤害或者按照职业病防治法规定被诊断、鉴定为职业病,所在单位应当自事故伤害发生之日或者被诊断、鉴定为职业病之日起 30 日内,向统筹地区社会保险行政部门提出工伤认定申请。用人单位未按上述规定提出工伤认定申请的,受伤职工或者其近亲属、工会组织在事故伤害发生之日或者被诊断、鉴定为职业病之日起 1 年内,可以直接向用人单位所在地统筹地区社会保险行政部门提出工伤认定申请。

社会保险行政部门受理工伤认定申请后,根据审核需要可以对事故伤害进行调查核实,用人单位、职工、工会组织、医疗机构以及有关部门应当予以协助。职业病诊断和诊断争议的鉴定,依照职业病防治法的有关规定执行。对依法取得职业病诊断证明书或者职业病诊断鉴定书的,社会保险行政部门不再进行调查核实。职工或者其近亲属认为是工伤,用人单位不认为是工伤的,由用人单位承担举证责任。社会保险行政部门应当自受理工伤认定申请之日起 60 日内作出工伤认定的决定,出具《认定工伤决定书》或者《不予认定工伤决定书》。对受理的事实清楚、权利义务明确的工伤认定申请,应当在 15 日内作出工伤认定的决定。

三、劳动能力鉴定

劳动能力鉴定是工伤保险法实施的一个重要环节,是指劳动能力鉴定机构根据法定的鉴定标准，对因工伤事故或职业病的劳动者伤残后丧失劳动能力的程度和护理依赖程度进行的技术性法律证明。劳动功能障碍分为十个伤残等级，最重的为一级，最轻的为十级。生活自理障碍分为三个等级：生活完全不能自理、生活大部分不能自理和生活部分不能自理。劳动能力鉴定标准由国务院社会保险行政部门会同国务院卫生行政部门等部门制定。劳动能力鉴定一般都由专门机构负责实施，我国为劳动能力鉴定委员会。省、自治区、直辖市劳动能力鉴定委员会和设区的市级劳动能力鉴定委员会分别由省、自治区、直辖市和设区的市级社会保险行政部门、卫生行政部门、工会组织、经办机构代表以及用人单位代表组成。

设区的市级劳动能力鉴定委员会收到劳动能力鉴定申请后，应当从其建立的医疗卫生专家库中随机抽取3名或者5名相关专家组成专家组，由专家组提出鉴定意见。设区的市级劳动能力鉴定委员会根据专家组的鉴定意见作出工伤职工劳动能力鉴定结论；必要时，可以委托具备资格的医疗机构协助进行有关的诊断。设区的市级劳动能力鉴定委员会应当自收到劳动能力鉴定申请之日起60日内作出劳动能力鉴定结论，必要时，作出劳动能力鉴定结论的期限可以延长30日。

申请鉴定的单位或者个人对设区的市级劳动能力鉴定委员会作出的鉴定结论不服的，可以在收到该鉴定结论之日起15日内向省、自治区、直辖市劳动能力鉴定委员会提出再次鉴定申请。省、自治区、直辖市劳动能力鉴定委员会作出的劳动能力鉴定结论为最终结论。

自劳动能力鉴定结论作出之日起1年后，工伤职工或者其近亲属、所在单位或者经办机构认为伤残情况发生变化的，可以申请劳动能力复查鉴定。

四、工伤保险基金的筹集和管理

工伤保险基金来源于用人单位的缴费，我国现行工伤保险法律制度中，劳动者个人没有缴纳工伤保险费的义务。

（一）工伤保险费率

《社会保险法》和《工伤保险条例》规定，工伤保险基金由用人单位缴纳的工伤保险费、工伤保险基金的利息和依法纳入工伤保险基金的其他资金构成。工伤保险费根据以支定收、收支平衡的原则，确定费率。国家根据不同行业的工伤风险程度确定行业的差别费率，并根据工伤保险费使用、工伤发生率等情况在每个行业内确定若干费率档次。行业差别费率及行业内费率档次由国务院社会保险行政部门制定，报国务院批准后公布施行。社会保险经办机构根据用人单位使用工伤保险基金、工伤发生率和所属行业费率档次等情况，确定用人单位缴费费率。

（二）工伤保险基金的管理

工伤保险费的筹集、工伤保险基金的形成及工伤保险基金的使用可以统称为工伤保险基金的管理，狭义的工伤保险基金管理仅指工伤保险基金的财务管理和基金支出的管理。工伤保险基金统筹地区的社会保险经办机构，负责工伤保险基金的筹集、管理和待遇的支付。其工伤保险基金管理方面的职责是：管理工伤保险基金，支付工伤保险待遇；协助社会保险行政部门对工伤保险申请进行调查取证，确定工伤补偿标准。

五、工伤保险待遇及其申请与发放

工伤保险待遇可以划分为工伤医疗期间待遇、工伤伤残待遇和工亡待遇。

（一）工伤医疗期间待遇

工伤医疗期间的待遇是指职工遭受工伤事故或患职业病所需的治疗待遇及治疗期间的生活待遇等。职工因工作遭受事故伤害或者患职业病进行治疗，享受工伤医疗待遇。职工治疗工伤应当在签订服务协议的医疗机构就医，情况紧急时可以先到就近的医疗机构急救。治疗工伤所需费用符合工伤保险诊疗项目目录、工伤保险药品目录、工伤保险住院服务标准的，从工伤保险基金支付。职工住院治疗工伤的伙食补助费，以及经医疗机构出具证明，报经办机构同意，工伤职工到统筹地区以外就医所需的交通、食宿费用从工伤保险基金支付。工伤职工治疗非工伤引发的疾病，不享受工伤医疗待遇，按照基本医疗保险办法处理。工伤职工到签订服务协议的医疗机构进行工伤康复的费用，符合规定的，从工伤保险基金支付。

职工因工作遭受事故伤害或者患职业病需要暂停工作接受工伤医疗的，在停工留薪期内，原工资福利待遇不变，由所在单位按月支付。停工留薪期一般不超过 12 个月。伤情严重或者情况特殊，经设区的市级劳动能力鉴定委员会确认，可以适当延长，但延长不得超过 12 个月。工伤职工评定伤残等级后，停发原待遇，按照本章的有关规定享受伤残待遇。工伤职工在停工留薪期满后仍需治疗的，继续享受工伤医疗待遇。生活不能自理的工伤职工在停工留薪期需要护理的，由所在单位负责。

（二）工伤伤残待遇

工伤职工经劳动能力鉴定后，应按相关标准享受工伤伤残待遇。工伤职工因日常生活或者就业需要，经劳动能力鉴定委员会确认，可以安装假肢、矫形器、假眼、假牙和配置轮椅等辅助器具，所需费用按照国家规定的标准从工伤保险基金支付。

工伤职工已经评定伤残等级并经劳动能力鉴定委员会确认需要生活护理的，从工伤保险基金按月支付生活护理费。生活护理费按照生活完全不能自理、生活大部分不能自理或者生活部分不能自理 3 个不同等级支付，其标准分别为统筹地区上年度职工月平均工资的 50%、40% 或者 30%。

职工因工致残被鉴定为一级至四级伤残的，保留劳动关系，退出工作岗位，享受以下三类待遇。（1）从工伤保险基金按伤残等级支付一次性伤残补助金，标准为：一级伤残为 27 个月的本人工资，二级伤残为 25 个月的本人工资，三级伤残为 23 个月的本人工资，四级伤残为 21 个月的本人工资。（2）从工伤保险基金按月支付伤残津贴，标准为：一级伤残为本人工资的 90%，二级伤残为本人工资的 85%，三级伤残为本人工资的 80%，四级伤残为本人工资的 75%；伤残津贴实际金额低于当地最低工资标准的，由工伤保险基金补足差额。（3）工伤职工达到退休年龄并办理退休手续后，停发伤残津贴，按照国家有关规定享受基本养老保险待遇。基本养老保险待遇低于伤残津贴的，由工伤保险基金补足差额。职工因工致残被鉴定为一级至四级伤残的，由用人单位和职工个人以伤残津贴为基数，缴纳基本医疗保险费。

职工因工致残被鉴定为五级、六级伤残的，享受以下两类待遇。（1）从工伤保险基金按伤残等级支付一次性伤残补助金，标准为：五级伤残为 18 个月的本人工资，六级伤残为 16 个月的本人工资。（2）保留与用人单位的劳动关系，由用人单位安排适当工作。难以安排工作的，由用人单位按月发给伤残津贴，标准为：五级伤残为本人工资的 70%，六级伤残为本人工资的 60%，并由用人单位按照规定为其缴纳应缴纳的各项社会保险费。伤残津贴实际金额低于当地最低工资标准的，由用人单位补足差额。经工伤职工本人提出，该职工可以与用人单位解除或者终止劳动关系，由工伤保险基金支付一次性工伤医疗补助金，由用人单位支付一次性伤残就业补助金。一次性工伤医疗补助金和一次性伤残就业补助金的具体标准由省、自治区、直辖市人民政府规定。

职工因工致残被鉴定为七级至十级伤残的，享受以下两类待遇。（1）从工伤保险基金按伤残等级支付一次性伤残补助金，标准为：七级伤残为 13 个月的本人工资，八级伤残为 11 个月的本人工资，九级伤残为 9 个月的本人工资，十级伤残为 7 个月的本人工资。（2）劳动、聘用合同期满终止，或者职工本人提出解除劳动、聘用合同的，由工伤保险基金支付一次性工伤医疗补助金，由用人单位支付一次性伤残就业补助金。一次性工伤医疗补助金和一次性伤残就业补助金的具体标准由省、自治区、直辖市人民政府规定。

（三）工亡待遇

职工因工死亡，其近亲属按照下述规定从工伤保险基金领取丧葬补助金、供养亲属抚恤金和一次性工亡补助金。(1) 丧葬补助金为 6 个月的统筹地区上年度职工月平均工资。(2) 供养亲属抚恤金按照职工本人工资的一定比例发给由因工死亡职工生前提供主要生活来源、无劳动能力的亲属，标准为：配偶每月 40%，其他亲属每人每月 30%，孤寡老人或者孤儿每人每月在上述标准的基础上增加 10%；核定的各供养亲属的抚恤金之和不应高于因工死亡职工生前的工资；供养亲属的具体范围由国务院社会保险行政部门规定。(3) 一次性工亡补助金标准为上一年度全国城镇居民人均可支配收入的 20 倍。

（四）停止享受工伤保险待遇的情形

工伤职工有下列情形之一的，停止享受工伤保险待遇：(1) 丧失享受待遇条件的；(2) 拒不接受劳动能力鉴定的；(3) 拒绝治疗的。

第四节 工伤保险争议处理的法律程序

工伤纠纷相对来讲进入法律程序较早。在《工伤保险条例》出台前，我国劳动争议仲裁机构就开始受理当事人相关的工伤纠纷案件，人民法院早就开始受理工伤纠纷案件。因此，工伤纠纷案件的审理为工伤保险争议处理法律程序的构建奠定了良好的基础。按照现行的《工伤保险条例》，工伤保险争议处理的法律程序不再仅适用过去的劳动争议调解、仲裁程序和民事诉讼程序，而是转变为适用劳动争议调解与仲裁、行政复议与行政诉讼以及民事诉讼程序等若干程序。

一、劳动争议调解和仲裁程序

目前我国工伤保险法律制度中部分工伤保险待遇的规定并非属于"社会保险待遇"，而是一种强制雇主责任，如工伤医疗期间不少待遇是由用人单位发放的，纠纷发生在用人单位与劳动者之间。按照现行劳动争议处理程序的法律规定，这类争议一般可以通过劳动争议调解和仲裁程序予以处理。

二、民事诉讼程序

工伤争议进入民事诉讼程序的前提是劳动争议仲裁程序的启动。进入民事诉讼程序的法律关系主体是用人单位与工伤职工及其亲属双方当事人。我国处理劳动争议的诉讼程序都适用民事诉讼程序，事实上，经最高人民法院若干司法解释修正后的劳动争议诉讼程序与一般民事诉讼程序相比差距很大。

三、行政复议和行政诉讼程序

《工伤保险条例》第五十五条规定，有下列情形之一的，有关单位或者个人可以依法申请行政复议，也可以依法向人民法院提起行政诉讼：（1）申请工伤认定的职工或者其近亲属、该职工所在单位对工伤认定申请不予受理的决定不服的；（2）申请工伤认定的职工或者其近亲属、该职工所在单位对工伤认定结论不服的；（3）用人单位对经办机构确定的单位缴费费率不服的；（4）签订服务协议的医疗机构、辅助器具配置机构认为经办机构未履行有关协议或者规定的；（5）工伤职工或者其近亲属对经办机构核定的工伤保险待遇有异议的。

本章小结

我国工伤保险相对其他社会保险项目来讲，法律制度构建相对成熟，当事人发生争议可以进入法律程序。本章重点介绍了工伤保险法律制度相关内容，例如工伤保险法律关系，工伤保险法律关系主体之间的权利、义务和责任。在此基础上，进一步介绍了工伤认定制度、劳动能力鉴定制度、工伤保险基金的筹集与管理制度、工伤保险待遇发放制度、工伤保险争议处理程序制度等。

复习思考题

1. 工伤保险有哪些特点？
2. 工伤保险实施的意义有哪些？
3. 什么是工伤保险法律关系？工伤保险法律关系如何分类？
4. 工伤保险法律关系的要素有哪些？我国现行工伤保险法律关系主体有哪些？
5. 我国现行工伤保险对象如何界定？
6. 什么是工伤认定？我国法定的工伤范围包括哪些内容？
7. 什么是工伤保险基金？如何理解工伤保险基金筹集实行差别费率的规定？
8. 什么是工伤保险待遇？工伤保险待遇有哪些种类？

9. 目前工伤保险争议处理的法律程序有哪些？你认为我国现行工伤保险争议处理的法律程序是否快捷、合理？

 问题讨论

李某系某城建集团职工。李某驾驶推土机在该公司承建的工程中执行场地平整任务，于当日 18 时完成工作任务。李某按照工程施工规程，将推土机停放于指定地点，下车后开始收拾相关工具。整理衣物时，刚好一拖拉机司机也要下班，由于拖拉机司机和李某的疏忽，拖拉机在倒车时撞倒李某，造成李某腿骨骨折，行走时能够看出残疾迹象。李某申请工伤认定，并要求相关工伤保险待遇。

1. 李某向人力资源社会保障行政部门申请工伤认定，用人单位主张不属于工伤。工伤认定机构认为，当事人双方没有争议时才可申请工伤认定，提出争议则应另行解决。你认为李某是应提出行政复议，还是申请劳动争议仲裁？

2. 李某被认定工伤后，劳动能力鉴定机构鉴定李某属于六级伤残，一次性伤残补助金由社会保险经办机构发放，伤残津贴由用人单位发放。用人单位不服劳动能力鉴定机构的结论，申请重新鉴定，重新鉴定后，更改为四级伤残，一次性伤残补助金和伤残津贴都由社会保险经办机构发放。事实上，李某及其同事都认为李某没有完全丧失劳动能力，李某仍在工作岗位上。你认为工伤保险待遇标准确定是否存在漏洞？假如社会保险经办机构不服该鉴定结论，是否存在救济程序？

3. 假如李某被鉴定为六级伤残，社会保险经办机构在发放一次性伤残补助金时少发 3 000 元，而用人单位拒绝发放伤残津贴时，李某该如何办？

第十八章
医疗保险法律制度

>> 学习要点

掌握医疗保险的概念、医疗保险实施的对象和范围、医疗保险待遇标准以及医疗保险基金、医疗保险法律关系、医疗保险法的实施和法律的适用。

>> 关键概念

医疗保险　全民健康保险　医疗保险法　医疗保险法律关系　医疗保险法律关系的要素　医疗保险基金　医疗保险待遇

第一节　医疗保险与医疗保险法

一、医疗保险的概念和特征

（一）医疗保险的概念

医疗保险又称疾病保险，有广义和狭义之分。广义的医疗保险，又称全民健康社会保险，即保险待遇覆盖全民的社会保险制度；狭义的医疗保险仅指劳动者及其供养亲属患病或非因工负伤在生活和医疗救治方面获得物质帮助的一种社会保险制度。在我国，疾病保险和医疗保险经常互用。

（二）医疗保险的特征

医疗保险因自身的特殊性，除具备社会保险制度的共性特征外，还有以下特征。

1. 医疗保险制度实施的普遍性

普遍性是指医疗保险制度的实施不应针对特定人群，每一个人，不论其身份、地位如何，都有患病的可能和治疗的诉求。因此西方发达的市场经济国家一般将医疗保险称为全民健康保险。

2. 医疗保险制度实施的技术性

医疗保险相对来讲技术更为复杂，也就是说，该项社会保险制度的实施不仅是社会保险技术的运作问题，而且还涉及医疗、卫生技术的配合和协调。

3. 医疗保险的实施与其他社会保险制度存在交叉性

在养老保险、失业保险、工伤保险、生育保险等项制度实施过程中，需要有医疗保险制度与之协调。上述社会保险制度与医疗保险制度存在一定程度的交叉。

二、医疗保险法的概念及其产生和发展

医疗保险法是调整医疗保险对象患病或非因工负伤在生活和医疗救治方面获得社会保险提供的物质帮助过程中发生的社会关系的法律规范的总称。

医疗保险出现在欧洲中世纪的手工业行会内部，行会中每个成员定期缴纳会费，筹集资金救治行会成员，帮助其家庭渡过难关。随着工业社会的形成，这一制度在不断演进过程中逐渐成熟，这些早期互助性团体将筹集来的资金用于需要帮助的会员，其实质是合作救助制度，并非属于现代社会保险制度。19 世纪末期，西欧市场经济国家根据本国经济发展需求和工人运动的压力，试图建立疾病社会保险制度。1883 年，德国颁布了《疾病保险法》，该法规定某些行业中工资少于一定限额的工人必须加入保险基金会，基金会强制性征收工人和雇主一定比例的保险费，这标志着疾病保险作为一种现代保险制度的诞生。此后，在 20 世纪上半叶欧洲的一些市场经济发达国家相继开展了疾病保险立法。同时国际劳工组织也开始在该领域拓展国际劳工立法，1927 年国际劳工组织《（工业）疾病保险公约》（第 24 号）和《（农业）疾病保险公约》（第 25 号）分别要求在工商业和农业实行强制性保险制度。在解决劳动者因疾病带来的经济困难的同时，国际劳工组织开始着手健康保健立法，并将健康保健和医疗护理纳入其立法的范围。1944 年国际劳工组织通过的《医疗建议书》（第 69 号）呼吁各国政府满足公民对医疗服务和设施的需要，以便恢复健康和预防疾病进一步恶化，减轻疾病

所带来的痛苦，进一步保护和改善健康状况。

我国自20世纪50年代起，开始在城镇职工中实行劳动保险制度，其中包括了医疗保险制度，但是，自1969年劳动保险费统筹制度被取消后，我国医疗保险制度实际上趋于消亡，代之而起的是公费医疗制度或单位医疗责任制度。目前，我国医疗保险制度尚在改革完善中，《社会保险法》设基本医疗保险一章，对医疗保险制度的基本框架作出了规定。

三、建立医疗保险法律制度的意义

疾病不仅直接危害人们的身体健康，而且影响人们的正常生活和生产，导致工作效率下降，甚至危害人们的生命。实行医疗保险制度，是运用现代社会保险制度的优越性，能够保障患者得到及时、安全的救治，尽快恢复健康，使其尽快重返工作岗位或重新开始正常生活。

（一）有利于调节收入差别，均衡疾病风险负担，体现社会公平

患者患病后需要治疗，不仅存在降低收入的可能，同时，也需要付出救治的相关费用，部分患者的生活可能因此而陷入困境。医疗保险制度通过医疗保险费统筹，建立医疗保险基金，由社会共同承担这一社会风险，从而达到调节收入差距的目的。

（二）能够使患者得到及时救治

医疗保险基金的形成从财力上保障了患者能得到及时救治，不致因经济原因丧失治疗的机会。

（三）能够体现对患者的人文关怀，促进社会文明和进步

医疗保险水平是体现一个社会发展水平的标志之一，医疗保险水平高，患者能够得到及时救治，死亡率低，人均寿命高。通过社会力量使患者的疾病得到及时救治，体现了社会对患者的人文关怀。

第二节　医疗保险法律关系

一、医疗保险法律关系的概念、特点和分类

（一）医疗保险法律关系的概念

基于法律所调整的社会关系不同，进行法律关系的分析是理清不同法律关系主体权利义务与责任的重要范畴。医疗保险法律关系是由医疗保险法律规范所调整的权利义务关系，即在医疗保险法律制度实施过程中形成的相关主体之间的权利义务关系，是医疗保险等社会关系在法律上的表现。

医疗保险法律关系是若干权利义务关系的集合，政府部门（包括医疗保险管理部门和卫生部门）、医疗保险经办机构、用人单位、医疗机构（医院和其他医疗机构）、患者及其亲属等法律关系主体在实施医疗保险制度中都具有不同的权利、义务和责任，从而形成医疗保险法律关系之下的若干子关系。

（二）医疗保险法律关系的特点

任何法律关系都有其特点，否则，就没有这项法律制度存在的必要。医疗保险法律关系的特点如下。

1. 以患者得到救治为中心，以分担医疗费用负担为内容而形成的权利义务关系

医疗保险法律制度建立的目的是使患者的疾病救治能够得到保障，通过医疗保险基金的社会筹集，形成能够对患者进行救治的经济实力，从而分担疾病风险。

2. 医疗保险法律关系与传统民法的医患关系有着实质的区别

前者属于社会法律关系的范畴，而后者属于民事法律关系。

3. 医疗保险法律关系既存在私法上的权利义务关系，也存在公法上的权利义务关系

单纯的公法上的权利义务关系的梳理或单纯的私法上的权利义务关系的梳理都不足以建立和实施医疗保险法律制度。

（三）医疗保险法律关系的分类

根据医疗保险制度实施过程中不同法律关系主体之间权利、义务和责任的不同，医疗保险法律关系可进行以下分类：

（1）医疗保险与医疗卫生的行政关系，这一关系一般发生在卫生健康行政部门与医疗机构、医疗保险经办机构和患者之间；

（2）医疗保障行政部门与医疗保险经办机构、用人单位、患者之间的权利义务关系；

（3）医疗保险经办机构与医疗机构、患者之间的权利义务关系；

（4）医疗机构与患者之间的社会关系；

（5）医疗保险经办机构与用人单位、患者及其亲属之间的关系。

上述社会关系的法律调整不是孤立的，它必须纳入医疗保险法律关系的整体，才能得以有效地调整。

二、医疗保险法律关系的要素

任何法律关系都存在三项要素，医疗保险法律关系的三项要素为主体、客体和内容。

（一）医疗保险法律关系的主体

医疗保险法律关系的主体，就是依法享有权利、承担相关义务或责任的参与者。医疗保险法律关系主体相对来讲较为复杂，包括政府部门、医疗保险经办机构、医疗机构、用人单位和自然人。在法律制度逐步得以建立健全之后，上述法律关系主体都有可能进入法律程序。

（二）医疗保险法律关系的客体

医疗保险法律关系的客体，是指不同的医疗保险法律关系主体之间权利与义务共同指向的对象。由于医疗保险法律制度属于现代法律制度，是典型的社会法，具有社会法的普遍特征，法律关系的复杂化是传统法律所没有的，因而，医疗保险法律关系因其子法律关系的不同，法律关系的客体不同。如医疗保险经办机构与患者之间权利义务共同指向的对象是医疗保险待遇，而医疗机构与患者之间权利义务共同指向的对象就是医疗和救治。

（三）医疗保险法律关系的内容

医疗保险法律关系的内容，是指不同医疗保险法律关系主体之间的权利义务和责任。众所周知，医疗保险法律制度的实施必须有赖于上述法律关系主体依法享有相应的权利，承担相应的义务和责任。如医疗机构与患者之间的权利义务，由于医疗保险法律制度的建立，被纳入医疗保险覆盖范围的患者与医疗机构之间的权利义务关系，与没有纳入医疗保险覆盖范围的医患关系有着质的差异。前者双方当事人之间的权利义务一定程度上不是两者之间意思表示所能完全设定的，医疗保险经办机构以及相关行政部门制约着他们之间的权利义务；而后者双方一定程度上仅限于提供服务和给付报酬的权利义务。

第三节 医疗保险法律制度的基本内容

一、医疗保险法律制度的适用范围

随着《社会保险法》的实施，我国将逐步实现全民医保。《社会保险法》规定，职工应当参加职工基本医疗保险，由用人单位和职工按照国家规定共同缴纳基本医疗保险费。无雇工的个体工商户、未在用人单位参加职工基本医疗保险的非全日制从业人员以及其他灵活就业人员可以参加职工基本医疗保险，由个人按照国家规定缴纳基本医疗保险费。国家建立和完善新型农村合作医疗制度和城镇居民基本医疗保险制度。2016年1月，国务院发布《关于整合城乡居民基本医疗保险制度的意见》，整合城镇居民基本医疗保险和新型农村合作医疗两项制度，建立统一的城乡居民基本医疗保险制度，统一覆盖范围。城乡居民医保制度覆盖范围包括现有城镇居民医保和新农合所有应参保（合）人员，即覆盖除职工基本医疗保险应参保人员以外的其他所有城乡居民。农民工和灵活就业人员依法参加职工基本医疗保险，有困难的可按照当地规定参加城乡居民基本医疗保险。

二、医疗保险基金的筹集、使用、管理和监督

（一）医疗保险基金的筹集

医疗保险基金是通过相关单位和人员的医疗保险缴费而形成的，在有些国家，政府会对医疗保险基金给予补贴，例如，德国财政就对医疗保险实施补贴。我国《社会保险法》规定，用人单位和职工按照国家规定共同缴纳基本医疗保险费。无雇工的个体工商户、未在用人单位参加职工基本医疗保险的非全日制从业人员以及其他灵活就业人员可以参加职工基本医疗保险，由个人按照国家规定缴纳基本医疗保险费。城镇居民基本医疗保险实行个人缴费和政府补贴相结合。享受最低生活保障的人、丧失劳动能力的残疾人、低收入家庭60周岁以上的老年人和未成年人等所需个人缴费部分，

由政府给予补贴。

(二) 医疗保险基金的使用

国外医疗保险基金主要用于医疗费用的开支,通常由医疗保险机构从基金中将医疗费用直接支付给医生或医疗机构。我国现行的医疗保险实践中,职工患病后,所需医疗费用在起付标准以下的从个人账户中支付,或由个人负担。起付标准以上、最高支付限额以下的医疗费用,主要由统筹基金支付,个人仍要按一定比例负担医疗费用。《社会保险法》第二十九条规定,参保人员医疗费用中应当由基本医疗保险基金支付的部分,由社会保险经办机构与医疗机构、药品经营单位直接结算。

(三) 医疗保险基金的管理和监督

医疗保险基金在形成和使用过程中,需由相关机构进行监督和管理。有的国家对医疗保险实行综合管理,即医疗制度、基金制度、待遇制度都由一个部门管理,或社会保障机构或医疗卫生机构。我国实行业务分开管理,医疗保险基金由医疗保险经办机构负责管理。

对基金的监督,目前建立了医疗保险基金预决算制度、财务会计制度和内部审计制度。国家和地方审计机关对医疗保险基金实行审计监督。此外,还有社会监督等形式对医疗保险基金实行监督。

三、医疗保险待遇

医疗保险待遇,是指由医疗保险基金支付给患者及其亲属的相关经济补助和相关补贴。我国医疗保险待遇具体包括以下内容。

1. 疾病津贴

疾病津贴是指对被保险人因疾病中断工作而给予的物质帮助。疾病津贴一般按照被保险人的平均收入的一定比例发放,一般为被保险人工资的50%~75%。疾病津贴是针对职业劳动者而言的,不具备职业劳动者身份的人不应享受疾病津贴。

2. 医疗救治费

医疗救治费是指为被保险人提供医疗救治所花费的相关费用。《社会保险法》规定,符合基本医疗保险药品目录、诊疗项目、医疗服务设施标准以及急诊、抢救的医疗费用,按照国家规定从基本医疗保险基金中支付。城乡居民医保基金主要用于支付参保人员发生的住院和门诊医药费用。

3. 供养亲属的医疗补助

各国在向被保险人提供医疗补助的同时,也向他们的亲属提供类似的服务。受供养的亲属包括没有收入的配偶和未成年子女、依赖被保险人赡养的父母等。

四、医疗保险法律制度中的医疗服务管理

医疗保险法律制度实施过程,不仅仅是医疗保险的运作问题,而且涉及医疗服务管理的规制。仅有医疗保险而欠缺医疗服务的相关规定,这项医疗保险制度根本无法运行。因此,对医疗服务进行管理,并制定相对完善、公正、合理的医疗服务标准和职业道德规范,是医疗保险法律制度的重要组成部分。

现行医疗保险由政府确定服务范围和标准,制定基本医疗保险药品目录、诊疗目录、医疗服务设施标准;实行定点医疗机构和定点药店制度。《社会保险法》第三十一条规定,社会保险经办机构根据管理服务的需要,可以与医疗机构、药品经营单位签订服务协议,规范医疗服务行为。

本章小结

医疗保险具有制度实施的普遍性、技术性、与其他社会保险制度存在交叉性等特征。医疗保险法是调整医疗保险对象患病或非因工负伤在生活和医疗救治方面获得社会保险提供的物质帮助过程中发生的社会关系的法律规范的总称。医疗保险法律制度有利于调节收入差别,均衡疾病风险负担,体现社会公平,使患者得到及时救治,体现对患者的人文关怀,促进社会文明和进步。医疗保险法律关系是由医疗保险法律规范所调整的权利义务关系,即在医疗保险法律制度实施过程中形成的相关主体之间的权利义务关系。职工参加职工基本医疗保险,其他城乡居民参加城乡居民医疗保险。用人单位和职工按照国家规定共同缴纳基本医疗保险费。无雇工的个体工商户、未在用人单位参加职工基本医疗保险的非全日制从业人员以及其他灵活就业人员可以参加职工基本医疗保险,由个人按照国家规定缴纳基本医疗保险费。城镇居民基本医疗保险实行个人缴费和政府补贴相结合的制度。参保人员医疗费用中应当由基本医疗保险基金支付的部分,由社会保险经办机构与医疗机构、药品经营单位直接结算。

复习思考题

1. 医疗保险制度的建立有哪些意义?
2. 什么是医疗保险法律关系?如何理解医疗保险法律关系的要素?
3. 什么是医疗保险对象?中国医疗保险对象应如何界定?
4. 什么是医疗保险法的适用范围?
5. 你认为我国是否有必要建立医疗保险法律程序?

 问题讨论

某医院被确定为医疗保险定点医院,按照相关规定,医疗保险经办机构按参保职工工资总额的一定比例将医疗保险基金转入该医院账户。该医院认为,在对参加医疗保险的患者的治疗中,诊疗、仪器使用及用药标准虽都在诊疗项目、用药标准的范围之内,但是,上有顶下有底的医疗保险费,根本不足以支付相关费用,而医疗保险经办机构经测算认定转入医院的医疗保险基金不可能有那么大缺口。根据上述事实,请回答以下问题。

1. 问题的症结出在哪里?
2. 定点医疗制度是否合理?假如设置范围较广的定点医疗机构是否可行?
3. 如让患者在一定范围内选择定点医疗机构,是否会产生假医疗问题?
4. 我国非法制化的医疗保险制度运行有哪些不足?

第十九章
生育保险法律制度

>> 学习要点

掌握生育保险的作用、生育保险立法的现状、生育保险法律关系及其要素、生育保险法律制度的基本内容及制度实施的程序。

>> 关键概念

生育保险　生育保险法　生育保险法律关系　生育保险基金　生育保险费　生育保险待遇

第一节　生育保险法律制度概述

一、生育保险的概念、特征和作用

(一) 生育保险的概念

生育保险，是指女职工因怀孕和分娩所造成的暂时丧失劳动能力、中断正常收入来源时从社会获得物质帮助的一种社会保险制度。

（二）生育保险的特征

生育保险与其他社会保险项目一样，具有社会保险的普遍特征，此外，生育保险独具的特征包括以下三个方面。

1. 生育保险是针对女职工在怀孕和分娩期间所建立的一项社会保险制度

生育行为虽然属于男女双方的行为，因生育造成的家庭经济负担加重一般由夫妻双方共同承担，但生育保险是针对女职工建立的社会保险，为女职工提供直接的物质帮助和补偿。

2. 生育保险是对妇女在怀孕和分娩乃至法定生育假期内因生育行为导致工作停顿、收入下降、医疗费用增加而给予她们的物质帮助

所提供的物质帮助包括女职工在生育时所花费的检查费、接生费、手术费、住院费和药费等补偿，还包括女职工在法定生育期间因中断劳动而应获得的生育津贴。

3. 生育保险在不同的国家覆盖范围不同

一般情况下，发达的市场经济国家其生育保险覆盖范围包括所有生育妇女，甚至包括非婚生育妇女；而欠发达国家生育保险范围较窄，只包括职业妇女。在我国，只有国家机关、企事业单位、社会团体的女职工才属于生育保险的覆盖范围。

（三）生育保险的作用

生育是人类繁衍和社会发展的必要条件，生育不仅是妇女的个人行为，同时也是社会行为。建立生育保险制度的作用主要表现在以下三个方面。

1. 保障作为弱者的生育妇女的身体健康，促进优生优育

妇女在社会群体划分中属于相对弱势群体，而生育妇女则更是弱势群体中的弱势群体。生育妇女在怀孕期间，生理负荷加大，劳动能力下降，并且在生育期间会中断劳动。因此，女职工应在生育期间享受生育保险待遇，以保护她们的身体健康。根据生育保险制度的有关规定，女职工生育期间享受产假，可以得到适当的休息；产假期间享受生育津贴，可以弥补工资损失，保障生活不受影响；女职工生育期间，生育保险可以提供生育期间的医疗保健费用，保障母子平安。上述医疗保险待遇能够保障生育妇女的身体健康，促进优生优育。

2. 生育保险有利于分担女职工的家庭经济负担，保障社会公平

女职工生育是人类繁衍和劳动力再生产的重要内容。如果没有生育保险制度，女职工生育期间将面临因生育而暂停工作导致家庭经济负担加重的风险，实质上是对社会公平原则的违反。

3. 生育保险有利于分担单位经营风险或负担，促进市场经济体制的构建

在劳动力市场上存在妇女就业被歧视的现象，其原因是妇女如生育将面临较长时间的产假，企业须按规定为女职工提供产假和工资，这样，企业的人工成本增加，经营压力加大，尤其是女职工较多的企业情况更为严重。因此，建立生育保险，有利于帮助企业均衡女职工生育负担。

二、生育保险法的概念及其沿革

生育保险法是调整在女职工因怀孕和分娩造成暂时丧失劳动能力、中断正常收入来源时从社会获得物质帮助的过程中发生的社会关系的法律规范的总称。

早在 1883 年，德国颁布的《疾病保险法》即包含了生育保险的有关内容。此后，西方市场经济国家先后将生育保险纳入社会保险的范围，又因其人口政策的倾斜性，鼓励妇女生育，对生育妇女权益维护的重视程度更加突显，有的国家将生育保险作为健康保险的组成部分，有的将生育保险置于妇女权益保障法律规范之中。

国际劳工组织分别于 1919 年和 1952 年制定和修订了《生育保护公约》（第 3 号）和《生育保护公约（修订）》（第 103 号），《社会保障（最低标准）公约》（第 102 号）也有关于生育保险实施范围、生育津贴、生育医疗服务的规定。国际劳工组织统计显示，目前世界上已有 130 多个国家和地区通过立法实行了生育保险制度。

我国生育保险建立于 20 世纪 50 年代，涵盖在劳动保险制度之中。1951 年发布的《劳动保险条例》对生育保险有关待遇作了明确规定。1955 年 4 月 26 日，国务院发布的《关于女工作人员生育假期的通知》对机关、事业单位女职工生育保险作了规定。1988 年国务院发布了《女职工劳动保护规定》，1994 年劳动部发布了《企业女职工生育保险试行办法》，2010 年通过的《社会保险法》设专章对生育保险作了规定。

2016 年 12 月，为进一步增强生育保险保障功能，提高社会保险基金共济能力，推进生育保险和基本医疗保险合并实施改革，全国人大常委会授权国务院在河北省邯郸市等 12 个试点城市行政区域，将生育保险基金并入职工基本医疗保险基金征缴和管理。2017 年 1 月，国务院办公厅印发《生育保险和职工基本医疗保险合并实施试点方案》。2019 年 3 月，根据《社会保险法》有关规定，经国务院同意，国务院办公厅发布《关于全面推进生育保险和职工基本医疗保险合并实施的意见》，全面推进生育保险和职工基本医疗保险合并实施，遵循保留险种、保障待遇、统一管理、降低成本的总体思路，推进两项保险合并实施，实现参保同步登记、基金合并运行、征缴管理一致、监督管理统一、经办服务一体化。需要强调的是，"合并实施"并非取消生育保险。生育保险作为一项社会保险险种仍然保留。

第二节 生育保险法律关系

一、生育保险法律关系的概念、特点和分类

（一）生育保险法律关系的概念

生育保险法律关系是由生育保险法律规范对女职工因怀孕和分娩造成暂时丧失劳动能力、中断正常收入来源时从社会获得物质帮助的过程中发生的社会关系进行调整而形成的权利义务关系。

（二）生育保险法律关系的特点

生育保险是社会保险项目中独立的一项，因此，以生育保险项目的开展为背景所构建的生育保险法律关系有其自身的特点。

1. 以生育妇女的怀孕、分娩为前提，构筑各类生育保险法律关系主体之间的权利义务和责任

妇女生育需要科学合理的产假假期、生育医疗服务和生育津贴，上述行为都需要具有法律依据。一旦法律、法规对上述行为作出规定，在各类法律关系主体之间就构筑起相应的权利义务、责任关系。

2. 生育保险法律关系具有现代法律关系的复杂性

该法律关系不是单纯的医患关系，即平等主体之间的医疗服务与对价的社会关系，也非医疗行政关系，也不是单纯的医疗保障行政关系。生育保险法律关系的构建是以女职工生育期间，即怀孕、分娩所应享有的生育保险待遇为基础，在不同主体之间形成的社会关系的总称。

3. 生育保险法律关系的构建应突破职业限制

在我国，生育保险法律关系原本仅适用于在企业就业的育龄妇女，国家机关和事业单位适用公费生育医疗制度。生育保险和职工基本医疗保险合并实施有利于将生育保险法律关系的适用范围从企业扩大到机关和事业单位。

（三）生育保险法律关系的分类

生育保险法律关系根据不同主体之间存在权利义务关系的不同，分为社会保险经办机构与生育妇女之间的待遇支付关系、定点医疗服务机构与生育妇女的生育医疗服

务关系、社会保险经办机构与用人单位的费用缴纳关系,以及社会保险经办机构与定点医疗机构的委托关系等。

二、生育保险法律关系的要素

生育保险法律关系的要素是构成生育保险法律关系的必要条件,生育保险法律关系相对于养老保险、失业保险法律关系而言,因医疗机构作为法律关系主体的介入,其法律关系更为复杂。但是,与其他法律关系一样,生育保险法律关系同样具有三要素,即主体、客体和内容。

(一)生育保险法律关系的主体

生育保险法律关系的主体,是指根据生育保险法律、法规,依法参与生育保险法律关系,享受相应权利、承担相应义务和责任的个人和组织。政府部门、社会保险经办机构、医疗服务机构、用人单位和生育妇女都是法律关系的主体。

(二)生育保险法律关系的客体

生育保险法律关系的客体,是指不同生育保险法律关系主体权利义务共同指向的对象。不同主体之间的权利义务关系不同,客体也就有别,如社会保险经办机构与用人单位之间权利义务共同指向的对象是用人单位的生育保险费缴费行为,而社会保险经办机构与生育妇女之间的权利义务共同指向的对象是生育保险待遇。

(三)生育保险法律关系的内容

生育保险法律关系的内容,是指不同生育保险法律关系主体之间的权利、义务和责任。生育保险法律关系主体不同,他们之间的权利义务和责任也各不相同。如用人单位承担缴费义务,社会保险经办机构具有筹集和管理生育保险基金的职责和向生育妇女支付生育保险待遇的义务,生育妇女享有获得生育保险待遇的权利等。

第三节 生育保险法律制度的基本内容

一、生育保险对象

生育保险对象,也就是生育保险待遇的享受者,即哪些当事人应纳入生育保险的范围。1919年国际劳工大会通过的《生育保护公约》,规定了其适用范围是在工业、商业的公私企业以及他们的分支机构中就业的女工,但不包括只雇用雇主家属的企业中的女工。1952年《社会保障(最低标准)公约》规定了生育保险的实施范围。

在我国,1951年颁布的《劳动保险条例》确定生育保险的实施范围主要包括四类:(1)有工人职员100人以上的国营、公私合营、私营及合作社经营的工厂、矿场及附属单位;(2)铁路、航运、邮电的各企业单位与附属单位;(3)工、矿、交通事业的基本建设单位;(4)国营建筑公司。由此,新中国建立初期的保险对象应是上述单位中的女职工。1994年12月14日,劳动部发布了《企业职工生育保险试行办法》,规定生育保险对象包括城镇各类企业的女职工。不少地方在实践中将生育保险对象扩展至乡镇企业、社办企业中的女职工。《社会保险法》规定,国家建立包括生育保险在内的社会保险制度,随着《社会保险法》的实施,生育保险对象将逐步扩展到全民。

二、生育保险的适用范围

生育保险的适用范围,亦称生育保险法律制度的效力范围,这种效力受到空间、时间、人及具体事项的限制。

(一)生育保险法律制度对"人"的适用范围

生育保险法律制度对"人"的适用范围,是指包括生育保险对象在内的法律关系主体。生育保险法律关系复杂,法律关系主体很多,因此,对"人"的适用范围不可理解为单纯的生育保险对象,而是针对适用生育保险法律制度的各类法律关系主体而言的。如企业属于生育保险法律制度的主体,生育保险经办机构同样属于。可见,生育保险法律制度对"人"的适用范围包括自然人和法人,包括私法人,也包括公法人。

(二)生育保险法律制度的空间效力

生育保险法律制度的空间效力,是指该项法律制度适用的地域范围,即生育保险法律制度在哪些地域范围具有法律效力。从我国现行制度的实践和社会经济发展条件看,生育保险法律制度实施的地域范围仅指行政区划中的城镇,广大农村不属于生育保险法律制度的适用范围。当然,在城镇之外注册的工商业、工矿业企业应根据具体情况确定是否适用生育保险法律制度。

(三)生育保险法律制度的时间效力

自《劳动保险条例》发布以来,我国一直再未发布过生育保险方面的专门法律、法规,《社会保险法》中对生育保险的规定较为原则,该项制度的运行目前并未走上规范化、法制化的道路。

三、生育保险基金

生育保险基金，是生育保险待遇发放和生育保险制度运行的基础，通过生育保险费筹集而形成的生育保险基金，用于生育保险待遇的支付和其他相关费用的支出。

（一）生育保险费的筹集

世界大多数国家采用社会保险基金的传统筹措方法，将生育保险费的筹集和其他项目社会保险费合并，向雇主或雇员双方征收统一的社会保险费。有些国家将生育保险费的筹集合并到医疗保险（全民健康保险）的范围。我国生育保险基金的筹集遵循"以支定收，收支基本平衡"的原则。以用人单位的职工工资总额为缴费基数，费率在1%以下，各省、自治区、直辖市根据本地情况确定费率。社会统筹地域范围与医疗保险统筹层次一致。现行制度实行个人不缴费原则。《社会保险法》规定，由用人单位按照国家规定缴纳生育保险费，职工不缴纳生育保险费。我们认为，生育保险基金应以用人单位和个人共同缴费为原则。不论是从社会角度，还是从个人角度，生育如同疾病一样，几乎是必然存在的风险，因此，个人对自己客观存在的风险缴纳一部分生育保险费用是合理的。

（二）生育保险基金的支出范围与基金的管理

生育保险基金的支出范围，一般包括生育医疗费用和生育津贴两项。

对生育保险基金的管理，由生育保险经办机构专门管理，费用征缴、基金支出和管理按照生育保险法律制度执行。国家和地方审计机构对生育保险基金予以监督。

四、生育保险待遇及其标准

《社会保险法》第五十四条规定，用人单位已经缴纳生育保险费的，其职工享受生育保险待遇；职工未就业配偶按照国家规定享受生育医疗费用待遇。所需资金从生育保险基金中支付。生育保险待遇包括生育医疗费用和生育津贴。生育保险待遇，是指妇女在生育期间依法应享有的各种帮助和物质补偿。生育保险待遇的内容包括以下内容。

（一）生育保险待遇及其标准

1. 产假

不少于 98 天的产假，其中产前可以休假 15 天；难产的，增加产假 15 天；生育多胞胎的，每多生育 1 个婴儿，增加产假 15 天。流产的根据有关规定给予一定时间的产假。

2. 费用报销

生育医疗服务费用报销，包括生育的医疗费用，计划生育的医疗费用和法律、法规规定的其他项目费用。

3. 生育津贴

生育津贴按照职工所在用人单位上年度职工月平均工资标准计发。女职工在生育享受产假、计划生育手术休假等情形下，可以按照国家规定享受生育津贴。

（二）生育保险待遇的享受条件

我国享受生育保险待遇的条件是以劳动关系为基础，并且单位缴纳了生育保险费等。

五、生育保险待遇申请程序

目前，我国试行的生育保险办法没有规定相应的生育保险待遇申请程序，这是生育保险法律制度的重要内容。生育保险和职工基本医疗保险合并实施后，生育保险待遇中医疗费用待遇的申请程序应当适用职工基本医疗保险的申请程序。生育津贴的申请程序留待将来的法律、法规予以规定。

本章小结

生育保险，是指女职工因怀孕和分娩所造成的暂时丧失劳动能力、中断正常收入来源时从社会获得物质帮助的一种社会保险制度。实行生育保险，能够保障生育妇女的身体健康，促进优生优育；分担女职工的家庭经济负担，保障社会公平；分担单位经营风险或负担，促进市场经济体制的构建。生育保险法是调整在女职工因怀孕和分娩造成暂时丧失劳动能力、中断正常收入来源时从社会获得物质帮助的过程中发生的社会关系的法律规范的总称。我国生育保险和职工基本医疗保险合并实施，但保留生育保险险种。生育保险法律关系是由生育保险法律规范对女职工因怀孕和分娩造成暂时丧失劳动能力、中断正常收入来源时，从社会获得物质帮助的过程中发生的社会关系进行调整而形成的权利义务关系。生育保险对象包括各类企业的女职工。生育保险由用人单位按照国家规定缴纳生育保险费，职工不缴纳生育保险费。生育保险待遇包括生育津贴、生育医疗服务费用等。

复习思考题

1. 什么是生育保险？生育保险有哪些特点？
2. 生育保险制度实施的作用有哪些？
3. 什么是生育保险法律关系？如何分类？
4. 生育保险法律关系的要素有哪些？
5. 如何理解生育保险法的适用范围？
6. 生育保险基金如何筹集？

 问题讨论

小丁于2021年3月20日向所在单位请了产假，2021年4月2日，小丁顺利生产，单位从其产假开始一直为其发放产假工资。小丁休完产假回到单位后要求报销生育期间的医疗费用及其他相关费用，单位委婉地告诉她，我们已经办理了生育保险，并缴纳了生育保险费，她应到社会保险经办机构申请相关待遇。小丁到社会保险经办机构申请待遇时却被告知，其生育期间的医疗费用及其他费用应由单位报销。

1. 小丁的生育费用究竟应由谁出？为什么？
2. 小丁没有办法报销其相关费用，应该如何处理？

第二十章
社会救助法律制度

>> 学习要点

了解社会救助法律制度的基本内容，掌握社会救助法律关系，以及在不同法律关系主体之间的社会救助权利、义务和责任。

认识社会救助制度实施的必要性。

>> 关键概念

社会救助　社会救助法　社会救助法律关系　居民最低生活保障　农村五保供养　城市流浪乞讨人员救助　自然灾害救助

第一节　社会救助法律制度概述

一、社会救助的概念、特征和作用

（一）社会救助的概念

社会救助也被称为社会救济，是指国家或社会对因自身、自然和社会原因导致不能维持最低生活标准的贫困者提供的物质帮助。严格地讲，社会救助和社会救济还是有一定的差别，社会救济是一种消极的救贫济困的措施，是基于一种慈善和人道的心理对贫困者给予一定的物质帮助；而社会救助更多地表现为一种主动、积极的帮助行为，多数情况下，这种救助行为是政府或其他公立机构实施的。

（二）社会救助的特征

社会救助不同于历史上的济贫，也不同于社会保险和社会福利等其他社会保障制度，它具有以下特征。

（1）社会救助基金来源于国家财政、地方财政和社会捐赠，被救助对象无须缴纳费用，符合被救助的条件即可获得社会救助。

（2）社会救助的对象为社会全体成员。与部分社会保障项目对象仅是部分公民相比，社会救助的对象更为广泛，被救助者不一定是职业劳动者，只要符合法定条件、按照法定程序申请，即可获得社会救助。

（3）社会救助关系的发生基于贫困事实，国家制定法定的贫困标准，按照该标准发放社会救助待遇。

（4）社会救助待遇仅在于维持公民的最低生活，也就是保障公民最必要的生活所需，属于雪中送炭式的社会保障项目。

（三）社会救助制度实施的作用

社会救助制度的建立和完善，是经济发展和社会进步的体现。发达的市场经济国家都普遍性地建立了相对完善的社会救助制度，社会救助制度已经实现规范化和法制化。我国社会主义市场经济体制确立时间并不长，社会救助制度正在逐步完善的过程中。建立社会救助制度具有以下作用。

1. 有利于保护社会成员的基本生活

在市场经济体制下，各类市场经济主体都有强弱之分，全社会总会存在因自然原因、社会原因导致极端贫困的人群，这部分人群，如果单靠自身的力量将难以维持基本生活，如果没有相应的社会救助法律制度可能被社会遗弃，甚至生活难以为继。社会救助法律制度的建立，从权利、义务和责任角度，确立政府和社会对这部分需要救助人群的责任和义务，从而从根本上保障被救助者的基本生活。

2. 有利于促进经济、社会的可持续发展

贫困人口的存在和扩大对社会产生的冲击力制约着经济、社会的可持续发展，无视这部分社会贫困人口，尤其是极端贫困人口，将直接影响社会的可持续发展。

3. 有利于稳定社会，维护社会安全

贫困，尤其是极度贫困，是滋生犯罪，导致社会不稳定的温床。大量贫困人口对于社会来讲本身就属于潜在的社会危险，这种危险威胁着社会安全。构建社会安全网，不仅是指对被救助人员的安全，更为重要的是对于全社会的安全。

4. 有利于弥补社会保险等其他社会保障制度的不足

我国是一个典型的城、乡分治的"二元"社会，这种社会结构决定了我国社会保障项目的差异性，如社会保险不可能在短时间内实现全覆盖，农村劳动力与城市劳动力在社会保险覆盖上不能按照统一标准进行制度设计。社会保险所没有覆盖的农村人口更加需要社会救助制度。就城市人口来讲，由于处于传统产业向社会产业结构调整过程中，失业人口将在一定期限内持续存在，因此，对城市贫困人口予以相应保障同样必要。

二、社会救助法的概念及其起源和发展

社会救助法是调整在国家或社会对因自身、自然和社会原因导致不能维持最低生活标准的贫困者提供物质帮助的过程中发生的社会关系的法律规范的总称。社会救助法是社会保障法的重要范畴，现代社会救助法律制度不同于传统的救济，它是基于保障公民生存权、维护社会安全的理念而建立的社会保障制度。我国《宪法》第四十五条规定的公民获得物质帮助权即是这一权利的体现，公民该项权利的实现意味着相关机构负有相应的义务和责任。

1536年，英国制定了《济贫法》，规定地方团体负责办理济贫事务，年老、失业、贫困、病患者可申请救济。该法曾经历三次修改。1601年，伊丽莎白女王发布了《济贫法》，规定由地方政府负责办理救济贫民的工作。19世纪末至20世纪初，社会救助制度开始向现代社会保障制度过渡。英国于1908年通过了《养老金法》，逐步建立起社会保险制度，而传统的《济贫法》逐步被社会保险制度所替代，但是，社会保险制度所不能覆盖的人群中一部分属于应被救助的对象，仍需得到政府或社会的物质帮助。因此，社会救助仍然不可或缺，1946年，英国通过了《国民救助法》，最终取代了实施300年的《济贫法》，标志着现代社会救助制度的建立。

新中国社会救助制度起步于20世纪50年代的社会救济。当时是新中国成立初期，大量城市失业人口、无依无靠的孤老病残人口、农村灾荒人口及伤残军人都需要政府的救济。于是，人民政府积极筹集资金，采取措施予以救济。社会主义改造完成后，我国进入全面社会主义建设时期，该时期我国劳动保险制度得以建立，社会救济不再承受国民经济恢复时期的巨大压力，而进入一个较为稳定发展的时期，此时的社会救济有以下特点：（1）社会救济对象的范围大为缩小，成为一个相对稳定的被救助群体；

(2) 采用生产自救、群众互助、政府救济相结合的政策；(3) 社会救济的推动基本依靠国家政策，并未制定相关法律、法规；(4) 救济标准相对较低。在对城市贫民进行救济的同时，国家也对农村贫困人口进行相应的救济，并制定了相关政策。

我国在从计划体制逐步向市场体制转变的过程中，传统社会救济制度也作出相应的调整，集中体现在以下方面。(1) 随着城市社会保险制度的逐步建立，社会救济制度也随之调整，城市救济主要针对低收入群体进行，社会救济成为社会保险制度的补充。(2) 农村社会救济制度亦在经历巨大变革。我国在计划经济体制时期，确立了以政府为主、集体为辅的农村社会救济制度，例如，建立农村五保制度、返销粮供应等农村救济制度。

最低生活保障制度逐渐形成较为规范的社会救助制度。1997 年，国务院发布《关于在全国建立城市居民最低生活保障制度的通知》；1999 年，国务院发布《城市居民最低生活保障条例》；2007 年，国务院发布《关于在全国建立农村最低生活保障制度的通知》；2012 年，国务院发布《关于进一步加强和改进最低生活保障工作的意见》；2016 年，国务院办公厅转发民政部等部门的《关于做好农村最低生活保障制度与扶贫开发政策有效衔接指导意见的通知》。

社会救助制度的其他内容也日渐完善。2003 年，国务院发布《城市生活无着的流浪乞讨人员救助管理办法》《法律援助条例》；2006 年，国务院修订并实施新的《农村五保供养工作条例》；2010 年，国务院发布《自然灾害救助条例》（该条例于 2019 年作了修改）；2010 年，国务院办公厅印发《关于加强孤儿保障工作的意见》；2014 年，国务院发布《社会救助暂行办法》，为社会救助提供了制度框架和法律依据（该办法于 2019 年作了修改）；2016 年 2 月，国务院发布《关于进一步健全特困人员救助供养制度的意见》。此外，民政部发布了实施社会救助制度的诸多规范性文件。

三、我国社会救助的形式

根据我国的基本国情，目前的社会救助制度主要有四种。

（一）城市居民最低生活保障制度

城市居民最低生活保障制度救助的对象是城市居民中的贫困人口，制度体系相对成熟。1999 年发布的《城市居民最低生活保障条例》，标志着我国社会救助制度开始进入一个规范化和法制化时代。最低生活保障制度已经成为覆盖城乡、保障基本生活的重要社会救助制度。

（二）农村救助与扶贫法律制度

我国广大的农村地区，尤其是老少边贫地区一直存在相当数量未脱贫的农业人口。由于自然条件差、经济基础薄弱，依靠自身脱贫有相当难度。新中国成立以来，中央和地方两级政府一直关心农村扶贫工作，从各种角度、利用各种措施，帮助农村贫困人口脱贫。改革开放以来，农村脱贫一直是经济欠发达地区工作的重心之一。农村扶贫工作被纳入中国特色社会保障制度的范畴。

（三）城市生活无着、流浪乞讨人员救助法律制度

一方面大量农村的生活无着、流浪乞讨人员涌入城市，另一方面城市中因下岗、企业破产以及意外事件等因素造成的生活无着、流浪乞讨人员的人数也在增加。2003年针对城市流浪乞讨人员、无身份证明人员的收容遣送制度进行改革，将传统的治安行政管理转变为适应市场经济体制的社会救助。

（四）自然灾害救助制度

我国是一个灾害频发的国家，因灾害造成人员死亡、伤残，并造成大量的财产损失，灾害救济一直是各级政府的一项重要工作。为规范自然灾害救助工作，保障受灾人员的基本生活，2010年发布的《自然灾害救助条例》，规定了自然灾害救助工作原则、工作保障、管理体制、救助准备、应急救助、信息发布、灾后救助、救助款物管理等方面的内容。

第二节 社会救助法律关系

一、社会救助法律关系的概念、特征和分类

（一）社会救助法律关系的概念

社会救助法律关系，是指由社会救助法律规范所调整的相关主体之间的权利义务关系。不同的法律制度所调整的社会关系不同，社会救助过程中在社会救助主体之间必然发生各类社会关系，如果这类社会关系没有相应的法律调整，那么该类社会关系就不属于法律关系，当事人之间的社会关系就没有权利、义务和责任予以约束。

（二）社会救助法律关系的特征

社会救助法律关系是社会保障关系中的一种，除具有社会保障关系的普遍特征外，还具有社会救助法律关系的自身特征，具体特征如下。

（1）社会救助法律关系是因社会救助行为而产生的权利、义务和责任关系。这种救助行为基于受救助对象生活陷入贫困，甚至生活难以为继的事实。在此情形下，救助主体、被救助对象以及相关机构形成了特定的权利、义务和责任关系。

（2）不同国家社会救助法律关系表现不同。我国社会救助与社会保险、社会福利制度的界别比较清晰。社会救助所提供的物质帮助不同于社会保险项目中的养老保险、失业保险等。

（3）社会救助法律关系中权利、义务关系具有单向性，即受救助对象只享有权利，并不承担义务，而救助主体承担相应的职责和义务，双方的权利义务关系具有单向性。

（4）社会救助法律关系是公法关系与私法关系的有机统一，既不属于单纯的公法关系，也不属于单纯的私法关系，即既非行政法律关系，也非民事法律关系，而是社会法律关系。

（三）社会救助法律关系的分类

社会救助法律制度中存在不同的社会救助形式，在不同的社会救助形式中，所发生的权利义务关系各不相同，社会救助法律关系可以分为以下四类。

1. 城市居民最低生活保障法律关系

城市居民是一个相对稳定的群体，其中，一部分城市居民由于多种原因不能获得正常收入，或者因无正常、稳定的工作，生活达到法定贫困标准，即成为城市居民最低生活保障的对象。在被救助对象（城市贫困居民）和相关救助主体（政府相关机构）之间存在着社会救助法律关系。

2. 农村救助与扶贫救助法律关系

贫困地区的农民因自然条件、自身条件的限制生活陷入贫困，相关机构对贫困农民的救助不仅仅是单纯的救济，还须在经济扶持的基础上帮助贫困农民脱贫，因此，须按照农村扶贫救助的特点构建相关的法律关系。

3. 城市生活无着、流浪乞讨人员救助法律关系

该项法律关系发生在城市，被救助对象并不一定是城市居民，上述人员居无定所，处于流浪状态。目前，各地民政部门设立的救助站对上述人员进行相关救助。对上述人员给予的社会救助所产生的法律关系是社会救助法律关系中的一种。

4. 自然灾害救助法律关系

自然灾害救助法律关系是针对自然灾害导致贫困的人群实施救助所产生的法律关系。这类社会关系中既存在纵向行政关系，也存在横向的灾害救助捐赠法律关系，该类法律关系同样具有特殊性。

二、社会救助法律关系的要素

社会救助法律关系的要素是构成社会救助法律关系的必要条件，社会救助法律关系所应具备的要素与其他法律关系一样，都必须具备法律关系的主体、客体和内容三个要素。

（一）社会救助法律关系的主体

社会救助法律关系的主体，是指根据社会救助法律、法规，依法参加社会救助法律关系，享有权利和承担义务的个人和组织。根据我国社会救助制度的实践，社会救助法律关系主体主要包括以下四方面。

1. 政府及其相关部门

社会救助基金大部分来源于财政资金，因此，政府及其相关部门是社会救助法律关系的主体。

2. 相关社会团体

如慈善机构、扶贫机构。这类机构承担着相应的职责，属于社会救助法律关系的主体。

3. 企业或其他组织

这些市场经济主体并不是普遍意义上的社会救助法律关系主体，只是在参与社会救助法律关系时，如参与扶贫捐赠、慈善捐赠等法律关系时，成为社会救助法律关系的主体。

4. 被救助对象

根据上述社会救助的不同分类，被救助对象也有不同的分类，但这类社会救助法律关系主体一般为权利主体。

（二）社会救助法律关系的客体

社会救助法律关系的客体是与主体相对而言的，是指社会救助法律关系主体之间得以形成权利、义务责任关系的目标性事物。不同形式的社会救助法律关系，其客体也有差别，如救济金的发放行为、救助物资的登记和管理行为、救助基金的管理行为。

（三）社会救助法律关系的内容

社会救助法律关系的内容，是指社会救助主体所享有的权利、承担的义务和责任。如被救助对象的权利、政府及其相关部门的义务等。

第三节　社会救助法律制度的基本内容

一、城市居民最低生活保障法律制度

（一）概述

城市居民最低生活保障，俗称低保，是指对持有非农业户口的城市居民，凡共同生活的家庭成员人均收入低于当地城市居民最低生活保障标准，政府和社会对该类家庭所给予的物质帮助。城市居民最低生活保障制度是我国社会救助法律制度的组成部分。

由于我国城市与农村经济条件、自然环境、生存条件存在很大差异，因此，对低于当地生活最低标准的城市居民进行定期性的社会救助，不能不顾及地区经济发展不平衡的现实，实行统一的城乡一体、标准统一的社会救助制度。

我国从20世纪90年代即开始推行城市居民最低生活保障制度的试点，一些经济发展较快的地区，如上海市于1993年开始对这一制度进行试点。城市居民最低生活保障制度的建立是社会主义市场体制下的现代社会救助制度开始。1999年国务院发布《城市居民最低生活保障条例》启动了我国社会救助制度的法制化进程。2014年国务院发布的《社会救助暂行办法》设最低生活保障一章，规定了社会救助的基本规则。

（二）城市居民最低生活保障法律制度的内容

1. 适用范围

城市居民最低生活保障法律制度的适用范围包括：保障对象，即什么样的城市居民属于低保对象；适用的地域范围，即该制度在哪些地域范围内生效。只有确定法律制度的适用范围，制度的实施才具有可操作性。《城市居民最低生活保障条例》规定，持有非农业户口的城市居民，凡共同生活的家庭成员人均收入低于当地城市居民最低生活保障标准的，均有从当地人民政府获得基本生活物质帮助的权利。《社会救助暂行办法》规定，国家对共同生活的家庭成员人均收入低于当地最低生活保障标准，且符

合当地最低生活保障家庭财产状况规定的家庭，给予最低生活保障。

2. 保障标准

最低生活保障标准，又称最低生活保障线。我国城市居民最低生活保障标准是由当地政府根据城市居民维持基本生活的最低支出和物价指数，并考虑社会平均生活水平和政府财政承受能力等因素，经过测算和论证后制定的。《城市居民最低生活保障条例》规定，城市居民最低生活保障标准，按照当地维持城市居民基本生活所必需的衣、食、住费用，并适当考虑水电燃煤（燃气）费用以及未成年人的义务教育费用确定。《社会救助暂行办法》规定，最低生活保障标准，由省、自治区、直辖市或者设区的市级人民政府按照当地居民生活必需的费用确定、公布，并根据当地经济社会发展水平和物价变动情况适时调整。最低生活保障家庭收入状况、财产状况的认定办法，由省、自治区、直辖市或者设区的市级人民政府按照国家有关规定制定。

3. 保障基金

目前，我国并未设立城市低保基金，而是设置财政专款制度，由地方人民政府列入财政预算，并鼓励社会、个人和组织的捐赠。我们认为，低保应设立基金制度，低保将成为一项长期制度，基金来源的渠道、基金的管理与监督都应当制度化、规范化和法制化，而不是目前资金来源的不稳定的状态。

4. 最低生活保障待遇的申请、批准程序

程序制度的理性即是法律制度的公正性，设计合理、规范、简捷的待遇申请、审查和批准程序，是低保制度良性运行的关键。申请享受城市居民最低生活保障待遇，由户主向户籍所在地的街道办事处或者镇人民政府提出书面申请，并出具有关证明材料，填写"城市居民最低生活保障待遇审批表"。县级人民政府民政部门经审查，对符合享受城市居民最低生活保障待遇条件的家庭，应当区分下列不同情况批准其享受城市居民最低生活保障待遇：对无生活来源、无劳动能力又无法定赡养人、扶养人或者抚养人的城市居民，批准其按照当地城市居民最低生活保障标准全额享受；对尚有一定收入的城市居民，批准其按照家庭人均收入低于当地城市居民最低生活保障标准的差额享受。

5. 纠纷、争议处理程序

城市居民对县级人民政府民政部门作出的不批准享受城市居民最低生活保障待遇或者减发、停发城市居民最低生活保障款物的决定或者给予的行政处罚不服的，可以依法申请行政复议；对复议决定仍不服的，可以依法提起行政诉讼。

二、农村救助与扶贫法律制度

农村社会救助与扶贫法律制度，是针对我国广大农村建立的一种社会保障制度。

计划经济时期，我国农村社会救助采取单纯的救济办法。对遭受自然灾害的农民采取现金救济和返销粮供应救济等；对于农村中的鳏寡人员，实行保吃、穿、烧、葬、教的五保制度，使这部分农村困难群体生活能够有所依托。

随着我国农村土地承包经营责任制度的建立，尤其是社会主义市场经济体制建立以后，计划体制下的农村救济制度难以适应形势的要求。建立适应市场经济体制下的农村社会救助和扶贫制度须依赖于农村社会救助法律制度的建立。农村社会救助法律制度应当包括两个方面，一方面为农村贫困人口社会救助制度，另一方面为农村扶贫制度。

（一）农村五保供养制度

农村五保供养，是指依照相关规定，在吃、穿、住、医、葬方面给予村民的生活照顾和物质帮助。1994 年 1 月，国务院颁布了《农村五保供养工作条例》，使我国农村社会救助制度逐步规范化和法制化。2006 年 1 月，国务院颁布了新的《农村五保供养工作条例》，农村五保制度进一步完善。农村五保制度的主要内容如下。

1. 五保供养对象

老年、残疾或者未满 16 周岁的村民，无劳动能力、无生活来源又无法定赡养、抚养、扶养义务人，或者其法定赡养、抚养、扶养义务人无赡养、抚养、扶养能力的，享受农村五保供养待遇。

2. 五保供养内容

（1）供给粮油、副食品和生活用燃料；（2）供给服装、被褥等生活用品和零用钱；（3）提供符合基本居住条件的住房；（4）提供疾病治疗，对生活不能自理的给予照料；（5）办理丧葬事宜。农村五保供养对象未满 16 周岁或者已满 16 周岁仍在接受义务教育的，应当保障他们依法接受义务教育所需费用。农村五保供养对象的疾病治疗，应当与当地农村合作医疗和农村医疗救助制度相衔接。

3. 五保资金来源

农村五保供养标准不得低于当地村民的平均生活水平，并根据当地村民平均生活水平的提高适时调整。农村五保供养资金，在地方人民政府财政预算中安排。有农村集体经营等收入的地方，可以从农村集体经营等收入中安排资金，用于补助和改善农村五保供养对象的生活。农村五保供养对象将承包土地交由他人代耕的，其收益归该农村五保供养对象所有。具体办法由省、自治区、直辖市人民政府规定。中央财政对财政困难地区的农村五保供养，在资金上给予适当补助。

(二) 农村最低生活保障制度

2007年，农村最低生活保障制度开始在全国建立。国务院发布《关于在全国建立农村最低生活保障制度的通知》，明确建立农村最低生活保障制度的目标和总体要求，即通过在全国范围建立农村最低生活保障制度，将符合条件的农村贫困人口全部纳入保障范围，稳定、持久、有效地解决全国农村贫困人口的温饱问题。建立农村最低生活保障制度，实行地方人民政府负责制，按属地进行管理。各地要从当地农村经济社会发展水平和财力状况的实际出发，合理确定保障标准和对象范围。要与扶贫开发、促进就业以及其他农村社会保障政策、生活性补助措施相衔接，坚持政府救济与家庭赡养扶养、社会互助、个人自立相结合，鼓励和支持有劳动能力的贫困人口生产自救，脱贫致富。

农村最低生活保障标准由县级以上地方人民政府按照能够维持当地农村居民全年基本生活所必需的吃饭、穿衣、用水、用电等费用确定，并报上一级地方人民政府备案后公布执行。农村最低生活保障标准要随着当地生活必需品价格变化和人民生活水平提高适时进行调整。农村最低生活保障对象是家庭年人均纯收入低于当地最低生活保障标准的农村居民，主要是因病残、年老体弱、丧失劳动能力以及生存条件恶劣等原因造成生活常年困难的农村居民。

农村最低生活保障资金的筹集以地方为主，地方各级人民政府要将农村最低生活保障资金列入财政预算，省级人民政府要加大投入。地方各级人民政府民政部门要根据保障对象人数等提出资金需求，经同级财政部门审核后列入预算。中央财政对财政困难地区给予适当补助。

《社会救助暂行办法》规定，申请最低生活保障，按照下列程序办理。(1) 由共同生活的家庭成员向户籍所在地的乡镇人民政府、街道办事处提出书面申请；家庭成员申请有困难的，可以委托村民委员会、居民委员会代为提出申请。(2) 乡镇人民政府、街道办事处应当通过入户调查、邻里访问、信函索证、群众评议、信息核查等方式，对申请人的家庭收入状况、财产状况进行调查核实，提出初审意见，在申请人所在村、社区公示后报县级人民政府民政部门审批。(3) 县级人民政府民政部门经审查，对符合条件的申请予以批准，并在申请人所在村、社区公布；对不符合条件的申请不予批准，并书面向申请人说明理由。

对批准获得最低生活保障的家庭，县级人民政府民政部门按照共同生活的家庭成员人均收入低于当地最低生活保障标准的差额，按月发给最低生活保障金。对获得最低生活保障后生活仍有困难的老年人、未成年人、重度残疾人和重病患者，县级以上地方人民政府应当采取必要措施给予生活保障。

（三）农村扶贫制度

农村扶贫是国家以资金支持或技术输入等方式对农村贫困户和贫困地区予以资助，以帮助其脱贫致富的一种社会救助制度。农村扶贫制度具体包括农村扶贫贷款制度、农村技术扶贫制度、农村扶贫搬迁制度、农村退耕还林补助制度、农村以工代赈制度。

三、城市流浪乞讨人员救助法律制度

1982年5月12日，国务院发布《城市流浪乞讨人员收容遣送办法》，建立了收容遣送制度。该制度规定，收容遣送对象是：（1）家居农村流入城市乞讨的；（2）城市居民中流浪街头乞讨的；（3）其他露宿街头生活无着的。收容遣送的工作任务主要是对城市流浪乞讨人员进行收容、遣送、救济、管理、教育，协助被收容遣送人员所在地的人民政府做好遣返对象的接收和安置，认真帮助解决他们的生产、生活困难，使其不再外流。

2003年国务院废除了收容遣送制度，将其改造为城市流浪乞讨人员社会救助制度。城市流浪乞讨人员社会救助制度不再包含行政管理、治安管理方面的内容。该项制度的实施对象是：在城市中的生活无着的流浪乞讨人员。城市生活无着的流浪乞讨人员是指因自身无力解决食宿，无亲友投靠，又不享受城市最低生活保障或者农村五保供养，正在城市流浪乞讨度日的人员。

城市流浪乞讨人员社会救助制度的实施，不再对城市流浪乞讨人员实行强制遣送，而是设置社会救助站，以解决这些人员的生存和生活问题。县级以上城市人民政府应当根据需要设立流浪乞讨人员救助站。救助站对流浪乞讨人员的救助是一项临时性社会救助措施。县级以上城市人民政府应当采取积极措施及时救助流浪乞讨人员，并应当将救助工作所需经费列入财政预算，予以保障。县级以上人民政府民政部门负责流浪乞讨人员的救助工作，并对救助站进行指导、监督。

救助站应当根据受助人员的需要提供下列救助：（1）提供符合食品卫生要求的食物；（2）提供符合基本条件的住处；（3）对在站内突发急病的，及时送医院救治；（4）帮助与其亲属或者所在单位联系；（5）对没有交通费返回其住所地或者所在单位的，提供乘车凭证。救助站不得向受助人员、其亲属或者所在单位收取费用，不得以任何借口组织受助人员从事生产劳动。救助站应当根据受助人员的情况确定救助期限，一般不超过10天；因特殊情况需要延长的，报上级民政主管部门备案。

四、自然灾害救助法律制度

我国幅员辽阔，地理、气候条件复杂，自然灾害发生频繁，除火山活动导致的灾害外，几乎所有类型的自然灾害每年都有发生。主要有干旱、洪涝、地震、台风、冰雹、山体滑坡、泥石流、病虫害、森林火灾、低温冷害、暴风雪、沙尘暴、赤潮等。上述自然灾害都会造成不同程度的经济损失，甚至造成人员伤亡。每次自然灾害都会产生一定数量的贫困人群，对这部分人员进行社会救助是社会救助制度的重要组成部分。国务院制定的《自然灾害救助条例》对规范自然灾害救助工作、保障受灾人员基本生活作出了全面规定。《社会救助暂行办法》设有"受灾人员救助"一章。

自然灾害救助制度包括三类。（1）救助准备。县级以上地方人民政府及其有关部门应当制定相应的自然灾害救助应急预案，建立健全自然灾害救助应急指挥技术支撑系统。国家建立自然灾害救助物资储备制度，设区的市级以上人民政府和自然灾害多发、易发地区的县级人民政府应当根据自然灾害特点、居民人口数量和分布等情况，设立自然灾害救助物资储备库，保障自然灾害发生后救助物资的紧急供应。县级以上地方人民政府应当统筹规划设立应急避难场所，加强自然灾害救助人员的队伍建设和业务培训。（2）应急救助。自然灾害发生后，县级以上人民政府或者人民政府的自然灾害救助应急综合协调机构应当根据情况紧急疏散、转移、安置受灾人员，及时为受灾人员提供必要的食品、饮用水、衣被、取暖、临时住所、医疗防疫等应急救助。（3）灾后救助。受灾地区人民政府应当在确保安全的前提下，对住房损毁严重的受灾人员进行过渡性安置。自然灾害危险消除后，受灾地区人民政府应急管理等部门应当及时核实本行政区域内居民住房恢复重建补助对象，并给予资金、物资等救助。自然灾害发生后，受灾地区人民政府应当为因当年冬寒或者次年春荒遇到生活困难的受灾人员提供基本生活救助。

县级以上人民政府财政部门、应急管理部门负责自然灾害救助资金的分配、管理并监督使用情况。自然灾害救助款物专款（物）专用，无偿使用。自然灾害救助款物应当用于受灾人员的紧急转移安置，基本生活救助，医疗救助，教育、医疗等公共服务设施和住房的恢复重建，自然灾害救助物资的采购、储存和运输，以及因灾遇难人员亲属的抚慰等项支出。

本章小结

本章的主要内容包括社会救助的概念、特征和分类，社会救助与社会救济的关系；社会救助法律关系及其要素；我国现行社会救助制度的基本内容主要包括：城市居民最低生活保障制度、农村社会救助和扶贫制度、城市乞讨流浪人员社会救助制度、自然灾害社会救助制度等。社会救助制度是社会保障制度的重要范畴，社会救助法律制度是社会保障法的重要内容。通过本章的学习应基本了解社会救助法律关系，即了解社会救助主体之间的权利、义务和责任。

复习思考题

1. 什么是社会救助？它有哪些特征？
2. 社会救助制度的建立有什么作用？
3. 什么是社会救助法律关系？它有哪些要素？
4. 什么是城市居民最低生活保障制度？
5. 农村社会救助与扶贫制度有哪些区别？
6. 什么是自然灾害社会救助制度？
7. 城市乞讨流浪人员救助制度的基本内容有哪些？

问题讨论

老何失业已5年了，失业保险待遇期已满，失业保险机构早已停发了相关失业保险金。在老何失业后的2年内，失业保险机构为其办理了3次就业培训，并为其介绍了5个工作岗位，但是没有一家与老何签订劳动合同。因此，老何一直靠打零工和拾破烂度日，生活毫无保障。老何到低保机构申请低保待遇也未获批准。一位好心的律师小孙愿意为老何提供法律援助，他继续替老何向低保机构申请低保待遇，但低保机构认为老何收入申报不真实，不符合低保要求，小孙于是代理老何向民政部门申请行政复议。

1. 老何是否应享受低保待遇？为什么？
2. 你认为领取低保待遇适用行政复议程序是否合理？

第二十一章
社会福利法律制度

>> 学习要点

了解社会福利法律制度的基本内容,以及中国社会福利制度的改革和立法。

>> 关键概念

社会福利　弱势群体福利　社会公共福利　职业劳动福利　社会福利法　社会福利法律关系　社会福利法律关系的要素

第一节　社会福利法律制度概述

一、社会福利概念、特征和分类

(一)社会福利的概念

社会福利是一个存在争议的概念,至今尚未有统一的、公认的权威性定义。有的学者认为,社会福利是指国家和社会为改善和提高全体社会成员的物质、精神生活而采取的包括人们的衣、食、住、行、环境、教育等几个方面的措施及提供的设施和服务。如发达资本主义国家,特别是北欧各福利国家,把"从摇篮到坟墓"的各种保障措施都称为社会福利。但这种解释属于对社会福利的广义解释，它甚至包含和超出了社会保障概念所能涵盖的内涵与外延。也有的学者认为，两个概念内涵与外延基本一致，社会福利制度就是社会保障制度，涉及生、老、病、死、伤、残、孤、寡、失业和职业培训等方面，包括医疗、养老金、失业补贴、家庭补贴等项目。[①]

我们认为，社会福利概念的诠释需依据不同的国情，处于社会主义初级阶段的中国的社会福利，要坚持实行基本生活保障和逐步发展社会福利事业相结合的原则，将社会福利纳入社会保障制度的范畴。因此，社会福利应是国家和社会为保障和提升社会成员的生活质量，建设和提供生活便利设施，提供生活便利服务及提供适当经济补贴的制度。

（二）社会福利的特征

社会福利作为社会保障制度的内容之一，除具有社会保障的普遍特征外，还有其自身的特征，这些特征表现在以下方面。

1. 社会福利提供的无偿性和非对价性

社会福利设施、服务的提供大部分是无偿的，部分有偿项目也并非实行权利、义务的平等对价。

2. 社会福利的公共性和社会福利对象的不特定性

社会福利是针对全社会的，福利设施和服务是提供给社会全体成员的，即使部分设施是专门提供给社会弱势群体的，但对于该群体成员而言，权利的享受是平等的。

3. 社会福利标准的不确定性

世界各国并无统一的社会福利标准，即使一国或地区之内也没有统一的标准。

4. 社会福利资金来源的单向性

社会福利资金的筹集，一方面主要依赖财政资金的转移支付；另一方面依赖社会资金的资助。

（三）社会福利的分类

根据我国长期以来社会福利建设的实践，社会福利应根据不同目的进行相应的分类。

1. 弱势群体社会福利

弱势群体是近年来频繁使用的概念，具体包括老弱病残、妇女儿童等，为了使这

---

① 王益英. 社会保障法 [M]. 北京：中国人民大学出版社，2000：208.

部分人群能够享受社会发展成果，国家和社会专门为他们提供特别的社会设施和服务。

2. 社会公共福利

社会公共福利是提供给社会所有成员的福利设施和服务，并且社会成员能够重复性地使用社会公共福利设施和接受公共服务，如公共休闲场所为城市居民提供了相应的休闲场地，且所有社会成员均可重复使用。

3. 职业劳动福利

任何职工与所在单位都形成了特定的雇佣关系，一方付出劳动，另一方给付报酬，但是，用人单位所给予的报酬并非能够全部体现劳动者劳动的价值，因此，多数单位都会在工资报酬之外，设置职业劳动福利，也就是通常所说的"职工福利"。

二、社会福利法的概念

社会福利法是调整在国家和社会为保障和提升社会成员的生活质量，建设和提供生活便利设施和服务及适当经济补贴的过程中发生的社会关系的法律规范的总称。在我国的社会保障法律制度中，有关社会福利的立法相对滞后，相应的规则主要存在于一些政策性文件中，缺乏法律的权威性和强制力，并存在不健全、不配套问题，远远落后于市场经济发展的要求。因此，必须加强社会福利立法。

三、中国社会福利事业的沿革和社会福利建设的意义

（一）中国社会福利事业的沿革

新中国成立后即开始创建社会福利制度，由于当时社会生产力水平很低，国力很弱，国家和政府很难提供服务于全社会的福利设施，只能提供一定社会成员所能享受的社会福利，也就是所谓的职工福利。1950年的《工会法》和1951年的《劳动保险条例》，都明确规定了各级工会应逐步加强职工福利，政府与企业应拨给工会必要的房屋和设备用于举办集体福利事业。此后，政府又制定了一系列社会政策，采取措施来发展福利事业，职工食堂、托儿所、幼儿园等集体福利设施逐渐建立起来。"大跃进"期间，社会福利被无限扩大，严重脱离实际和超越了经济发展水平，致使我国社会福利事业走了很多弯路。"文化大革命"期间，与劳动保险统筹被取消一样，工会所举办的联合性社会福利事业逐步转由企业负担，我国"企业办社会"现象随之形成。[①]

改革开放以来，我国在改革企业制度，解除"企业办社会"的困扰之时，开始了

---

① 王益英. 社会保障法 [M]. 北京：中国人民大学出版社，2000：209.

社会福利制度改革，然而积弊日深，到目前仍未建立起与社会主义市场经济体制相适应的社会福利体系，形成了新旧制度之间的真空。中国特色社会福利法律制度的建立任重道远。

（二）社会福利建设的意义

社会福利是国家对国民收入再分配的一种形式，是社会成员生存和发展的一种社会化待遇的补充。举办社会福利事业，可以使社会所有成员尽享社会发展成果，享受社会文明进步给人类带来的欢愉，社会福利建设具有重要的意义。

1. 社会福利事业的举办是公共积累和公共文明的体现

社会越发达，文明程度越高，为每位社会成员提供的社会福利就越多，且这种社会福利的公共化程度较高，不是只有一部分社会成员才能享受的特殊待遇。同时，社会福利事业的举办也体现了公共积累的增加。

2. 社会福利事业的举办体现社会进步，有利于满足全社会成员的物质、精神生活的需要

经济发展和社会进步，要求政府和社会提供给社会成员更多的便利，人们对生活舒适感的要求会逐步提高，社会福利事业的举办从人们的吃穿住行教、生老病死葬、游玩健美乐等各个环节体现社会进步，满足社会成员物质、精神生活的需要。

3. 社会福利事业的举办体现国家、社会、家庭和个人的和谐一体

在社会福利较差的社会环境下，人们的社会公共感非常淡漠，个人的生存、发展状态与国家、社会的存在可能并不和谐。相反，社会福利水平较高的国家和地区，人们的社会公共感强，社会成员遵纪守法、遵守公共秩序的意识普遍较强。

第二节 社会福利法律关系

一、社会福利法律关系的概念、特点

长期以来，我国职工福利制度并未有相应的法律、法规予以规制。《劳动法》发布后虽正式确立了职工福利法律制度，但该制度的适用范围仅限于企业和个体经济组织，并不适用于所有用人单位；同时，职工福利不同于社会福利。因此，中国特色的社会福利法律制度的建立须理清社会福利法律关系。只有理清社会福利法律关系，才能确定社会主体在实施社会福利制度时的权利、义务和责任，才能使中国特色社会福利事业得到健康发展。

(一)社会福利法律关系的概念

社会福利法律关系,是指社会福利法律规范在调整社会福利关系过程中所形成的法律上的权利、义务和责任关系,是社会福利关系在法律上的表现。社会福利法律关系是一种权利义务关系,社会成员属于权利主体,也属于义务主体,而政府及其相关部门是义务或责任主体,相关组织或机构也可能成为社会福利法律关系的主体。如政府相关部门具有举办社会福利设施的义务和责任,社会成员具有享受社会福利的权利。

(二)社会福利法律关系的特点

社会福利法律关系,是社会保障法律关系的重要内容,社会福利法律关系与其他社会保障法律关系相比,有其自身的特点。

1. 社会福利法律关系是权利、义务和责任关系

各种不同主体之间存在着不同的权利、义务和责任。社会福利关系是国民收入分配和再分配的关系,属于经济基础范畴,而社会福利法律关系属于上层建筑范畴,它体现了国家意志。

2. 社会福利法律关系既存在特定主体与不特定主体之间的权利、义务和责任关系,也存在特定主体之间的权利、义务和责任关系

如某些公共福利设施和服务是提供给一定年龄的老年人享受的,那么在老年人与设施管理之间存在着特定的社会福利法律关系。具体讲,我国部分地区对于使用公共交通的老年人实行免费制度,此时,双方当事人之间的权利义务关系是特定的。

3. 社会福利法律关系不同于平等主体之间的民事法律关系,也不同于不平等主体之间的行政法律关系

如社会福利彩票的发行、购买过程中所形成的法律关系就是社会福利法律关系的典型,它既不适用民事法律规范,又不适用行政法律规范。

二、社会福利法律关系的要素

(一)社会福利法律关系的主体

社会福利法律关系属于现代法律关系,其法律关系主体既表现为抽象的法律关系主体,也表现为具体的法律关系主体,如作为享受社会福利的全体社会成员,表现为自然人,属于抽象法律关系主体;而作为社会福利提供者,各级政府及其财政部门、民政部门和具体的慈善机构则是具体的法律关系主体。

（二）社会福利法律关系的客体

社会福利法律关系客体是指主体之间权利、义务和责任共同指向的对象，具体而言，就是社会福利设施、社会福利待遇和社会福利服务等。

（三）社会福利法律关系的内容

社会福利法律关系的内容是社会法律关系的基础，没有社会福利法律关系的内容，社会福利法律关系就无从建立。社会福利法律关系的内容是根据社会福利法律规范确定的各类主体的权利、义务和责任，具体包括以下内容。（1）政府及其相关部门，如财政部门、民政部门承担着支持和举办社会福利事业的职责；相关事业机构，如慈善机构、社区组织、公共福利机构等，也是社会福利义务的承担者。只有上述组织和机构履行了自身的义务和职责，社会成员的具体社会福利权利才能得以实现。（2）企业或其他社会经济组织，我国正处于社会主义初级阶段，部分社会福利可能要采取国家政策扶持、相关制度规范、民间组织举办的措施，如现已存在的老年人福利院，就是政府在相应政策上予以支持，由民间组织举办的社会福利事业。（3）社会成员，既包括特定社会成员，又包括不特定的社会成员。他们是社会福利权利的享受者，他们享受社会福利的权利是由社会福利法律规范所规定的。如一些公共场所免费开放，社会成员具有免费使用该场所的权利，而相关机构具有提供这类场所的义务和职责。

第三节　社会福利法的基本内容

一、弱势群体社会福利法

计划体制下，社会福利事业被单纯地理解为专门为社会弱势群体所举办的事业，即国家、社会或个人为收养社会上丧失劳动能力、无依无靠、无法定义务抚（扶）养人的孤老残幼和家庭无力照管的老人、孤残儿童、精神病人而举办的社会福利服务。它主要包括老年人福利、儿童福利、妇女福利和残疾人福利。例如，兴建社会福利院、敬老院、儿童福利院、疗养院、职工食堂、托儿所、幼儿园和文化体育场所以及以安置残疾人就业为主要目的的社会福利工厂等。[①] 当然，上述弱势群体社会福利的举办是社会福利事业的重要内容，但是，这些福利只是社会福利的一个组成部分。

---

① 王益英. 社会保障法 [M]. 北京：中国人民大学出版社，2000：218.

在高度集中的计划经济时期，这些弱势群体福利事业大多单纯依赖政府，且未形成"社会福利"，多数福利设施和服务的享受者既封闭，范围又相对狭窄，只限定在特定的地域或单位之内。随着中国经济体制的改革，弱势群体社会福利事业的举办遭受前所未有的挑战，因此，重建社会主义市场经济体制下的弱势群体社会福利制度，并使之逐步走上法制化轨道，是今后社会保障立法的重要内容。近年来修订的《老年人权益保障法》《未成年人保护法》《妇女权益保障法》《残疾人保障法》等法律中包含了社会福利的内容，弱势群体社会福利法制化取得了一定的成果。

（一）老年人社会福利法

尊老敬老是中华民族的美德，同时，也是今后社会保障立法的重要内容。《老年人权益保障法》规定，国家建立和完善老年人福利制度，根据经济社会发展水平和老年人的实际需要，增加老年人的社会福利。《老年人权益保障法》主要从以下四个方面予以规制。

1. 老年人公共特别福利

《老年人权益保障法》规定的"社会优待"，在性质上大致相当于老年人公共特别福利。该法规定，各级人民政府和有关部门应当为老年人及时、便利地领取养老金、结算医疗费和享受其他物质帮助提供条件；办理房屋权属关系变更、户口迁移等涉及老年人权益的重大事项时，应当就办理事项是否为老年人的真实意思表示进行询问，并依法优先办理。医疗机构应当为老年人就医提供方便，对老年人就医予以优先。城市公共交通、公路、铁路、水路和航空客运，应当为老年人提供优待和照顾。博物馆、美术馆、科技馆、纪念馆、公共图书馆、文化馆、影剧院、体育场馆、公园、旅游景点等场所，应当对老年人免费或者优惠开放。

2. 老年人社会养老服务

我国已经步入老年社会，老年人在人口结构中占有相当比重，这就意味着单纯依赖家庭养老的模式必须向社会养老过渡，国家规定的养老保险制度所提供的是养老金的发放，也就是养老的经济待遇，而老年人养老绝不只是单纯的金钱问题，社会服务将愈加显示其价值。国家通过相关立法确定社会养老服务的标准、举办社会养老机构的资质和养老服务的收费等。只有建立起社会养老法律制度，才能使老年人安度晚年，才不至于发生"有钱难以养老"的尴尬。从另一方面讲，我国计划生育政策的推行，新一代独生子女逐步走上工作岗位，他们面对众多需要养老的长辈，将承受难以想象的巨大压力。因此，由国家和社会举办养老院、托老所将是今后该方面立法的一个重点。

《老年人权益保障法》规定，国家建立和完善以居家为基础、社区为依托、机构为支撑的社会养老服务体系。老年人无劳动能力、无生活来源、无赡养人和扶养人，或者其赡养人和扶养人确无赡养能力或者扶养能力的，由地方各级人民政府依照有关规定给予供养或者救助。地方各级人民政府和有关部门应当采取措施，发展城乡社区养老服务，鼓励、扶持专业服务机构及其他组织和个人，为居家的老年人提供生活照料、紧急救援、医疗护理、精神慰藉、心理咨询等多种形式的服务。地方各级人民政府和有关部门、基层群众性自治组织，应当将养老服务设施纳入城乡社区配套设施建设规划，建立适应老年人需要的生活服务、文化体育活动、日间照料、疾病护理与康复等服务设施和网点，就近为老年人提供服务。政府投资兴办的养老机构，应当优先保障经济困难的孤寡、失能、高龄等老年人的服务需求。

3. 老年人社区卫生保健

人到老年，多是疾病侵袭的高峰时期，假如老年人如同青壮年人一样，奔波于医院和住所之间，将大大增加他们的生理和精神负担，提供良好的社区卫生保健服务，并根据法律规定的标准收取费用，能够保障老年人老有所管、病有所医。国家鼓励医疗机构开设针对老年病的专科或者门诊。医疗卫生机构应当开展老年人的健康服务和疾病防治工作。医疗卫生机构要优先为辖区内 65 周岁以上常住老年人免费建立健康档案，每年至少提供 1 次免费体格检查和健康指导，开展健康管理服务。定期对老年人进行健康状况评估，及时发现健康风险因素，促进老年疾病早发现、早诊断、早治疗。积极开展老年疾病防控的知识宣传，开展老年慢性病和老年期精神障碍的预防控制工作。为行动不便的老年人提供上门服务。

4. 老年人文化和精神福利

老年人同样具有精神和文化消费的客观需求，因此，根据法律规定，兴办老年人文化活动中心、娱乐中心，是老年人社会福利的一项重要内容。各级人民政府和有关部门在财政、税费、土地、融资等方面采取措施，鼓励、扶持企业事业单位、社会组织或者个人兴办、运营养老、老年人日间照料、老年文化体育活动等设施。各级人民政府在制定城乡规划时，应当根据人口老龄化发展趋势、老年人口分布和老年人的特点，统筹考虑适合老年人的公共基础设施、生活服务设施、医疗卫生设施和文化体育设施建设。

（二）妇幼社会福利事业的法制化

妇幼社会福利包括妇女社会福利和儿童、少年社会福利。

1. 妇女社会福利

妇女社会福利是针对妇女与男子相比，生理和心理上相对处于弱势，需加以特殊照顾和保护而建立的。针对妇女而建立的社会福利包括以下内容。

(1) 妇女卫生保健福利。该项福利设施和服务专门提供给妇女使用。如妇幼保健院、妇产医院、妇女活动中心、咨询服务中心、健美中心、妇女用品店等。

(2) 妇女职业福利。针对妇女生理、心理特点提供给职业妇女的职业福利，包括职业劳动特殊保护等。任何单位均应根据妇女的特点，依法保护妇女在工作和劳动时的安全和健康，不得安排不适合妇女从事的工作和劳动。妇女在经期、孕期、产期、哺乳期受特殊保护。任何单位不得因结婚、怀孕、产假、哺乳等情形，降低女职工的工资，辞退女职工，单方解除劳动（聘用）合同或者服务协议。但是，女职工要求终止劳动（聘用）合同或者服务协议的除外。各单位在执行国家退休制度时，不得以性别为由歧视妇女。

2. 儿童、少年社会福利

儿童与少年是国家和社会的未来，为儿童、少年提供良好的社会福利是世界各国的普遍做法，多数国家对儿童、少年福利立法予以规制。1991年9月4日我国颁布了《未成年人保护法》，后经2006年、2012年、2020年三次修订。其中关于儿童、少年社会福利法律的内容如下。

(1) 儿童、少年医疗保健及服务。国家立法规定，对儿童、少年进行相应的医疗保健和健康服务，属于社会福利立法的范畴。具体包括积极防治儿童常见病、多发病，免费接种防疫，定期进行健康检查、建设儿童医院等。

(2) 教育福利。普及九年义务教育，保障每一位儿童及时入学，并获得九年时间的义务教育。国家规定，在义务教育阶段不收学费、杂费。目前，为实现儿童、少年这项社会福利的权利，有必要重新认识义务教育法中的"义务"，重构法律责任体系，使儿童、少年的教育福利权利得到真正实现。

(3) 儿童、少年社会福利设施建立。国家立法应强制规定在居住人口达到一定规模后，应建设相应的儿童、少年社会福利设施。建立、普及托儿所、幼儿园、儿童服务中心、少年宫、儿童公园等。《未成年人保护法》规定，地方人民政府应当建立和改善适合未成年人的活动场所和设施，支持公益性未成年人活动场所和设施的建设和运行，鼓励社会力量兴办适合未成年人的活动场所和设施，并加强管理。

(4) 儿童、少年社会福利优惠制度。公共福利设施，如公园、动物园、博物馆、展览馆、革命纪念场所等，应对儿童、少年应予以免费优待或一定票价的折扣。同时，公共交通对中小学生同样应予以一定的票价优惠。《未成年人保护法》规定，爱国主义教育基地、图书馆、青少年宫、儿童活动中心、儿童之家应当对未成年人免费开放；

博物馆、纪念馆、科技馆、展览馆、美术馆、文化馆、社区公益性互联网上网服务场所以及影剧院、体育场馆、动物园、植物园、公园等场所，应当按照有关规定对未成年人免费或者优惠开放。城市公共交通以及公路、铁路、水路、航空客运等应当按照有关规定对未成年人实施免费或者优惠票价。

（三）残疾人福利

残疾人福利是指国家和社会在保障残疾人基本物质生活需要的基础上，为残疾人在生活、工作、教育、医疗和康复等方面提供的设施和服务，是社会福利的一个重要项目。《中华人民共和国教育法》和《中华人民共和国残疾人教育条例》明确规定了残疾人受教育的权利，《残疾人保障法》对残疾人权益的保障作了全面的规定，其中规定了残疾人福利事业。但是，残疾人福利待遇的享受一般规定在地方性法规之中，其更具操作性。残疾人社会福利一般包括以下内容。

1. 残疾人就业扶持福利

残疾人就业是指达到法定就业年龄、具有就业要求和劳动能力的残疾人参加职业劳动，获得劳动收入的行为。残疾人是一个相对恒定的社会人群，他们的就业属于就业法律制度的范畴，但鉴于残疾人属于弱势群体，残疾人就业常常与社会福利联系在一起。发达市场经济国家对于残疾人就业并非采取集中模式，即举办残疾人企业解决就业，而是针对残疾人的特点，采取分散方式解决残疾人就业。具体措施一般是法律规定任何组织须安排一定比例的残疾人就业，否则须缴纳一定的残疾人就业费用。我国残疾人劳动就业，实行集中与分散相结合的方针。在集中使用残疾人的用人单位中，从事全日制工作的残疾人职工，应当占本单位在职职工总数的25%以上。国家实行按比例安排残疾人就业制度，国家机关、社会团体、企业事业单位、民办非企业单位应当按照规定的比例安排残疾人就业，并为其选择适当的工种和岗位。用人单位安排残疾人就业的比例不得低于本单位在职职工总数的1.5%。用人单位安排残疾人就业达不到其所在地省、自治区、直辖市人民政府规定比例的，应当缴纳残疾人就业保障金。政府有关部门设立的公共就业服务机构，应当为残疾人免费提供就业服务。

2. 残疾人康复福利

国家和社会设立康复福利设施，保障残疾人享有康复服务的权利。其中，精神残疾人可以通过精神病疗养机构得到救治。县级以上人民政府根据本行政区域残疾人数量、分布状况、康复需求等情况，制定康复机构设置规划，举办公益性康复机构，将康复机构设置纳入基本公共服务体系规划，鼓励和扶持社会力量兴办残疾人康复机构。

3. 残疾人无障碍设施的建立

我国《残疾人保障法》设专章规定了无障碍环境，2012年国务院发布了《无障碍环境建设条例》。无障碍设施的建设和改造，应当符合残疾人的实际需要。新建、改建和扩建建筑物、道路、交通设施等，应当符合国家有关无障碍设施工程建设标准。各级人民政府和有关部门应当按照国家无障碍设施工程建设规定，逐步推进已建成设施的改造，优先推进与残疾人日常工作、生活密切相关的公共服务设施的改造。对无障碍设施应当及时维修和保护。公共交通工具应当逐步达到无障碍设施的要求。

4. 扶残助残服务

向残疾人提供相关的服务是残疾人社会福利的一项内容，在现有条件基础上，在公共场所应向残疾人提供相关的服务，如盲人问讯、导向等。

5. 残疾人社会福利优惠制度

如同儿童、少年、老年人一样，国家应立法规定，公共服务应对残疾人免费提供或给予价格上的减免。《残疾人保障法》规定，县级以上人民政府对残疾人搭乘公共交通工具，应当根据实际情况给予便利和优惠。残疾人可以免费携带随身必备的辅助器具。盲人持有效证件免费乘坐市内公共汽车、电车、地铁、渡船等公共交通工具。盲人读物邮件免费寄递。国家鼓励和支持提供电信、广播电视服务的单位对盲人、听力残疾人、言语残疾人给予优惠。

二、社会公共福利法制建设

社会公共福利，是指国家和社会提供给社会全体成员的社会福利，包括为满足社会全体成员物质及精神生活的需要，提升生活质量而兴办的公益性设施和提供的相关服务。社会福利大多与公益事业相关，如环境、教育、卫生、文体、娱乐、社区服务等众多方面。公共社会福利所体现的法律关系更多地表现为一种政府及相关部门的社会责任，而享受公共社会福利的主体是社会全体成员。社会越发展，公共福利事业发展越快，公共福利水平越高，因此，发展公共福利事业，是提升全社会福利的关键。

公共福利，如城市道路、绿化等，优美的环境是社会成员都能够感受到的，因此，为人们提供一个优美的生活、学习、工作空间，本身就属于福利范畴。便利的公共福利设施，使人们能够感受到生活的舒适和便捷，从而达到提高生活质量的目的。

社区福利，是在特定区域内，尤其是城市中特定的生活区域内所举办的社会福利，社区福利的提升能够带动社会福利整体水平的提高。社区福利主要包括两个方面：社区公共福利设施建设和社区服务。社区公共福利设施建设，是为了给社区内居民创造一个优美的生活和居住环境，而社区服务是指为社区居民提供相关生活便利服务。

合理、科学的社会公共福利必须是具有刚性约束的责任，加快社会公共福利立法步伐，建立适应市场经济体制下的社会公共福利事业是社会发展的必然要求。

三、职业劳动福利法制建设

职业劳动福利，又称职工福利，是指用人单位通过完善集体福利设施、设立各种补贴、提供服务等形式为本单位职工改善生活条件的物质帮助制度。该制度是社会福利制度的组成部分。我国《劳动法》规定，国家发展社会福利事业，兴建公共福利设施，为劳动者休息、休养和疗养提供条件；用人单位应当创造条件，改善集体福利，提高劳动者的福利待遇。由于《劳动法》适用范围的限制，除与劳动者形成劳动合同关系之外，国家机关、事业单位、社会团体不适用《劳动法》，因此，我国职工福利是局部的，并非"职业劳动福利"。

在经济体制改革过程中，为摆脱"企业办社会"的局面，开始对计划体制下职工福利制度进行改革，其中，最大的改革内容是住房福利制度改革，逐步取消福利分房制度，实行住房福利社会化和货币化补贴，各单位不再建房、买房、分房，这项福利制度改革的步伐较快，只是后续措施需要及时到位。

本章小结

本章的主要内容包括社会福利的概念、特征和分类，社会福利法的概念，社会福利法律关系及其要素，社会福利法律制度的基本内容。由于我国社会福利法律制度尚在构建过程中，因此，更应领会社会福利法律关系及其要素，理解只有建立和完善社会福利法律制度，才能保证我国社会福利事业在市场体制下得到健康、良性的发展。

复习思考题

1. 什么是社会福利？社会福利有哪些特征？
2. 举办社会福利事业的意义是什么？
3. 什么是社会福利法律关系？社会福利法律关系有哪些要素？
4. 社会福利法律制度包括哪些内容？
5. 什么是弱势群体福利法律制度？如何理解部分公共福利设施向弱势群体减免费用的规定？

6. 目前，我国社会公共福利事业存在哪些问题？立法应如何规制？

 问题讨论

老孙退休已 20 余年了，今年 82 岁的他曾因在解放初期参加剿匪斗争而负伤，民政部门给他发放了二等伤残军人证。最近老孙来北京旅游，发现 70 岁以上的老年人能够免费乘坐公共汽车，觉得很方便，于是乘坐所有公共汽车时都不买票。有的线路的售票员遇到这位"固执"的老头，争执几个回合后都让步了，但在某一空调公共汽车上，售票员就是不让不买票的老孙下车，反而将老孙拉到终点站。老孙非常气愤，与该路公共汽车负责人争吵，但该路公共汽车负责人坚持对老孙罚款 20 元。老孙不服，为此打起了官司。

1. 老孙是否应买票？为什么？

2. 人民法院受理老孙的诉讼后发现这起案件不是一般的民事案件，裁定驳回了老孙的诉讼请求，并建议老孙向相关行政部门申请行政复议，你如何理解这一做法？

第二十二章
军人社会保障法律制度

>> 学习要点

了解军人社会保障制度的意义和军人社会保障法律制度的基本内容。

>> 关键概念

社会优抚　军人社会保障　军人社会保险　现役军人退役安置　军人社会优抚　军人社会救助

第一节　军人社会保障法律制度概述

一、军人社会保障的概念和特征

（一）军人社会保障的概念

军人社会保障，是指国家和社会根据法律和有关规定以及军人应享有的权利与应履行的义务相统一的原则，通过立法程序作出相应的制度安排，对国民收入进行再分配，以保障军人及其家庭成员的基本生活需要，解除军人的后顾之忧，稳定军心，保证国家安全和社会稳定的社会事业。

军人社会保障的上述定义，表达了以下几层含义。

第一，军人社会保障的主体是国家和社会组织。军人社会保障，可以理解为是对军人的社会保障，而社会保障则是国家和社会组织举办的一项重大的社会事业，是一项重大的社会政策。

第二，军人社会保障是一种特殊的制度安排。一般认为，社会保障事业是一种保障公民基本生活或最低生活需要的社会制度，军人社会保障也是如此。

第三，军人社会保障是国家和社会组织通过对国民收入再分配来实施的，反映的是一种国民收入分配关系。

第四，军人社会保障的对象是军人及其家庭成员。从保障对象的角度看，不能将军人社会保障理解为仅仅是对军人本人的保障，而应理解为对军人（现役军人和退役军人）及其家庭成员（包括现役军人家属、革命烈士遗属、牺牲军人遗属、病故军人遗属等）的保障。

第五，军人社会保障为军人及其家庭成员提供基本生活保障。

第六，军人社会保障是确保国家安全和社会稳定的社会事业。①

（二）军人社会保障的特征

军人社会保障属于社会保障体系的组成部分，是针对特定人群实施的社会保障制度，其保障对象是军人及其亲属，具有特殊性；保障内容涉及军人及其亲属的社会保险、社会优抚、职业保障等项目。

二、军人社会保障法的概念及我国军人优抚制度的沿革

军人社会保障法是调整在国家和社会对国民收入进行再分配，以保障军人及其家庭成员的基本生活需要的过程中发生的社会关系的法律规范的总称。

现代军人社会保障制度属于现代社会的产物，而对军人实施优抚政策则有相当长的历史。在奴隶社会时期，奴隶主政权为鼓舞士兵作战，开始对士兵实施优抚政策。春秋战国时期，诸侯各国陷入了混战状态；战国后期，对士兵优抚成为列国普遍的做法，通常给予作战士兵免除全家徭役和赋税的优待。西汉时期，优抚制度被当时律法所肯定，"有功劳行田宅"成为当时法律的规定，同时，开始为阵亡者或已故战将树碑立传。宋朝社会，北部边境屡受强敌入侵，为了抵御外患，鼓励士兵勇猛作战，优抚制度逐步得到完善和发展，不仅军人自身能够得到优待，而且还确立了伤亡抚恤制度，

---

① 张东江，聂和兴. 当代军人社会保障制度［M］. 北京：法律出版社，2001：21-24.

开始建立对退役士兵的安置制度。清朝末年，危机四伏的清政府，于宣统二年（1910年）八月，由陆军部向宣统皇帝提交了《恤荫恩赏章程》，这是我国封建社会第一部专门性的优抚法律。

自"八一"南昌起义开始，中国共产党领导的人民军队受到了人民的拥护，同时，党和政府一直重视军队优抚工作。江西苏区时期，中央委员会、中华苏维埃政府曾发布《红军优待条例》《红军抚恤条例》《优待红军家属条例》等法规。抗战时期，各根据地政权相继颁布了相应的优抚法规，如晋察冀边区政府公布了《优待抗日军人家属暂行办法》等。

新中国建立后，国家高度重视优抚工作。《中国人民政治协商会议共同纲领》曾规定，革命烈士和革命军人的家属，其生活困难者应受国家和社会的优待。参加革命战争的残废军人和退伍军人，应由人民政府给以适当安置，使能谋生立业。1950年，国家出台《革命烈士家属革命军人家属优待暂行条例》《革命残废军人优待抚恤暂行条例》《革命军人牺牲、病故褒恤暂行条例》等法规。1954年《宪法》明确规定了优抚革命军人及其家属的条款。

市场经济体制确立以来，我国长期实行的社会优抚制度逐步转变为现代军人社会保障制度，以适应新形势需要。近年来，军人社会保障工作受到重视，相关立法逐渐出台。2012年4月，全国人大常委会通过《军人保险法》。2020年11月，全国人大常委会通过《退役军人保障法》。2021年6月，全国人大常委会通过《军人地位和权益保障法》。

第二节 军人社会保障法律制度的基本内容

一、军人社会保险制度

《军人保险法》规定，我国的军人社会保险包括军人伤亡保险、退役养老保险、退役医疗保险和随军未就业的军人配偶保险。军人保险制度应当体现军人职业特点，与社会保险制度相衔接，与经济社会发展水平相适应。军人保险基金由个人缴费、中央财政负担的军人保险资金以及利息收入等资金构成。军人应当缴纳的保险费，由其所在单位代扣代缴。随军未就业的军人配偶应当缴纳的保险费，由军人所在单位代扣代缴。

（一）军人伤亡保险

军人职业风险性、牺牲性的特点使军人在因战和因公伤亡时，应得到相应的补偿。

单一的抚恤制度一定程度上是以政府为本位实行的制度，而军人伤亡保险制度则以伤残军人为本位，伤残军人请求补偿是其应有的权利。军人伤亡保险所需资金由国家承担，个人不缴纳保险费。军人因战、因公死亡的，按照认定的死亡性质和相应的保险金标准，给付军人死亡保险金。军人因战、因公、因病致残的，按照评定的残疾等级和相应的保险金标准，给付军人残疾保险金。

（二）退役养老保险

军人退出现役参加基本养老保险的，国家给予退役养老保险补助。军人入伍前已经参加基本养老保险的，由地方社会保险经办机构和军队后勤（联勤）机关财务部门办理基本养老保险关系转移接续手续。军人退出现役后参加职工基本养老保险的，由军队后勤（联勤）机关财务部门将军人退役养老保险关系和相应资金转入地方社会保险经办机构，地方社会保险经办机构办理相应的转移接续手续。军人服现役年限与入伍前和退出现役后参加职工基本养老保险的缴费年限合并计算。

（三）退役医疗保险

参加军人退役医疗保险的军官、文职干部和士官应当缴纳军人退役医疗保险费，国家按照个人缴纳的军人退役医疗保险费的同等数额给予补助。义务兵和供给制学员不缴纳军人退役医疗保险费，国家按照规定的标准给予军人退役医疗保险补助。军人服现役年限视同职工基本医疗保险缴费年限，与入伍前和退出现役后参加职工基本医疗保险的缴费年限合并计算。

（四）随军未就业的军人配偶保险

国家为随军未就业的军人配偶建立养老保险、医疗保险等。随军未就业的军人配偶参加保险，应当缴纳养老保险费和医疗保险费，国家给予相应的补助。

二、现役军人退役安置制度和就业保障制度

非职业军人，一般在服役一定期限后应退出现役，退役后需要对他们的工作有适当的安排。能否安置好退役军人，事关军心稳定和国防巩固的大局。退役安置，就是在军人退役时，由国家和社会组织提供一定的物质帮助和必要的社会服务或就业培训。随着我国市场就业体系的建立，全社会劳动力就业都已市场化，因此，计划体制下对退役军人安置就业，将逐步转变为退役安置与就业保障相结合的制度。

《退役军人保障法》规定，退役军人，是指从中国人民解放军依法退出现役的军

官、军士和义务兵等人员。退役军人为国防和军队建设做出了重要贡献,尊重、关爱退役军人是全社会的共同责任。对退役的军官,国家采取退休、转业、逐月领取退役金、复员等方式妥善安置;对退役的军士,国家采取逐月领取退役金、自主就业、安排工作、退休、供养等方式妥善安置;对退役的义务兵,国家采取自主就业、安排工作、供养等方式妥善安置。

转业军官、安排工作的军士和义务兵,由机关、群团组织、事业单位和国有企业接收安置。对下列退役军人,优先安置:(1)参战退役军人;(2)担任作战部队师、旅、团、营级单位主官的转业军官;(3)属于烈士子女、功臣模范的退役军人;(4)长期在艰苦边远地区或者特殊岗位服现役的退役军人。

三、军人社会优抚制度

国家对现役军人家属、革命烈士遗属、牺牲军人遗属、病故军人遗属、退役伤残军人等实行各种优抚制度。《军人地位和权益保障法》设"抚恤优待"专章。国家和社会尊重军人、军人家庭为国防和军队建设做出的奉献和牺牲,优待军人、军人家属,抚恤优待烈士、因公牺牲军人、病故军人的遗属,保障残疾军人的生活。国家建立抚恤优待保障体系,合理确定抚恤优待标准,逐步提高抚恤优待水平。国家实行军人死亡抚恤制度。军人死亡后被评定为烈士的,国家向烈士遗属颁发烈士证书,保障烈士遗属享受规定的烈士褒扬金、抚恤金和其他待遇。军人因公牺牲、病故的,国家向其遗属颁发证书,保障其遗属享受规定的抚恤金和其他待遇。国家实行军人残疾抚恤制度。军人因战、因公、因病致残的,按照国家有关规定评定残疾等级并颁发证件,享受残疾抚恤金和其他待遇,符合规定条件的以安排工作、供养、退休等方式妥善安置。国家对军人家属和烈士、因公牺牲军人、病故军人的遗属予以住房优待。公立医疗机构应当为军人就医提供优待服务。军人家属和烈士、因公牺牲军人、病故军人的遗属,在军队医疗机构和公立医疗机构就医享受医疗优待。国家依法保障军人配偶就业安置权益,对军人子女予以教育优待。军人免费乘坐市内公共汽车、电车、轮渡和轨道交通工具。军人和烈士、因公牺牲军人、病故军人的遗属,以及与其随同出行的家属,乘坐境内运行的火车、轮船、长途公共汽车以及民航班机享受优先购票、优先乘车(船、机)等服务,残疾军人享受票价优惠。

四、军人社会救助

军人社会救助是在军人收入不能维持其家庭成员最低生活水平时,以保证其最低生活需要的社会保障。军人社会救助体系的发展目标是:逐步建立规范化救助项目,社会救助的内容不断趋于稳定，严格按照规定的条件、范围、标准等实施救助，使军人社会救助的实施走向规范化、程序化，满足需要救助的军人的需求。《军人地位和权益保障法》第58条规定："地方人民政府和军队单位对因自然灾害、意外事故、重大疾病等原因，基本生活出现严重困难的军人家庭，应当给予救助和慰问。"

第三节 市场经济条件下军人社会保障立法的价值取向

军人社会保障立法的模式如何确立，这个问题比较复杂。我们认为，军人社会保障立法，既是一种理念，也是一种制度。从理念角度讲，军人社会保障是我国社会保障制度的组成部分，社会保障制度不能欠缺军人社会保障的内容。但是，军人社会保障立法并非要全部独立存在。由于目前我国社会保障体系尚未完成体制整合，军人社会保障由军队政治工作部门、退役军人工作主管部门、地方人民政府分别管理，军人社会保障立法也不可能完成统合，部分军人社会保障内容，如职业军人养老、医疗保险仍应在军内完成经费统筹、全额保障，而非职业军人（包括退役军人、转业军人、伤残军人）的社会保障则应纳入统一的社会保障体系。

一、以"社会"保障替代军队保障和政府保障

统一的社会保障体系应当是将各类社会保险、各类社会救助都统一在一起，完成制度整合的社会保障制度。从立法角度，不同的社会保障项目的内容，应相互协调、形成有机的保障体系。军人社会保障，如退役军人安置保障、伤残军人保障、病亡和战亡军人家属抚恤等内容应融入地方统一的社会保障体系。传统的社会优抚政策实质上并非是"社会"优抚，而是"政府"优抚，或者说是"财政"优抚。军人的许多待遇实质上是由政府全额拨款，不是由统一的社会保障基金支付。"政府买单"的社会优抚不是真正的社会保障，这种模式在一定程度上并不安全，它依赖于本级财政的支付能力。

建立全社会统筹基金是强化军人社会保障的有力保证，也是军人社会保障制度建立的出发点和落脚点。因此，单纯依赖政府的"社会"优抚并不属于社会保障的范畴，军人（退役、伤残、家属）的相关权益得到相应的保障应逐步从传统的"社会"优抚制度向现代军人社会保障制度过渡。

二、从"权力"本位向"权利"本位的转移

传统"社会"优抚，抚恤待遇多由政府予以支付，而社会优待项目则由社会承担，

这些优待项目并没有具体的范畴，哪些范围应属于社会的优待范围，相关法规规章没有规定。政府和社会给予军人及其家属的社会优抚待遇，一定程度上属于"权力"本位意识，即政府及社会对当事人的"优"和"抚"，并未树立当事人的"权利"意识。当军人及其家属没有得到相应的社会优待时，如伤残军人在乘车、船、飞机、医疗时的优惠待遇，当事人是否应具有相应的程序"权利"而主张自己的实体权利，这是从政府的"权力"本位向当事人的"权利"本位的转移；从另一个角度，是从政府对军人及其家属的优抚工作"任务"向法律制度的转变。

三、立法的刚性、执法的严肃性以及军人社会保障诉讼权

新中国成立初期，我国建立的社会优抚制度形式上具备相应的法规规章等法律规范的形式，但是，从法规规章的内容看，并不具备法律规范的内容。主要表现在：法律规范不具有法律的刚性，社会优抚方面的法规规章亦欠缺执法的严肃性。对于社会优抚对象的军人及其家属，在社会优抚领域也没有获得法定的社会保障诉讼权，即军人及其家属在无法获得抚恤、相关优待待遇时，并没有相应的程序救济，或者权利救济的程序通道并不畅通。随着我国社会主义市场经济体制的不断完善，军人社会保障法律制度的逐步构建，社会优抚制度的实施也应实行政事分开原则，避免规则的制定与执行集于一身的现象，保障军人及其家属社会保障的诉讼权。

四、构建军人社会保障法律制度的权利、义务和责任体系

虽然社会优抚领域的法规规章具备了法律规范的形式，但不具备法律规范的内容。现代军人社会保障法律制度的建立，意味着相应的法律规范包含了相应的权利、义务和责任，相应的法律关系主体享有保障待遇的权利，其他机构和组织则负有相应的义务和责任。

  本章小结

> 军人社会保障制度是适应社会主义市场经济体制、针对特殊人群而建立的社会保障制度，军人社会保障制度有其自身的特征和作用。本章介绍了军人社会保障制度的基本内容，指出我国军人社会保障法律制度建立的必要性，即要建立军人社会保障权利、义务与责任体系。

复习思考题

1. 什么是军人社会保障？有哪些特征？
2. 军人社会保险制度包括哪些内容？
3. 军人社会优抚制度包括哪些内容？
4. 为什么要建立军人社会保障法律制度？其核心内容是什么？

第二十三章
住房社会保障法律制度

>> 学习要点

重点掌握住房社会保障的含义和形式、住房公积金制度、廉租房制度、公共租赁住房制度。

了解我国的住房制度改革与住房社会保障制度的建立。

>> 关键概念

住房社会保障　住房公积金　廉租住房　公共租赁住房

第一节　住房社会保障概述

一、住房社会保障的含义

住房是一种商品，同时也是一种基本的生活条件。既然社会保障以满足社会成员的基本生活为宗旨，那么国家就应当把住房纳入社会保障的范围，帮助社会成员获得基本的居住条件。住房社会保障的实质是利用国家和社会力量，解决中低收入者的住房问题。

19世纪以前，世界各国居民的住房供应，主要由市场自发调节，各国政府都不介入。19世纪以后,随着西方国家城市化进程的推进,大批农民涌入城市,社会贫富悬殊,一些穷人无家可归,住房这一社会问题变得十分突出。进入20世纪,随着西方社会民主化的发展和国家经济实力的增强,各国政府陆续介入居民的住房问题。住房市场是个不完全竞争市场,即使发达国家的住房供应也并非完全市场化,而是由国家对居民的住房进行直接的干预,重点是对中低收入居民实行必要的社会保障,帮助他们解决住房问题。在一些国家的社会保障制度中,含有国家以不同方式参与的住房社会保障。

二、住房社会保障的形式

住房社会保障可以采用多种形式。(1)社会救助的形式。对无家可归的人提供住房。(2)社会保险的形式。比如建立住房公积金制度,规定雇主和雇员按照一定的比例定期缴纳住房公积金,以积累资金购买住房。(3)社会福利的形式。即由国家对公民获得住房和改善居住条件给予一定利益的措施。

社会福利形式主要有以下八种。(1)由国家作为所有人向住户提供低租金的住房,或对出租人给予租金补贴,使其以低于市场价格的租价向承租户出租房屋。(2)国家直接修建福利性住房,定向低价出售给特定的住户,或规定住房开发商划出一定比例的住房,定向低价出售给特定的住户。(3)对住房的开发商或提供人给予一定的补贴,使其以低于市场价格的售价将住房出售给住户。这种补贴可以采用土地使用权出让价格优惠、税收优惠或资金补贴的形式。(4)以住房补贴的形式向租户支付一定金额的货币,以替代住户支付部分租金。(5)向住户提供购买房屋总价一定比例的货币,以便其能够购买房屋。(6)向住户支付一定金额的货币,以便其能够利用该笔资金修建房屋。(7)向住户提供低息的住房贷款,以使其能够及时获得住房。(8)对住房折旧、增值、税收等方面进行技术性处理,减轻住户的负担。

第二节 我国的住房社会保障

一、我国的住房制度改革与住房社会保障的建立

长期以来,我国的住房制度采取二元体制。农村村民的住房主要是通过自建或购买的方式解决;城镇则实行以低工资制为基础的福利住房供给制,政府和企事业单位是住房的主要供给者,由这些单位投资兴建或购买住房,再以极低的租金出租给职工使用,租金收入不敷养房支出,住房的生产、流通、消费过程难以正常运行。这种住

房体制制约了住房建设的发展，而且不能根本上解决城镇居民住房困难的问题，无法建立起住房社会保障机制。

1988年国务院发布的《关于在全国城镇分期分批推行住房制度改革的实施方案》规定，我国城镇住房制度改革的目标是：按照社会主义有计划的商品经济的要求，实现住房商品化。

1994年国务院发布的《关于深化城镇住房制度改革的决定》规定，住房改革的目的是要建立与社会主义市场经济体制相适应的新的城镇住房制度，实现住房商品化、社会化，并首次提出建立以中低收入家庭为对象的、具有社会保障性质的经济适用住房供应体系。

1995年国务院发布的《国家安居工程实施方案》中指出，安居工程要和住房制度改革相结合，为住房新体制的建立起示范作用，通过国家安居工程的实施推动各地的房改进程，加速城镇居民的住房建设，加快解危解困的步伐。

1998年国务院发布的《关于进一步深化住房制度改革加快住房建设的通知》中指出，深化城镇住房制度改革工作的目标是，停止住房实物分配，逐步实行住房分配货币化；建立和完善以经济适用住房为主的多层次城镇住房供应体系，即高收入家庭购买、租赁市场价商品房，中低收入家庭购买经济适用房，最低收入家庭租赁政府或单位提供的廉租房。

改革开放以来，城镇住房建设投资主体趋向多元化，住房建设发展较快。随着城镇住房制度的改革，取消福利分房制度，实行住房公积金制度以及经济适用房、廉租住房、公共租赁住房制度等，我国的住房社会保障逐步建立起来。

二、住房公积金制度

（一）住房公积金的含义

1999年国务院发布《住房公积金管理条例》，2002年、2019年两次修订。住房公积金，是指国家机关、国有企业、城镇集体企业、外商投资企业、城镇私营企业及其他城镇企业、事业单位、民办非企业单位、社会团体及其在职职工缴存的长期住房储金。

（二）住房公积金的管理

住房公积金的管理实行住房公积金管理委员会决策、住房公积金管理中心运作、银行专户存储、财政监督的原则。

直辖市和省、自治区人民政府所在地的市以及其他设区的市（地、州、盟），应当设立住房公积金管理委员会，作为住房公积金管理的决策机构。住房公积金管理委员会的成员中，人民政府负责人和建设、财政、人民银行等有关部门负责人以及有关专家占1/3，工会代表和职工代表占1/3，单位代表占1/3。

直辖市和省、自治区人民政府所在地的市以及其他设区的市（地、州、盟）应当按照精简、效能的原则，设立一个住房公积金管理中心，负责住房公积金的管理运作。县（市）不设立住房公积金管理中心。前款规定的住房公积金管理中心可以在有条件的县（市）设立分支机构。住房公积金管理中心与其分支机构应当实行统一的规章制度，进行统一核算。住房公积金管理中心是直属城市人民政府的不以营利为目的的独立的事业单位。

住房公积金管理中心履行下列职责：（1）编制、执行住房公积金的归集、使用计划；（2）负责记载职工住房公积金的缴存、提取、使用等情况；（3）负责住房公积金的核算；（4）审批住房公积金的提取、使用；（5）负责住房公积金的保值和归还；（6）编制住房公积金归集、使用计划执行情况的报告；（7）承办住房公积金管理委员会决定的其他事项。

（三）住房公积金的缴存

住房公积金管理中心应当在受委托银行设立住房公积金专户。单位应当向住房公积金管理中心办理住房公积金缴存登记，并为本单位职工办理住房公积金账户设立手续。每个职工只能有一个住房公积金账户。职工和单位住房公积金的缴存比例均不得低于职工上一年度月平均工资的5%；有条件的城市，可以适当提高缴存比例。具体缴存比例由住房公积金管理委员会拟订，经本级人民政府审核后，报省、自治区、直辖市人民政府批准。职工住房公积金的月缴存额为职工本人上一年度月平均工资乘以职工住房公积金缴存比例。单位为职工缴存的住房公积金的月缴存额为职工本人上一年度月平均工资乘以单位住房公积金缴存比例。职工个人缴存的住房公积金，由所在单位每月从其工资中代扣代缴。单位应当按时、足额缴存住房公积金，不得逾期缴存或者少缴。

（四）住房公积金的归属和使用

职工个人缴存的住房公积金和职工所在单位为职工缴存的住房公积金，属于职工个人所有。住房公积金自存入职工住房公积金账户之日起按照国家规定的利率计息。

住房公积金应当用于职工购买、建造、翻建、大修自住住房，任何单位和个人不得挪作他用。职工有下列情形之一的，可以提取职工住房公积金账户内的存储余额：（1）购买、建造、翻建、大修自住住房的；（2）离休、退休的；（3）完全丧失劳动能力，并与单位终止劳动关系的；（4）出境定居的；（5）偿还购房贷款本息的；（6）房租超出家庭工资收入的规定比例的。

缴存住房公积金的职工，在购买、建造、翻建、大修自住住房时，可以向住房公积金管理中心申请住房公积金贷款。

职工死亡或者被宣告死亡的，职工的继承人、受遗赠人可以提取职工住房公积金账户内的存储余额；无继承人也无受遗赠人的，职工住房公积金账户内的存储余额纳入住房公积金的增值收益。

三、廉租住房制度

为促进廉租住房制度建设，逐步解决城市低收入家庭的住房困难，2007年11月，建设部、国家发展和改革委员会、监察部等部门发布《廉租住房保障办法》，规定城市低收入住房困难家庭的廉租住房保障及其监督管理，适用本办法。城市低收入住房困难家庭，是指城市和县人民政府所在地的镇范围内，家庭收入、住房状况等符合市、县人民政府规定条件的家庭。市、县人民政府应当在解决城市低收入家庭住房困难的发展规划及年度计划中，明确廉租住房保障工作目标、措施，并纳入本级国民经济与社会发展规划和住房建设规划。国务院建设主管部门指导和监督全国廉租住房保障工作。县级以上地方人民政府建设（住房保障）主管部门负责本行政区域内廉租住房保障管理工作。廉租住房保障的具体工作可以由市、县人民政府确定的实施机构承担。县级以上人民政府发展改革（价格）、监察、民政、财政、国土资源、金融管理、税务、统计等部门按照职责分工，负责廉租住房保障的相关工作。

（一）保障方式

廉租住房保障方式实行货币补贴和实物配租等相结合。实施廉租住房保障，主要通过发放租赁补贴，增强城市低收入住房困难家庭承租住房的能力。廉租住房紧缺的城市，应当通过新建和收购等方式，增加廉租住房实物配租的房源。市、县人民政府应当根据当地家庭平均住房水平、财政承受能力以及城市低收入住房困难家庭的人口数量、结构等因素，以户为单位确定廉租住房保障面积标准。

1. 货币补贴

货币补贴是指县级以上地方人民政府向申请廉租住房保障的城市低收入住房困难家庭发放租赁住房补贴，由其自行承租住房。

采取货币补贴方式的，补贴额度按照城市低收入住房困难家庭现住房面积与保障面积标准的差额、每平方米租赁住房补贴标准确定。每平方米租赁住房补贴标准由市、县人民政府根据当地经济发展水平、市场平均租金、城市低收入住房困难家庭的经济承受能力等因素确定。其中对城市居民最低生活保障家庭，可以按照当地市场平均租金确定租赁住房补贴标准；对其他城市低收入住房困难家庭，可以根据收入情况等分类确定租赁住房补贴标准。

2. 实物配租

实物配租是指县级以上地方人民政府向申请廉租住房保障的城市低收入住房困难家庭提供住房，并按照规定标准收取租金。

采取实物配租方式的，配租面积为城市低收入住房困难家庭现住房面积与保障面积标准的差额。实物配租的住房租金标准实行政府定价。实物配租住房的租金，按照配租面积和市、县人民政府规定的租金标准确定。有条件的地区，对城市居民最低生活保障家庭，可以免收实物配租住房中住房保障面积标准内的租金。

（二）保障资金及房屋来源

1. 廉租住房保障资金来源

廉租住房保障资金来源包括：（1）年度财政预算安排的廉租住房保障资金；（2）提取贷款风险准备金和管理费用后的住房公积金增值收益余额；（3）土地出让净收益中安排的廉租住房保障资金；（4）政府的廉租住房租金收入；（5）社会捐赠及其他方式筹集的资金。

提取贷款风险准备金和管理费用后的住房公积金增值收益余额，应当全部用于廉租住房建设。土地出让净收益用于廉租住房保障资金的比例，不得低于10%。政府的廉租住房租金收入应当按照国家财政预算支出和财务制度的有关规定，实行收支两条线管理，专项用于廉租住房的维护和管理。

对中西部财政困难地区，按照中央预算内投资补助和中央财政廉租住房保障专项补助资金的有关规定给予支持。

2. 住房来源

实物配租的廉租住房来源主要包括：（1）政府新建、收购的住房；（2）腾退的公有住房；（3）社会捐赠的住房；（4）其他渠道筹集的住房。

廉租住房建设用地，应当在土地供应计划中优先安排，并在申报年度用地指标时单独列出，采取划拨方式，保证供应。廉租住房建设用地的规划布局，应当考虑城市低收入住房困难家庭居住和就业的便利。

廉租住房建设应当坚持经济、适用原则，提高规划设计水平，满足基本使用功能，应当按照发展节能省地环保型住宅的要求，推广新材料、新技术、新工艺。廉租住房应当符合国家质量安全标准。

新建廉租住房，应当采取配套建设与相对集中建设相结合的方式，主要在经济适用住房、普通商品住房项目中配套建设。新建廉租住房，应当将单套的建筑面积控制在50平方米以内，并根据城市低收入住房困难家庭的居住需要，合理确定套型结构。配套建设廉租住房的经济适用住房或者普通商品住房项目，应当在用地规划、国有土地划拨决定书或者国有土地使用权出让合同中，明确配套建设的廉租住房总建筑面积、套数、布局、套型以及建成后的移交或回购等事项。

廉租住房建设免征行政事业性收费和政府性基金。鼓励社会捐赠住房作为廉租住房房源或捐赠用于廉租住房的资金。政府或经政府认定的单位新建、购买、改建住房作为廉租住房，社会捐赠廉租住房房源、资金，按照国家规定的有关税收政策执行。

（三）申请与核准

申请廉租住房保障，应当提供下列材料：（1）家庭收入情况的证明材料；（2）家庭住房状况的证明材料；（3）家庭成员身份证和户口簿；（4）市、县人民政府规定的其他证明材料。

申请廉租住房保障，按照下列程序办理：（1）申请廉租住房保障的家庭，应当由户主向户口所在地街道办事处或者镇人民政府提出书面申请；（2）街道办事处或者镇人民政府应当自受理申请之日起30日内，就申请人的家庭收入、家庭住房状况是否符合规定条件进行审核，提出初审意见并张榜公布，将初审意见和申请材料一并报送市（区）、县人民政府建设（住房保障）主管部门；（3）建设（住房保障）主管部门应当自收到申请材料之日起15日内，就申请人的家庭住房状况是否符合规定条件提出审核意见，并将符合条件的申请人的申请材料转同级民政部门；（4）民政部门应当自收到申请材料之日起15日内，就申请人的家庭收入是否符合规定条件提出审核意见，并反馈同级建设（住房保障）主管部门；（5）经审核，家庭收入、家庭住房状况符合规定条件的，由建设（住房保障）主管部门予以公示，公示期限为15日；对经公示无异议或者异议不成立的，作为廉租住房保障对象予以登记，书面通知申请人，并向社会公开登记结果。

经审核，不符合规定条件的，建设（住房保障）主管部门应当书面通知申请人，说明理由。申请人对审核结果有异议的，可以向建设（住房保障）主管部门申诉。

建设（住房保障）主管部门、民政等有关部门以及街道办事处、镇人民政府，可以通过入户调查、邻里访问以及信函索证等方式对申请人的家庭收入和住房状况等进行核实。申请人及有关单位和个人应当予以配合，如实提供有关情况。

建设（住房保障）主管部门应当综合考虑登记的城市低收入住房困难家庭的收入水平、住房困难程度和申请顺序以及个人申请的保障方式等，确定相应的保障方式及轮候顺序，并向社会公开。

对已经登记为廉租住房保障对象的城市居民最低生活保障家庭，凡申请租赁住房货币补贴的，要优先安排发放补贴，基本做到应保尽保。实物配租应当优先面向已经登记为廉租住房保障对象的孤、老、病、残等特殊困难家庭，城市居民最低生活保障家庭以及其他急需救助的家庭。对轮候到位的城市低收入住房困难家庭，建设（住房保障）主管部门或者具体实施机构应当按照已确定的保障方式，与其签订租赁住房补贴协议或者廉租住房租赁合同，予以发放租赁住房补贴或者配租廉租住房。发放租赁住房补贴和配租廉租住房的结果，应当予以公布。

租赁住房补贴协议应当明确租赁住房补贴额度、停止发放租赁住房补贴的情形等内容。

（四）监督管理

国务院建设主管部门、省级建设（住房保障）主管部门应当会同有关部门，加强对廉租住房保障工作的监督检查，并公布监督检查结果。市、县人民政府应当定期向社会公布城市低收入住房困难家庭廉租住房保障情况。市（区）、县人民政府建设（住房保障）主管部门应当按户建立廉租住房档案，并采取定期走访、抽查等方式，及时掌握城市低收入住房困难家庭的人口、收入及住房变动等有关情况。

已领取租赁住房补贴或者配租廉租住房的城市低收入住房困难家庭，应当按年度向所在地街道办事处或者镇人民政府如实申报家庭人口、收入及住房等变动情况。街道办事处或者镇人民政府可以对申报情况进行核实、张榜公布，并将申报情况及核实结果报建设（住房保障）主管部门。建设（住房保障）主管部门应当根据城市低收入住房困难家庭人口、收入、住房等变化情况，调整租赁住房补贴额度或实物配租面积、租金等；对不再符合规定条件的，应当停止发放租赁住房补贴，或者由承租人按照合同约定退回廉租住房。

城市低收入住房困难家庭不得将所承租的廉租住房转借、转租或者改变用途。城市低收入住房困难家庭违反规定或者有下列行为之一的，应当按照合同约定退回廉租住房：（1）无正当理由连续6个月以上未在所承租的廉租住房居住的；（2）无正当理由累计6个月以上未交纳廉租住房租金的。

城市低收入住房困难家庭未按照合同约定退回廉租住房的，建设（住房保障）主管部门应当责令其限期退回；逾期未退回的，可以按照合同约定，采取调整租金等方式处理。城市低收入住房困难家庭拒绝接受前款规定的处理方式的，由建设（住房保障）主管部门或者具体实施机构依照有关法律、法规规定处理。

城市低收入住房困难家庭的收入标准、住房困难标准等以及住房保障面积标准，实行动态管理，由市、县人民政府每年向社会公布一次。

任何单位和个人有权对违反本办法规定的行为进行检举和控告。

四、公共租赁住房制度

（一）公共租赁住房概述

公共租赁住房，是指限定建设标准和租金水平，面向符合规定条件的城镇中等偏下收入住房困难家庭、新就业无房职工和在城镇稳定就业的外来务工人员出租的保障性住房。公共租赁住房通过新建、改建、收购、长期租赁等多种方式筹集，可以由政府投资，也可以由政府提供政策支持、社会力量投资。公共租赁住房可以是成套住房，也可以是宿舍型住房。2021年10月，住房和城乡建设部颁布《公共租赁住房管理办法》，明确了公共租赁住房的分配、运营、使用、退出和管理。

（二）公共租赁住房的申请与审核

申请公共租赁住房，应当符合以下条件：（1）在本地无住房或者住房面积低于规定标准；（2）收入、财产低于规定标准；（3）申请人为外来务工人员的，在本地稳定就业达到规定年限。具体条件由直辖市和市、县级人民政府住房保障主管部门根据本地区实际情况确定，报本级人民政府批准后实施并向社会公布。

申请人应当根据市、县级人民政府住房保障主管部门的规定，提交申请材料。市、县级人民政府住房保障主管部门应当会同有关部门，对申请人提交的申请材料进行审核。经审核，对符合申请条件的申请人，应当予以公示，经公示无异议或者异议不成立的，登记为公共租赁住房轮候对象，并向社会公开。

（三）公共租赁住房的轮候与配租

对登记为轮候对象的申请人，应当在轮候期内安排公共租赁住房。直辖市和市、县级人民政府住房保障主管部门应当根据本地区经济发展水平和公共租赁住房需求，合理确定公共租赁住房轮候期，报本级人民政府批准后实施并向社会公布。轮候期一般不超过 5 年。

公共租赁住房房源确定后，市、县级人民政府住房保障主管部门应当制定配租方案并向社会公布。配租方案公布后，轮候对象可以按照配租方案，到市、县级人民政府住房保障主管部门进行意向登记。对复审通过的轮候对象，市、县级人民政府住房保障主管部门可以采取综合评分、随机摇号等方式，确定配租对象与配租排序。配租对象与配租排序确定后应当予以公示。公示无异议或者异议不成立的，配租对象按照配租排序选择公共租赁住房。配租结果应当向社会公开。配租对象选择公共租赁住房后，公共租赁住房所有权人或者其委托的运营单位与配租对象应当签订书面租赁合同。公共租赁住房租赁期限一般不超过 5 年。市、县级人民政府住房保障主管部门应当会同有关部门，按照略低于同地段住房市场租金水平的原则，确定本地区的公共租赁住房租金标准，报本级人民政府批准后实施。

（四）公共租赁住房的使用与退出

公共租赁住房的所有权人及其委托的运营单位应当负责公共租赁住房及其配套设施的维修养护，确保公共租赁住房的正常使用，不得改变公共租赁住房的保障性住房性质、用途及其配套设施的规划用途。承租人不得擅自装修所承租公共租赁住房。确需装修的，应当取得公共租赁住房的所有权人或其委托的运营单位同意。

承租人有下列行为之一的，应当退回公共租赁住房：（1）转借、转租或者擅自调换所承租公共租赁住房的；（2）改变所承租公共租赁住房用途的；（3）破坏或者擅自装修所承租公共租赁住房，拒不恢复原状的；（4）在公共租赁住房内从事违法活动的；（5）无正当理由连续 6 个月以上闲置公共租赁住房的。

承租人累计 6 个月以上拖欠租金的，应当腾退所承租的公共租赁住房。租赁期届满需要续租的，承租人应当在租赁期满 3 个月前向市、县级人民政府住房保障主管部门提出申请。经审核符合条件的，准予续租，并签订续租合同。

承租人有下列情形之一的，应当腾退公共租赁住房：（1）提出续租申请但经审核不符合续租条件的；（2）租赁期内，通过购买、受赠、继承等方式获得其他住房并不再符合公共租赁住房配租条件的；（3）租赁期内，承租或者承购其他保障性住房的。

本章小结

住房社会保障的实质是利用国家和社会力量，解决中低收入者的住房问题。住房社会保障可以采用社会救助、社会保险和社会福利的形式。随着城镇住房制度的改革，取消福利分房制度，实行住房公积金制度以及廉租住房、公共租赁住房制度等，我国的住房社会保障逐步建立起来。住房公积金，是指国家机关、国有企业、城镇集体企业、外商投资企业、城镇私营企业及其他城镇企业、事业单位、民办非企业单位、社会团体及其在职职工缴存的长期住房储金。住房公积金的管理实行住房公积金管理委员会决策、住房公积金管理中心运作、银行专户存储、财政监督的原则。职工和单位住房公积金的缴存比例均不得低于职工上一年度月平均工资的5%。职工个人缴存的住房公积金和职工所在单位为职工缴存的住房公积金，属于职工个人所有。住房公积金应当用于职工购买、建造、翻建、大修自住住房。廉租住房保障方式实行货币补贴和实物配租等相结合的方式。实施廉租住房保障，主要通过发放租赁补贴，增强城市低收入住房困难家庭承租住房的能力。公共租赁住房，是指限定建设标准和租金水平，面向符合规定条件的城镇中等偏下收入住房困难家庭、新就业无房职工和在城镇稳定就业的外来务工人员出租的保障性住房。

 复习思考题

1. 阐述住房社会保障的含义和形式。
2. 简述我国的住房公积金制度。
3. 简述我国的廉租住房制度。
4. 简述我国的公共租赁住房制度。

 问题讨论

老李于2008年10月买了一套住房，办理了住房公积金贷款。但是，老李事后总觉得其住房公积金有出入，他向住房公积金管理中心询问有关情况后得知，由于其所在单位并未缴足住房公积金，因而应当由住房公积金管理中心划拨的另一部分公积金按照老李所在单位的实际缴纳标准进行划拨，所以存在误差。老李要求住房公积金管理中心补足差额部分，遭到拒绝，于是将其单位和住房公积金管理中心同时告上了法院。

法院受理了老李的诉讼，但在审理中发现，老李与所在单位之间的诉讼可以按劳动争议案进行审理，但与住房公积金管理中心之间的诉讼却不同于一般民事诉讼。因此，老李在胜诉后，其单位补足了差额部分，但住房公积金管理中心划拨的部分一直未到位。之后，老李又将住房公积金管理中心和其管理机构告上法庭，才最终实现了权益维护。

1. 老李通过两起诉讼，维护了自己的合法权益。你如何理解？

2. 住房公积金纠纷不管是现在还是将来都是无法回避的，你认为现在的法律程序合理吗？谈谈理由。

第二十四章
农村社会保障法律制度

>> 学习要点

重点掌握建立健全农村社会保障法律制度应遵循的原则、农村养老保险法律制度、农村医疗保险法律制度。

了解我国农村社会保障法律制度的发展历史、存在的问题以及建立健全农村社会保障法律制度的必要性。

>> 关键概念

农村社会保障　农村养老保险　农村医疗保险

第一节　农村社会保障法律制度概述

一、我国农村社会保障法律制度的发展历史

我国是一个农村人口占多数的大国。新中国成立后，我国农村的社会保障体系从无到有，逐步发展。改革开放以来，我国在建立和完善农村社会保障制度方面进行了有益的探索和实践，农村社会保障法制建设取得了一定的成绩，但也遇到了许多亟待研究解决的问题。回顾我国农村社会保障制度发展的历程，正视农村社会保障法律制

度存在的问题,有助于在我们这样一个城乡二元结构的国家探索建立有效的社会保障体系。在我国,严格意义上的农村社会保障在新中国成立以前并不存在;新中国成立以后,我国农村社会保障法律制度经历了以下四个发展时期。

(一)初创和巩固时期(1949—1966年)

新中国成立之初,我国着手在农村建立社会保障制度。随着社会主义改造的完成以及农业合作化运动和后来的农村人民公社化运动的开展,逐步建立起了以集体保障为主要特点的农村社会保障法律制度。在社会救助方面,1949年,政务院发布《关于生产救灾的指示》。中共中央、国务院、内务部、民政部还多次发出通知和指示,具体指导农村救助工作。在社会福利方面,1956年,第一届全国人民代表大会第三次会议通过的《高级农业生产合作社示范章程》规定,农业生产合作社对于缺乏劳动力或者完全丧失劳动力、生活没有依靠的老、弱、孤、寡、残疾的社员,保证吃、穿和柴火的供应,使他们的生养死葬等都有依靠。在社会保险上,农村合作医疗制度兴起并发展,在农业合作化运动中,由农民创造和开展的合作互助医疗,成为后来农村解决"病有所医"的重要形式。1959年11月,卫生部在山西省稷山县召开全国农村卫生工作会议,对农村合作医疗形式给予肯定。1960年,中共中央转发了卫生部《关于农村卫生工作现场会议的报告》,使其在农村进一步发展。在优抚安置工作方面,国家陆续发布了几个有关的条例,即《革命烈士家属革命军人家属优待暂行条例》《革命残废军人优待抚恤暂行条例》《革命军人牺牲、病故褒恤暂行条例》《革命工作人员伤亡褒恤暂行条例》《民兵民工伤亡抚恤暂行条例》等。

(二)异常发展时期(1966—1978年)

1966年,"文化大革命"开始,受极"左"路线的严重干扰和破坏,城镇社会保障制度陷入停滞、倒退状态。在农村,传统的社会救助、社会福利和优抚安置等社会保障项目进一步朝着"大锅饭"体制迈进,农村合作医疗制度得到迅速发展和普及。

(三)恢复和调整时期(1978—1986年)

党的十一届三中全会后,工作重点转移到经济工作上,社会保障事业得到恢复。农村推行家庭联产承包责任制,农村合作医疗随着人民公社的解体而大面积滑坡。这一时期在农村社会救助、社会福利和优抚安置方面进行了一些恢复性的工作。1978年,民政部、财政部重新印发1962年内务部、财政部制定的《抚恤、救济事业费管理使用办法》。1979年,财政部、民政部联合发出《关于调整军人、机关工作人员、参战民兵民工牺牲、病故抚恤金标准的通知》。1981年，国务院办公厅批转民政部《关于进一步加强生产救灾工作的报告》。

（四）改革和创新时期（1986年至今）

进入20世纪80年代，尤其是在1986年前后，由于经济体制改革在农村的开展，农村劳动力的流动开始加快，农村集体保障制度进一步弱化，人口老龄化初显端倪，促使理论界、政府决策部门开始对我国传统的城乡社会保障体系进行重新评估和认识。1986年，第六届全国人民代表大会第四次会议通过的《国民经济和社会发展第七个五年计划》明确地提出了"社会保障"概念，将社会保险、社会福利、社会救助、优抚安置等归并到社会保障制度中。农村社会保障法律制度建设在以下几个方面取得了一定的成绩。

1. 在养老保险方面

1986年，民政部决定发展农村养老保险。1987年，民政部印发《关于探索建立农村基层社会保障制度的报告》，为后来探索农村社会养老保险制度模式开阔了思路。1991年，民政部发布《关于进一步加强农村社会养老保险工作的通知》。1992年，民政部发布《县级农村社会养老保险基本方案（试行）》。1995年，国务院办公厅转发民政部《关于进一步做好农村社会养老保险工作意见》。2009年，国务院发布《关于开展新型农村社会养老保险试点的指导意见》。2010年《社会保险法》规定，国家建立和完善新型农村社会养老保险制度。省、自治区、直辖市人民政府根据实际情况，可以将城镇居民社会养老保险和新型农村社会养老保险合并实施。2014年2月，国务院发布《关于建立统一的城乡居民基本养老保险制度的意见》，决定将新型农村社会养老保险和城镇居民社会养老保险两项制度合并实施，在全国范围内建立统一的城乡居民基本养老保险制度。

2. 在医疗保障方面

1997年1月，中共中央、国务院发布《关于卫生改革与发展的决定》，明确提出"积极稳妥地发展和完善合作医疗制度"的任务。1997年5月，国务院批转卫生部等部门《关于发展和完善农村合作医疗的若干意见》；同年11月，卫生部发布《关于进一步推动合作医疗工作的通知》。2003年1月，国务院办公厅转发卫生部等部门《关于建立新型农村合作医疗制度的意见》。2004年1月，国务院办公厅转发卫生部等部门《关于进一步做好新型农村合作医疗试点工作的指导意见》。2005年8月，卫生部、财政部发布《关于做好新型农村合作医疗试点有关工作的通知》。2006年1月，卫生部等7部委局联合下发《关于加快推进新型农村合作医疗试点工作的通知》。2016年1月，国务院发布《关于整合城乡居民基本医疗保险制度的意见》，整合城镇居民基本医疗保险和新型农村合作医疗两项制度，建立统一的城乡居民基本医疗保险制度，统一覆盖范围。

3. 在社会救助方面

1987年6月，民政部发出《继续做好六十年代初精简退职老职工救济工作的通知》。1989年12月，民政部发布《关于救灾扶贫周转金使用管理几个问题的通知》；同年12月，民政部发布《全国救灾扶贫经济实体管理暂行办法》。1990年10月，民政部又对如何建立救灾扶贫经济实体档案作出规定。此后继续加大对农村贫困人口的救助力度，1994年制定了"八七扶贫攻坚计划"。2006年1月11日国务院发布《农村五保供养工作条例》。2007年7月，国务院发布的《关于在全国建立农村最低生活保障制度的通知》，提出2007年在全国建立农村最低生活保障制度，以保障农村贫困人口的基本生活，并帮助其中有劳动能力的人积极劳动脱贫致富。

二、我国农村社会保障法律制度存在的问题

（一）立法相对滞后

农村社会保障法律制度建设起步较晚，发展非常缓慢，没有农村社会保障基本法，关于具体保障项目的立法也较薄弱，尤其是涉及农村养老保险和农村医疗保险方面的立法，往往都是附加在职工养老和医疗保险之后，以极为单薄的数个条文作出规定，严重欠缺具体操作规则。

（二）法律的成熟度不足

农村社会保障主要由社会保障机构依据国家有关部门制定的相关政策进行组织和实施，缺乏法律的规范性，随意性大，管理部门分割、条块管理、各自为政，缺乏监督制约机制，难以界定和强化责任。与城镇相比，农村的社会保障制度的完善性、成熟度和可持续性较差，制约着我国农村社会保障事业的发展。

（三）保障水平低

改革开放以来，农民一度游离于社会保障网之外，生老病死基本上由个人或家庭来承担。农村人口增加，人均耕地减少，单纯依靠土地来保障生活的状况受到严峻的挑战。流动人口增加，青壮年劳动力外出进入城市，农村人口老龄化问题日益严峻，农民的生活、医疗等问题更加迫切需要有成熟的解决对策。我国的法律逐渐将农村居民纳入养老保险、医疗保险、最低生活保障等社会保障的覆盖范围，但农民的缴费水

平低，集体组织和财政的支持力度有限，社会保障基金的来源不稳定，规模较小，保障水平明显偏低，不足以满足农民养老、就医的基本需要。

三、建立健全农村社会保障法律制度的必要性

（一）建立健全农村社会保障法律制度是完善我国社会保障体系的需要

由于城乡生产力和经济发展水平的差异、长期存在的制度性差异和体制性隔阂，与城市社会保障体系相比较，农村社会保障体系在建立时间、项目内容和保障水平等方面都有很大的差距。城乡二元社会结构将继续存在，加之农村社会保障缺乏整体制度设计，广大农村尚不具备与城市居民享受同等标准社会保障的条件，社会保障的二元型保障体制在相当长的时期难以根本改变。应当建立健全农村社会保障法律制度，通过法律规范，来引导和促进农村社会保障事业的发展，解决农村社会保障工作中存在的一系列矛盾和问题，使农村社会保障工作走上规范化的轨道，逐步缩短城乡社会保障体系的差别，为最终打破城乡二元保障格局，实行普遍的、统一的社会保障制度，真正实现全体社会成员间的社会保障权利平等这一终极目标创造条件。

（二）建立健全农村社会保障法律制度是人权保障的需要

社会保障应保护人们的生存权，使人们在遭遇生存风险时感到安全与稳定，从而免除生活的后顾之忧，增强人们的信心，为人的全面自由发展创造物质条件和社会环境。生存权是人类最基本的人权。如果一个人的生存都没有保障，对他来说就谈不上人权。社会保障对于人权保障具有重要意义，是人权保障的重要内容。农村人口在很长时间内都是中国最大的社会群体，要使我国人权保障有一个较大的进展，必须重视农村社会保障法律制度的建立健全。

（三）建立健全农村社会保障法律制度是农村社会保障各方权利义务实现的需要

只有通过农村社会保障立法，才能明确各方主体的权利、义务和责任，使其依法行使权利、履行相应的义务和承担责任，以保障农村社会保障机制的正常运转。

（四）建立健全农村社会保障法律制度是最大限度地实现社会公平、维护社会稳定的需要

社会保障制度的一个主要功能就是充当社会的"安全阀"或者"减震器"，这一功

能是通过社会保障对国民收入进行再分配的方式,最大限度地体现社会公平,消解人们由于社会分配不公而引起的不满和对抗情绪、实现社会安定和保证良好秩序来实现的。社会稳定是保证社会发展、民族兴旺的重要因素,而农村稳定又是社会稳定中的重中之重,如果把人口众多的农村排斥于现代社会保障体系之外,全社会的稳定发展就无法得到保证。农村稳定取决于许多因素,其中农村社会保障制度健全与否,有着重要的作用。建立和健全农村社会保障制度,是减少农村社会矛盾,维持社会稳定的最有力措施。

四、建立健全农村社会保障法律制度应遵循的原则

(一)保障基金由个人、集体、国家共同负担的原则

社会保障基金的来源问题是开展农村社会保障的核心问题。我国还是一个发展中国家,加之人口老龄化,完全依靠国家财政承担社会保障资金显然不现实。我国多数地区农村集体经济还非常薄弱,也无力完全承担当地农民的社会保障资金。保障资金由个人、集体、国家共同负担原则体现了各有关主体对各自社会保障责任的承担,使农村社会保障有资金支持。

(二)保障水平与农村经济发展水平相适应的原则

社会保障的内容、项目、标准要和国家、集体、个人所能提供的财力、物力相适应。

(三)因地制宜的原则

我国农村各地区之间经济发展水平极不平衡,相差悬殊。因此,农村社会保障不能一刀切,只能根据各地的实际情况因地制宜地发展社会保障事业,并随经济的发展逐步完善。

第二节 农村养老保险法律制度

2009年,国务院发布《关于开展新型农村社会养老保险试点的指导意见》,从2009年起开展新型农村社会养老保险试点。2014年,国务院发布《关于建立统一的城乡居民基本养老保险制度的意见》,将新型农村社会养老保险和城镇居民社会养老保险两项制度合并实施,在全国范围内建立统一的城乡居民基本养老保险制度,提出按照

全覆盖、保基本、有弹性、可持续的方针,以增强公平性、适应流动性、保证可持续性为重点,全面推进和不断完善覆盖全体城乡居民的基本养老保险制度,充分发挥社会保险对保障人民基本生活、调节社会收入分配、促进城乡经济社会协调发展的重要作用。坚持和完善社会统筹与个人账户相结合的制度模式,巩固和拓宽个人缴费、集体补助、政府补贴相结合的资金筹集渠道,完善基础养老金和个人账户养老金相结合的待遇支付政策,强化长缴多得、多缴多得等制度的激励机制,建立基础养老金正常调整机制,健全服务网络,提高管理水平,为参保居民提供方便快捷的服务。

一、覆盖范围

年满 16 周岁(不含在校学生),非国家机关和事业单位工作人员及不属于职工基本养老保险制度覆盖范围的城乡居民,可以在户籍地参加城乡居民养老保险。

二、基金筹集

城乡居民养老保险基金由个人缴费、集体补助、政府补贴构成。

(一)个人缴费

参加城乡居民养老保险的人员应当按规定缴纳养老保险费。缴费标准目前设为每年 100 元、200 元、300 元、400 元、500 元、600 元、700 元、800 元、900 元、1 000 元、1 500 元、2 000 元 12 个档次,省(区、市)人民政府可以根据实际情况增设缴费档次,最高缴费档次标准原则上不超过当地灵活就业人员参加职工基本养老保险的年缴费额。参保人自主选择档次缴费,多缴多得。

(二)集体补助

有条件的村集体经济组织应当对参保人缴费给予补助,补助标准由村民委员会召开村民会议民主确定,鼓励有条件的社区将集体补助纳入社区公益事业资金筹集范围。鼓励其他社会经济组织、公益慈善组织、个人为参保人缴费提供资助。补助、资助金额不超过当地设定的最高缴费档次标准。

(三)政府补贴

政府对符合领取城乡居民养老保险待遇条件的参保人全额支付基础养老金,其中,中央财政对中西部地区按中央确定的基础养老金标准给予全额补助,对东部地区给予

50%的补助。地方人民政府应当对参保人缴费给予补贴,对选择最低档次标准缴费的,补贴标准不低于每人每年30元;对选择较高档次标准缴费的,适当增加补贴金额;对选择500元及以上档次标准缴费的,补贴标准不低于每人每年60元,具体标准和办法由省(区、市)人民政府确定。对重度残疾人等缴费困难群体,地方人民政府为其代缴部分或全部最低标准的养老保险费。

三、建立个人账户

国家为每个参保人员建立终身记录的养老保险个人账户,个人缴费、地方人民政府对参保人的缴费补贴、集体补助及其他社会经济组织、公益慈善组织、个人对参保人的缴费资助,全部记入个人账户。个人账户储存额按国家规定计息。

四、养老保险待遇

城乡居民养老保险待遇由基础养老金和个人账户养老金构成,支付终身。

(一)基础养老金

中央确定基础养老金最低标准,建立基础养老金最低标准正常调整机制,根据经济发展和物价变动等情况,适时调整全国基础养老金最低标准。地方人民政府可以根据实际情况适当提高基础养老金标准;对长期缴费的,可适当加发基础养老金,提高和加发部分的资金由地方人民政府支出,具体办法由省(区、市)人民政府规定。

(二)个人账户养老金

个人账户养老金的月计发标准,目前为个人账户全部储存额除以139。参保人死亡,个人账户资金余额可以依法继承。

五、养老金待遇领取条件

参加城乡居民养老保险的个人,年满60周岁、累计缴费满15年,且未领取国家规定的基本养老保障待遇的,可以按月领取城乡居民养老保险待遇。

新农保或城居保制度实施时已年满60周岁,在《国务院关于建立统一的城乡居民基本养老保险制度的意见》印发之日前未领取国家规定的基本养老保障待遇的,不用缴费,自该意见实施之月起,可以按月领取城乡居民养老保险基础养老金;距规定领取年龄不足15年的,应逐年缴费,也允许补缴,累计缴费不超过15年;距规定领取年龄超过 15 年的,应按年缴费,累计缴费不少于 15 年。

城乡居民养老保险待遇领取人员死亡的,从次月起停止支付其养老金。有条件的地方人民政府可以结合本地实际探索建立丧葬补助金制度。社会保险经办机构应每年对城乡居民养老保险待遇领取人员进行核对。

第三节　农村医疗保险制度

农村医疗保险是农民通过互助共济,共同抵御疾病风险的制度。目前,在我国农村,传染病和地方病仍严重威胁着农民的健康,慢性非传染性疾病的危害较重,因病致贫、因病返贫的现象比较严重。我国农村人口多,经济还不够发达,解决农民的基本医疗保障问题,不可能由国家和集体全包下来,也不能完全靠农民个人自费医疗,只能走互助共济的社会保险道路。我国农村合作医疗对于保证农民获得基本医疗服务、落实预防保健任务、防止因病致贫具有重要作用。实践证明,农村合作医疗制度是适合我国国情的农民医疗保障制度。一些坚持实行农村合作医疗的地区,不仅使农民的基本医疗保健需求有了保障,减轻了医药费用负担,减少了因病致贫,而且促进了农村三级医疗预防保健网的建设和农村基层卫生队伍的巩固与发展,有利于农村的经济发展和社会稳定。2003 年 1 月 16 日国务院办公厅转发卫生部、财政部、农业部《关于建立新型农村合作医疗制度的意见》,提出了建立新型农村合作医疗制度,是由政府组织、引导、支持,农民自愿参加,个人、集体和政府多方筹资,以大病统筹为主的农民医疗互助共济制度。2016 年 1 月,国务院发布《关于整合城乡居民基本医疗保险制度的意见》,整合城镇居民基本医疗保险和新型农村合作医疗两项制度,建立统一的城乡居民基本医疗保险制度,按照全覆盖、保基本、多层次、可持续的方针,加强统筹协调与顶层设计,遵循先易后难、循序渐进的原则,从完善政策入手,推进城镇居民医保和新农合制度整合,逐步在全国范围内建立起统一的城乡居民医保制度,推动保障更加公平、管理服务更加规范、医疗资源利用更加有效,促进全民医保体系持续健康发展。本节主要依据该意见作以介绍。

一、基本原则

(一)统筹规划、协调发展

把城乡居民医保制度整合纳入全民医保体系发展和深化医改全局,统筹安排,合理规划,突出医保、医疗、医药三医联动,加强基本医保、大病保险、医疗救助、疾病应急救助、商业健康保险等衔接，强化制度的系统性、整体性、协同性。

（二）立足基本、保障公平

准确定位，科学设计，立足经济社会发展水平、城乡居民负担和基金承受能力，充分考虑并逐步缩小城乡差距、地区差异，保障城乡居民公平享有基本医保待遇，实现城乡居民医保制度可持续发展。

（三）因地制宜、有序推进

结合实际，全面分析研判，加强整合前后的衔接，确保工作顺畅接续、有序过渡，确保群众基本医保待遇不受影响，确保医保基金安全和制度运行平稳。

（四）创新机制、提升效能

坚持管办分开，落实政府责任，完善管理运行机制，深入推进支付方式改革，提升医保资金使用效率和经办管理服务效能。充分发挥市场机制作用，调动社会力量参与基本医保经办服务。

二、覆盖范围

城乡居民医保制度覆盖范围包括现有城镇居民医保和新农合所有应参保（合）人员，即覆盖除职工基本医疗保险应参保人员以外的其他所有城乡居民。农民工和灵活就业人员依法参加职工基本医疗保险，有困难的可按照当地规定参加城乡居民医保。

三、基金筹集

坚持多渠道筹资，实行个人缴费与政府补助相结合为主的筹资方式，鼓励集体、单位或其他社会经济组织给予扶持或资助。各地统筹考虑城乡居民医保与大病保险保障需求，按照基金收支平衡的原则，合理确定城乡统一的筹资标准。城镇居民医保和新农合个人缴费标准差距较大的地区，可采取差别缴费的办法，利用2~3年时间逐步过渡。整合后的实际人均筹资和个人缴费不得低于现有水平。

完善筹资动态调整机制。在精算平衡的基础上，逐步建立与经济社会发展水平、各方承受能力相适应的稳定筹资机制。逐步建立个人缴费标准与城乡居民人均可支配收入相衔接的机制。合理划分政府与个人的筹资责任，在提高政府补助标准的同时，适当提高个人缴费比重。

四、医疗保险待遇

遵循保障适度、收支平衡的原则,均衡城乡保障待遇,逐步统一保障范围和支付标准,为参保人员提供公平的基本医疗保障。妥善处理整合前的特殊保障政策,做好过渡与衔接。城乡居民医保基金主要用于支付参保人员发生的住院和门诊医药费用。稳定住院保障水平,政策范围内住院费用支付比例保持在75%左右。进一步完善门诊统筹,逐步提高门诊保障水平。逐步缩小政策范围内支付比例与实际支付比例间的差距。统一城乡居民医保药品目录和医疗服务项目目录,明确药品和医疗服务支付范围。

 本章小结

我国农村社会保障法律制度经历了初创和巩固、异常发展、恢复和调整、改革和创新四个发展时期。我国农村社会保障法律制度存在着立法相对滞后、法律的成熟度不足、保障水平低等问题。建立健全农村社会保障法律制度是完善我国社会保障体系的需要;是人权保障的需要;是农村社会保障各方权利义务的实现的需要;是最大限度地实现社会公平、维护社会稳定的需要。建立健全农村社会保障法律制度应遵循保障资金由个人、集体、国家共同负担的原则,保障水平与农村经济发展水平相适应的原则,因地制宜的原则。2009年,国务院发布《国务院关于开展新型农村社会养老保险试点的指导意见》,从2009年起开展新型农村社会养老保险试点。根据该意见,年满16周岁(不含在校学生)、未参加城镇职工基本养老保险的农村居民,可以在户籍地自愿参加新型农村社会养老保险。年满60周岁、未享受城镇职工基本养老保险待遇的农村有户籍的老年人,可以按月领取养老金。建立新型农村合作医疗制度要遵循自愿参加、多方筹资,以收定支、保障适度,先行试点、逐步推广的原则。举办农村合作医疗,要坚持民办公助、自愿量力、因地制宜的原则。国务院建立统一的城乡居民基本养老保险制度和整合城乡居民基本医疗保险制度的实践,为促进城乡社会保障制度的协调发展迈出了坚实的一步。

复习思考题

1. 为什么必须建立健全农村社会保障法律制度?
2. 建立健全农村社会保障法律制度应遵循哪些原则?
3. 简述我国农村养老保险法律制度的主要内容。
4. 简述我国农村医疗保险法律制度的主要内容。

第二十五章
社区服务法律制度

>> 学习要点

掌握社区服务的概念、社区服务的功能。
了解我国社区服务制度的发展历程、社区服务的主要内容。

>> 关键概念

社区　社区服务

第一节　社区服务法律制度概述

一、社区服务的概念

（一）社区

社区一词源于拉丁语，含共同的东西和亲密伙伴关系的意思。1887年，德国社会学家滕尼斯在《社区与社会》一书中最先提出社区的概念。20世纪30年代初，社区概念被引入中国。这里所称的社区，是指聚居在一定地域范围内的人群根据一套规范和制度结合而成的社会生活共同体。目前我国城市社区的范围，一般是指经过社区体制改革后作了规模调整的居民委员会辖区。

（二）社区服务

社区服务是指在政府倡导和扶持下，为满足社区成员的多种需求，动员社区力量开展的福利服务和便民服务，是社会保障体系和社会化服务体系中的一个重要组成部分。社区服务是一种服务事业，具有区域性、福利性、群众性、服务性、互助性的特点。社区服务包括面向老年人、残疾人、少年儿童提供的服务和帮助，还包括面向社区全体居民提供的服务，如公共卫生、职业培训、就业指导、体育锻炼、文化休闲等。现实中的社区服务包含了众多社会保障项目，如上述的为老年人、残疾人、社会救济户和军烈属等特殊弱势群体提供的服务。此外，社区还在保障对象的确定、保障层次的划分以及保障资金的发放等众多环节上有着一定的掌控权。因此，社区服务构成社会保障体系的一个组成部分，它使社会保障内容更加丰富。促进社区服务规范化是完善社会保障法律制度的重要内容。

随着工业化、现代化、城市化的发展，出现了人口老龄化，老年人服务成为社区的重大课题，它迫切需要社区服务的不断充实和完善。家庭小型化，家庭成员间距离的增加使相互间的互助受到阻碍，各自都将需求的满足移至社区。大批农村剩余劳动力涌向城市，并加速了城市化的进程，他们对社区服务的依赖性更大。需求结构多层次化、生活节奏的快速化，使人们对服务保障的需求急剧增加。社区服务就是为了解决这些问题而发展起来的。随着社会的转型，社区服务已在社区居民生活中扮演着十分重要的角色，是满足社区居民物质生活和精神生活需要的重要手段。社区服务以社区为其活动空间，近年来引入市场机制和竞争机制，其主要目的不是为了利润，而是为了更有效地实现社区服务的福利性。它不是单纯地依赖政府或某个组织，而是动员社会各方面力量达成广泛的关注和积极的参与，通过互助互利服务，实现人民生活质量的提高和社会的安定。

近年来，我国社区服务发展变化主要表现在以下几个方面：在服务内容上，由主要提供物质生活服务向着物质生活服务与精神生活服务相结合的方向发展；在服务形式上，由福利服务型向福利服务型与社会服务型相结合的方向发展；在运行机制上，由政府倡导、支持向政府指导、支持、帮助和群众自愿组织参加相结合方向发展。

二、社区服务的功能

（1）社区服务的功能突出地表现在社会福利上。社区内通过建立各类敬老院、福利院、康复中心、医疗站、托儿所、幼儿园等设施，进一步满足社区成员的需要，为老有所养、残有所扶、孤有所托、优抚安置得到保障、贫困居民得到救济等发挥了十分重要的作用，使福利事业朝着社会化方向迈进。

（2）社区服务进一步充实和完善了社会服务的功能，为居民生活提供了各种方便。通过在社区内建立各种便民利民服务网点，提供各种社会服务，满足了居民的各种需求，更有利于他们的工作、学习和生活，有利于提高居民的生活质量。

（3）社区服务的开展，有利于加强精神文明建设，推进社会的进步与发展。社区服务在政府的倡导下，通过发扬互助互济、敬老爱幼、邻里相帮、志愿服务等精神，推进社区的精神文明建设。特别是近几年开展的青年志愿者活动，对青少年的思想道德的培养和对社会公德的发扬以及文明礼貌社会风尚的形成都将产生重要的影响。

（4）社区服务可以吸纳更多的社会闲散人员，为失业人员开辟重新就业途径，扩大就业渠道，为社会的安定和经济的发展发挥积极的作用。

（5）社区服务的开展，有利于城市现代化的建设，完善城市的管理和服务功能。

（6）社区服务对社区教育、社区文化、社区康复以及其他各项社区事业的发展，都起到积极的作用。

第二节 社区服务法律制度的发展历程

一、倡导起步阶段

中国城市社区服务是在政府倡导和推动下于20世纪80年代中期兴起的。从其发起的缘由来看，是为了改革中国的福利体制，实现福利社会化的制度目标，但在其后来的发展过程中，却使得"社区"成为继"单位"以后中国城市居民生活的中心舞台，并于90年代中期演变为一场轰轰烈烈的社区建设运动。

人口结构的老龄化、家庭结构的小型化、居民需要的多样化和人口流动的频繁化，都成为社区服务兴起的社会历史背景。1983年，民政部就已经开始酝酿城市社会福利工作改革，提出了以各种形式办社会福利事业的新思路。1984年，漳州会议明确提出"社会福利社会办"的指导思想，力争使社会福利事业从单一、封闭型国家包办体制转变为国家、集体和个人一起办的体制。1986年，民政部提出在城市开展社区服务工作的构想。1987年在武汉召开的全国社区服务工作座谈会提出，要把社区服务引向深入。这标志着社区服务正式倡导发动。随后社区服务工作开始在各大中城市蓬勃兴起。

二、推广普及阶段

1989年9月，民政部在杭州召开全国城市社区服务工作会议，总结交流试点经验，要求在全国的街道和居委会普遍开展社区服务。1992年6月中共中央、国务院发布《关于加快发展第三产业的决定》，要求社区服务向产业化和行业化方向发展。到1992年年底，全国已有70%以上的街道开展社区服务。

三、发展提高阶段

1993年8月，民政部、国家计委等14部委《关于加快社区服务业的意见》颁布，这是社区服务发展中的第一个政策性文件。它要求将社区服务纳入第三产业的发展规划，为社区服务业的发展提出了目标、要求和基本任务，制定了相关的扶持保护政策。此后，社区服务迅猛发展。1995年12月，民政部颁布《全国社区服务示范城区标准》，推动社区服务向高标准、规范化方向发展。2000年2月，国务院办公厅转发民政部等部门《关于加快实现社会福利社会化的意见》，对社区服务的对象和内容作了进一步的明确和规范。2006年4月，国务院发布《关于加强和改进社区服务工作的意见》，要求逐步建立与社会主义市场经济体制相适应，覆盖社区全体成员、服务主体多元、服务功能完善、服务质量和管理水平较高的社区服务体系。2013年11月，民政部、财政部发布《关于加快推进社区社会工作服务的意见》，提出了加快推进社区社会工作服务的总体要求和主要任务。2017年6月，中共中央、国务院发布《关于加强和完善城乡社区治理的意见》，要求提高社区服务供给能力。2017年12月，民政部发布《关于大力培育发展社区社会组织的意见》，要求充分发挥社区社会组织提供社区服务的积极作用。目前，我国城市社区服务在服务对象、服务内容、服务队伍、设施建设、组织管理等方面都取得了长足的发展。现在的社区服务已经形成了一个多内容、多层次的网络系统，涵盖了社区居民生活的大部分层面，为解决城市居民的生活困难和改善社区成员的生活质量做出了很大贡献。

第三节　社区服务的主要内容

社区服务内容广泛，大致可以分为两大类，即社区福利服务和社区便民服务。每大类又包括各种具体的服务项目。

一、社区福利服务

（一）为老年人提供的服务

1. 老年人包户服务

这是各城市社区开展最早、最广泛的老年人服务项目。被包户服务的老人包括孤寡老人、身边无子女的老人和生活上有各种困难的老人。包户服务一般由居委会和参加服务的单位和个人签订包户协议，确定服务人员、服务项目、服务时间和服务要求。

2. 为老年人提供收养和寄托服务

这项服务一般由街道和居委会兴办的老年公寓（敬老院、福利院）和托老所承担。

3. 老年人文化生活服务

由社区兴建老年人活动中心、老年茶社、老年人之家等设施，满足老年人精神上的需求。

4. 老年人庇护服务

为人身和基本生活权利受到严重侵害的老年人提供紧急庇护和收养、法律咨询、家庭纠纷调解和生活安全服务等。

5. 老年人生活综合服务

主要包括老年人生活服务、老年人婚姻介绍等。

（二）为残疾人和精神病患者提供的服务

为残疾人和精神病患者提供的服务包含三种：（1）残疾人康复服务，一般由社区举办的残疾人康复中心承担；（2）精神病人康复服务，一般由社区举办的精神病医疗中心来承担；（3）残疾儿童寄托服务，一般由社区举办的伤残儿童寄托站、智力障碍儿童启智班来承担。

（三）为少年儿童提供的服务

社区成立青少年之家、青少年活动站、青少年图书馆等，组织青少年开展文娱和体育活动、进行课外辅导和心理咨询，并为其提供午餐、提供职业培训和职业介绍。

二、社区便民服务

在这方面社区开展的项目有家务劳动服务、居民生活服务、文体服务等。目的是方便居民生活，减轻居民的家务负担，解决居民在衣、食、住、行和学习、娱乐等各方面的难题，使他们安居乐业，更好地投身于本职工作。

本章小结

　　社区是指聚居在一定地域范围内的人群根据一套规范和制度结合而成的社会生活共同体。社区服务是指在政府倡导和扶持下，为满足社区成员多种需求，动员社区力量开展的福利服务和便民服务。社区服务具有社会福利、社会服务、加强精神文明建设、扩大就业渠道、维护社会安定、加快城市现代化的建设等功能。我国的社区服务制度经历了倡导起步、推广普及和发展提高三个阶段。社区服务的内容主要包括社区福利服务和社区便民服务。

 复习思考题

1. 什么是社区和社区服务？
2. 社区服务有哪些功能？
3. 简述社区服务的主要内容。

第二十六章 社会保障基金法律制度

>> 学习要点

　　重点掌握社会保障基金和社会保障基金法律制度的含义，社会保障基金的来源、筹资模式、支付形式和运营原则。

　　了解社会保障基金的支付条件、支付项目和支付标准以及社会保障基金的投资运营渠道。

>> 关键概念

　　社会保障基金　社会保障基金法律制度　现收现付式筹资模式　完全积累式筹资模式　部分积累式筹资模式　社会保障基金支付　社会保障基金运营

第一节　社会保障基金法律制度概述

一、社会保障基金的含义

社会保障基金是指依法筹集的用于实施社会保障制度的专项资金，其特点体现在以下几个方面。

（一）社会保障基金是社会保障制度的物质基础

社会保障是一种收入再分配机制，其目的是保障社会成员的基本生活需要。建立和健全社会保障制度，首先必须有可供分配的社会财富，即充足的社会保障基金。如果没有这一物质基础作保证，社会保障制度也就失去了存在的价值。

（二）社会保障基金是依法筹集的

社会保障功能的发挥，需要以社会保障基金能够及时、足额地筹集并合理、有效地利用为保证。因此，社会保障基金必须根据法律强制筹集，明确规定社会保障基金的来源、支付、运营、监督等，并严格执行，以确保社会保障制度的正常运行。

（三）社会保障基金是用于实施社会保障制度的专项资金

社会保障基金有其特定的目的和用途，即用于社会成员在年老、疾病、伤残、失业、生育、死亡、遭遇灾害、面临生活困难时给予帮助，以保障其基本生活。为保障社会保障事业的正常、有效运行，社会保障基金必须专款专用，任何机构和个人都不得侵吞或挪作他用。

二、社会保障基金法律制度

社会保障基金法律制度是关于社会保障基金的筹集、支付、运营和监督管理等方面的法律规范的总称。作为社会保障基础的社会保障基金的正常运行，是社会保障法顺利实施和发挥功能的关键。一国的社会保障法实际上是围绕着社会保障基金的筹集、支付、运营和监督管理等内容制定的，因此，社会保障基金法律制度是社会保障法的核心内容，在社会保障法律体系中居于极为重要的地位。

各国的社会保障基金法律制度的立法模式主要有两种：一种是在国家制定的社会保障基本法律中以专章规定社会保障基金法律制度的模式，如美国；另一种是由国家制定专门的社会保障基金单项立法。

各国社会保障基金法律制度的内容一般包括社会保障基金的筹集、支付、运营、监督管理等。此外，在实行社会保障税的国家，还制定有社会保障税法。

我国的社会保障基金法律制度采用单行立法模式，目前主要的立法有：1999年国务院发布的《社会保险费征缴暂行条例》（2019年修订），2001年劳动和社会保障部发布的《社会保险基金监督举报工作管理办法》，2010年通过的《社会保险法》中对社会保险基金作了专章的规定，2011年人力资源社会保障部发布的《社会保险基金先行支付暂行办法》（2018年修订），2016年国务院发布的《全国社会保障基金条例》，2017年财政部发布的《社会保险基金财务制度》，2022年人力资源社会保障部发布的《社会保险基金行政监督办法》等。

第二节　社会保障基金的筹集

社会保障基金的筹集是指由专门的社会保障管理机构按照法律规定的计征对象和比例征收社会保障费的行为。社会保障基金的筹集制度主要有社会保障基金的来源、筹资模式等内容。

一、社会保障基金的来源

建立社会保障基金，首先要解决社会保障基金的取得、来源渠道问题。渠道畅通、稳定，能筹集到满足社会保障事业需要的社会保障基金，是建立社会保障制度的基础环节和前提条件。社会保障基金的来源一般包括政府财政支持、社会保险费、社会保障基金的运营收入、社会捐赠、国际援助等。

（一）政府财政支持

在建立社会保障制度保障社会成员基本生活的问题上，国家责无旁贷，国家在社会保障基金的来源上承担的义务表现为以政府财政支持的方式提供社会保障基金。具体来源有：在预算内拨付一定比例的社会保障基金、当以其他渠道筹集到的社会保障基金入不敷出时由财政拨款补充、允许雇主和雇员税前缴纳社会保障费、对社会保障机构筹集到的基金实行免税、对社会保障基金给予较高的利率优惠等。社会救助、社会福利所需的资金，大多来自政府财政。我国《社会保险法》中对于社会保险基金补贴有如下规定。（1）基本养老保险基金由用人单位和个人缴费以及政府补贴等组成。（2）基本养老保险基金出现支付不足时，政府给予补贴。（3）新型农村社会养老保险实行个人缴费、集体补助和政府补贴相结合。（4）城镇居民基本医疗保险实行个人缴费和政府补贴相结合。享受最低生活保障的人、丧失劳动能力的残疾人、低收入家庭60周岁以上的老年人和未成年人等所需个人缴费部分，由政府给予补贴。（5）县级以上人民政府在社会保险基金出现支付不足时，给予补贴。此外，《社会保险法》第五条规定，县级以上人民政府对社会保险事业给予必要的经费支持。国家通过税收优惠政策支持社会保险事业。

（二）社会保险费

社会保险费主要适用于社会保险这一社会保障项目。这一基金来源使社会保险制度在运作上实现财务自主，较少受到政治因素及其他因素的影响，保障制度的稳定性，也使得社会保险异于社会救助、社会福利等其他社会保障制度。社会保险费通常由劳动者与其雇主共同缴纳，雇主缴费所占的比例更大，大体要占一半以上。有的社会保险项目完全由雇主承担社会保险费，劳动者不缴费，最典型的是工伤保险。雇主对其雇员参加的社会保险负有义务，这已成为一个公认的原则。雇主履行社会保险缴费义务的方式是，按雇员工资总额的一定比例，向社会保障机构缴纳社会保险费。雇员既是社会保险权益的享有者和社会保险待遇的受益人，同时也是社会保险基金的负担主体。通常雇员要按其工资或收入的一定比例缴纳社会保险费。在社会保障基金的这一来源中，有征费制和征税制两种征收方式。《社会保险法》规定，中华人民共和国境内的用人单位和个人依法缴纳社会保险费。

（三）社会保障基金的运营收入

社会保障基金形成后，如不能保值增值，设立社会保障的良好愿望就难以实现，甚至适得其反。实行积累式筹资模式的社会保障基金，当年的基金总额扣除当年的给付额后的余额可用来进行投资运营，运营收入也是社会保障基金的来源之一。

（四）社会捐赠

社会捐赠也是很多国家社会保障基金的一个非正式的却又非常流行的来源。同以上来源相比，社会捐赠以自愿为其突出特点，由民间慈善团体征集并用于社会救助与社会福利事业。

（五）其他来源

除以上来源外，社会保障基金还有服务收费、国际援助等来源。

以上社会保障基金的各项来源，在不同国家中的地位不尽相同。一般而言，社会保险基金在大多数国家由政府、雇主和雇员三方分担，社会救助基金主要来源于政府财政和社会捐赠，社会福利基金则来源于政府财政。

二、社会保障基金的筹资模式

世界各国的社会保障基金筹资模式有三种基本类型。

（一）现收现付式

现收现付式是在一定时期内（通常是一个日历年度、一个财政年度或若干年内），根据社会保障基金收支平衡的原则，筹集本期的社会保障基金，用于本期支付使用的需要，而不为以后时期积累资金。这种筹资模式的优点是预测期限短，操作比较简单；基金筹集规模有限，管理比较方便；负担较轻；不易受通货膨胀和利率波动的影响。缺点是对长远发展考虑不足，不适应人口老龄化对社会保障基金需求增多的需要；缺乏积累，抵御突发性风险的能力较弱；存在养老代际转嫁的矛盾。

（二）完全积累式

完全积累式以长期纵向收支平衡为原则，确定一个可以保证在相当长的时期内收支平衡的保障基金总量，将其分摊到保障对象的整个投保期。这一模式的优点是能够积累相当数量的储备基金，为社会保障制度提供稳定的资金来源，还能为经济发展提供资金支持；能适应人口老龄化带来的社会保障负担；不存在代际转嫁负担的矛盾；能够发挥激励作用。其缺点是实施难度大；容易受到通货膨胀和物价波动的影响；基金保值的难度大。

（三）部分积累式

部分积累式是现收现付式与完全积累式相结合的社会保障基金筹资模式，是在综合考虑近期横向平衡和远期纵向平衡的基础上，按照当年的社会保障支出加上一定的储备来筹集社会保障基金。其中收大于支的部分能够形成一定数量的储备基金，既照顾到被保障对象的现实利益，又照顾其长远利益。因此，这一模式既有现收现付式的优点，又克服了前两种模式的缺点。目前越来越多的国家开始采用这种模式。

我国职工基本养老保险和职工基本医疗保险实行部分积累式，工伤保险、失业保险、生育保险实行现收现付式。

第三节 社会保障基金的支付

一、社会保障基金支付的含义

社会保障基金支付是指社会保障基金的管理机构或经办机构，按照法律规定用社会保障基金向社会保障对象支付社会保障待遇的行为。社会保障基金支付使社会保障对象获得基本生活条件，直接决定着社会保障目标的实现。

二、社会保障基金支付的条件

社会保障基金支付的条件是指社会成员获得社会保障待遇应具备的资格或条件。社会成员只有具备法定的条件或资格，才能由社会保障基金向其支付社会保障待遇。社会保障基金支付的条件决定社会保障基金支付的方式和支付标准，在社会保障基金支付环节中起着关键作用。每一个社会保障项目的支付条件各不相同，即使是同一社会保障项目在不同国家的支付条件也有很大的区别。

三、社会保障基金支付的形式

社会保障基金支付的形式可以从不同的角度进行划分，可以有实物形式和货币形式、一次性发放形式和多次发放形式、定期发放形式和不定期发放形式等。具体采用哪种支付形式，因社会保障的项目不同而异。实物形式是以向社会保障对象提供商品或劳务的形式支付社会保障待遇。通常，社会救助、社会福利和社会优抚待遇支付中不同程度地采用实物形式。医疗保险和工伤保险则较多采用实物形式，即医疗服务的形式。货币形式是社会保障待遇支付的主要形式。养老保险、失业保险待遇支付主要采用货币形式。社会救助、社会福利、优抚安置等待遇支付中的一部分采用货币形式。由于各种社会保障的性质及服务对象的需要不同，因此，养老保险、失业保险多采用定期支付，即按月支付的形式；工伤保险和社会优抚待遇大多采用一次性发放的形式。

四、社会保障基金支付的项目和标准

我国社会保险基金的支付包括社会保险待遇支出、转移支出、补助下级支出、上解上级支出、其他支出。其中，社会保险待遇支出是指按规定支付给社会保险对象的基本养老保险待遇支出、失业保险待遇支出和基本医疗保险待遇支出等。转移支出是指社会保险对象跨统筹地区流动而转出的基金支出。补助下级支出是指上级经办机构拨付给下级经办机构的补助支出。上解上级支出是指下级经办机构上解上级经办机构的支出。其他支出是指经财政部门核准开支的其他非社会保险待遇性质的支出。

社会保障基金的支付标准是指社会保障待遇和社会保障管理费用的支付水平。社会保障待遇的支付标准决定着社会保障对象能够获得多大的物质帮助，因具体项目和保障对象情况的不同而不同。确定社会保障待遇的支付标准应以保障社会成员的基本生活需要为基准，并应随物价的上涨而适当调整，不应过高或过低，以使社会保障既发挥其功能，又不致产生弊端。

第四节 社会保障基金的运营

一、社会保障基金运营的含义

社会保障基金运营是指社会保障主管机构或受其委托的机构，为实现社会保障基金的保值和增值，运用社会保障基金进行直接或间接投资的行为。

现收现付式社会保障基金筹资模式基本上不存在基金储备；完全积累式筹资模式则存在大量的基金储备；部分积累式筹资模式也存在一定规模的基金储备。社会保障的储备基金是为支付未来的社会保障支出而储存的货币资金，由于通货膨胀的普遍存在，基金将逐渐贬值，最终可能影响到被保障对象的基本生活需要，这就违背了社会保障的初衷。于是如何使社会保障基金通过适当的投资运营而保值增值，就成为社会保障制度中需要关注的问题。将社会保障基金进行适当运营，有利于实现社会保障基金的保值增值，应对未来社会保障基金日益扩大的支付需要，减轻政府财政的负担，促进国民经济健康发展。

二、社会保障基金运营的原则

为实现社会保障基金保值增值的目的，确保社会保障功能的正常发挥，社会保障基金的运营应遵守以下三项原则。

（一）安全性原则

安全性是指社会保障基金运营应保证投资的可靠性，最大限度地减少风险，以实现运营的长期稳定。将社会保障基金投资于高风险的项目，一旦发生投资的损失，势必难以保证社会保障支出的需要，影响社会的安定。投资活动都面临着影响资金安全的风险因素，而社会保障基金作为社会成员的基本生活保障费用，不应承担高风险。应将保证基金的安全作为社会保障基金运营的首要原则，最大限度地降低运营风险。

（二）效益性原则

效益性原则是指社会保障基金的运营应保持一定的收益，注重投资回报。社会保障基金的运营以保值增值为目的，没有收益就不能保值，更谈不上增值。因此，社会保障基金的运营必须追求效益性。这里的效益性不仅包含了经济效益，也包含了社会效益的内容。社会保障基金的运营应实现经济效益与社会效益的统一。社会保障基金的运营应与国家的经济发展战略相一致，投资于符合国家的经济政策、对经济和社会有益的项目，促进国民经济的协调发展。

（三）流动性原则

流动性原则是指要保持投资的变现能力，以满足社会保障基金支付的需要。社会保障基金具有专款专用和应急性的特点，必须满足随时向保障对象支付的需要。如果社会保障基金发生支付困难，将影响社会保障功能的发挥，从而影响社会安定。

上述三项原则在实际运用中往往会发生不能同时满足的情况，因而应注意合理的投资决策以及各种投资方向、比重和期限的合理组合。

三、社会保障基金的投资运营渠道

由于社会保障基金的特殊性和重要性，世界各国对社会保障基金的运营都加以严格管理和监督，对社会保障基金的投资渠道有严格的限制。目前，各国的社会保障基金运营渠道主要有下述四项。

（一）存入银行

将社会保障基金存入银行，虽能保证基金的安全，但只能获得利息，收益极其微薄，其收益率甚至可能低于通货膨胀率，难以保值增值，因此较少运用。

（二）购买政府债券

政府债券信誉高，安全性强，风险小，收益稳定，是各国社会保障基金投资最普遍的项目。

（三）购买股票和公司债券

股票和公司债券的收益率较高，流动性强，风险性也较大。但在金融市场健全的条件下，购买股票和公司债券也不失为一种可供社会保障基金运营时选择的一个投资渠道。

（四）投资于不动产

这类投资的安全性和流动性较差，所以大多数国家的社会保障基金投资于不动产领域的比率都较低。

《社会保险法》规定，社会保险基金在保证安全的前提下，按照国务院规定投资运营实现保值增值。社会保险基金不得违规投资运营，不得用于平衡其他政府预算，不得用于兴建、改建办公场所和支付人员经费、运行费用、管理费用，或者违反法律、行政法规规定挪作其他用途。

本章小结

社会保障基金是指依法筹集的用于实施社会保障制度的专项资金。社会保障基金法律制度是关于社会保障基金的筹集、支付、运营和监督管理等方面的法律规范的总称。社会保障基金的筹集是指由专门的社会保障管理机构按照法律规定的计征对象和比例征收社会保障费的行为。社会保障基金的来源一般包括政府财政支持、社会保险费、社会保障基金的运营收入、社会捐赠、国际援助等。世界各国的社会保障基金筹资模式有现收现付式、完全积累式、部分积累式三种类型。社会保障基金支付的形式可以有实物形式和货币形式、一次性发放形式和多次发放形式、定期发放形式和不定期发放形式等。具体采用哪种支付形式，因社会保障的项目不同而异。社会保障基金运营是指社会保障管理机构或受其委托的机构，为实现社会保障基金的保值和增值，运用社会保障基金进行直接或间接投资的行为。社会保障基金的运营应遵守安全性、效益性、流动性原则。《社会保险法》规定，社会保险基金在保证安全的前提下，按照国务院规定投资运营实现保值增值。社会保险基金不得违规投资运营，不得用于平衡其他政府预算，不得用于兴建、改建办公场所和支付人员经费、运行费用、管理费用，或者违反法律、行政法规规定挪作其他用途。

复习思考题

1. 社会保障基金有哪些来源？
2. 世界各国的社会保障基金筹资模式有哪些类型？
3. 社会保障基金可采用哪些支付形式？
4. 社会保障基金的运营应遵守哪些原则？
5. 社会保障基金的投资运营渠道有哪些？

第二十七章
社会保障管理法律制度

>> 学习要点

掌握社会保障管理法律制度的含义、各国的社会保障管理体制的分类和我国的社会保障管理体制。

了解社会保障管理的含义、各国社会保障管理体制的比较。

>> 关键概念

社会保障管理　社会保障管理法律制度　社会保障主管机构　社会保障经办机构　社会保障基金运营机构　社会保障监督机构

第一节　社会保障管理法律制度概述

一、社会保障管理的概念

社会保障管理是指由一定的机构，按一定的程序，对社会保障事业进行计划、组织、协调、控制与监督的行为和过程。社会保障管理是一种社会事务和社会政策管理，目的是提供公共产品。社会保障管理是随着社会保障制度的建立而产生的，是现代社会管理专业化分工的必然产物。社会保障管理在整个社会保障制度中占有重要的地位，是社会保障制度正常、高效运作的基础。

二、社会保障管理法律制度

社会保障管理法律制度是指规范和调整社会保障管理体制，即社会保障管理机构、管理内容和管理方式的法律制度。社会保障管理法律制度是社会保障法的一个重要组成部分。将社会保障管理纳入法制的轨道，对社会保障管理工作的规范、稳定、高效、有序运行具有重要意义。社会保障的组织管理、业务经办、基金运营和监督等项工作，都需要以社会保障管理法律规范的形式固定下来，以规范政府和其他社会保障管理机构的行为，从根本上保证社会保障体系的正常运行。社会保障管理体制是社会保障管理机构、管理内容和管理方式的总和，其核心部分是社会保障管理机构。社会保障管理机构可以按不同的标准作不同的分类。按照社会保障管理机构的职能、性质不同，可以将社会保障管理机构划分为社会保障主管机构、社会保障经办机构、社会保障基金运营机构和社会保障监督机构四类。其中，社会保障主管机构的主要职责是负责社会保障管理决策、行政监督等；社会保障经办机构是社会保障的业务执行机构，负责社会保障费的管理、社会保障待遇的发放等；社会保障基金运营机构是专门从事社会保障基金投资运营的机构；社会保障监督机构负责对社会保障的各个环节及各个机构履行职责情况进行监督。

第二节 国外的社会保障管理体制

社会保障管理是通过一定的管理体制实现的。科学地确定社会保障管理体制，可以提高社会保障的管理水平和工作效率。受社会生产力、社会经济制度以及行政体制的制约，各国的社会保障管理体制不尽相同，大体可以分为三类。

一、政府直接管理体制

在这种体制下，政府设立专门的管理机构管理全国的社会保障事务。具体又可分为两类。

(1) 在政府内设立一个专门委员会或专门机构并下设若干分支机构，纵向统一管理全国的社会保障事业。英国、加拿大、波兰等国即属于这一类型。

(2) 由政府的几个部门分别对社会保障事务进行多头管理。日本、美国、澳大利亚等国采用这一管理体制。

二、半官方自治管理体制

这种管理体制由政府成立一个统一的协调机构,负责协调全国社会保障事务,并指定一个或若干个中央政府部门实施监督,具体的管理工作由半官方、半独立的行业或地区社会保障管理机构来实施。德国、法国、意大利等国采用这一体制。

三、市场管理体制

这种体制由政府部门负责社会保障政策制定、规划和监督,而社会保障基金采取市场化的管理和运营。智利、新加坡是采用这一体制的典型。

上述三类社会保障管理体制各有利弊。政府直接管理体制能直接体现政府意图,有助于实现社会保障的公正性,有利于保护社会保障对象的利益;缺点是管理成本可能较高,效率和服务质量可能不高。半官方自治管理体制能克服政府直接管理体制的一些弊端;但对法制健全、监督能力方面的要求较高,在体现政府意图和保障公平方面可能不如政府直接管理体制。在市场管理体制中,政府的负担最小,效率较高;但对资本市场和法制健全的要求较高,社会保障对象承担的风险较大。

不论采用哪种体制,政府在社会保障管理中都发挥着管理、协调和监督的作用,社会保障主管部门与具体业务经办部门都分开设置,各国都比较注重对社会保障基金的管理。

第三节　我国的社会保障管理体制

我国1998年以前的社会保障管理体制是由政府各部门多头直接管理的体制。政府劳动、民政、卫生、财政、人事等部门分别拥有一部分社会保障管理职能,结果导致管理分散、政出多门、机构重复设置、政事不分、管理成本高、效率低下,严重制约社会保障事业的发展。在中央社会保障管理体制方面,1998年3月,第九届全国人民代表大会第一次会议批准了国务院机构改革方案,成立了劳动和社会保障部,将社会保障管理职能统一起来,初步理顺了社会保障管理体制。2008年3月,第十一届全国人民代表大会第一次会议通过了国务院机构改革方案,组建人力资源社会保障部。将人事部、劳动和社会保障部的职责整合划入人力资源社会保障部。组建国家公务员局,由人力资源社会保障部管理。不再保留人事部、劳动和社会保障部。根据2018年国务院机构改革方案,将人力资源社会保障部的城镇职工和城镇居民基本医疗保险、生育保险职责,国家卫生和计划生育委员会的新型农村合作医疗职责,国家发展和改革委员会的药品和医疗服务价格管理职责，民政部的医疗救助职责整合，组建国家医疗保障局，作为国务院直属机构。民政部、财政部、国家卫生健康委员会也负有一部分社会保障管理职责。改革后的社会保障管理体制是一种政府直接管理的体制。

一、社会保障管理机关

这里主要介绍中央社会保障管理机关。

（一）人力资源社会保障部

人力资源社会保障部在社会保障方面的主要职责如下。（1）拟订人力资源社会保障事业发展政策、规划，起草相关法律、法规草案，制定部门规章并组织实施。（2）统筹推进建立覆盖城乡的多层次社会保障体系。拟订养老、失业、工伤等社会保险及其补充保险政策和标准。拟订养老保险全国统筹办法和全国统一的养老、失业、工伤保险关系转续办法。组织拟订养老、失业、工伤等社会保险及其补充保险基金管理和监督制度，编制相关社会保险基金预决算草案，参与拟订相关社会保障基金投资政策。会同有关部门实施全民参保计划并建立全国统一的社会保险公共服务平台。（3）负责就业、失业和相关社会保险基金预测预警和信息引导，拟订应对预案，实施预防、调节和控制，保持就业形势稳定和相关社会保险基金总体收支平衡。（4）负责人力资源社会保障领域国际交流与合作工作，拟订派往国际组织职员管理制度。

（二）民政部

民政部在社会保障方面的主要职责如下。（1）拟订民政事业发展法律、法规草案、政策、规划，制定部门规章和标准并组织实施。（2）拟订社会救助政策、标准，统筹社会救助体系建设，负责城乡居民最低生活保障、特困人员救助供养、临时救助、生活无着流浪乞讨人员救助工作。（3）拟订城乡基层群众自治建设和社区治理政策，指导城乡社区治理体系和治理能力建设，提出加强和改进城乡基层政权建设的建议，推动基层民主政治建设。（4）统筹推进、督促指导、监督管理养老服务工作，拟订养老服务体系建设规划、政策、标准并组织实施，承担老年人福利和特殊困难老年人救助工作。（5）拟订残疾人权益保护政策，统筹推进残疾人福利制度建设和康复辅助器具产业发展。（6）拟订儿童福利、孤弃儿童保障、儿童收养、儿童救助保护政策、标准，健全农村留守儿童关爱服务体系和困境儿童保障制度。（7）组织拟订促进慈善事业发展政策，指导社会捐助工作，负责福利彩票管理工作。

（三）财政部

财政部在社会保障管理方面的主要职责有：负责审核并汇总编制全国社会保险基金预决算草案，会同有关部门拟订有关资金（基金）财务管理制度，承担社会保险基金财政监管工作，管理全国社会保障基金理事会。

（四）国家医疗保障局

国家医疗保障局在社会保障管理方面的主要职责如下。（1）拟订医疗保险、生育保险、医疗救助等医疗保障制度的法律、法规草案、政策、规划和标准，制定部门规章并组织实施。（2）组织制定并实施医疗保障基金监督管理办法，建立健全医疗保障基金安全防控机制，推进医疗保障基金支付方式改革。（3）组织制定医疗保障筹资和待遇政策，完善动态调整和区域调剂平衡机制，统筹城乡医疗保障待遇标准，建立健全与筹资水平相适应的待遇调整机制。组织拟订并实施长期护理保险制度改革方案。（4）组织制定城乡统一的药品、医用耗材、医疗服务项目、医疗服务设施等医保目录和支付标准，建立动态调整机制，制定医保目录准入谈判规则并组织实施。（5）组织制定药品、医用耗材价格和医疗服务项目医疗服务设施收费等政策，建立医保支付医药服务价格合理确定和动态调整机制，推动建立市场主导的社会医药服务价格形成机制，建立价格信息监测和信息发布制度。（6）制定定点医药机构协议和支付管理办法并组织实施，建立健全医疗保障信用评价体系和信息披露制度，监督管理纳入医保范围内的医疗服务行为和医疗费用，依法查处医疗保障领域违法违规行为。（7）负责医疗保障经办管理、公共服务体系和信息化建设，组织制定和完善异地就医管理和费用结算政策，建立健全医疗保障关系转移接续制度，开展医疗保障领域国际合作交流。（8）完善统一的城乡居民基本医疗保险制度和大病保险制度，建立健全覆盖全民城乡统筹的多层次医疗保障体系，不断提高医疗保障水平，确保医保资金合理使用、安全可控，推进医疗、医保、医药"三医联动"改革，更好保障人民群众就医需求、减轻医药费用负担。

（五）国家卫生健康委员会

国家卫生健康委员会在社会保障管理方面的主要职责如下。（1）组织拟订并协调落实应对人口老龄化政策措施，负责推进老年健康服务体系建设和医养结合工作。（2）制定医疗机构、医疗服务行业管理办法并监督实施，建立医疗服务评价和监督管理体系。会同有关部门制定并实施卫生健康专业技术人员资格标准。制定并组织实施医疗服务规范、标准和卫生健康专业技术人员执业规则、服务规范。(3) 与国家医疗保障局等部门在医疗、医保、医药等方面加强制度、政策衔接，建立沟通协商机制，协同推进改革，提高医疗资源使用效率和医疗保障水平。

二、社会保障经办机构

这里以社会保险经办机构为例进行说明。《社会保险法》规定，统筹地区设立社会保险经办机构。社会保险经办机构根据工作需要，经所在地的社会保险行政部门和机构编制管理机关批准，可以在本统筹地区设立分支机构和服务网点。社会保险经办机构的人员经费和经办社会保险发生的基本运行费用、管理费用，由同级财政按照国家规定予以保障。社会保险经办机构应当建立健全业务、财务、安全和风险管理制度。社会保险经办机构应当按时足额支付社会保险待遇。社会保险经办机构通过业务经办、统计、调查获取社会保险工作所需的数据，有关单位和个人应当及时、如实提供。社会保险经办机构应当及时为用人单位建立档案，完整、准确地记录参加社会保险的人员、缴费等社会保险数据，妥善保管登记、申报的原始凭证和支付结算的会计凭证。社会保险经办机构应当及时、完整、准确地记录参加社会保险的个人缴费和用人单位为其缴费，以及享受社会保险待遇等个人权益的情况，定期将个人权益记录单免费寄送本人。用人单位和个人可以免费向社会保险经办机构查询、核对其缴费和享受社会保险待遇记录，要求社会保险经办机构提供社会保险咨询等相关服务。

三、社会保障基金运营机构

社会保障基金运营机构是依法取得社会保障基金投资管理业务资格，接受委托运作和管理社保基金的专业性投资管理机构。其中，全国社会保障基金的管理运营由全国社会保障基金理事会负责。全国社会保障基金理事会应当审慎、稳健管理运营全国社会保障基金，按照国务院批准的比例在境内外市场投资运营全国社会保障基金，定期向国务院财政部门、国务院社会保险行政部门报告全国社会保障基金管理运营情况，提交财务会计报告。

四、社会保障监督机构

社会保障监督机构包括行政监督机构、司法监督机构和社会监督机构。行政监督机构主要是对社会保障制度实施的过程和结果进行监督的中央和地方社会保障管理机构；司法监督机构是指通过依法对涉及社会保障的民事和刑事案件进行审判和检察活动，而对社会保障进行监督的人民法院、人民检察院；社会监督机构是指对社会保障各个环节和各个机构履行职责情况享有监督权的有关社会组织。《社会保险法》第八十条第一款规定，统筹地区人民政府成立由用人单位代表、参保人员代表，以及工会代表、专家等组成的社会保险监督委员会，掌握、分析社会保险基金的收支、管理和投资运营情况，对社会保险工作提出咨询意见和建议，实施社会监督。

本章小结

　　社会保障管理是指由一定的机构，按一定的程序，对社会保障事业进行计划、组织、协调、控制与监督的行为和过程。社会保障管理法律制度是指规范和调整社会保障管理体制，即社会保障管理机构、管理内容和管理方式的法律制度。各国的社会保障管理体制可以分为政府直接管理体制、半官方自治管理体制和市场管理体制三类。我国的社会保障管理体制是一种政府直接管理体制。社会保障主管机关的主要职责是负责社会保障管理决策、行政监督等。社会保障经办机构是社会保障的具体执行机构，负责办理社会保障各项目的具体业务。社会保障基金运营机构是依法取得社会保障基金投资管理业务资格，接受委托运作和管理社保基金的专业性投资管理机构。社会保障监督机构包括行政监督机构、司法监督机构和社会监督机构。

复习思考题

1. 什么是社会保障管理法律制度？
2. 分析各国的社会保障管理体制的分类并进行比较。
3. 试述我国的社会保障管理体制。

主要参考文献

（劳动法篇）

1. 刘俊. 劳动与社会保障法学［M］. 北京：高等教育出版社，2018.
2. 王全兴. 劳动法［M］. 4版. 北京：法律出版社，2017.
3. 贾俊玲. 劳动法学［M］. 北京：北京大学出版社，2013.
4. 常凯. 劳动法［M］. 北京：高等教育出版社，2011.
5. 林燕玲. 国际劳工标准［M］. 北京：中国劳动社会保障出版社，2007.
6. 黄越钦. 劳动法新论［M］. 北京：中国政法大学出版社，2003.
7. 关怀. 劳动法［M］. 北京：中国人民大学出版社，2001.
8. 王益英. 外国劳动法和社会保障法［M］. 北京：中国人民大学出版社，2001.
9. 郭捷，刘俊，杨森. 劳动法学［M］. 北京：中国政法大学出版社，1999.
10. 关怀. 劳动法学［M］. 北京：法律出版社，1996.
11. 劳动和社会保障部劳动科学研究所. 外国劳动和社会保障法选［M］. 北京：中国劳动社会保障出版社，1999.
12. 任扶善. 世界劳动立法［M］. 北京：中国劳动出版社，1991.

（社会保障法篇）

13. 黎建飞. 社会保障法［M］. 北京：中国人民大学出版社，2019.
14. 林嘉. 劳动法和社会保障法［M］. 北京：中国人民大学出版社，2016.
15. 刘俊. 劳动与社会保障法学［M］. 北京：高等教育出版社，2018.
16. 刘燕生. 社会保障的起源、发展和道路选择［M］. 北京：法律出版社，2001.
17. 史探径. 社会保障法研究［M］. 北京：法律出版社，2000.
18. 台湾地区社会法与社会政策学会. 社会法［M］. 台北：元照出版公司，2015.

19. 樊启荣. 社会保障法 [M]. 北京：法律出版社，1997.
20. 覃有土，樊启荣. 社会保障法 [M]. 北京：中国人民大学出版社，2000.
21. 郑功成. 社会保障学 [M]. 北京：商务印书馆，2000.
22. 郑尚元，扈春海. 社会保险法总论 [M]. 北京：清华大学出版社，2018.
23. 郑尚元，等. 养老保障的法律机制研究 [M]. 北京：清华大学出版社，2019.
24. 郑尚元. 社会保障法 [M]. 北京：高等教育出版社，2019.
25. 郑尚元. 工伤保险法律制度研究 [M]. 北京：北京大学出版社，2004.
26. 种明钊. 社会保障制度研究 [M]. 北京：法律出版社，2000.